燕赵检察理论文库

以审判为中心视角下的公诉实务研究

YI SHENPAN WEI ZHONGXIN SHIJIAO XIA DE
GONGSU SHIWU YANJIU

童建明◎主编

中国检察出版社

最高人民检察院检察理论研究重点课题
河北省法治建设研究基地资助项目

《以审判为中心视角下的公诉实务研究》编委会

总 序

勇立检察理论创新之潮头

燕赵大地不仅有慷慨悲歌、舍身护义的高尚情怀，更有崇德尚法、重视创造的历史传承。古代一批圣贤饱蘸礼法、崇尚教化、创建法制、清明执法。慎到的“立法为公”，崔祖思的“德刑并举”，董仲舒的《春秋决狱》，刘筠的《刑法叙略》，影响着中华法制文明的发展趋向，构建起中华法系的东方特色。赵奢、魏征、宋璟等展现的公正无私、明察善断、一身正气的尚法精神名垂青史、光照古今。中国共产党创始人之一李大钊“铁肩担道义，妙手著文章”，不仅在中国传播马克思主义，其法制思想同样影响深远。晋察冀根据地法制建设成就，特别是严厉打击贪污犯罪，为推动新中国法制建设发挥了不可磨灭的作用。在中央、高检院和河北省委领导下，河北检察工作在历史长河中诞生、成长、壮大。全省检察机关在全国开创性地推进检务公开、检察官办案责任制等工作，办理了一大批有影响、有震动的案件。珍贵的历史传承、丰富的司法实践，为燕赵检察理论创新发展提供了肥田沃土，鞭策我们胸怀全局，洞察检察历史，探究检察未来，研究检察理论体系、检察制度建设和发展的深层问题，追逐法治中国梦的真谛。

十八大以来，党中央提出了“四个全面”的战略布局，对加快建设中国特色社会主义法治体系、法治国家提出了新要求。经济社会基础及其治理方式正在发生深刻变革，检察制度和检察工作作为上层建筑的一部分，需要积极主动与之相适应，实现自我改革、完善和发展。伟大的事业需要科学的理论，科学的理论指引伟大的事业。习近平总书记在 2016 年 5 月哲学社会科学工作座谈会上指出：“这是一个需要理论而且一定能够产生理论的时代，这是一个需要思想而且一定能够产生思想的时代。”加强检察理论研究，推动检察理论创新，是建设社会主义政治文明和建构现代法治理论的迫切需要，是适应新形势新要求、更好履行法律监督职责的迫切需要，是完善中国特色社会主义检察制度、实现检察工作自身科学发展的迫切需要。检察制度每一次重大跃进，检察事业每一次重大发展，都离不开检察理论的知识变革和思想先导。一部中国特色社会主义检察事业发展史，正是一部社会主义检察理论创新发展史。

创新是检察理论发展的永恒主题，也是检察理论建设使命所系。要紧紧围绕高检院“强化法律监督、强化自身监督、强化队伍建设”的总要求，坚持“政治建检、业务立检、公信树检、素质兴检、科技强检”的总体工作布局，持续推进检察理论创新。一是坚持正确的指导思想。马克思主义是检察理论研究的旗帜、根脉、灵魂，须臾不可偏离、任何时候不能动摇。正如曹建明检察长指出的，“要坚定自信、融通中外，牢牢把握我国检察制度的中国特色，善于融通马克思主义的资源、中华传统文化的法制资源、国外检察制度和检察理论的有益资源，坚持不忘本来、吸收外来、面向未来，充分体现中国特色社会主义检察理论的继承性、民族性。”二是坚持正确的价值导向。“实践无理论则无灵魂，理论无实践则无生命。”“理论愈清醒，行动愈自觉。”要从检察实践出发，从存在的问题出发，重点围绕深化检察改革、健全法律监督机制和完善司法责任制、检察职权配置以及三大诉讼法的实施、检察工作成效等实践中挖掘新材料、发现新问题、提出新观点、构建新理论。要及时把检察理论创新成果转化为科学决策、工作部署和具体措施，使检察理论创新与实践创新实现良性互动、协调发展。三是坚持正确的研究方法。紧紧围绕检察规律的发现、研究和运用进行创新，加强对检察制度发展规律的研究和探索，寻找我国检察制度创新发展的科学途径。紧紧围绕对检察理论研究自身规律的探索，推动理论研究的创新，重视发挥新型检察智库的资源优势，展开跨界携手合作，协同攻坚，协作创新，尝试建立谋大势、讲战略、重运筹的研究平台，不断激发理论创新活力。

文章合为时而著，歌诗合为事而作。伟大的法治时代和不断创新的司法实践，呼唤构建大研究、大提升、大发展检察理论研究格局。为了汇聚河北检察人的理论结晶，展示河北检察的鲜活实践，提升全省检察理论研究和检察文化建设水平，《燕赵检察理论文库》应运而生了。希望全省检察同仁，担负起历史赋予人民检察官的光荣使命，进一步强化政治意识、大局意识、核心意识、看齐意识，全面贯彻落实新发展理念，立改革时代之潮头、通古今法律之变化、发法治思想之先声，密切关注检察理论和实践的重大前沿问题，坚持做大学问、做真学问，进一步提升理论品位，深入推进检察理论创新，述学立论、建言献策，为中国特色社会主义检察制度更加成熟定型，为中国特色社会主义检察理论体系建设和推进中国特色社会主义检察事业创新发展贡献河北力量。

是为序。

河北省人民检察院党组书记、检察长 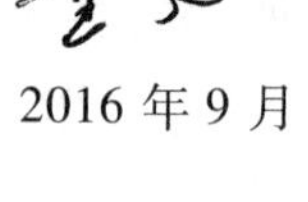

2016 年 9 月

代 序

对以审判为中心诉讼制度改革的思考与应对*

——以检察机关公诉工作为视角

童建明

以审判为中心的诉讼制度改革，是刑事司法领域的一次重大变革，必将对刑事诉讼制度的发展产生深远影响，对检察机关职务犯罪侦查、批捕、起诉、诉讼监督等工作也将带来重大挑战。其中，公诉作为检察机关核心的职能之一，贯穿刑事诉讼活动的全过程，在刑事诉讼中处于承上启下的关键环节，所受影响最为直接，也最深刻。如何适应诉讼制度改革要求，化挑战为机遇，在保证司法公正、防范冤假错案中发挥应有作用，是当前检察机关尤其是公诉部门需要重点研究的课题。

一、以审判为中心诉讼制度改革的内涵与基本要求

以审判为中心的诉讼制度改革是当前一项牵涉面很广的司法改革任务，准确把握其科学内涵和基本要求，是顺利推进改革的前提和基础。围绕党的十八届四中全会通过的《中共中央关于全面推进依法治国若干重大问题的决定》（以下简称《决定》）有关表述，笔者认为，“以审判为中心”的内涵和要求主要有以下三个方面：

（一）以审判为中心，实质是以庭审为中心

《决定》提出，要“保证庭审在查明事实、认定证据、保护诉权、公正裁判中发挥决定性作用”。习近平总书记在《决定》说明中强调：“充分发挥审判特别是庭审的作用，是确保案件处理质量和司法公正的重要环节。”曹建明检察长在全国检察机关第五次公诉工作会议上鲜明指出：“以审判为中心实质

* 原文发表于《人民检察》创刊60周年专刊（2016年第12－13期合刊）。

是以庭审为中心，庭审将成为审判过程的决定性环节。”这些重要论述深刻阐释了以审判为中心改革的本质要求，就是突出庭审在整个刑事诉讼中的地位和作用，司法机关和所有诉讼参与人的诉讼活动都要围绕庭审来进行，防止庭审的形式化、虚置化。检察机关实现以庭审为中心，就是要紧紧围绕庭审要求的事实、证据标准开展审查逮捕和审查起诉工作，把刑事诉讼证明标准贯彻刑事诉讼全过程；发挥好桥梁纽带作用，引导侦查机关以庭审标准调查取证，严把批捕、起诉关，把庭审要求准确传导到侦查活动中去；强化出庭支持公诉工作，把握庭审主动权，更好地指控犯罪，引导庭审顺利进行，让事实证据调查在法庭、定罪量刑控辩在法庭、裁判结果形成在法庭，有效发挥庭审的实质作用。

（二）以审判为中心，内在要求是以证据为核心

证据是刑事诉讼的核心，定罪量刑必须以事实为基础，事实认定必须以证据为依据，这是我国刑事诉讼法的重要原则。近年来，一些刑事冤假错案件经媒体披露，引起社会广泛关注和讨论，反映出我国刑事诉讼在事实证据认定环节还存在问题，证据裁判规则并未得到严格的遵循。《决定》提出，“推进以审判为中心诉讼制度改革，确保侦查、审查起诉的案件事实证据经得起法律的检验”。习近平总书记在《决定》说明中讲到，在司法实践中，存在办案人员对法庭审判重视不够，常常出现一些关键证据没有收集或者没有依法收集，进入庭审的案件没有达到“案件事实清楚、证据确实充分”的法定要求，使审判无法顺利进行。以审判为中心，实现庭审的实质化，就是要实现审判环节对案件事实认定和证据采信的最终决定权。这也要求侦查、起诉阶段必须牢牢抓住证据这个核心，全面贯彻证据裁判规则，全面客观审查运用证据，既审查影响定罪的事实和证据，又审查影响量刑的事实和证据；既重视审查证明犯罪嫌疑人有罪的证据，又重视审查证明犯罪嫌疑人无罪或罪轻的证据；加强对证据合法性的审查，瑕疵证据要补正，非法证据无论在哪个环节都要坚决予以排除；对事实不清、证据不足的案件严格审查把关，防止将矛盾推向下一诉讼环节。

（三）以审判为中心，关键是要体现程序的正当性

实现司法公正、防范冤假错案，是推进以审判为中心诉讼制度改革的最终落脚点。而司法公正是实体公正和程序公正的统一，程序正义的缺位是造成冤假错案的重要原因。程序公正是“看得见的公正”，完善程序公正的制度设计，“既有利于保障当事人的自由权利，也有利于促使办案人员本着正当程序精神去探知案件事实并作出正确的事实认定、证据采择，对案件作出正确的裁

判和处理”。[1] 以审判为中心，就是要通过看得见的法庭审判的正当程序，来体现诉讼民主、诉讼文明、诉讼公开和抗辩平等的法治原则，切实发挥庭审对非法程序和非法证据的否定作用，从而实现案件裁判的实体公正。检察工作中要体现程序的正当性，就要把依照程序办案放到更加重要的位置，进一步完善司法办案程序规范，严格按照法定程序、期限要求办案，切实防止和纠正各种违反办案程序的行为；积极适应庭审的公开性，着力提高检察人员在开放、透明、信息化条件下的办案能力，让当事人感受到权利平等、机会公平，让社会感受到司法过程的公正性；注重听取诉讼参与各方的意见，特别是要重视听取律师、犯罪嫌疑人和被害人意见，依法保障犯罪嫌疑人（被告人）的知情权、辩护权、最后陈述权，保障辩护人的会见权、阅卷权、调查取证权等执业权利，不断提高办案质量。

二、推进以审判为中心诉讼制度改革面临的问题与挑战

改革重在坚持以问题为导向，推进以审判为中心的诉讼制度改革，必须正视当前工作中面临的问题与挑战。

（一）司法理念不适应

长期以来重打击轻保护、重实体轻程序、重效率轻公正等价值取向影响至深，“疑罪从轻”“疑罪从挂”“捕必诉、诉必判”“诉辩不平等”等错误思想还有一定的市场。疑罪从无、程序正当等现代司法理念要真正内化于心，外见于行，还需要经过长期的培养和实践才能实现。理念上的滞后和认识上的模糊，意味着以审判为中心诉讼制度的完全确立不可能一蹴而就，将是一个长期的过程。

（二）诉讼机制不适应

按照宪法和刑事诉讼法的定位，公检法三机关在刑事诉讼中是分工负责、互相配合、互相制约的关系。然而司法实践中，三机关往往是配合有余而制约不足，侦查功能过于强大而处于实质上的中心地位，从而弱化了审查起诉环节对证据材料和事实认定的过滤把关作用，虚化了审判环节认定证据、查明事实，对侦查活动及其结论的纠偏、纠错功能，导致“审查起诉常常变为对侦查的确认、审判活动则异化为对侦查的背书”[2]。这种诉讼模式的长期存在，造成检察机关批捕、公诉案件质量监控机制不完善，一些不符合审判标准的案

---

[1] 张建伟：《以审判为中心的认识误区与实践难点》，载《国家检察官学院学报》2016 年第 1 期。

[2] 单民、董坤：《以审判为中心背景下诉审关系探讨》，载《人民检察》2015 年第 12 期。

件仍然能够“带病”进入公诉、审判环节；侦、诉、判机制衔接不顺畅，在案件定罪量刑证据的标准等方面尚有分歧；检察机关的侦查监督、审判监督机制还不完善，诉侦、诉审关系无法理顺。以审判为中心的刑事诉讼改革，需要公检法三机关在分工负责、互相配合、互相制约的原则前提下，对不符合、不适应以审判为中心的诉讼机制、模式、关系进行重新调整、定位与建构。

（三）司法方式不适应

以审判为中心，强调司法机关和诉讼参与人的诉讼活动都要围绕庭审进行，确保侦查、审查起诉的案件事实和证据经得起法庭质证的检验，经得起法律的检验。这必然要求侦查终结和移送起诉的案件事实证据标准进一步提高，检察机关侦监、公诉部门的审查把关作用进一步增强。而长期以来形成的以案卷审查为主要形式的办案方式，导致办案人员对证据核实的亲历性不够，审查运用证据不全面、不深入；对庭审的重视程度不够，常常出现一些关键证据没有收集或者没有依法收集，进入庭审的案件没有达到“事实清楚、证据确实充分”的法定要求，法庭示证、质证流于形式，证人、鉴定人出庭率极低，法庭辩论对抗性不强，“你辩你的，我说我的”，庭审的关键性作用得不到充分发挥；有的办案人员把案件办理视作工厂“流水线”，只限于按部就班履行手续，不愿监督、不敢监督、不会监督。司法办案的方式与以审判为中心的要求尚有较大差距。

（四）司法能力不适应

推进以审判为中心的诉讼制度改革，使处于承上启下环节的检察机关面临一系列挑战：法院对证据的要求越来越高、对定案标准的把握越来越严，随着律师执业权利日益受到重视和保障，律师介入案件的时间日渐提前、空间不断加大，律师与检察机关公诉人员庭审对抗的程度更趋激烈。面对多重压力，检察人员不同程度地存在以下问题：对改革的要求理解不深、应对的主动性不够强，有的出现畏难情绪；引导侦查取证不知如何下手，尺度把握不准；审前过滤、案件分流的意识和能力需要加强；庭审指控能力亟待提高；等等。

三、推进以审判为中心诉讼制度改革的检察应对

面对以审判为中心的诉讼制度改革带来的新挑战，检察机关要按照修改后刑诉法的相关规定，准确把握改革的科学内涵和基本要求，从理念、方式、机制、监督和队伍建设等方面，大胆探索、积极实践，切实加强和改进检察工作。

（一）统一思想认识，树立正确的司法理念

以审判为中心的诉讼制度改革强调的是侦查和审查起诉阶段收集运用证据和适用法律等活动要以审判的标准和要求进行，不是要在公检法三机关间分高低上下，现有的刑事诉讼制度必须坚持，检察机关的法律监督地位必须坚持，不能动摇。要把认识统一到曹建明检察长在全国检察机关第五次公诉工作会议上所强调的：以审判为中心，并没有改变公检法在办理刑事案件中分工负责、互相配合、互相制约的宪法原则，并非弱化检察监督，并非弱化审前程序，也并非弱化庭审指控功能。检察人员顺应以审判为中心的诉讼制度改革，特别需要强化以下几种理念：

一是惩治犯罪和保障人权并重的理念。在开展职务犯罪侦查、审查逮捕或者审查起诉的各个环节，都应严格依法履行职责，恪守客观公正义务，既惩治犯罪，也保障犯罪嫌疑人、被告人的人格尊严和诉讼权利，依法维护被害人和其他诉讼参与人的权利。

二是程序公正的理念。高度重视程序公正和程序的独立价值，真正把程序公正作为实现实体公正的前提和基础，以程序公正保障实体公正，赢得司法公信。

三是无罪推定、疑罪从无的理念。坚持依法全面审查运用证据，对于定罪证据不足的案件，坚决不作“留有余地”的降格处理，切实保障无罪的人不受刑事追究。

四是尊重庭审、保障庭审的理念。改变过去重侦查轻审判的诉讼理念，真正使具有实质内容的庭审回归其本来位置。正确处理监督与配合的关系，既尊重法庭，自觉维护审判权威，又依法加强诉讼监督，维护司法公正。

五是控辩平等的理念。公诉人与辩护人在庭审活动中法律地位平等，在庭审中做到对抗而不对立，交锋而不交恶。

（二）完善相关机制，构建新型的诉侦、诉审、诉辩关系

“以审判为中心是一个综合指标，是一个综合公、检、法和辩护律师正能量的合成”。[①] 在刑事诉讼活动中，侦、诉、审、辩四方都肩负着揭示真相、惩治犯罪、保障人权的共同责任，检察机关需要建立完善一系列工作机制，构建新型相互关系，彼此形成良性互动，以保证刑事诉讼顺利进行。重点需要加强以下五个方面的工作：

---

① 樊崇义：《“以审判中心”的概念、目标和实现路径》，载《人民法院报》2015 年 1 月 14 日，第 5 版。

一是完善诉前主导机制。即发挥好检察机关在诉前对调查取证、构建刑事指控体系方面的主导作用。在坚持分工负责、相互配合、相互制约原则的基础上，遵循司法规律，强化检察权对侦查权的制约，加强对侦查活动的引导，有效传导庭审标准对案件证据的要求，有针对性地引导侦查人员及时、全面、客观、合法地收集证据，促进侦查工作由“抓人破案”向“证据定案”转变，从源头上提高案件质量。引导侦查取证要注意把握适时、适当、适度原则，尊重侦查规律，防止把主导变成领导和指挥。在通常的侦查环节，一般对重特大案件适时介入引导侦查取证，切不可越位。强化诉前主导的着眼点和落脚点应放在退回补充侦查的案件上，在明确补查方向、标准和要求的同时，按照庭审的证据标准来主导侦查部门调查取证，保证审查起诉的案件事实证据经得起法庭的检验。

二是完善审前过滤机制。认真把好事实关、证据关、程序关和适用法律关，严格对证据“三性”的审查。对于达不到起诉条件的案件，果断采取不起诉措施，依法终止诉讼程序，防止事实不清、证据不足或者违反法定程序的案件“带病”进入审判程序。同时要坚持适度合理原则，防止随意降低不起诉的适用条件，避免滥用不诉权。针对刑事案件持续高位运行的现状，要探索建立完善科学分流的多元化的案件处理机制，对事实清楚、证据确实充分、被告人认罪、轻罪的案件，积极建议法院通过简易程序、刑事案件速裁程序、轻刑快办机制等加快办案进度，在检察环节建立完善被告人认罪认罚从宽处理制度，探索被告人认罪与不认罪案件相区别的公诉模式，促进案件繁简分流，实现小案办快办好，大案办精办细。

三是发挥庭审指控的决定性作用。庭审是检验以审判为中心能否真正落实、能否走向实质化改革的关键。随着庭审的对抗性增强和不可预测因素增多，公诉人员应当着力强化当庭讯问和询问，熟练运用示证质证策略，正确应对庭审突发情况，牢牢把握庭审的主动权，突出法庭辩论重点，做到“有理、有力、有节”，不过多纠缠于细枝末节，实现良好的出庭效果。对疑难复杂案件，配合法庭完善庭前会议制度，在适用范围、会议内容、证据开示、参加主体和会议效力等方面协商制定规则，充分考虑证人出庭作证可能引起的证据变化和对案件定罪量刑产生的影响，围绕案件焦点做好出庭应对准备，发挥庭前会议在保证庭审效果、防范和化解公诉风险方面的作用。

四是完善人权司法保障机制。“我国检察机关作为国家的法律监督机关，既是诉讼参与者，也是诉讼监督者，还是诉讼权利的救济者。”① 尊重和保障人权是推进以审判为中心诉讼制度改革的重要价值目标。要依法保障诉讼参与人的合法权利，特别是要认真落实最高人民法院、最高人民检察院、公安部、国家安全部、司法部出台的《关于依法保障律师执业权利的规定》，着力解决律师反映比较突出的会见难、阅卷难、调查取证难等问题，认真听取律师意见，依法采纳律师意见，努力构建平等相待、良性互动、彼此促进的新型诉辩关系。

五是完善考核评价机制。要把对工作的考评从过去追求低不起诉率、零无罪判决率向理性对待公诉风险、科学评价公诉工作转型，科学看待法院的无罪判决，客观分析造成无罪判决的原因，不能简单地将无罪判决与错诉划等号，不能单纯以法院是否改判来作为衡量抗诉案件质量的标准。

（三）全面贯彻证据裁判规则，不断改进司法办案方式

在以审判为中心的背景下，证据的核心作用更加突出，法庭对证据的审查除了重视证据的客观性、关联性之外，更加重视其取得过程的合法性，侦查机关、检察机关认定的事实和证据在法庭上并不必然被采信。在这种情况下，检察机关在审查起诉时若把关不严、把关不准或者出庭支持公诉不力，完全有可能被置于不利地位，得不到法院的裁判认可。这也就倒逼着检察机关司法办案方式由过去封闭式办案、书面式审查向书面审查与现场调查复核相结合的模式转变，重视办案的亲历性，重视审查起诉阶段的自行侦查工作；证据审查模式由以口供为中心的证据审查模式向以客观性证据为中心的证据审查模式转型；工作中心由重审前程序轻出庭公诉向以出庭公诉为龙头、庭前准备为基础相结合转型。② 具体而言，应做好以下几个方面的工作：

一是进一步增强办案的亲历性。要改变以卷宗审查为中心的办案方式，从孤立、静态、封闭的书面式审查向全面、动态、开放的亲历性审查转变，充分运用复勘复验、走访核实、补充侦查等方式多渠道、多层次审查案件，全面掌握和挖掘“在案证据”，主动去发现、核实证据的缺陷和疑点，通过直接感知和判断来建立内心确信，作出合理的审查判断。

二是更加认真核查证据。要围绕庭审的标准和要求，强化证据意识，在依法全面审查、判断和运用证据上下功夫。改变过去“坐堂办案”的审查方式，

① 曹建明：《着力构建彼此尊重良性互动的新型检律关系》，载《检察日报》2015 年 11 月 9 日，第 3 版。

② 参见张相军：《顺应以审判为中心的诉讼制度改革，加强和改进公诉工作》，载《国家检察官学院学报》2016 年第 1 期。

按照证据的客观真实性、与案件的关联性、取得证据的合法性，依法全面、细致核实有关证据，特别要注重客观性证据的审查，对事实存疑、证据不足的案件，必须排除合理怀疑；对重大、疑难、复杂案件，把证据合法性审查作为独立环节，抽调专人进行多方面多梯次审查，确保向法庭提供的证据内容真实、形式合法。

三是更加重视庭审中的示证质证。庭审的实质化，要求裁判者的一切心证均应当来自公开进行的法庭审理活动，以往公诉方可以通过案卷移送，使得法官庭前阅卷形成事实预断的附随性优势可能会逐渐降低乃至丧失。因此，法庭中的示证质证环节将更具实质意义。检察人员出庭的目的不再是为了将证据移交给法庭，而是在法庭上通过举证、质证，根据现有证据对犯罪事实加以证明，对辩方提出的质疑进行论证与反驳，并通过阐释证据之间的逻辑关系，将零散的证据整合成完整的体系，让法官信服。

（四）强化刑事诉讼监督，保障以审判为中心诉讼活动的规范进行

以审判为中心并不是对检察机关法律监督职能的弱化，而是提出了新的更高要求。强化对侦查活动、审判活动合法性和判决裁定公正性的监督，是检察机关必须依法履行好的一项重要职责。

一是要坚守防止冤假错案底线。坚持把防止冤假错案摆在重中之重的位置，作为履行法律监督职能的底线要求来抓。在参与刑事诉讼的各个环节恪守客观公正义务，发现疑点抓住不放，敢于监督，勇于担责，切实拧紧案件质量“阀门”。

二是加强对侦查活动的监督。及时发现和纠正侦查活动中的违法行为，重点加强对刑讯逼供、暴力取证、滥用刑事手段插手民事纠纷及刑事强制措施等问题的监督，加强对漏罪和漏犯的追诉力度，促进侦查机关依法侦查、规范侦查，提高侦查取证的质量，为完成指控犯罪发挥好基础性、保障性作用。

三是加强对刑事审判活动的监督。要认真落实好最高人民检察院《关于加强和改进刑事抗诉工作的意见》，强化裁判审查，完善抗前指导，努力形成以抗诉为中心的刑事审判监督格局。对符合抗诉条件的案件，既大胆监督、果断抗诉，又坚持不随意降低标准，防止因为集体访、越级访的压力而不负责任地盲目抗诉。要拓展审判监督范围，研究对法院自行启动再审后改判或判缓、二审书面审理和免刑案件的监督，加强对上诉后改判或者发回重审案件的监督。同时综合运用纠正违法、检察建议、问题通报等手段，监督纠正庭审权益保障不到位、证据采信不规范、裁判结果不公正等问题，提升刑事审判监督水平。

（五）围绕提升素质能力，大力加强检察队伍建设

认真落实最高人民检察院《关于加强侦查监督能力建设的决定》《关于加强公诉人建设的决定》《关于加强出庭公诉工作的意见》等一系列规定，大力加强检察队伍的思想政治建设、职业能力建设、纪律作风建设。以侦查监督、公诉等部门一线办案人员为重点，贴近办案实际，开展多层次、多形式的业务培训和岗位练兵，提高证据审查能力、案件分析能力、引导侦查能力、出庭公诉能力、诉讼监督能力和矛盾化解能力。倡导市、县检察院检察长带头出庭支持公诉，助推案件质量的提升。探索建立侦监、公诉人才的长期培养机制，积极培养专门型人才和业务专家，打造品牌团队，加强人才库建设，发挥引领带动作用。深化规范司法行为专项整治活动的成果，大力解决司法不规范的突出问题，进一步改进司法办案作风。适应司法改革需要，抓好司法责任制、员额制等改革措施的落实，在人员配置比例上适度向侦查监督、公诉等部门倾斜，解决好一线办案人员的职业保障问题，更好地推动以审判为中心的诉讼制度改革顺利进行。

目　　录

第一章 导 论

党的十八届四中全会通过的《中共中央关于全面推进依法治国若干重大问题的决定》（以下简称《决定》），是党从全面推进依法治国、加快建设社会主义法治国家、坚持严格司法、确保刑事司法公正的现实需要和长远考虑所作出的重大改革部署。深刻认识、正确理解、有效落实《决定》的部署，是当前和今后一个时期必须认真解决好的一个重大理论问题和实践课题。在《决定》提出的一系列司法改革举措中，以审判为中心的诉讼制度改革令人瞩目。《决定》指出："推进以审判为中心的诉讼制度改革，确保侦查、审查起诉的案件事实证据经得起法律的检验。全面贯彻证据裁判规则，严格依法收集、固定、保存、审查、运用证据，完善证人、鉴定人出庭制度，保证庭审在查明事实、认定证据、保护诉权、公正裁判中发挥决定性作用。"不仅明确了以审判为中心的诉讼制度改革的重要价值，而且指明了以审判为中心的诉讼制度改革的具体要求，对于保障诉讼程序的正义和裁判结果的公正，都具有重要的理论和现实意义。为贯彻落实《决定》的要求，2016 年 7 月 21 日，最高人民法院、最高人民检察院、公安部、国家安全部、司法部联合出台了《关于推进以审判为中心的刑事诉讼制度改革的意见》（以下简称《意见》），确定了刑事诉讼领域全面推进以审判为中心诉讼制度改革的具体路径和措施。

积极推进以审判为中心的诉讼制度改革，是当前检察机关面临的一项重要改革任务。曹建明检察长早在 2014 年 12 月 25 日最高人民检察院第十二届检察委员会第五次集体学习时就强调："各级检察机关要充分认识这次改革的重要意义，积极适应改革新要求，全面提升检察机关司法能力和办案质量，进一步强化法律监督，切实保证公正司法，提高司法公信力。"[①] 2015 年 6 月 4 日，曹建明检察长在全国检察机关第五次公诉工作会议上进一步指出，以审判为中心的诉讼制度改革对检察工作的影响是全方位的，公诉部门更是面临巨大挑战。2016 年 3 月 13 日，曹建明检察长向第十二届全国人民代表大会第四次会

---

① 《积极适应以审判为中心诉讼制度改革要求　提升司法能力强化检察监督保证公正司法》，载《检察日报》2014 年 12 月 25 日，第 1 版。

议作工作报告时再次指出，2016 年，最高人民检察院将继续推进以审判为中心的诉讼制度改革，全面贯彻证据裁判规则，充分发挥审前主导和过滤作用，健全听取辩护律师意见机制，防止案件“带病”起诉，确保侦查、起诉的案件事实证据经得起法律和历史的检验。这些重要讲话充分说明，最高人民检察院推进以审判为中心诉讼制度改革的坚定信心和具体举措。鉴于此，我们应该深入分析公诉工作面临的挑战，认真研究应对策略，切实采取有效措施，进一步强化公诉职能，确保案件质量，更加有力地保障司法公正。

一、域外刑事审判的地位及其保障

根据联合国《公民权利和政治权利国际公约》，无罪推定是现代法治国家一项重要的刑事诉讼原则，其基本内涵是未经审判不得确定任何人有罪，由此奠定了审判在现代法治国家刑事诉讼过程中的中心地位。具体来说，刑事诉讼制度的设计和运作都是围绕着被追诉人的刑事责任来进行的，而被追诉人的刑事责任只能通过审判来确定，否则就违反了无罪推定原则。所以综观现代法治国家，尽管不同国家的刑事诉讼制度设计和运作存在较大的差异，但是他们都把审判视为整个刑事诉讼过程的中心环节，并通过积极贯彻直接言词审理原则和切实阻断审前案件信息对法官的影响，来保障审判的中心地位。

（一）以庭审为中心的制度设计

西方国家刑事诉讼制度设计的一个基本理念就是以庭审为中心。在英美国家的刑事诉讼中，法律对审判前行为的规制，大都属于在人权保障视角中对国家公权力的限制，凡是涉及人权处分的事项都被纳入审判的范畴。尽管如此，从规则体系的规模上看，审判阶段规则体系的规模较之于审判前阶段要大得多，体现出立法对审判行为的重视。在英美国家的刑事诉讼理念中，刑事案件是公民和国家之间的一种矛盾和冲突，国家在追诉公民刑事责任的过程中，基于人权保障的需要，有义务为被追诉的公民提供一种公平和平等对抗的诉讼机会，所以这类矛盾和冲突的解决必须提交中立的法庭经过审理以后作出裁判。在这个过程中，检察官代表国家，和被告人一样都属于案件的当事人，分别出示证据，互相质证，程序推进和证据调查皆依赖于当事人，法官相对消极，主要通过控辩双方的攻击防御活动来获取案件信息形成心证，这是当事人主义之下形成作为判决基础的案情信息的基本结构。另外，在英美国家的陪审团审判实践中，由于陪审员在开庭前随机产生，与案件在审判前形成的事实材料没有任何联系，所以陪审员获取案件信息只能通过庭审。当然，英美国家之所以重视庭审，还有一个重要的原因就是出于对保障被告人质证权的考虑。如果审判不被重视，审判规则不健全，被告人对控方出示的证据材料不能进行有效的质证，被告人的质证权就无以保障。

大陆法系国家一般也都围绕审判程序编制刑事诉讼法典的结构体系，如德国刑事诉讼法典在分则程序部分没有单列侦查、起诉程序，而是将其包含在第一审程序中。由于审判是确定被告人刑事责任的关键阶段，所以大陆法系国家同样重视审判规则体系的建构和运作。大陆法系国家的刑事诉讼理念具有浓厚的职权主义色彩，法官在审判过程中负有发现案件客观事实的义务，所以大陆法系国家刑事诉讼书面审理的传统非常悠久，通过移送全案的证据材料，保障法官有充分的机会发现案件真实。但是实行卷宗移送制度必须防止法官产生预断，进而大陆法系国家又建立了完善的预审制度和法庭审理规则，以避免案件材料等庭外信息影响判决。如《德国刑事诉讼法》第 261 条规定，法庭应当根据审判全过程确立自由心证，决定证据调查的结果。《意大利刑事诉讼法》第 526 条规定，法官在评议中不得采用不是依法在法庭审理中调取的证据。此外，若法官私下对犯罪行为有所知悉，则只能以证人身份接受询问，而不能在本案中继续担任法官职务，也不能将该私下知悉径行用作判决之根据，在其他诉讼程序中获得的证据结果也不能径用为证据。这些规定都保证了法官只能通过法庭审理获得案件信息，也凸显出法庭审理的重要地位和作用。

（二）贯彻直接言词原则

直接言词原则包括有相互联系的直接审理、直接采证和言词辩论三项内容。法官的审理和检察官的审查起诉活动，皆适用直接采证原则。检察官调查证据必须通过提讯犯罪嫌疑人，直接面对面进行调查核实，侦查机关移送的卷宗中记载的诸项文书内容，检察官要当面讯问犯罪嫌疑人，并收集补查其他证据，相互印证后，方可作为决定起诉与否的事实依据。在法庭审判过程中证人出庭作证，接受控辩双方的询问与质证。在直接采证方式下，才能使被告人拥有比较好的辩护机会，清白的被告人也可借此机会洗刷犯罪嫌疑，而不至于冤枉无辜。

直接言词原则自从在古罗马法、古日耳曼法初步形成之后经历了不同阶段的发展。现行的《法国刑事诉讼法》第 316 条规定："一切有争议的事项，由法院听取检察院、当事人或他们的律师的意见后作出裁决。"德国在 1877 年制定刑事诉讼法时，明确规定了直接言词原则，并与陪审制、自由心证、审判程序公开等一起成为指导德国刑事审判的基本原则。现行《德国刑事诉讼法》第 261 条规定："审判庭应该根据审问被告人和审查全部证据所得的直接印象作出裁判，而完全不是根据现成的案卷作出裁判。"德国和法国作为大陆法系的主要代表国家，其确立直接言词原则也对其他大陆法系国家和地区产生了巨大影响。至此，直接言词原则成为大陆法系国家和地区刑事审判的一项基本原则。

在英美法系国家，直接言词原则的精神通过一系列其他审判规则得到了体现，如陪审团制度、传闻证据规则、交叉询问规则等，特别是传闻证据规则，和直接言词原则一样，以直接、言词为主要审理方式，有着相同的理念和价值追求。17 世纪后期，英国确立了传闻证据规则，19 世纪 70 年代，英国又确立了交叉询问规则。这些规则的逐步确立表明直接言词审理已成为现代英国刑事审判程序的核心要素。由于与英国的历史渊源，美国法的发展被深深地打上了英国法的烙印，并对英国法进行了批判性继承和改造，在此基础上逐渐建立起独具特色的体现直接言词审理方式的审判程序。如美国在制定联邦宪法修正案时，将体现直接言词审理的诉讼权利上升为被告的宪法性权利，并随后将这一规定从联邦宪法扩大到各州宪法。在现代美国刑事审判程序当中，陪审团成为“标配”，无论是法官还是控辩双方均以言词陈述或口头方式进行诉讼活动，包括质证和辩论。直接言词审理方式已成为美国抗辩式刑事诉讼程序的重要标志。

（三）阻断审前信息

阻断审前信息对法官的影响以保障公正审判，是现代法治国家刑事诉讼的一项重要制度设计理念。但是，在不同国家的刑事诉讼实践中，阻断审前信息影响法官的措施不尽相同。在英国，以正式起诉程序审理的案件，检察官向刑事法院起诉前必须将案件提交治安法院预审。经过预审法庭的审查，如果预审法官认为检察官的起诉具有足够的证据，即作出向刑事法院移送起诉的决定。之后，检察长必须任命大律师出庭支持公诉，起诉时大律师向刑事法院移送一份起诉书，不附带任何证据材料。在美国，检察官起诉时也只向法院移送起诉书，不得附带移送可能使庭审法官产生预断的任何证据材料。

欧洲大陆国家为限制侦查案卷对审判的影响也采取了一系列措施。在德国，检察官决定起诉时，应当向法院提交起诉书，同时将案卷移送法院。起诉书包括以下内容：(1)被诉人，对他指控的行为，实施行为的时间和地点，犯罪行为的特征和适用的处罚规定（罪状）；(2)开庭审判的法庭，辩护人；(3)证据；(4)主要的侦查结果。虽然采取案卷移送制度，但案卷内容原则上不得用作裁判之根据。在阅览案卷的主体方面，立法也有严格限制：由于担心陪审员不自觉地受到影响，陪审员原则上不得接触案卷；审判长和制作裁判文书的法官也不得阅览案卷。德国还有所谓“询问本人原则”，即对事实的证明如果是建立在一个人的感觉之上，则要在审判中对他进行询问，不允许以宣读之前的询问笔录或者书面证言来代替询问。

日本实行“起诉状一本主义”，禁止起诉时移送案卷和证据，也不得在起诉书中添附可能使法官对案件产生预断的文书及其他物品，或者引用该文书的内容。在提起公诉后至第一次公审期日前，关于羁押的处分必须由负责审判的法官以外的法官作出，以防止有关法官通过羁押处分对案情产生预断。另外，日本强调“审判中心主义”，有关犯罪事实应通过审判程序来认定和作出论断。相对起诉前侦查不公开、追诉方独自进行证据资料收集保全，审理程序于公开法庭众人皆可旁听、观察监督下，藉由当事人言词、辩论并经中立、客观第三方（法院）直接审酌证据而为判断。并且，类此“审判中心主义”机制运作配合卷证不并送，确保法院不受侦查卷证的干扰，辅以传闻证据法则，排除法院受制笔录书证成见干扰，避免法院预断维护公平审判可能。①

意大利 1998 年刑事诉讼法对检察官移送案卷材料的范围作出了较大的限制，但尚没有走向彻底的起诉书一本主义，只向法院移送以下材料：有关可提起刑事民事诉讼的法律文书；由司法警察和检察官实施的“不可重复进行的行为”的笔录；有关“附带采证”程序的全部书面记录；涉及司法档案的证明书，以及不需要另外保存的与犯罪有关的物品和物证。至于其他大量的证据，则一律要由控辩双方在法庭审判当中展示给法庭。这一起诉方式的变化，被认为是意大利确立对抗式程序的重要标志。

二、我国以审判为中心诉讼制度改革的背景

以审判为中心概念的提出有着深刻的背景。如前所述，以审判为中心是现代法治国家刑事诉讼制度建构的基本原则。长期以来，受“重配合、轻制约”观念的影响，侦查活动在我国刑事诉讼中的地位和作用异常突出，审查起诉和审判对侦查配合有余、制约不足，庭审功能弱化，没能有效防止冤假错案的发生。从上个世纪 90 年代初期开始，围绕刑事司法改革和刑事诉讼法的修改，刑事诉讼理论界在对域外刑事诉讼模式进行比较研究的过程中，开始关注域外刑事审判的中心地位及其保障机制，在此基础上提出了“审判中心主义”的概念。同时，以“审判中心主义”为理论工具，对我国刑事诉讼模式进行了较为集中和系统的研究。但是，在很长一段时间里这种研究一直停留在理论探讨层面，并没有对刑事司法实践产生实质性的影响。进入本世纪以来，党和国家越来越重视依法治国，切实加强刑事诉讼中的人权保障，促进社会公众对刑

① 林裕顺：《卷证不并送下审判程序的论理》，载《检察新论》2014 年第 15 期。

事司法的认同，实现刑事司法的法治化，积极推进全面依法治国。党的十八届四中全会明确提出“推进以审判为中心的诉讼制度改革”，确保侦查、审查起诉的案件事实证据经得起法律的检验。至此，“以审判为中心”的概念第一次出现在党中央文件中，以审判为中心的诉讼制度改革被纳入国家治理的战略层面。

（一）以侦查为中心有违尊重和保障人权的宪法原则

就诉讼模式而言，我国刑事诉讼模式具有较强的职权主义特点，侦查活动是刑事诉讼的中心环节，为了获得有罪证据，侦查权封闭运作，犯罪嫌疑人的诉讼权利受到较大限制，审查起诉的重点是对侦查机关移送审查起诉的证据材料的审查，庭审阶段也主要是对控诉证据材料的质证和辩论。基于保障人权的需要，1996 年刑事诉讼法修改以来，程序的独立价值日益受到重视，人权保障的程度也开始得到强化，庭审活动中控辩双方的对抗性逐步增强，尤其是“起诉状 + 主要证据复印件”的案卷移送方式改革使庭审在刑事诉讼中的地位和作用开始显现。2004 年 3 月 14 日，十届全国人大二次会议通过的《中华人民共和国宪法修正案》明确规定，国家尊重和保障人权。尊重和保障人权上升为宪法原则，对我国刑事司法提出了更高的要求。但是，综观 2004 年以后的刑事司法，实际上的以侦查为中心的刑事诉讼运行，成为影响刑事司法领域落实尊重和保障人权宪法原则的障碍。

1. 侦查权的有限受制不符合法治原则

限制侦查权是现代法治国家刑事诉讼的一个基本特征。近代社会以来，刑事诉讼的发展历程在很大程度上就是通过限制侦查权来保障犯罪嫌疑人基本人权的过程。1979 年之前，我国刑事侦查权在诉讼程序中几乎不受限制。1979 年以后，刑事诉讼法的颁布使刑事侦查权的运作限制在法律预设的制度框架内，但是考察 1979 年刑事诉讼法的规定，可以说除了原则性地禁止刑讯逼供外，刑事诉讼法近乎是对以前侦查权运作方式的法律确认，刑事案件一旦立案，被追诉人便自然形成被告人的地位，只享有有限的诉讼权利，侦查活动在一种完全封闭的状态下运行。随着国家法治建设的进步，1996 年刑事诉讼法增加了“未经审判不得确定任何人有罪”的原则，被追诉人在侦查阶段也不再被称为被告人，除此之外，侦查权的制约机制并没有发生太多实质性的变化。2012 年，人们曾对刑事诉讼法的修改寄予很高的期望，但是从修改后刑事诉讼法的规定来看，除明确了人权保障原则和增加了羁押必要性审查、非法证据排除规则和警察有限的出庭义务外，仍没有从根本上改变犯罪嫌疑人的权利构成，反而在某些方面赋予侦查机关更大的权力。检察权对侦查活动的监督制约机制也没有实质性的突破，在审判阶段非法证据排除的规模以及警察出庭作证的案件数量也非常有限。总之，如果不对侦查权予以合理的限制，不对犯罪嫌疑人的诉讼权利予以充分的保障，尊重和保障人权原则就难以落到实处。

2. 侦查结论的持续影响不符合互相制约的诉讼原则

在以侦查为中心模式的影响下，侦查活动以及由此形成的笔录、卷宗在刑事诉讼中处于中心地位，侦查所获得的证据材料、得出的办案结论对于后续各环节的诉讼都有着强烈的影响乃至决定效果，以致审查起诉常常蜕化为对侦查的确认、审判活动异化为对侦查的背书。① 在我国 1996 年之前的刑事诉讼中，侦查结论对审查起诉和法庭裁判的影响是决定性的。1996 年之后，在立法层面上期望通过确立“未经审判不得确定任何人有罪”和疑罪从无原则以及改变案卷移送方式来降低这种影响，但是效果并不明显。2012 年刑事诉讼法修改之后，尽管确立了人权保障原则，但是案卷移送方式又回到全案卷宗移送，导致审查起诉和庭审质证仍然主要围绕指控证据材料进行。在这种背景下，不可能期望改变侦查结论影响裁判结论的局面，其结果就是无罪判决率持续走低。据统计，2008—2012 年，全国法院共判处各类刑事案件被告人 5239739 人，其中宣告无罪 5196 人，无罪判决率 0.1%。2012 年人民法院共宣告无罪 727 人，比 2008 年下降 47.05%，五年来年均下降 14.7%，其中公诉案件宣告无罪人数年均下降 15.26%，自诉案件年均下降 14.17%。从宣告无罪案件的来源看，由公诉部门向法院提起诉讼的公诉案件宣告无罪人数为 2562 人，公诉案件无罪判决率仅为 0.05%。② 2013 年以来，这种局面并未改变。③ 详见下图。

① 单民、董坤：《以审判为中心背景下的诉审关系探讨》，载《人民检察》2015 年第 6 期。

② 马剑：《人民法院审理宣告无罪案件的分析报告》，载法制网 http://www.legaldaily.com.cn/zbzk/content/2014-01/26/content_5233075.htm?node=25497，访问时间：2016 年 8 月 16 日。

③ 从 2015 年各地省级法院已公布的无罪判决绝对人数来看，大部分较上年度有所增加，其中河北 99 人，同比增长 253%，广东 81 人，同比增长 138%。但是，全国法院的无罪判决率依然呈现“继续走低”的态势，已公布的省份中，宣告无罪人数相对较多的河北和广东，无罪判决率也仅为 0.18% 和 0.06%，而包括江苏、福建、贵州、重庆、上海在内的多个已公布地区，无罪判决率均低于 2014 年 0.07% 的全国平均水平。

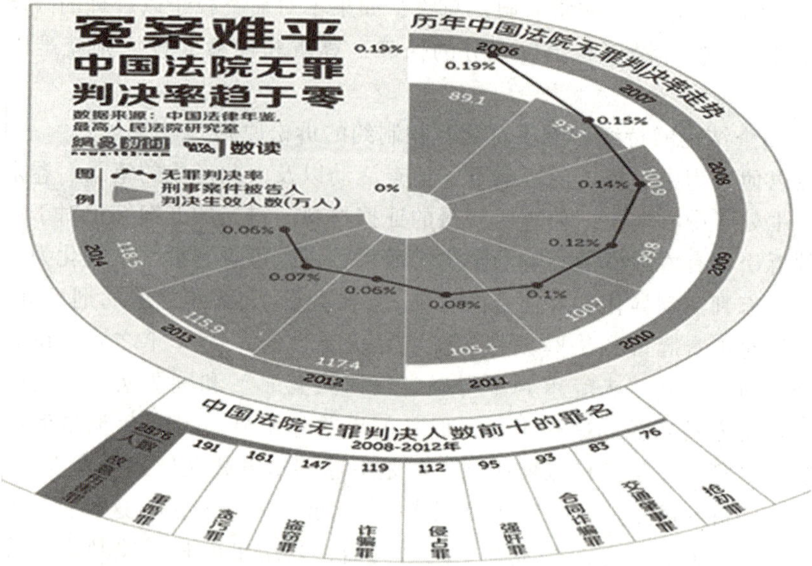

3. 刑事辩护有效性低不利于保障被追诉人的合法权益

平等对抗是刑事诉讼理论中程序正义价值的内在诉求，也是被追诉人进行有效辩护的理论基础和制度保障。在侦查阶段，平等对抗要求启动侦查程序后犯罪嫌疑人享有充分的辩护权，而辩护权行使的充分性又要求犯罪嫌疑人有权利在不被羁押的状态下展开同步的调查，以收集对自己有利的证据。在审判阶段，平等对抗要求被告人有权利且有能力在对控方证据进行充分质证的基础上进行辩护。在刑事诉讼过程中，如果被追诉人不享有平等对抗的机会和能力，辩护的有效性就无从谈起。如前所述，长期以来，受陈旧诉讼观念的影响，我国侦查权“一枝独大”，制约有限的侦查权在对审查起诉和刑事审判产生决定性影响的同时，也在极力压缩被追诉人辩护权的行使空间。具体而言，一方面，在以侦查为中心的诉讼模式下，控制犯罪是刑事诉讼的首要目的，被追诉人失去了寻求司法保障的权利和机会。无论是对罪与刑的判定还是强制性措施的采取，法官主要承袭侦查机关的认定结论，使得被追诉人无法在中立司法机构的主持下充分行使权利甚至根本没有机会参与诉讼、发表意见，而追诉与被追诉两方悬殊的力量对比，也使得侦查机关控制犯罪的追求大大压过被追诉人权利保障的需求，人权保障的目的难以实现。① 另一方面，我国采用的是“侦查卷宗中心”，使其在审判阶段对辩护方也很难提供有效的支持。辩护人提出

① 参见闵春雷：《以审判为中心：内涵解读与实现路径》，载《法律科学》2015 年第 3 期。

关键证人出庭作证等要求，能得到满足的机会也很少，使辩护方很难通过有效辩护维护被追诉人的合法权益。[①]

（二）形式化的庭审有违刑事审判法治化的要求

以审判为中心就是要求审判在刑事诉讼中发挥实质性和决定性的作用，保障刑事案件处理符合公平和正义等法治价值的要求。在谈到以审判为中心的刑事诉讼制度改革时，有学者认为："审判中心主义不仅要求在形式上突出审判活动的诉讼地位（包括如今常常提及的突出庭审的作用），也不限于重塑法院的社会形象的宣传意图，更重要的，是审判活动必须实质化。毫无疑问，徒具形式而不具有实质性的审判无助于审判中心地位的确立，反而对此有消解作用。"[②] 上述观点可以说一针见血地指出了当前我国刑事审判形式化的问题，全案证据移送、证人出庭率低、质证对象书面化，所有这些问题都在不同程度上影响着刑事审判法治化的进程。

1. 案卷中心主义不利于法官客观裁判

案卷中心主义是以侦查为中心诉讼理念影响下的必然结果。在刑事诉讼中，案卷是固定和记载刑事诉讼活动的重要载体，通过案卷可以全面翔实地了解刑事诉讼全貌以及刑事诉讼活动的时间、地点、参与人和活动内容等情况。正因如此，案卷在刑事诉讼中具有重要的作用。但是，肯定案卷的重要作用，并不意味着肯定案卷对裁判的决定性作用。

审判中心主义要求阻断审判前案卷等信息对审判法官的影响，以保障法官通过直接参与庭审获得案件的全面信息，并据此客观地形成心证、作出裁判，所以，以审判为中心的刑事诉讼制度改革内在地要求尽量减少案卷对庭审法官的影响。然而，我国长期以来强调安全和效率价值的优先考量。强调安全价值，就会重视承担安全保卫职能的侦查机关在刑事诉讼中的地位和作用，使其获得优势地位，而一旦获得优势地位，侦查机关对检察机关和审判机关的影响力必然会持续加强。强调效率价值，就会重视和密切侦查、审查起诉等审判前诉讼活动和审判之间的联系，而先前诉讼活动产生的卷宗就成为加强它们之间联系的重要媒介。在这种情况下，移送全部侦查卷宗就成为实现安全和效率价值的重要手段。尽管 2012 年之后，我国刑事诉讼法提出保障被追诉人的人权，但是在诉讼理念上犯罪控制观念依然根深蒂固，不可能在短期内全部消除以侦查为中心对刑事诉讼制度和刑事诉讼活动的影响。在这种背景下，侦查卷宗仍将会在很长一段时间内对审查起诉和刑事裁判产生持续的影响。正如有学者指

---

① 参见王敏远：《以审判为中心的诉讼制度改革问题初步研究》，载《法律适用》2015 年第 6 期。

② 张建伟：《审判中心主义的实质内涵与实现途径》，载《中外法学》2015 年第 4 期。

出的，只要裁判者有卷宗可恃，“即使庭审时不进行细致调查，仍然可以通过私下阅卷活动了解案件情况并以之为裁判基础，既然如此，庭审就必然变得可以替代甚而至于可有可无了。”① 案卷中心主义所造成的最为严重的后果在于，其直接导致了庭审虚化，这不仅严重侵害了当事人的诉讼权利，也极易因法官片面接受案件信息而造成预判和误判。对此，最高人民法院有法官指出，“近年来纠正的重大冤假错案，几乎都与庭审不能正常发挥作用直接相关。”②

2. 直接言词原则缺失不利于法官公正裁判

作为审判中心主义理念影响下的刑事审判的基本特征，直接言词原则不但要求法官必须是不间断地亲历庭审的全过程，而且要求整个庭审过程建立在控辩双方通过言词进行陈述、质证和抗辩的基础上，以求公正地作出裁判。由于长期受以侦查为中心诉讼理念的影响，法官在审判实践中已经产生了对案卷笔录的心理依赖，庭审前阅卷和制作阅卷笔录成为法官审判工作的重点，在此过程中对案件产生预判，而庭审就蜕变为印证法官预判的过程。正因为如此，我国刑事诉讼法和人民法院组织法并没有对法官不间断参与案件审理预设系统的审理规则，如在案件审理过程中法官离席时案件是否中止审理，缺乏强制性的规定。毕竟，“案卷笔录是侦查取证人员对直接认证提供情况的一种转述，它不可避免地被过滤或加工，不仅一部分陈述的内容被直接过滤掉，而且陈述时的语调、表情等丰富的信息（情态证据）也无以存在。”③ 法官如果不能不间断地参与案件审理，会直接导致被告人在庭审中进行质证和辩解的空间被压缩，权利被限制，从而使被告人受到不公正的待遇。不能落实直接言词审理原则，法官便只能依赖案卷材料进行裁判，无法保证裁判结果的公正。

另外，证人（包括警察和鉴定人）出庭作证是言词审理原则的必然要求，只有证人出庭作证并接受质证，才能从根本上阻断侦查阶段获得的证人证言等证据材料对法官的影响，使法官从证人作证和接受质证的过程中直接形成心证，并在此基础上获得支撑裁判的事实根据，据此作出公正的裁判。但是，在我国刑事诉讼中，证人、鉴定人等出庭率一直处于较低的水平。资料显示，2012 年刑事诉讼法修改前全国刑事案件的证人出庭率不足 5%，有的地方甚至为零。2012 年刑事诉讼法修改后，加强了对证人出庭作证的保障，从实践效果来看，除个别地方刑事案件证人出庭作证的比例上升外，大部分地方的刑事案件证人出庭率与以前差别不大。证人出庭作证的缺失，不但剥夺了被追诉人

① 张建伟：《审判中心主义的实质内涵与实现途径》，载《中外法学》2015 年第 4 期。

② 蒋惠岭：《重提“庭审中心主义”》，载《人民法院报》2014 年 4 月 18 日，第 5 版。

③ 龙宗智：《论建立以一审庭审为中心的事实认定机制》，载《中国法学》2010 年第 2 期。

在法庭审理中通过交叉询问进行质证的权利，而且更加强化了法官对案卷材料的心理依赖。对此，有学者指出，“依法应当出庭作证的证人、鉴定人、侦查人员等人证出庭率低，已经是长期以来的一项痼疾，违背了刑事诉讼法的直接言词原则，广为人所诟病。证人等不出庭、大量使用案卷中的证据替代品（如证人询问笔录），是造成书面审判盛行的重要原因”①。

最后，刑事审判是建立在控、辩、审三方良性互动基础上的制度设计，以审判为中心的刑事诉讼制度改革内在地要求控辩双方尤其是辩护律师在庭审中提出高质量的质证意见和法律适用意见，以利于法官全面查清案情、正确适用法律，保障裁判的公正性。但是从我国的审判现状来看，由于法律援助制度不健全，导致律师出庭辩护的比例一直较低。虽然修改后刑事诉讼法将指定辩护适用的案件范围扩展到可能判处无期徒刑以上的案件，但是实践中仍有大部分刑事案件没有辩护律师的参与。在这种情况下，被告人自行辩护的有效性无疑会大打折扣，庭审的对抗性也会降低，在一定程度上必然影响裁判的公正性。

三、以审判为中心刑事诉讼制度的基本特征

根据我国宪法对刑事诉讼的制度设计，针对长期以来我国刑事诉讼机制存在的问题，借鉴国外相对成熟的刑事诉讼经验，以审判为中心的诉讼制度改革内在地要求法官排除预断，通过直接言词审理和保障辩护权，充分发挥审判在刑事诉讼中的决定性作用，保障刑事审判的中心地位。

（一）排除预断

排除预断就是通过阻断审判前信息对法官产生的影响，防止法官在没有亲历审判前对刑事案件的结果预先产生判断。排除预断是审判中心主义的内在要求，以审判为中心的诉讼制度改革必须阻断审判前信息对法官的影响。排除预断的重要途径就是要求限制案卷移送的范围。如前所述，从世界范围来看，基于不同的司法理念和诉讼模式，在案件卷宗移送问题上各国做法不尽一致。英美法系国家多采取起诉书一本主义，直接阻断审判前信息对法官和陪审团的影响。大陆法系国家多采取卷宗移送主义，在这种情况下，有些国家通过预审程序的设置隔断审判前案件信息对庭审法官产生影响，也有些国家严格限制阅卷范围，如德国只允许一名合议庭成员阅卷，其他成员必须通过庭审了解案件事实。相比之下，起诉书一本主义的阻却功能明显强大。

① 万毅：《以审判为中心的诉讼制度改革：三重困境及其破解》，载《人民法院报》2016 年 2 月 24 日，第 5 版。

所谓起诉书一本主义，即检察机关在向法院起诉时只移送一份起诉书，既不得移送证据材料，也不允许在起诉书中描述这些证据情况，法官通过庭审建立对案件的心证，并本着自己的心证作出判决。这一制度的用意在于防止法官在审判前对案件产生预断，避免庭审流于形式。其原理是："卷证并送制度下，基本上是由司法警察将收集之证据送交检察官，再由检察官交给法官，法官可能认为相关证据既已在手中，法庭之活动似乎不甚重要，整个审判程序将完全流于形式，交互诘问制度亦近乎名存实亡。"① 适应以审判为中心的诉讼制度改革，要想使庭审过程真正走向实质化，检察机关在案件移送起诉时应当只移送起诉书，不移送证据材料。法官只有彻底摒弃对卷宗的依赖，才能排除预断，才能在案件审理时"头脑像一张白纸一样"，并根据直接参与庭审形成的心证作出裁判。

在这个问题上，我国1996年刑事诉讼法摒弃了1979年刑事诉讼法规定的卷宗移送主义，改为移送起诉书和主要证据的复印件，较之以前有很大的进步，但是2012年刑事诉讼法又恢复了1979年刑事诉讼法规定的卷宗移送主义。如果起诉时移送全部案卷材料且不限制阅卷法官的范围，就不能解决法官对案卷的依赖现象和法官预断问题。鉴于我国的现实国情，兼顾自由心证和准备庭审的需要，有学者提出折中主义的选择，建议建立双重案卷制度，即起诉时不直接将侦查卷宗移送人民法院，而应制作单独的起诉卷（主要为证明案件事实证据材料）移送，对其他非证据材料不再随案移送，既保证审判人员在审前能够了解案件事实，更好地驾驭庭审，又能有效防止侦查卷中其他材料对审判人员预判的影响，确保审判人员的内心确信主要形成于法庭审理。② 当然，也有学者认为，若不能下决心实行起诉书一本主义，只怕"以庭审为中心"难以取得实际效果。③

笔者认为，从我国刑事诉讼制度改革最终结果来看，鉴于起诉书一本主义可以从根本上阻断审判前案件信息对法官的影响，所以实行起诉书一本主义终将是不二选择。但是，就目前我国刑事诉讼运作的实际状况而言，法官整体素质还有待提高、刑事案件案多人少的问题短时间内难以解决，所以我国还不具备完全实行起诉书一本主义的条件。比较可行的办法是在现有法律框架内由最高人民法院通过制定规则的方式限制庭审法官阅卷的范围，防止庭审法官在庭审前全面系统地阅卷而产生预断。

---

① 吴灿：《卷证不并送下证据法则的变与不变》，载《检察新论》2014年第15期。

② 沈德咏：《论以审判为中心的诉讼制度改革》，载《中国法学》2015年第3期。

③ 张建伟：《审判中心主义的实质内涵与实现途径》，载《中外法学》2015年第4期。

（二）直接言词审理

直接言词原则是庭审实质化必不可少的制度构成要素。直接原则要求制作判决的审判人员应以亲身接触的方法来了解案件中的一切原始的证据。法院如仅就侦查人员或检察人员对于证据的报告，或就书面材料研究证据，而不在法庭调查中传讯被告人、证人、鉴定人，便不可能达到审判目的所要求的客观真实。言词原则要求审判以言词方式进行，具体而言，“在法庭审理过程中当事人的一切声明和辩解，以及法院和当事人针对获取和调查证据一事向被告人、证人、鉴定人的发问以及就发问所作的回答，都应该用言词形式表达出来。”[①]直接言词原则与交叉询问制度是大陆法系普遍认同的诉讼原则。庭审过程中，法官通过对控方、辩方、被害人、被告人证据展示的亲历性及对法庭调查、辩论环节的询问，可以对案件的事实及证据的合法合理性有进一步的认识和了解。

在我国，法庭审理的形式化与证人、鉴定人出庭难不无关系。现行刑事诉讼法虽然对证人、鉴定人出庭作证作了专门规定，但由于种种原因，目前尚未能根本扭转司法实践中证人、鉴定人出庭难的问题。证人、鉴定人不出庭或出庭率低，直接言词原则就无法完全实现，就不可能从根本上实现从“审卷”到“审案”的转变，庭审走过场就难以扭转。推进庭审的实质化，必须采取有效措施加强证人保护，克服证人出庭的心理障碍，切实提高证人出庭率。另外，采用直接言词审理必然导致审判成本增加和审判时间延长，国外大多通过案件繁简分流机制来解决这个矛盾，简易案件简化处理，只有一小部分重要案件适用普通程序审理。为了优化司法资源配置，提高刑事诉讼效率，我国2012年刑事诉讼法适当扩大了简易程序的适用范围，后来又进行了刑事速裁程序试点工作，并对审理程序制度进行了适当调整，通过案件审理环节的繁简分流，为实现庭审实质化创造有利条件。

（三）证据裁判

证据裁判原则是刑事诉讼的黄金准则。以审判为中心要求完善证据制度，保障刑事裁判以客观、合法、有效的证据为基础，以契合审判中心主义与证据裁判主义的价值诉求。以审判为中心，要求证据制度的运作必须能够在审判中实现证明目的，或者说证明必须按照有利审判进行的逻辑来组织和展开，必须符合审判的规律。以审判为中心，还要求法院为实现司法公正，对刑事案件严

---

① ［苏］切里佐夫著：《苏维埃刑事诉讼》，中国人民大学刑法教研室译，法律出版社1955年版，第120—123页。

格把关，以准确认定事实，正确适用法律，“而其重点，在于贯彻证据规则，排除非法证据，以及严格证据标准，实现疑罪从无。”[①] 这已经成为当今国际社会证据制度发展的趋势。而对于法院来说，坚持证据裁判原则是保障案件公正裁判的关键。为此，庭审必须以证据为重心，强化证人、鉴定人出庭，依法排除非法证据。只有证据确实充分的案件才可定罪，而对于定罪证据不足或不能排除合理疑点的案件，必须坚持疑罪从无，依法宣告被告人无罪，不得降格作出“留有余地”的判决。[②]

证据规则主要是指证据能力规则，包括非法证据排除规则、因基本要素欠缺的证据禁止规则以及应对瑕疵证据的规则。实践证明，刑讯逼供、非法取证是冤假错案的罪魁祸首。鉴于此，《决定》明确提出要健全落实非法证据排除规则的法律制度。只有在刑事诉讼中特别是审判程序中依法排除非法证据，才能倒逼侦查机关依照法律规定规范取证行为，有效防范冤假错案，加强人权的司法保障。贯彻证据裁判规则，还需要法院严格按照证据标准认定事实，对于不符合证据标准的案件不能勉强作出裁判，使疑罪从无原则落到实处。

另外，证明标准是刑事诉讼的核心问题，“严格证明标准，既直接关涉案件的实体处理，也与犯罪嫌疑人、被告人的权利保障紧密联系。”[③] 我国刑事诉讼法规定，侦查终结、提起公诉、审判定罪都应当达到“事实清楚，证据确实、充分”的证明标准。尽管法律规定的不同阶段证明标准是统一的，但实际执行过程中，侦查、审查起诉和审判三个阶段各机关对证明标准把握的尺度有较大差异。具体来说，审前阶段对审判阶段的证明要求缺乏应有的重视，导致有些案件在侦查阶段因放松对证明标准的要求而出现瑕疵，经不起庭审的检验。因此，以审判为中心要求审前阶段的侦查和审查起诉活动需按照庭审的证明标准来进行，防止刑事案件“带病”进入审判程序，保证案件经得起庭审的检验。

（四）有效辩护

庭审实质化以实质化的辩护为基础。如果被告人及其辩护人享受不到充分的辩护机会，或者其辩护不具有有效对抗控诉的能力，或者不能对法官产生实质性的影响，辩护就会流于形式。缺乏有效辩护必然导致刑事审判活动的结构性缺陷。正如有学者指出的，“律师的独立辩护得不到保障，以审判为中心就

---

① 龙宗智：《“以审判为中心”的改革及其限度》，载《中外法学》2015 年第 4 期。

② 叶青：《以审判为中心的诉讼制度改革之若干思考》，载《法学》2015 年第 7 期。

③ 孟建柱：《主动适应形势新变化　坚持以法治为引领　切实提高政法机关服务大局的能力和水平》，载《人民法院报》2015 年 3 月 18 日，第 1 版。

是水月镜花”[①]。所以，以审判为中心的诉讼制度改革内在地要求必须保障辩护的有效性。一是要求被追诉人有辩护的权利和能力，二是要求被追诉人或者辩护人有充分行使辩护权的机会和空间，三是要求侦查机关、检察机关和审判机关应当尊重和保障被追诉人或辩护人依法行使辩护权。在上述三个方面的要求中，第一个要求是有效辩护的基础，第二个要求是有效辩护的条件，第三个要求是有效辩护的保障。上述三个方面的要求缺一不可。

为了保障辩护的有效性，我国刑事诉讼法明确赋予犯罪嫌疑人、被告人辩护权，同时还规定犯罪嫌疑人、被告人有委托辩护的权利，以期通过委托辩护提高犯罪嫌疑人、被告人的自我防护能力。此外，刑事诉讼法还充分保障犯罪嫌疑人、被告人、辩护人在刑事诉讼中进行辩护的机会，并要求侦查人员、公诉人员和审判人员应当听取犯罪嫌疑人或被告人的辩解、辩护人的辩护意见。在此基础上，针对实践中存在的不尊重辩护权、不重视辩护意见的问题，《决定》提出要强化诉讼过程中当事人的辩护辩论权的制度保障。《意见》也明确指出，犯罪嫌疑人、被告人有权获得辩护，人民法院、人民检察院、公安机关、国家安全机关有义务保障犯罪嫌疑人、被告人获得辩护；依法保障辩护人会见、阅卷、收集证据和发问、质证、辩论辩护等权利，完善便利辩护人参与诉讼的工作机制；同时，建立法律援助律师值班制度，法律援助机构在看守所、人民法院派驻值班律师，为犯罪嫌疑人、被告人提供法律帮助。

四、以审判为中心诉讼制度改革对公诉工作的影响

以审判为中心的诉讼制度改革，要求各项刑事诉讼活动都要围绕审判展开，与其不相适应的司法理念、制度机制和办案方式，均需作出调整和改变。因此，这项改革对检察机关和检察工作的影响是全方面的，特别是对公诉工作的影响最为直接。

（一）对公诉理念的影响

2014 年 12 月 25 日最高人民检察院第十二届检察委员会第五次集体学习时，曹建明检察长强调指出：“各级检察机关要从保证公正司法、提高司法公信力的高度，从加强人权司法保障、维护社会公平正义的高度，深刻认识推进以审判为中心的诉讼制度改革的重要性和紧迫性，牢固树立正确的司法理念，更加注重办案质量，更加注重保障人权，确保侦查、审查起诉的案件事实和证

① 张建伟：《审判中心主义的实质内涵与实现途径》，载《中外法学》2015 年第 4 期。

据经得起法庭质证的检验，经得起法律的检验。”① 对于公诉工作来说，以审判为中心的诉讼制度改革首先要求公诉人员必须摒弃“重犯罪控制、轻人权保障”的陈旧司法理念，牢固树立以人权保障为核心的现代司法理念，摒弃行政化的公诉考评理念，以保障案件质量为核心重新构建公诉工作机制。

1. 必须牢固树立正确的司法理念

就认知论而言，理念属于思维的范畴，是决定行为模式的根本因素。长期以来，受犯罪控制理念的影响，“重打击，轻保护”“重实体，轻程序”“重配合，轻监督”等观念根深蒂固，尽管1996年刑事诉讼法实施以来，情况有所好转，但是仍未从根本上转变传统的司法理念。“如果没有罪刑法定、程序正义、人权保障、法律平等等现代刑事司法理念，不可能产生以审判为中心的诉讼制度；没有无罪推定、证据裁判、控辩平等、疑罪从无等现代刑事司法理念，也无法落实以审判为中心的诉讼制度。”② 全面建成法治社会，刑事诉讼的法治化是一个重要的标志，而以审判为中心的诉讼制度改革是推进刑事诉讼法治化的重要抓手。如果不彻底实现从传统司法理念向现代司法理念的转变，不但以审判为中心的诉讼制度改革目标无法实现，更为重要的是将从根本上影响法治中国的建设进程。公诉工作是刑事诉讼的一个重要环节，其承担的控诉职能是一项基本诉讼职能，它启动刑事审判程序并推进和保障刑事审判活动进行的正当化。因此，以审判为中心的诉讼制度改革要求公诉人员必须尽快摒弃犯罪控制为主的传统司法理念，牢固树立人权保障优位的现代司法理念。

犯罪控制和人权保障反映了两种不同的价值取向，在调和二者矛盾的时候，我们要考虑立法和司法的差异。对安全优先还是自由优先的考量，本质上是个立法问题，是国家基于社会治理需要作出的一种制度选择和安排。例如，根据联合国《公民权利和政治权利国际公约》的规定，赋予并保障被追诉人享有沉默权被视为刑事诉讼的一项基本国际准则，我国政府1998年签署该公约，理论界也早就呼吁通过立法赋予犯罪嫌疑人沉默权，但是基于国情考虑，该公约至今还没有获得立法机关的批准，沉默权也没有在刑事诉讼法中予以明确。类似的情况还有很多。立法机关基于我国社会现实作出的这种制度安排，突出了对通过有效惩治犯罪维护社会安全的优先考量。

在刑事司法领域，则不存在去权衡安全优先还是自由优先的问题。因为在刑事司法治理过程中，刑事司法行为必须严格依照刑事立法的规定进行，对于

① 《积极适应以审判为中心诉讼制度改革要求 提升司法能力强化检察监督保证公正司法》，载《检察日报》2014年12月25日，第1版。

② 沈德咏：《论以审判为中心的诉讼制度改革》，载《中国法学》2015年第3期。

刑事立法明确规定被追诉人享有的诉讼权利，必须给予充分的尊重和保障。此时，既不能以惩治犯罪的需要为借口违反刑事立法规定进行追诉和裁判，也不能以基于惩治犯罪的需要为借口限制或剥夺被追诉人的诉讼权利。此时，在惩治犯罪和人权保障的关系处理上，政法机关在刑事司法治理过程中没有自由裁量的权力，必须充分尊重和保障被追诉人的人格、尊严以及诉讼权利等人权，否则就会因违法而承担相应的法律责任。

2. 必须更加注重办案质量

公诉工作上承侦查、下接审判，是诉讼过程中的一个关键环节。在权能构造上，公诉权包括了审查起诉权、不起诉权、提起公诉权、出庭支持公诉权和诉讼监督权等，从这些权能的配置来看，公诉工作的质量与被追诉人的权利休戚相关。具体来说，如果把不符合起诉条件的案件提起公诉，或者把可以适用不起诉的案件提起公诉，就会直接导致被追诉人自由等实体权利被剥夺（尽管可能是暂时剥夺）的后果；如果在庭审中不当行使控诉权，就会造成对被追诉人诉讼权利的侵害；如果在诉讼过程中不认真履行法律监督职责，就会放纵侦查权和审判权对被追诉人权利的侵害。另外，公诉工作的质量还直接决定了国家刑罚权实现的程度。因为公诉工作的粗糙可能导致该提起公诉的案件作不起诉处理，或者提起公诉后因为不能满足有罪判决的条件而导致裁判无罪，这些结果都会放纵犯罪，无法实现有效惩罚犯罪的目的。

尽管公诉工作在维护稳定、保障人权、诉讼监督等方面发挥了不可替代的作用，但是从实践情况来看，确实在案件质量上还存在一些不尽如人意的地方。如在不起诉问题上，司法实践中检察机关存在人为控制不起诉率的问题，本来提起公诉与否是案件本身的事实和证据因素决定的，如果人为限制不起诉率，就会使得那些不该提起公诉或可以不提起公诉的案件被提起公诉，不但浪费司法资源，而且也侵害了被追诉人的权益。另外，由于案件质量意识不强，刑事案件提起公诉后，公诉人在出庭支持公诉时不习惯充分行使职权进行立体指控，如指控主要限于出示书面证据材料和对书面证据材料的质证，既不主动申请法庭传唤控方证人到庭印证控方指控，也不善于经常性地申请法庭传唤辩方证人到庭接受质证，从而导致质证的质量不高，直接影响控诉质量。再者，尽管刑事诉讼法要求审查起诉阶段要听取辩护人和被害人委托代理人的意见，但是在审查起诉工作中检察人员与辩护人、被害人委托代理人沟通的程度还不够深入，辩护人和被害人委托代理人的意见对审查起诉工作的影响程度还不高，其结果往往不能避免辩护人在法庭审理过程中搞证据突袭，导致控诉陷于被动。在当前全面推进以审判为中心的诉讼制度改革背景下，这些认识和做法都必须彻底转变。

（二）对审前程序的影响

审判前阶段的侦诉关系模式和诉前分流机制也是影响以审判为中心诉讼制度改革的重要因素。毋庸置疑，我国侦诉关系模式和诉前分流机制是在长期的刑事诉讼实践中形成的，具有一定的合理性。但是，以审判为中心的诉讼制度改革要求重新审视侦诉关系模式和诉前分流机制。

1. 对侦诉关系模式的影响

刑事诉讼中侦查和起诉的关系模式在很大程度上影响着公诉的质量和效率。在国外，为了保障控诉的质量和效率，控诉和侦查的关系一般都很密切。在采用侦诉一体化模式的国家，启动侦查程序后检察机关就介入并指挥侦查活动的进行，检察机关对侦查活动的推进和处分有决定权。即使在采用侦诉分离模式的国家，启动侦查程序后，检察机关一般也会主动介入侦查活动并对侦查活动进行必要的引导。控诉和侦查的关系之所以如此紧密，主要是基于保障案件控诉质量的考虑。因为检察机关承担控诉职能，但是控诉所需的证据材料是通过侦查活动获得的，为了提高控诉质量，检察机关必须保障作为控诉根据的证据材料的真实性、合法性，这就要求检察机关主动介入侦查活动，对侦查活动同步引导。

长期以来，在我国宪法确定的制度框架内，侦查机关和检察机关是一种在分工负责基础上的互相配合和互相制约关系。这种关系定位具有合理性，但是法律对配合和制约机制只是原则性的规定，由于缺乏可操作性，直接影响了侦查和控诉功能上的衔接。刑事司法实践中，基于犯罪控制的压力、部门利益的考量以及其他案外因素的影响，侦查活动的封闭性相当严重，检察机关对除批准逮捕以外其他侦查活动几乎无法进行及时有效的制约。在这种情况下，检察机关的职能限定在案件侦查终结移送起诉后对侦查案卷材料的审查，由于侦查卷宗材料的记载无法还原侦查活动的真实场景，即使审查起诉过程中检察机关可以通过退回补充侦查完善证据材料，审查起诉也主要是对侦查卷宗材料的“缝缝补补”。如此，无疑压缩了检察监督权行使的空间。推进以审判为中心的诉讼制度改革，必然要求密切侦查和控诉的关系，通过确立法定的配合与制约规则，明确检察机关在侦查活动中的地位和作用，强化检察监督的主动性和强制性，加强检察机关对侦查活动的引导和规制，从而在宪法确定的制度框架内完善控诉和侦查关系的运作机制。

2. 对诉前分流机制的影响

以审判为中心强调庭审的实质化，而庭审的实质化必然意味着证据出示、质证和辩护程序规则的完备，其结果导致控辩双方在庭审过程中要投入更多的时间和精力，以争取对己方有利的结果。因此，在审判中心主义诉讼模式下，案件进入刑事审判程序后，检察机关势必要投入充足的优质诉讼资源来支持公诉，以实现国家赋予检察机关的神圣使命。但是，“迟来的正义非正义”，现代国家刑事诉讼的价值体系既包括公正价值也包括效率价值，在国家司法资源有限的情况下，为保障进入审判程序的案件质量，大多数国家都设置了诉前案件分流机制，通过分流机制将那些没有必要进入审判程序的案件在审前阶段进行处理，从而使检察机关把主要精力集中在重要案件的庭审指控上。在实行审判中心主义诉讼模式的英美等国家，绝大部分的刑事案件都通过辩诉协商等方式予以处理，进入庭审程序的案件只是很少一部分。大陆法系国家则主要通过检察机关积极行使起诉裁量权，使大部分刑事案件在审判前进行有效的处理。如早在1910年前后，日本就确立了起诉便宜主义原则，允许检察官对特定的犯罪作暂缓起诉的决定。德国在传统上一直适用极具特色的处罚令程序对轻罪案件进行分流处理。据统计，德国以处罚令程序处理的案件约占全部刑事案件的一半左右。近年来的发展趋势表现为警察机关在中止案件方面享有更大的权力，而检察机关也越来越多地适用裁量起诉原则在审前对案件进行分流。①

我国长期以来一直受犯罪控制理念的影响，要求检察机关在刑事诉讼中坚持实事求是的诉讼原则，做到“有罪必诉”。另外，在我国社会公众的认知体系中，他们对实体正义的诉求远较程序正义诉求强烈，一旦案件的处理结果达不到他们的预期，即使程序再公正也无法阻止他们通过信访途径提出自己的诉求，所以这些年来检察机关的信访压力巨大，导致在审判前阶段通过不起诉处理的案件数量规模非常有限。诉前分流机制的不健全、不完善，分流的案件规模太小，势必影响检察机关在审判阶段的资源投入，也不符合国际刑事诉讼的发展趋势。所以，以审判为中心的诉讼制度改革要求检察机关必须摒弃“有罪必诉”的观念，通过积极充分地行使起诉裁量权，将那些符合不起诉和暂缓起诉条件的案件在审查起诉阶段及时作出处理，保障检察资源在审判阶段投入的充分性。

（三）对出庭支持公诉工作的影响

出庭支持公诉是审判阶段检察机关的一项重要职能，包括宣读起诉书、讯问被告人、出示证据、参与质证、发表公诉意见、法庭辩论等一系列活动。在以审判为中心的诉讼制度改革背景下，庭审的对抗性将更加激烈，出庭接受质证的证人将逐渐增多，非法证据排除也将常态化，因此，以审判为中心所蕴含的庭审实质化要求检察机关必须充分认识到庭审的重要性，更加重视庭审每一

① 参见张小玲：《刑事诉讼中的“程序分流”》，载《政法论坛》2003年第2期。

个环节的工作，积极应对庭审实质化的挑战。

1. 庭审的对抗性将更加激烈

法庭审判就是给予刑事案件的控辩双方互相质证和辩论的特定场域，法官在听取控辩双方互相质证和辩论的过程中获得对案件事实的认识和判断，以此作为裁判的客观基础。所以对抗性是法庭审判的一个基本特征，在彼此遵守质证和辩论规则基础上的控辩对抗，是裁判公正性的制度保障。在我国以往的刑事审判过程中，庭审具有较强的形式化色彩，庭审和裁判脱节，庭审虽然在形式上完全遵守刑事诉讼法和审判规则的规定，但是对裁判事实的认定并不具有决定性的影响，法官更多地是通过审阅控诉证据材料来还原案件事实，庭审反而成了辅助性的过程。这种裁判事实的认知模式对庭审对抗程度及其效果并没有太高的要求，所以一般情况下庭审的对抗性并不激烈。在以审判为中心的刑事诉讼模式下，情况就会发生根本转变，庭审实质化所要求的直接言词原则、证据裁判原则和疑罪从无原则等，会导致庭审中控辩之间的激烈对抗，控辩双方都希望在对抗过程中通过不断反驳对方观点来获得法官对己方观点的认同，以获得有利于己的裁判结果。此时，“戏剧化的激烈辩论场面可能会更多地出现在司法实践中，不可控因素增多，公诉人和审判长将很难‘预测’庭审的结果。”① 所以，推进以审判为中心的诉讼制度改革，要求出庭支持公诉的检察人员必须充分认识并积极应对庭审中对抗程度的这种巨大变化。

2. 出庭接受质证的证人将逐渐增多

证人（含鉴定人、侦查人员等）出庭作证并接受质证，是法官查明案件事实真相的重要来源。然而，在我国刑事诉讼实践中，法官在查明案件事实的过程中对证人的依赖程度并不高，证人出庭作证的比例相当低。除了前述原因，还在于我国证人保护机制的不完善，证人普遍不愿作证更不愿出庭公开作证并接受质证。2012 年之前，我国刑事诉讼法仅是规定证人有作证的义务，但证人保护机制缺失，所以刑事诉讼法也没有把证人出庭作证纳入强制性规则范畴。2012 年修改后的刑事诉讼法增加了对证人保护问题的规定，但是由于证人保护机制仍然缺乏可操作性，证人在没有获得充分安全感的情况下不愿意主动出庭作证并接受质证，因此实践效果并不好。在以审判为中心的诉讼制度改革过程中，控辩双方为了追求对己方有利的裁判结果，会尽一切可能要求证人出庭作证并接受质证，所以证人出庭作证的比例将会大大提高，证人保护机制也会逐步完善。对此，公诉人员也应当在心理和技能上做好充分的准备。

---

① 曹向荣、宋春阳：《“以审判为中心”对公诉工作的影响及应对》，载《中国检察官》2015 年第 7 期。

3. 非法证据排除的常态化

非法证据排除规则的有效运作，是审判中心主义诉讼模式下刑事审判活动的一个重要特征。因此，国外法治发达国家普遍制定了非法证据排除规则。在我国刑事诉讼的发展过程中，由于一直存在对侦查阶段获得的证据材料的心理依赖问题，所以非法证据排除规则长期阙如。2010 年 5 月 30 日，最高人民法院、最高人民检察院、公安部、国家安全部、司法部联合发布了《关于办理刑事案件排除非法证据若干问题的规定》，对审查和排除非法证据的程序、证明责任及讯问人员出庭等问题进行了具体的规范，同时，《关于办理刑事案件排除非法证据若干问题的规定》内容被纳入 2012 年修改后的刑事诉讼法。非法证据排除规则的确立是我国刑事诉讼制度进一步民主化、法治化的重要标志，对于依法惩治犯罪、切实保障人权、维护司法公正特别是程序公正，预防冤假错案的发生，具有重要而深远的意义。但是，毕竟由于非法证据排除规则的长期阙如，侦查人员在刑事侦查过程中根据非法证据排除规则要求规范取证行为的意识还不到位，检察人员和审判人员落实非法证据排除规则的意识也不强烈，导致非法证据排除规则的实践效果并不理想。《决定》明确提出，要健全落实非法证据排除等法律原则的法律制度，因此在推进以审判为中心的诉讼制度改革过程中，非法证据排除无疑将呈现常态化的趋势，公诉人员在审查起诉工作中要善于对照非法证据排除规则的要求对侦查阶段获得的证据材料进行审查，要敢于排除非法证据，也要虚心接受审判阶段非法证据排除的后果，倒逼侦查行为的规范化。

（四）对检察监督工作的影响

人民检察院是国家的法律监督机关。我国《刑事诉讼法》第 8 条规定，人民检察院依法对刑事诉讼实行法律监督，具体包括立案监督、侦查监督、审判监督和执行监督。以审判为中心的诉讼制度改革是在我国现有宪法和法律框架内诉讼制度的自我完善过程，强调审判在刑事诉讼过程中的中心地位，绝不能理解为限制甚至否定检察机关的法律监督权。检察监督是实现以审判为中心诉讼制度改革的重要保障。曹建明检察长在全国检察机关第五次公诉工作会议上指出，以审判为中心并非弱化检察监督，强化对刑事审判活动合法性和判决裁定公正性的监督，是检察机关必须依法履行好的一项重要职责，不能动摇。《决定》在提出推进以审判为中心的诉讼制度改革时，特别强调要完善检察机关行使监督权的法律制度，以加强对刑事诉讼、民事诉讼、行政诉讼的法律监督。《意见》也要求完善人民检察院对侦查活动和刑事审判活动的监督机制，尤其是要健全对强制措施的监督机制，进一步规范和加强人民检察院对人民法院确有错误的刑事裁判的抗诉工作。鉴于此，检察人员应当充分认识到检察监督在推进以审判为中心的诉讼制度改革中的重要作用，切实履行好检察监督职责，保障改革目标的顺利实现。

此外，在刑事诉讼中，侦查职能和控诉职能具有同质性，都属于对犯罪嫌疑人的追诉活动，只是分工不同而已，侦查机关主要负责控诉材料的收集，检察机关主要负责对犯罪的指控，侦查质量对控诉质量具有基础性的影响。为了保障案件控诉的质量，检察机关应当积极行使检察监督权，对侦查机关的侦查活动进行同步的监督和引导，使侦查活动收集的证据材料经得起法庭审判的检验。但是，在我国刑事诉讼过程中，检察机关对侦查活动的监督目前比较薄弱、乏力，对于发挥侦查监督功能和保障控诉质量的关系仍缺乏深刻的认识。因此，在推进以审判为中心的诉讼制度改革中，检察机关尤其应当重视并加强对侦查活动的监督，强化主动监督的意识，建立完善侦查监督机制，增强侦查监督的实际效果。

五、以审判为中心诉讼制度改革背景下公诉机制的完善

以审判为中心的诉讼制度改革，是全面推进依法治国的重要内容，也是当前司法机关面临的一项极为重要的改革任务。为积极推进这项改革，曹建明检察长在2014年就指出："各级检察机关要积极适应改革的新要求，从自身做起，全面提升检察机关的司法能力和办案质量。要结合检察工作实际，认真研究强化检察机关在审前程序的主导作用，强化引导取证，严把起诉标准，保证公诉案件的质量和效果。要认真研究提高检察机关公诉能力水平，全面贯彻证据裁判规则，充分发挥审判程序在确保案件质量和司法公正方面的重要保障作用。要认真研究构建新型健康良性互动的检律关系，进一步加强和规范在侦查、批捕、起诉等诉讼环节听取律师意见工作，真正与律师平等相待、彼此尊重。"① 全国检察机关第五次公诉工作会议要求，各级检察机关要积极适应以审判为中心的诉讼制度改革新要求，发挥好诉前主导、审前过滤、庭审指控、人权保障等作用，正确把握和处理诉、侦、审、辩等关系，推动构建新型诉侦、诉审、诉辩关系。这为检察机关公诉部门适应和推进以审判为中心的诉讼制度改革明确了方向和任务，"诉前主导、审前过滤、庭审指控、人权保障"这十六个字，成为公诉部门推进刑事诉讼制度改革的重要举措和抓手。本书就是以党的十八届四中全会精神为指导，以"两高三部"《关于推进以审判为中心的刑事诉讼制度改革的意见》为依据，以全国检察机关第五次公诉工作会

① 《积极适应以审判为中心诉讼制度改革要求　提升司法能力强化检察监督保证公正司法》，载《检察日报》2014年12月25日，第1版。

议精神为主线，以河北省检察机关公诉实务为平台，从公诉实践的角度对如何推进以审判为中心的诉讼制度改革进行深入的探讨。

（一）完善诉前主导机制

诉前主导旨在通过强化公诉对侦查取证活动的监督引导功能，保证案件质量，从源头上防止事实不清、证据不足的案件进入审判程序，确保审查起诉的案件事实和证据经得起法庭的检验。完善诉前主导机制，首先要坚持“介入范围适当、介入时机适时、介入程度适度”的原则，在主动发挥引导功能的同时，尊重侦查活动的专业性和侦查规律，防止越位、越权、越界，避免把监督、引导变成领导、指挥。其次要完善引导侦查取证工作机制。明确公诉部门介入侦查、引导取证的案件范围，针对不同案件把握好介入的时机和程度，充分行使监督权，保障引导侦查取证的效果。通过建立诉前主导台账制度，规范诉前主导工作流程；通过建立案件信息通报制度和完善联席会议制度，及时掌握需要介入侦查、引导取证的案件信息；通过建立案件指导制度，规范不同类型案件的诉前主导工作内容和程序；通过建立侦查人员庭审观摩机制和检察人员、侦查人员学习交流制度、诉前主导的诉讼风险分配机制和奖惩机制，增强程序意识和证据意识，保障诉前主导的案件质量。最后要规范退回补充侦查和自行侦查工作机制。进一步明确退回补充侦查的条件，建立退回补充侦查的引导机制和说理机制，明确补充侦查方向、标准和要求；建立退回补充侦查的反馈机制，对于确实无法查明的事项，公安机关、国家安全机关应当书面向人民检察院说明理由；建立退回补充侦查的督导和救济机制，加强对补充侦查工作的督导，对于侦查人员在补充侦查过程中敷衍塞责影响补充侦查工作的，及时采取措施予以纠正，合理把握自行侦查的案件范围、启动条件，正确适用侦查手段。

（二）完善审前过滤机制

审查起诉工作具有重要的过滤功能。在审查起诉工作环节，一方面通过不起诉和撤回起诉，及时终止或中止诉讼程序，防止案件“带病”进入审判程序，在保障被追诉人合法权益的同时，也保证了案件的审查起诉和控诉质量。另一方面，根据案件的复杂程度，在提起公诉的同时，向人民法院提出采用繁简适当的审理程序建议，有利于实现诉讼资源的优化配置。在审查起诉工作中，完善审前过滤机制，首先要完善案件审查工作机制。严格按照刑事诉讼法和检察机关刑事诉讼规则的要求进行审查起诉工作，不能遗漏工作环节，不能突破程序规范。正确把握证明要求和证明标准，坚决排除非法证据，改进和完善证据审查方式，严格证据审查判断工作。通过认真把好事实关、证据关、程序关和法律适用关，保证案件审查起诉的质量。其次要完善不起诉和撤回起诉机制。转变观念，敢于担当，改变限制不起诉率的公诉工作评价机制。完善不起诉的证据标准，严格把握不起诉和撤回起诉的适用条件和适用程序。完善不起诉和撤回起诉案件的公示制度，建立不起诉和撤回起诉案件的说理制度，强化对不起诉和撤回起诉的监督制约，保障不起诉和撤回起诉的案件质量。最后要完善繁简分流工作机制。规范刑事案件繁简分类的标准，建立刑事案件繁简转换的机制，创建与简易案件审理相适应的审查起诉工作新模式，完善与刑事案件速裁程序和认罪认罚从宽制度相配套的公诉工作机制，探索被告人认罪和不认罪案件相区别的出庭支持公诉模式，优化司法资源配置。

（三）完善庭审指控机制

庭审指控是检察机关公诉部门的最重要权能。在庭审指控的过程中，公诉人不但承担着控诉犯罪的职责，同时还承担着审判监督和法制教育的职责，庭审指控的工作机制是否完善，不但直接决定了控诉犯罪的质量和刑事裁判的结果，也影响着审判监督和法制教育的效果，因此，完善庭审指控的工作机制具有重要意义。首先要完善庭前准备工作机制。重视起诉书的作用，规范起诉书的制作。协调完善庭前会议制度，通过庭前会议及时解决案件程序性问题。加强庭前对案件的全面审查，认真梳理证据，做好庭前预测和应对预案。规范证据目录和示证顺序，做好证人、鉴定人、侦查人员出庭作证的安排和辩方证人的出庭作证申请工作。其次要完善出席法庭当庭指控工作机制。完善公诉人信息接收能力、分析能力、应变能力和辩论能力等公诉能力的培养机制，强化责任，增强自信。完善法庭讯问的策略和方法，保证法庭讯问的效果。规范证据出示工作，创新证据出示手段，强化证据出示说理。完善质证策略，规范质证方式。建立公诉意见形成指引机制，规范法庭辩论行为，提高法庭辩论水平，保障法庭辩论效果。最后要完善审判监督机制。尊重法官庭审指挥权，规范庭审监督方式，协调好公诉职能与监督职能的关系。严格把握抗诉条件，规范抗诉工作，积极履行检察监督职能。正确认识裁判结果和控诉质量的关系，控诉质量是决定裁判结果的重要因素，但是影响案件裁判结果的因素是多方面的，无罪判决和二审、再审改判并不是衡量控诉质量的唯一标准。

（四）完善人权保障机制

保障人权是现代法治国家刑事诉讼制度设计和运作的重要价值追求。完善刑事司法领域的人权保障，既是我国刑事诉讼的目的之一，也是落实尊重和保障人权这一宪法原则的重要体现。公诉工作中，完善人权保障机制，首先要完善公诉队伍人权保障意识的培养机制。通过人权保障意识的培养和强化，尊重当事人和其他诉讼参与人的合法权益，坚决摒弃重打击轻保护的错误思想，从根本上扭转有罪推定的逻辑思维模式。其次要完善人权的司法保障机制。严格依法履行诉讼权利告知义务，切实保障当事人和其他诉讼参与人的知情权。完善听取律师意见制度，健全保障律师执业权利的机制，探索被告人认罪案件的控辩量刑协商机制，建立彼此尊重、平等相待、相互促进、良性互动的新型诉辩关系。严格遵守法定诉讼程序，以程序的正当性来保障实体公正，让当事人切实感受到机会公平、权利平等。严格执行全面审查证据的法定要求，坚持排除无罪证据应当说明理由。完善羁押必要性审查机制，确保羁押的合法性和适当性。坚决排除采用暴力取证、刑讯逼供等手段取得的证据，坚决落实疑罪从无原则，确保办理的案件经得起法律的检验。最后要完善人权保障的检察监督机制。完善侦查监督机制，增强侦查监督的主动性，创新侦查监督手段，加大侦查监督力度，保障侦查监督效果。完善审判监督工作机制，完善检察长列席审判委员会制度，加强对法院指令异地再审案件的监督，强化对庭审中程序违法情况的监督。完善检务公开制度，健全检察机关内部监督机制，加强人民监督员对公诉工作的监督。

（五）完善综合保障机制

做好以审判为中心诉讼制度改革背景下的公诉工作，不但要求我们从诉前主导、审前过滤、庭审指控和人权保障等方面全面完善公诉工作机制，还必须完善综合保障机制，着力加强公诉队伍自身建设，持续加强检务保障。具体而言，首先要加强机制保障。结合检察工作规律，根据新时期人民群众对检察工作的新期待和党对检察工作的新要求，完善检察人员分类管理，明确检察人员职责与权限，健全检察委员会运行与决策，严格司法责任认定与追究，落实终身负责与过错追究。根据以审判为中心诉讼制度改革的新要求，完善诉侦协作机制、捕诉衔接机制、诉审沟通机制、诉辩互动机制，完善公诉与其他检察业务部门的协作配合机制，推动构建符合以审判为中心诉讼制度改革要求的新型诉侦关系、诉审关系和诉辩关系。其次要完善公诉队伍自身建设机制。深入贯彻《关于加强和改进新形势下检察队伍建设的意见》的基本要求，进一步做好公诉人员的思想政治教育工作，坚定队伍建设的正确政治方向。严格按照《检察机关岗位素能基本标准技术指导意见》《检察机关岗位素能基本标准（试行）》和《检察官职业道德基本准则（试行）》的要求，根据“信念坚定、司法为民、敢于担当、清正廉洁”的检察队伍建设标准，进一步加强公诉人员的职业能力和职业操守建设。最后要健全公诉工作的技术保障机制和公诉人员的安全保障机制、职业保障机制，为做好以审判为中心诉讼制度改单背景下的公诉工作提供更加充分的保障。

第二章　诉前主导

诉前主导，是检察机关为适应以审判为中心诉讼制度改革的要求、构建新型的诉侦关系、更好发挥法律监督职能而提出的一项重要举措，其在传承“提前介入”“引导侦查取证”等工作机制的基础上，一改过去程序启动的被动，由检察机关择机、择时、择案主动启动，进而强化了检察机关的法律监督属性，其丰富、有效、同步、动态的监督手段更能体现法律监督的职责性、法律性和权威性，从而更好地从源头上防止冤假错案的发生。诉前主导的提出，具有崭新的时代内涵和实际意义，使诉侦关系更加符合刑事诉讼规律和中国特色刑事诉讼架构的要求，更有利于刑事指控体系的构建、案件质量的提高和司法公正的实现。

第一节　诉前主导概述

一、诉前主导的内涵

推进以审判为中心的诉讼制度改革，既是对我国刑事诉讼活动中“以侦查为中心”的矫正，也是对“卷宗中心主义”的纠偏，更是为了构建科学、合理的公检法工作关系，切实保证司法公正，提高司法公信力。诉前主导，来源于刑事诉讼中检察机关的提前介入、引导侦查取证制度，从实践中产生，并在不断完善和总结的基础上逐步发展而来。全国检察机关第五次公诉工作会议以后，许多地方检察机关对诉前主导工作进行了大胆的尝试和有益的探索，并建立了有关的工作机制，积累了很多好的经验做法。但是，关于诉前主导的理论和实践尚处于起步阶段，有待进一步的发展和完善。

（一）诉前主导概念的界定

主导，决定并且引导事物向某方面发展。[①] 诉前主导，是指在审前程序中

① 《现代汉语词典》（第6版），商务印书馆2013年版，第1699页。

检察机关根据庭审证明的需要，有针对性地引导侦查人员收集、固定、完善证据，确保证据的真实性、合法性和证据链条的完整性。诉前主导概念的提出，旨在通过强化公诉对侦查的引导功能，以期更加有效地查明案件事实，从源头上防止事实不清、证据不足的案件进入审判程序，确保审查起诉的案件事实和证据经得起法庭的检验。

诉前主导是由“提前介入”和“引导侦查取证”发展而来，既有传承，又有区别。在司法实践中理解和把握诉前主导概念应当注意把握以下几点：

一是主动性。“提前介入”和“引导侦查取证”均是检察机关被动启动，即根据上级安排或侦查部门的邀请就个案进行，而诉前主导的启动则变被动为主动，检察机关可以根据刑事诉讼的需要，择机、择时、择案决定是否启动诉前主导。

二是同步性。以前检察机关对侦查活动的监督主要通过审查逮捕和审查起诉，属于事后监督，如果侦查机关侵犯当事人合法权益已成事实，事后救济往往无济于事，关键证据取证时机已经错过，导致无法补救，许多冤假错案的形成也与检察监督的缺位有关。而诉前主导从立案开始直到提起公诉，贯穿于整个审前阶段，对侦查方向、取证方式等提出意见和建议，通过旁听讯问（询问）、出席现场和案件讨论等多种方式，对侦查行为实施监督，保障证据收集的合法性和充分性，变事后监督为事中监督、实时监督、同步监督。

三是统一性。中央政法委书记孟建柱在第三次全国政法干部学习讲座上指出，“侦查、起诉阶段要向审判阶段看齐，适用统一的法定证明标准”。这说明诉前主导过程中对侦查取证的标准，与审查起诉和审判阶段的证据标准是统一的，纠正了以往审判、起诉、侦查对证据要求逐级降低的错误认识，从而打消了检察人员开展提前介入、引导侦查取证时的思想顾虑。通过诉前主导，可以把审判阶段对证据的要求有效传导至侦查阶段，充分发挥检察机关法律监督权的制约、纠错功能，从源头上夯实证据基础。

四是强制性。诉前主导的效果如何，很大程度上取决于检察机关开展监督的力度。在诉前主导机制中，检察机关的监督行为更具多样性和强制性，如检察机关对故意违法取证的侦查人员可以采取纠正违法通知书、建议更换承办人、考核给予减分、建议给予纪律处分、追究刑事责任等多种方式进行监督。

（二）诉前主导概念的形成过程

诉前主导概念的提出经历了从提前介入到引导侦查取证再到诉前主导的过程。

1. 提前介入

“提前介入”是检察机关履行法律监督职能的一种方式，指在侦查阶段，检察机关侦查监督部门和公诉部门的检察人员应公安机关的邀请，与侦查人员共同分析案情，指明侦查方向。工作方式主要是提前查阅公安机关的侦查卷宗，了解案情，以便于诉讼。随着刑事诉讼法的修改，检察机关提前介入制度也在发展，检察机关可以参加公安机关对重大案件的讨论，并提出可行性建议。

1988 年 10 月，最高人民检察院与公安部联合下发了《关于加强检察公安机关相互联系的通知》，首次概括了提前介入的目的，要求检察、公安两机关加强联系，配合协作，并明确了检察机关参加现场勘查和介入预审的主要任务，即“了解案情，研究证据……并对公安机关的勘查、预审活动以及收集证据等提出更确切的建议。”1991 年颁布的《人民检察院刑事检察工作细则（试行）》《公安机关办理刑事案件程序规定》也有检察机关提前介入的相关规定。如《人民检察院刑事检察工作细则（试行）》第 6 条规定：人民检察院在刑事检察工作中，应及时参加公安机关对特别重大和影响大、危害严重的重大案件的现场勘查，以及重大集团案件、重大复杂案件和影响大的涉外案件的预审活动。提前介入是进一步深化诉侦关系的重要措施，检察机关提前介入的实践做法，在依法从重从快打击犯罪的特殊历史时期发挥了重要作用，提升了办案质量和效率，避免了单纯审查案卷可能导致的偏差。但其缺点也较为明显，即片面强调配合，强调从重从快打击犯罪，容易忽视对犯罪嫌疑人的人权保障，忽视检察机关对违法侦查行为的监督。由于缺乏对提前介入细节方面的系统规范，提前介入制度仍然没有从根本上解决诉侦关系不畅的问题。

2. 引导侦查取证

引导侦查取证是检察机关从法律监督的角度出发，及时介入侦查机关对重大、疑难、复杂案件的侦查活动，帮助确定侦查方向，引导侦查人员围绕审查起诉的需要，准确全面收集和固定证据。其主要内容包括对重、特大案件发案、立案阶段，检察机关应及时介入，并在熟悉掌握情况的基础上，帮助侦查机关确定侦查方向；侦查过程中提出指导性建议，帮助侦查机关迅速有效地收集罪案证据和遏制犯罪嫌疑人的反侦查行为；出席重、特大疑难案件捕前、侦结前的案件讨论，帮助侦查机关准确定性，梳理证据，并就强制措施的适用、侦结后的处理、证据材料的完善，提出指导性建议；对提请批准逮捕、移送审查起诉的案件，提出补充侦查意见；发现侦查人员存在违法行为或有违法倾向的，及时提出纠正意见。

1997 年公安机关进行刑侦体制改革时，取消了预审部门，致使提请批准逮捕和移送审查起诉的案件质量下降，给检察机关案件审查工作带来较大压力。2000 年 8 月，最高人民检察院召开“全国检察机关公诉改革会议”，提出建立与公安机关加强工作联系的新机制，下发《关于公安机关刑侦部门、检察机关批捕部门、起诉部门加强工作联系的通知》。2002 年 3 月，最高人民检察院原检察长韩杼滨在九届全国人大第五次会议上，提出要“深化侦查监督和公诉工作改革，建立和规范适时介入侦查、引导取证、强化侦查监督的工作机制”。在当年 5 月的全国刑事检察工作会议上，《人民检察院引导侦查取证试行办法》提交给与会代表进行了讨论和修改，提出了坚持、巩固和完善“适时介入侦查、引导侦查取证、强化侦查监督”的工作机制，检察机关引导侦查取证工作机制逐渐趋向规范。在引导侦查取证的探索中，检察机关明确了诉侦合力与侦查监督并举的目标，将引导侦查取证与履行监督职能相结合，强化了侦查监督的效力。这些有益的实践探索，取得了显著效果，也存在一定的局限性，如适用范围不清晰、介入时间不明确、引导的深度不易把握等。

3. 诉前主导

无论是提前介入，还是引导侦查取证，其实质都是为了提高刑事案件的侦查质量，为庭审服务，达到检警合力打击犯罪的目的。将以审判为中心作为刑事诉讼制度改革的方向，是党从推进严格司法、保证公正司法、全面推进依法治国、建设社会主义法治国家的现实需要和长远考虑作出的重大改革部署。随着改革的不断深入，为确保审查起诉的案件能够达到审判的标准和要求，必然要强化侦诉之间的协调配合。因此，引导侦查取证的范围和深度将会进一步扩大，不再局限于个别案件或者案件的个别环节，而要从根本上解决侦查取证不到位而出现冤假错案的问题，“必须在侦查阶段牢固树立证据意识，进一步强化公诉的桥梁和纽带作用，从过去帮助侦查机关收集、完善、固定证据转变到严格依法收集、固定、保存、审查、运用证据，保证庭审在查明事实、认定证据、保护诉权、公正裁判中发挥决定性作用上来。”① 检察机关对侦查活动的监督和制约，不再是以往的一种形式，或者某一个阶段的具体事项，而是更具有全面性、针对性和权威性，诉前主导在这种背景下应运而生。

（三）诉前主导的特征

在诉前主导模式下，检察机关对侦查机关的强制性措施和重要侦查活动进行监督，提出意见或建议，帮助打牢证据基础，提高案件质量。相对于提前介入和引导侦查取证，诉前主导具有四个方面的特征：

1. 时代性

诉前主导是在推进以审判为中心诉讼制度改革的背景下，回应时代和人民

① 周庆平：《公诉部门如何推进以审判为中心的诉讼制度改革》，载《人民检察》2015 年第 4 期。

要求加强法律监督的呼声，以建立新型的诉侦关系为抓手，更好发挥法律监督职能，在继承和发展以往有关工作机制的基础上，推出的一项具有实质意义的改革举措。它力求从源头上保证案件事实证据的确实充分及合法性，体现的是“以审判为中心”和“监督刚性化”的诉讼理念，具有浓厚的时代色彩。

2. 职责性

检察机关的宪法定位，决定了诉前主导的法律监督属性，其根本职责是检察机关对侦查取证行为实施监督。检察机关必须充分认识到诉前主导的本质属性和对检察工作的职责要求，始终坚守法律监督的宪法定位，按照权力分工制约的原则，正确处理好配合与制约的关系，克服和纠正重配合轻监督的错误认识和倾向。

3. 法律性

检察机关依法对侦查机关在证据的收集、固定以及侦查取证方向、法律适用等方面提出意见或建议，而并非领导或指挥侦查取证，同时依法辅之以各种监督和规制手段，如纠正侦查违法、建议更换办案人员、建议纪律惩戒、追究刑事责任、跟踪督导等一系列措施，一改过去监督乏力、补查不到位等现象。

4. 源头性

侦查是整个刑事诉讼的基础，大部分的违法取证行为都发生在侦查阶段，而侦查阶段监督的缺失是造成一系列冤假错案的重要原因。诉前主导可以贯穿于侦查活动的始终，全过程以司法审判的标准进行。一方面通过加强法律监督来防止非法证据或侵犯当事人合法权益情况的发生，另一方面通过诉前主导，解决证据体系的构建问题，防止关键证据取证时机错失等情况发生，从源头上保证侦查活动的合法性和证据的充分性。

二、诉前主导的原则

最高人民检察院副检察长孙谦在全国检察机关第五次公诉工作会议上指出，要“强化诉前主导作用，从源头上保证案件质量”，“要坚持介入范围适当、介入时机适时、介入程度适度原则，尊重侦查活动的专业性和侦查规律，防止越位、越权、越界，避免把监督、引导变成领导、指挥”。在检察工作实践中，必须牢牢把握诉前主导的主要原则，防止诉前主导工作出现偏差。

（一）适时、适当、适度原则

适时，是指诉前主导过程中，检察机关应当选取合适的时机介入侦查，而不是整个侦查过程。比如一般案件可以在立案或者采取强制措施之后，新类型案件可以在受理案件之后、刑事立案之前，选择适当的时机更有利于提高办案效率和质量。适当，是指诉前主导要以合适的方式进行，《人民检察院侦查监督、公诉部门介入职务犯罪案件侦查工作的规定》中明确的方式有听取侦查人员介绍案情、查阅证据材料、参加勘查现场、旁听讯问（询问）以及对现有证据和法律适用问题发表个人意见等。适度，是指检察人员在诉前主导过程中必须把握好“度”的问题，做到引导而不指挥、介入而不代替、配合而不联合。

（二）尊重侦查规律原则

侦查规律是侦查活动本身固有的，反映侦查活动内在要素之间以及与外界环境之间、侦查行为与反侦查行为之间最本质的关系。[①] 侦查活动是由侦查主体、侦查客体、侦查行为、侦查目的等要素构成的一个相对独立的系统。在侦查活动中不仅系统内各要素之间相互作用，而且外部又同社会环境这个更大的系统密切相关。侦查规律包括基本规律和特殊规律。侦查活动基本规律在任何时期、社会都发生作用，贯穿整个侦查活动全过程；侦查活动的特殊规律是在不同时期、社会发生作用，赋予一定时代特色，如侦讯活动中的规律、犯罪现场勘查活动中的规律、经济犯罪案件的侦查规律、毒品犯罪案件的侦查规律等。基本规律和特殊规律相辅相成，共同构成侦查活动的规律体系。

（三）监督与主导并重原则

监督与主导并重，是指在诉前主导中追求实现案件真实正义的过程中保证公平的原则，也是诉前主导制度得以有效实施的保障。表现在两个方面：一是证据收集的监督与主导并重。以审判为中心的诉讼制度改革内在要求是以证据为核心。证据是决定案件定罪量刑的基础和保障，可以说没有证据就没有诉前的相关工作。以证据为核心，就是把重证据的要求贯穿办案始终，使证据达到“确实充分”的法定要求，确保纳入诉前主导视野的案件经得起法律的检验。这就要求检察机关在主导收集与审查证据的过程中，不仅应当注意收集与审查对犯罪嫌疑人不利的证据，也应当收集与审查对犯罪嫌疑人有利的证据。二是对侦查行为的监督与主导并重。对侦查行为监督是侦查行为运行的重要组成部分，是侦查权力行使的配套制度。对侦查行为监督是维护法律尊严的重要武器，通过对侦查行为进行监督，可以对违法侦查行为进行否定、禁止、排除，从而达到规范侦查行为的目的。对侦查行为监督也是保证侦查质量的重要途径。在实践中，侦查机关在实施侦查行为时，有时随意性很大，侵犯犯罪嫌疑人和其他利害关系人合法权益的现象时有发生。实施侦查行为监督尤其是程序

① 王福湘、王茜：《论侦查活动的基本规律》，载《中国刑警学院学报》2012年第3期。

监督有利于有效控制侦查的随意性。因此，对侦查行为的监督主要是一种程序性的监督，通过以引导为载体的监督，保障侦查行为严格依照刑事诉讼法进行。

三、诉前主导的价值

（一）有利于侦查机关依法、全面、客观取证

我国《刑事诉讼法》第50条规定："审判人员、检察人员、侦查人员必须依照法定程序，收集能够证实犯罪嫌疑人、被告人有罪或者无罪、犯罪情节轻重的各种证据。严禁刑讯逼供和以威胁、引诱、欺骗以及其他非法方法收集证据，不得强迫任何人证实自己有罪。"但是长期以来，在侦查取证环节普遍存在违法、片面和主观等诸多问题，具体而言：一是证据收集不及时。侦查过程往往重"抓人破案"而轻"证据定案"，在抓获犯罪嫌疑人获取有罪供述后，便草草结案，不注重客观证据及证据体系的构建，导致犯罪嫌疑人翻供后，关键证据由于时过境迁而无法收集，致使案件搁浅。二是证据收集不全面。重有罪证据、轻无罪或罪轻证据，重定罪证据、轻量刑证据，重言词证据、轻实物证据，重直接证据、轻间接证据和补强证据，致使证据体系不完整。三是证据收集不牢固。对收集的证据缺乏认真对比和分析，不能及时发现证据与证据之间的关联性和矛盾，不能及时全面地收集相关证据加以佐证和补强，不能及时排除证据之间的矛盾。四是证据收集不规范，甚至违反法律规定。侦查活动侧重于破案和抓获犯罪分子，常常不按照或是不完全按照起诉的标准收集、固定证据，在证据的收集过程中规范意识、程序意识较差，违反法定程序现象时有发生，比如在讯问犯罪嫌疑人时有威胁、引供、诱供的行为，收集物证、书证没有规范的法律文书，勘查现场没有见证人在场，鉴定意见的检材提取不合法等。同时，检察机关对侦查活动的监督具有滞后性，如果检察机关始终在侦查违法活动发生之后才介入，就制约了侦查活动监督职能的充分发挥。如果公安机关没有按照检察机关的要求进行侦查，不仅会使诉讼程序空转，有些情况下，关键证据更是时过境迁难以复得，只好相互推诿，整个控诉半途而废。[①] 因此，要解决上述问题，检察机关就必须通过诉前主导，对侦查活动进行及时监督，引导侦查机关依法、全面、客观取证。这也是诉前主导要着力解决的问题。

---

① 陈卫东、郝银钟：《侦检一体化模式研究》，载《法学研究》1999年第1期。

（二）有利于强化非法证据排除意识

《关于办理刑事案件排除非法证据若干问题的规定》对非法言词证据实行绝对排除的原则。如第 1 条规定：“采用刑讯逼供等非法手段取得的犯罪嫌疑人、被告人供述和采用暴力、威胁等非法手段取得的证人证言、被害人陈述，属于非法言词证据。”第 2 条规定：“经依法确认的非法言词证据，应当予以排除，不能作为定案的根据。”据此，如果在案件侦查过程中通过刑讯逼供、暴力、威胁等非法手段获得了犯罪嫌疑人、被告人的口供，即使供述内容是真实的，也必须予以排除。在这种情况下，如果没有其他有力证据佐证，犯罪行为可能因言词证据被排除而无法认定。由于侦查机关“重打击、轻保护”的思维惯性，短时间内难以彻底扭转观念，无法接受因非法证据排除而使犯罪嫌疑人逃避追诉的现实。对此，检察机关应通过诉前主导，引导侦查人员转变观念，牢固树立人权保障理念、程序正义理念，增强非法证据排除意识，依法排除非法证据。即使少数犯罪分子可能因此逃脱打击，也必须容忍，这是程序正义所必须付出的代价，是最大限度地避免冤假错案的必然成本，也是践行无罪推定原则的必然要求。

（三）有利于将瑕疵证据解决在诉前阶段

“有罪追究、无罪保护、严格依法、客观公正”是检察官的基本职责。诉前主导的一般目的，在于严格起诉的法定标准，降低起诉风险，防止“带病”案件进入审判环节。这项工作涉及司法尺度把握、司法成本降低等问题，是对检察机关司法水平和检察官职业素养的检验。通过诉前主导，要求检察人员站在客观公正的立场，认真把好事实证据关；坚持严格依法收集、固定、审查和运用证据，紧紧围绕庭审的证据证明标准，围绕案件事实和证据的客观性、关联性、合法性完善审查机制，不仅要重视收集和采信有罪证据，也要重视收集和采信无罪、罪轻证据，坚决排除非法证据，有罪则诉，疑罪从无，坚决防止事实不清、证据不足的案件或者违反法律程序的案件进入起诉、审判程序。具体而言：一是证据收集要全面。在收集与审查证据的过程中，不仅应当注意收集与审查对犯罪嫌疑人不利的有罪证据，也应当收集与审查对犯罪嫌疑人有利的无罪、罪轻证据。二是证据运用要客观。客观与公正相统一的原则要求运用证据认定案件事实时，不仅应当运用有罪证据，而且应当分析无罪证据，根据两方面的证据排除矛盾、认定事实。客观是检察官必须遵循的义务，没有客观就不可能依法认定事实和适用法律。三是从源头上保证证据质量。检察机关公诉部门要加强介入侦查、引导取证工作，通过出席现场勘查、参加讯问和案件讨论等方式，对收集证据、适用法律提出意见，监督侦查活动是否合法，力争在移送审查起诉前解决证据的确实充分和合法性问题，促进侦查工作由“抓人破案”向“证据定案”转变。

（四）有利于促进诉侦关系的调整完善

我国诉侦关系的内容主要包括“分工负责、相互制约、相互配合和侦查监督”四个方面。从以往的司法实践来看，诉侦关系的现实问题主要表现为片面强调互相配合，对相互制约重视不够，诉讼监督乏力。诉前主导的目标之一在于调整和完善诉侦关系，使诉侦关系在宪法和刑事诉讼法确定的制度框架内良性运行。为此，检察机关需要立足自身，坚持以法律监督为主导、以相互制约配合为底线。需要通过相互配合来消解诉侦分离、相互制约和侦查监督等带来的对立冲突。坚持相互配合，摒弃联合办案，更不能在个案办理中放弃底线，将不符合证据标准的案件予以批准逮捕和提起公诉。在引导侦查取证、职务犯罪与普通犯罪关联侦查、非法证据调查、侦查信息共享等方面，加强诉侦之间的相互配合，建立和完善长效合作工作机制。相互制约和相互配合要为侦查监督服务并提供制度上的支持，通过相互制约和相互配合使侦查监督取得实效。

第二节　诉前主导的工作要求

全国检察机关第五次公诉工作会议提出构建以证据为核心的刑事指控体系和新型诉侦关系，充分发挥检察机关诉前主导的作用，从源头上保证案件的质量。河北省检察机关随即开始探索实施诉前主导工作，一些市县检察机关在进行大量调研后制定了一系列制度，如建立了个案信息通报机制、类案指导联席会议制度、诉前主导台账等具体机制，为贯彻落实以审判为中心的诉讼制度改革积累了经验。

一、诉前主导的一般工作要求

（一）对主导时机的要求

《人民检察院侦查监督、公诉部门介入职务犯罪案件侦查工作的规定》第4条规定：“公诉部门介入侦查，一般应当在采取强制措施后，侦查终结前进行。经检察长批准，也可以在立案后介入侦查。”

关于主导的时机，由于案件情况千差万别，该规定并不能适用于所有刑事公诉案件，其重点应当是选准合适的时机，将检察人员的审查优势和侦查人员的侦查优势结合起来，紧紧抓住证据的合法性、客观性和关联性，形成打击合力和非法证据的有效过滤网。河北省检察机关在实践中进行了探索和论证。有的市级人民检察院出台规定，对于命案，检察机关应当在案发第一时间介入，现场勘查完毕之前进行；其他案件，视情况在立案或采取强制措施后介入。有的检察院在介入时机上进行了细化：如对于命案应当在案发第一时间介入，并应当介入现场、尸体解剖，多听多看，适时就侦查取证的思路、方向和重点提出意见和建议，引导侦查部门依法、及时、规范取证；对于命案以外的其他案件，可视情况在立案或采取强制措施后介入，介入的方式可以听取侦查部门介绍案件的事实、证据情况，并视情况查阅证据材料等。某县人民检察院则做了如下规定：对新类型的案件，可以在公安机关受案之后、立案之前介入；对于命案应当在案发的第一时间介入；对于敏感的涉众型疑难案件，可以在立案并有了初步的证据之后再根据侦查部门的邀请介入，并且应当谨言慎行，以免引起不必要的舆论和信访风险。

（二）对主导范围的要求

在确定主导的案件范围时，考虑到检察资源的紧缺性及检警人员分工的不同，检察机关不可能对每一起案件都去引导，更不应当代替侦查机关进行侦查。诉前主导案件的范围不宜过大，只有重大疑难复杂案件才能投入较大的人力物力。因此，可以参考《人民检察院侦查监督、公诉部门介入职务犯罪案件侦查工作的规定》，将范围确定为：一是可能判处10年有期徒刑以上刑罚的案件；二是上级部门督办、批办和交办的案件；三是在本地有重大社会影响的案件；四是案情重大、疑难、复杂，在事实认定、证据采信以及法律适用等方面存在重大分歧的案件；五是其他需要介入侦查的案件，比如《刑事诉讼法》第18条第2款规定的经省级以上人民检察院决定、由人民检察院直接受理的国家机关工作人员利用职权实施的其他重大的犯罪案件。

诉前主导强调了检察机关的主动性和能动性，这也是其区别于提前介入和引导侦查取证的重要特征，因此在制度设计上将介入方式分为主动介入和被动介入：一是公安机关对于命案和其他可能判处无期徒刑、死刑的案件应当主动商请检察机关介入，检察机关知悉情况后也应主动介入，其他案件则由公安机关商请介入；二是检察机关公诉部门对其他案件认为有必要的，也可以主动介入。

（三）对主导方式的要求

按照诉前主导工作中兼顾效率和公正的要求，介入的重点应该是对证据的收集、法律的适用以及对侦查活动的合法性进行监督，具体包括以下内容：一是听取侦查部门关于案件事实和证据情况的介绍，参加侦查部门的案件讨论；

二是查阅法律文书和证据材料；三是调看讯问犯罪嫌疑人、询问证人同步录音录像；四是旁听讯问、询问或者介入现场勘验等侦查活动；五是其他必要的工作。

实践中，河北省某市检察机关根据案件的不同情况，将诉前主导的工作方式分为亲历性主导和书面主导两种方式。对于定性不准、适用法律有疑难的，采用书面审查和集体讨论的方式主导侦查；对于证据存在矛盾、难以确定侦查突破方向的疑难案件，则采取出席勘查现场、参加讯问等亲历侦查过程的方式，结合阅卷和听取侦查人员介绍案情，从亲历侦查过程中找到构建证据体系的突破点。亲历性诉前主导的优点表现为：一是查漏补缺。在亲历侦查的过程中，根据自身对证据审判标准的把握，来弥补侦查思维周密性较差的弱点，查漏补缺，防止关键证据错失最佳调取时机。二是增强内心确信。如在旁听讯问过程中，亲自感知犯罪嫌疑人在陈述案件事实过程中的表情、动作、语气、眼神，来判断其真实性和合理性，从而形成自己的内心判断，在感知证据的过程中形成内心确信。三是保障合法性。参与侦查过程也是行使法律监督权的过程，能够保证取证程序和证据形式的合法性。

（四）对主导内容的要求

诉前主导工作的内容一般应当包括以下几个方面：一是了解案件情况，对案件的性质和法律适用提出意见；二是就案件的管辖、事实认定以及证据收集、固定与完善等问题提出意见和建议；三是履行侦查活动监督职能。介入侦查过程中，检察人员与侦查人员在案件定性、法律适用、证据采信等方面有重大分歧意见的，应当及时向本部门负责人和检察长报告。

1. 就侦查取证的思路方向和重点提出意见和建议

根据《人民检察院侦查监督、公诉部门介入职务犯罪案件侦查工作的规定》第10条的规定，检察人员介入侦查，应当就侦查取证的思路、方向和重点提出意见和建议，引导侦查部门依法、及时、规范地开展取证工作，全面客观地收集证明犯罪嫌疑人有罪、罪重以及无罪、罪轻的证据。由于诉侦思维的差异和诉侦工作规律的不同，检察人员在法律适用和证据运用方面有着侦查人员所不具备的特长。加拿大学者约翰·沃施指出："侦查的技巧和检察官的法律敏锐力有助于提高侦查和起诉的效率。"① 其精辟之处在于简明地阐释了侦查工作和公诉工作的基本区别，强调了侦诉协作对于提高诉讼效率的重要意义。侦查思维的特点是概括性、灵活性、新颖性，其假设性和跳跃性的特点决

① ［加］约翰·沃施：《简论加拿大抗式刑事司法制度中检察官的角色定位》，张婧译，载《刑辩之苑》2006年第5期。

定了其弱点是缺乏周密性和完整性，其长处在于突破案件，运用侦查谋略获取证据；公诉思维的特点是评判性和求全性，按照法律的要求和对审判思维的理解，对所有的法律事实和证据进行再加工、排列、组合，在思维中完整、全面地再现案件的法律事实。这种求全思维，弥补了侦查思维的不足，可以进一步完善证据体系，增强证据的完整性。

实践中，侦查机关经常遇到的困惑主要是案件定性不准而导致侦查方向的迷失，对于证明标准和证据体系把握不准而导致侦查取证的盲目性或者不周延性，执法观念的陈旧而致使取证方向有所偏颇，工作程序的不严谨而导致取证活动的无效等。在侦查取证的思路方向和重点上发挥主导作用应坚持以下几点：

一是将诉前主导从个案扩展至类案。诉前主导中个案引导是引导侦查取证的基本形式，但鉴于当前公诉部门普遍存在案多人少的矛盾，不可能过多地开展个案的提前介入，且过多的个案提前介入也容易混淆侦查、公诉的职能划分，助长侦查人员对诉前主导的过分依赖，有违诉侦工作的分工和各自的工作规律。在此态势下，采取一定的方式，对某一时段内侦查质量不高、容易引起诉讼争议或者侦查工作中难以把握的某一类案件进行类案引导，就显得非常必要。尤其是，对于以审判为中心诉讼制度改革下侦查取证不到位导致的各种诉讼风险，通过类案指导、联席会议、学习交流等方式进行类案引导，更能产生举一反三的效果，有助于推动侦查机关、侦查人员关注侦查活动中普遍存在的问题和短板，提升某一类案件的侦查水平。

对于个案的主导，应当坚持“查漏补缺”的原则，防止出现指挥、代替侦查的错误倾向。比如有的检察人员在介入侦查的意见中，提出了“勘查现场”“及时抓捕犯罪嫌疑人”等侦查常识字眼，这样做一是多余，二是给人感觉是公诉“指挥”侦查，易出现错误倾向。正确的做法应当是根据对法律和证据标准的理解以及丰富的司法经验，对于侦查过程中出现的疑难问题进行引导，对于疏漏之处给予提醒，引导侦查部门“紧扣犯罪的法律特征、法定情节收集证据，而不能只考虑行为自然形成的结果”。[①] 对于类案的主导，应当根据本地区一个时期的案件特征，对于同类案件中的共性问题和侦查活动中出现的多发问题，通过整体的诉前主导来解决侦查方向和重点。

二是将案件主导扩展至理念引导。进行个案诉前主导工作，当然要以复杂、疑难案件作为案件切入点和引导的载体，确保正确引导侦查人员拓宽侦查取证思路，规范侦查人员取证行为，但单纯就个案进行引导，其效果具有局限

① 朱远飞：《公诉引导侦查机制研究》，安徽大学2010年硕士学位论文，第9页。

性，只能对侦查人员的办案习惯产生微小的影响。在当前公诉案件急剧增加、质量压力普遍增大的形势下，检察人员必须加强对侦查人员司法理念的引导，推动侦查人员淡化“抓人破案”的侦查思维，树立“证据定案”的侦查模式，坚持“以审判为中心”的理念，合理安排侦查策略、侦查措施。从实践效果来看，如果把理念引导纳入思考的范围，那么引导侦查取证的空间便会豁然开朗，召开联席会议、侦查人员观摩庭审、类案指导等各种诉前主导措施也就顺理成章。

三是将诉前主导扩展至诉后主导。实践证明，公诉人员提前介入重大疑难复杂案件侦查，对适用法律、侦查方向、取证方式提供意见和建议，对侦查行为实施法律监督，对案件证据的合法性和充分性能够产生立竿见影的效果。但是，这种侦查过程中的即时引导，其准确性、有效性常受公诉人员介入程度、掌握案件信息程度、个人能力等因素的影响。在介入程度不足、信息掌握不全、个人能力有限时所提的意见和建议，有时反而带有片面性、误导性。因此，有必要将引导侦查取证的视角后延，将工作视角同时放在整个审前程序的引导上，通过退回补充侦查和庭审过程中的补充侦查等工作环节进行有效引导，推动侦查工作最大限度地筑牢案件的证据基础。事实上，对于绝大部分公诉案件而言，由于没有提前介入，审前引导就成了唯一方式，也是正确履行公诉职能必须倚重的工作方法。

2. 提出取证的具体建议，督促及时收集易灭失证据

按照《人民检察院侦查监督、公诉部门介入职务犯罪案件侦查工作的规定》第10条的规定，根据指控犯罪的需要，对侦查部门已经获取的证据材料进行分析，提出进一步补充、固定、完善证据的具体建议，督促侦查部门及时收集容易毁损灭失、隐匿转移的证据。其实，这就属于一种诉前审查判断证据的过程，检察人员对于侦查部门获取的证据进行梳理、审查，根据自己对审判中证据标准的把握来对侦查取证提出补充、完善、固定证据的意见。通过诉前主导，严格审查证据，促进侦查机关严格依法收集、固定、保存、审查和运用证据。尤其是要加强对职务犯罪侦查工作的引导，越是检察机关自己侦查的案件，越要坚持更高标准。如在办理重大贪污贿赂案件过程中，河北某市级检察院将证据审查分为三个层次：第一层次是保证证据形式的合法性。由年轻的公诉人员在提前介入时专司证据形式的合法性审查，审查单个证据是否符合法定的证据形式，并制订专门的表格，将发现的问题列表交给侦查人员。第二层次是需确保证据的相关性。双向对比有关证据，纵向对比某一个人的言词证据前后是否一致，横向比较证明同一事实的证据之间是否有矛盾。第三层次是保证证据体系结论的唯一性。由检察官对全案证据进行归纳总结，根据经验法则和

理性思维去验证。

3. 对非法证据提出依法排除或者重新收集的意见，对瑕疵证据提出补正的意见

近年来，媒体曝光的冤假错案大都存在刑讯逼供、违法取证、证据瑕疵等问题，可以说基本上都出在了证据上，而诉前主导的主要目的就是从源头上保证证据的合法性和确实充分，因此必须从多方面予以保证。

一是要保证证据的合法性。监督和引导侦查人员严格依照法律规定的程序开展侦查取证工作，并且保证证据形式的合法性，符合审判要求的证据标准，才能被采纳作为定案的依据。比如在审查供述的合法性时，一要审查形式合法性。该案是不是属于必须同步录音录像的案件，是否依法依规进行了同步录音录像，讯问的主体、场所是否合法。二要审查录音录像是否和讯问笔录一致。时间、地点、内容等是否可以对得上，是否存在刑讯逼供、威胁、引诱、欺骗等违法取证行为，讯问内容是否忠实于原话，是否有遗漏、篡改等现象。三要审查诉讼权利是否保障到位。是否告知被讯问人有关诉讼权利，是否保障了特殊群体的诉讼权利，有没有保护阅读核实笔录的权利，没有阅读能力的，是否向其宣读，保障其对笔录更改和补正的权利。四要审查同步录音录像制作过程是否规范。如检察机关直接侦查的案件在录制完毕封签之前相关人员是否在场。五要保证执法主体的合法性。很多案件因为侦查人员不具备人民警察资格，属于辅警甚至联防队员，制作的笔录在法庭上被辩护人指出，最后作为非法证据被排除，因此在审查案件时，一定要注意让侦查部门将侦查人员的警官证等身份证明文件附卷。

二是要保证证据的规范性。我国刑事诉讼法及相关的司法解释对各种证据的形式和内容均进行了详细的规定，在诉前主导的过程中一定要认真细致学习适用，否则会导致“千里之堤，毁于蚁穴”。比如某县公安机关办理的系列“毒油条”案件，侦查人员在提取因为违法使用明矾导致含铝量明显超标的油条时，采取的是秘密购买方式再送检，犯罪嫌疑人被打草惊蛇后及时放弃了添加明矾，在面对检测报告时，拒不承认是自己制作的油条，由于没有合法的调取物证的手续，也没有其他证据可以佐证，这些案件均被搁浅。

三是要保证证据的真实性。有些证据看似取证程序合法、形式规范，实际上内容与真实情况却差之千里，一定要引起检察人员的高度重视。比如，某县检察院办理的一起故意毁坏财物案，鉴定意见中被毁坏玻璃的面积是被害人陈述的，公安人员和鉴定人员并未去现场实地测量，检察人员诉前主导过程中发现了这一问题，要求公安人员现场测量，测量结果与被害人提供的面积相差5倍，从而有效避免了一起错案。

4. 对案件管辖、事实认定、法律适用等问题提出意见和建议

首先，管辖权错误是影响公诉质量的重要因素，因此诉前主导要重视管辖问题。我国刑事诉讼法对刑事案件的管辖权作出了明确规定，但是实践中有些公安机关基于对地方利益的保护，不当行使管辖权。没有管辖权，就会导致对案件的立案、侦查和公诉工作归于无效。所以，检察机关在诉前主导中一定要加强对案件管辖权的指导引领。其次，移送起诉的前提条件是案件事实清楚、证据确实充分。实践中，有些侦查机关重视证据的收集、审查、判断，但是对于运用证据确认案件事实工作做得不够细致，案件事实描述不够准确。这就需要检察机关在诉前主导中重视案件事实的认定工作，以提高公诉的质量和效率。最后，法律适用是一项非常复杂的工作，但是从侦查实践来看，侦查人员在适用法律尤其是认定罪名问题上用功不够，认为只要移送起诉，罪名变更不是什么问题。如选择性罪名包含的犯罪构成具体内容反映出多种犯罪行为，既可概括使用，又可分解使用的罪名，典型的如拐卖妇女、儿童罪，当犯罪分子既拐卖了妇女，又拐卖了儿童时，则构成拐卖妇女、儿童罪，但司法实践中往往是针对其中一种对象犯罪，则分别构成拐卖妇女罪和拐卖儿童罪。有的侦查人员不加区分，不管行为对象是妇女和儿童还是只有妇女或只有儿童，一概将涉嫌罪名确定为拐卖妇女、儿童罪。对于这种情况，检察机关在诉前主导中就应当及时提出纠正意见。

5. 必要时对全案提出综合性意见和建议

检察人员在诉前主导的过程中提出的一系列口头和书面的意见和建议，其落实情况和效果需要全面的综合评估，在案件侦查终结前，必要时可以对全案提出综合性的意见和建议。对全案提出综合性的意见和建议应当集中在以下几个方面：一是诉前主导意见落实情况。即侦查人员是否依照诉前主导意见和建议进行了侦查取证，效果如何，未落实的原因及补救措施。二是全案适用法律的意见和建议。侦查终结前，全案证据已经基本形成了完整的证据体系，定罪和量刑事实已经基本查清，检察人员有必要对适用法律的疑难问题提出意见和建议。三是对于案件证据体系进行全面评估。该案证据是否具备了合法性、客观性和关联性，其得出的结论是否具有排他性，是否达到了“确实充分”的标准。四是应当形成《诉前主导报告》，对于认定的事实、证据情况、适用法律情况、管辖情况等进行综合性的分析，为以后的案件审查报告和出庭预案打下坚实的基础，使公诉工作更加紧凑、连贯。

6. 依法监督侦查活动是否合法

“引导实际上在一定程度上加强了两家的配合，但是要在配合中进一步强

化监督，不能放弃对违法行为的监督。”[①] 法律监督是诉前主导的两项基本职能之一，体现了检察机关的法律定位和职能性质，也是诉前主导能够取得预期效果的根本保障。根据现行法律规定，检察机关在诉前主导过程中实施侦查活动监督的主要方式有以下两种：（1）检察人员发现侦查活动有违法情形，对情节较轻的，可以口头向侦查人员提出纠正意见，并及时向部门负责人汇报；（2）对情节较重，符合《人民检察院刑事诉讼规则（试行）》第565条规定情形的，应当报告检察长后，书面提出纠正违法意见。

在诉前主导的过程中，检察人员应当主要对以下违法行为进行监督和纠正：（1）采用刑讯逼供以及其他非法方法收集犯罪嫌疑人供述的；（2）采用暴力、威胁等非法方法收集证人证言、被害人陈述，或者以暴力、威胁等方法阻止证人作证或者指使他人作伪证的；（3）伪造、隐匿、销毁、调换、私自涂改证据，或者帮助当事人毁灭、伪造证据的；（4）徇私舞弊，放纵、包庇犯罪分子的；（5）故意制造冤、假、错案的；（6）在侦查活动中利用职务之便谋取非法利益的；（7）非法拘禁他人或者以其他方法非法剥夺他人人身自由的；（8）非法搜查他人身体、住宅，或者非法侵入他人住宅的；（9）非法采取技术侦查措施的；（10）在侦查过程中不应当撤案而撤案的；（11）对与案件无关的财物采取查封、扣押、冻结措施，或者应当解除查封、扣押、冻结而不解除的；（12）贪污、挪用、私分、调换、违反规定使用查封、扣押、冻结的财物及其孳息的；（13）应当退还取保候审保证金不退还的；（14）违反刑事诉讼法关于决定、执行、变更、撤销强制措施规定的；（15）侦查人员应当回避而不回避的；（16）应当依法告知犯罪嫌疑人诉讼权利而不告知，影响犯罪嫌疑人行使诉讼权利的；（17）阻碍当事人、辩护人、诉讼代理人依法行使诉讼权利的；（18）讯问犯罪嫌疑人依法应当录音或者录像而没有录音或者录像的；（19）对犯罪嫌疑人拘留、逮捕、指定居所监视居住后依法应当通知家属而未通知的；（20）在侦查中有其他违反刑事诉讼法有关规定的行为。

二、退回补充侦查阶段诉前主导的工作要求

我国《刑事诉讼法》第171条规定：“人民检察院审查案件，对于需要补充侦查的，可以退回公安机关补充侦查，也可以自行侦查。对于补充侦查的案件，应当在一个月以内补充侦查完毕。补充侦查以二次为限。补充侦查完毕移送人民检察院后，人民检察院重新计算审查起诉期限。对于二次补充侦查的案

① 陈国庆：《正确处理“引导”与“监督”的关系》，载《检察日报》2002年7月15日，第3版。

件，人民检察院仍然认为证据不足，不符合起诉条件的，应当作出不起诉的决定。”补充侦查，是指公安机关或者人民检察院依照法定程序，在原有侦查工作的基础上，对案件中的部分事实情况作进一步调查、补充证据的一种诉讼活动。其任务就是解决案件证据不足、事实不清以及需要追诉漏罪漏犯等问题，以使得案件证据体系符合提起公诉的标准，也是检察机关在审前程序中实施诉前主导的主要方式之一。

司法实践中存在大量退回补充侦查的案件，其中相当一部分是二次退回补充侦查案件，不仅影响了诉讼效率，增加了司法成本，也给当事人带来了诉累。造成这一问题的原因是多方面的：一是侦查人员经常以检察机关有自行侦查权为由消极抵触。尤其是检察机关侦查的职务犯罪案件，由于诉侦部门均属检察机关内部机构，公诉部门提出退回补充侦查意见后，自侦部门往往会存在抵触心理；二是侦查人员对补充侦查缺少责任心，不按照补充侦查提纲要求侦查，敷衍塞责，效率不高，而检察机关多次退补的原因是没有补充到必要证据；三是侦查人员认为侦查取证很难，一些侦查人员在接到退补后，摆出人手缺少、路途遥远、经费不足等种种困难，试图让检察人员知难而退；四是检察机关对怠于补充侦查现象缺乏有效制约。对于补充侦查中出现的种种问题，检察机关在诉前主导过程中必须紧紧抓住以审判为中心的诉讼制度改革这一契机，从建立新型的诉侦关系入手，采取多项措施保证补充侦查的效果。最高人民法院、最高人民检察院、公安部、国家安全部、司法部联合下发的《关于推进以审判为中心的刑事诉讼制度改革的意见》中，明确提出要完善补充侦查制度，进一步明确退回补充侦查的条件，建立人民检察院退回补充侦查引导和说理机制，明确补充侦查方向、标准和要求。

（一）列出详细明确的侦查提纲

1. 提高必要性

滥用退补权在事实上是客观存在的，主要表现在：一是为了防止审查期限届满，退补以延长办案期限；二是本末倒置，将细枝末节放在主要位置进行侦查，使侦查人员消极应对；三是以证据客观上不能收集为由，将案件退补；四是有些人员消极懒惰，把本能够自行侦查的案件安排给侦查机关补查。这些情况比比皆是，因此，必须把必要性放在首位。河北省某县检察院在《案件诉前主导制度》中规定：禁止为延长办案期限而退补，不得纠缠案件的细枝末节，列出的补查内容应当属于构建完整证据体系的必要环节和排除非法证据的必查事项。该院在办理一起故意伤害案件时，承办人提交申请要求退回公安机关补充侦查，科长发现补查事项比较简单，完全可以在审查起诉期限内完成，遂要求承办人先向公安机关发出《提供法庭所需证据通知书》，跟踪公安机关在较短时间内完成了补查工作，这样既提高了诉讼效率，也受到了公安侦查人员的欢迎。

2. 强化针对性

退回补充侦查应当明确补查方向、标准和要求，待证事项要具体、细化，防止出现外延宽泛和内容抽象的语言，以便于侦查人员更准确地把握补查内容。以往办理退回补充侦查的案件都是向侦查机关（部门）送达补充侦查提纲，由侦查人员自行补充侦查。但是侦查人员对补充侦查提纲的理解和把握程度往往存在偏差，为确保补充侦查的质量和效率，检察机关承办人必须对案件进行全局的把握，在此基础上提出具体可行的方案和有针对性的补查意见，将宽泛抽象的内容分解细化使其具体易懂。

3. 表述规范性

补查提纲语言要严谨认真，一丝不苟，确保文书的严肃性，语句通顺，用词严谨，防止产生歧义，充分保障补查效果。

4. 增强说理性

提纲的说理要做到说理明确，使人信服。要让侦查人员充分了解现有证据达到什么样的证明程度、在哪些方面存在不足、补查证据的原因，说理必须从主题展开，使侦查人员心悦诚服，积极主动配合。

（二）直接要求侦查

由于退补侦查的案件已经处于审查起诉环节，只有补查成功案件才能提起公诉，主要的责任和压力都由公诉部门承担。因此，退回补充侦查阶段的诉前主导和侦查阶段的诉前主导有所区别，检警两家必须通力合作，检察机关在整个审前程序中应当充分发挥主导作用，确保案件的质量。对于侦查人员未按补充侦查提纲开展补查或者以情况说明代替证明怠于补查的，可以采取以下措施：一是责成侦查机关（部门）书面说明理由；二是对于理由不成立，属于故意敷衍塞责的，要及时采取措施进行纠正；三是必要时可以建议侦查机关更换办案人，或者通报其上级机关。

（三）跟踪、督导侦查

有时由于检察人员与侦查人员沟通不充分，加上诉侦思维的差异，很容易引起侦查人员的疑惑和抵触。因此，案件退回补充侦查后不能置之不理，必须与侦查人员加强沟通，实时关注补查情况和进度，听取侦查人员的意见，加强交流。第一，检察人员需要与侦查人员进行沟通交流，检察机关对证据的各种特性很敏感，能够及时找到侦查人员发现不了的证据不足，其所提出的补查意见均是以审判为标准针对犯罪嫌疑人的定罪量刑问题而展开，所以侦查人员应服从检察机关在补充侦查上所提出来的具体引导意见。第二，有些证据确实因为时过境迁、路途遥远或者其他不可抗力无法调取，检察人员必须与侦查人员一起想出切实可行的方法，既保证证据体系的完整性和排他性，又不必做一些根本不可能的侦查取证行为。第三，对于补查事项比较多、案情复杂的案件，必须实时与侦查机关保持联系，掌握补查进度，查阅补查证据材料，保证补查工作有条不紊地进行，让每一次调取证据的活动都全面、合法、及时，提高办案效率，防止因沟通不畅造成重复劳动。对于确实无法查明的事项，侦查机关应当书面向检察机关说明理由。

（四）注意把握两次退补的重点不同

1. 第一次退回补充侦查

一次退补主要解决原则性、根本性、方向性问题，退补提纲和退补后证据的审查应当统一按照审判标准进行。包括以下几种情况：一是事实清楚，缺少定罪量刑的主要证据。根据证据审查标准，有些证据材料直接与案件定性相关联，如犯罪嫌疑人身份证明、年龄证明，在某些案件中决定着罪与非罪、此罪与彼罪、罪轻与罪重。因此，要求侦查部门进行补充侦查，既是保护诉讼参与人合法权益的要求，更是司法公正的需要。二是事实不清，证据不足。比如在多人、多起犯罪的复杂案件中，犯罪嫌疑人前后供述矛盾、同案犯之间供述不一致以及言词证据与实物证据之间矛盾较多。三是事实清楚，但得出的结论无法排除合理怀疑。有的案件事实虽然已经查清，但得出的案件结论无法排除合理怀疑，这种情况下应当将案件退回补充侦查，以排除合理怀疑。

2. 第二次退回补充侦查

一是补充侦查质量不高，退而不查，或查而不清。表现为：侦查人员未按照退补提纲要求进行补查，可以找的证人不去找，可以查的物证书证不去查，以“查不清，找不到”为由，用情况说明来敷衍检察机关；虽进行了补充侦查，但侦查不到位，只是机械地询问证人，补查的书证内容不清，证明力弱。二是形式大于内容，为补查而补查。侦查机关只是根据公诉部门制作的退补提纲象征性地开出补侦“药方”。三是侦查部门补侦不能，重复报送原有材料。有些证据缺乏针对性、系统性，随着时间推移，错过了固定证据的最佳时机，有些证据材料即使补充侦查，证据也难以收集，甚至不能收集。

二次退补需要重点解决两个问题：一是“补”（一次退补未解决的问题），二是“防”（防止解决不了的问题进入审判阶段）。如果上述两方面的问题解决不了，则应作存疑不起诉。

二次退补应当严格控制。对于因失职渎职造成案件作存疑不起诉的，如果是因为不及时、不正确调查取证造成关键证据灭失的，对有重大过失和故意违法行为的侦查人员要依法追究责任，依法移送纪委或者主管机关给予其纪律处分，构成犯罪的，依法追究刑事责任，以此倒逼侦查人员增强补查的责任心，提高检察机关诉前主导的权威性。

3. 提高一次退补成功率

提高一次退补成功率，应当做到“四个到位”：一是把关到位。严把一次退补的条件，着力点放在解决原则性、根本性、方向性问题上，对于枝节问题甚至以退补换取办案期限的情况必须坚决杜绝。二是说理到位。明确补充侦查方向、标准和要求，加强与侦查人员的沟通说理，让其充分领会退补意图，并注意补查事项的可行性。三是督导到位。设立跟踪监督卡，对重大复杂案件以补查事项或者特定期间为单位进行督导，实时跟踪，及时调整补查思路。对一般案件在补查期限届满之前7日，督导补查事项、及时进行催办。保证在退补期限内完成既定的补查目标，保证补查的及时性、合法性、完整性。四是监督到位。要以强有力的监督措施保证退补的质量，对于敷衍塞责、消极履行补查职责的侦查人员坚决适用纠正违法、更换承办人、纪律惩戒直至追究刑事责任等监督措施，绝对不能为了强调政法机关之间的配合而放弃监督职责。

三、检察机关自行侦查

检察机关在诉前主导中扮演的是双重角色，既是犯罪的追诉者，也是侦查活动的监督者，检察机关和公安机关是平行的互相监督制约的关系，而不是领导与被领导的关系。在退回补充侦查阶段，由公安机关补充侦查有时难以达到审判要求的证据标准，而法律又赋予了检察机关在审查起诉阶段的自行侦查权，因此在适当的情况下动用该项职权显得尤为必要。

（一）慎重启动自行侦查

我国《刑事诉讼法》和《人民检察院刑事诉讼规则（试行）》均赋予了检察机关在审查起诉环节自行补充侦查的职权。实践中检察机关往往采用退回公安机关补充侦查的方式，很少自行侦查。但在有些情况下，采用自行补充侦查的方式不但可以有效节省办案时间，更可以实现对公安机关的有力监督，有助于维护当事人合法权益。但是，由于检察机关的职权主要在于审查起诉和法律监督，而不在于侦查，因此在“案多人少”精力不足和“诉侦分工”能力不同的情况下，不宜普遍适用自行侦查，应当择其重点，明确自行补充侦查适用的情形，把有限的检察资源放在重要案件的侦查上。

（二）检察机关自行侦查的情形

检察机关的主要职责是法律监督，自行侦查是行使法律监督权的一种补救手段，因此应当慎用少用，严格限定适用情形。

第一，侦查人员怠于履行职责，退回补充侦查无法达到庭审要求。侦查人员将侦查不清的案件移送检察机关审查起诉，检察机关受理后退回公安机关进行补充侦查，而侦查人员怠于行使职责，导致两次退补依然无法查明案件事实。在这种情况下，检察机关只能作出不起诉决定，使应当追究刑事责任的犯罪嫌疑人免受追诉，无法体现法律的公平与公正。而采用自行补充侦查的方法，就可以有效避免此类情形的发生，使有罪的人依法受到刑事追诉。

第二，侦查人员存在违法违纪现象，当事人合法权益受到侵犯。虽然违法取证行为如刑讯逼供、威逼利诱等被明令禁止，但司法实践中这种行为屡禁不止，使得证据失真，证据之间发生矛盾。检察机关虽然在受理案件后会讯问犯罪嫌疑人，但此时犯罪嫌疑人往往因惧怕侦查人员打击报复而不敢说出实情。在这种情况下，证据无法形成链条，只能补充侦查，但退回侦查机关补充侦查收效甚微，导致当事人的合法权益得不到保护。若自行侦查，检察机关可以充分了解案件情况，针对具体问题进行侦查，最终确定案件事实，既可以实现监督职能，也可以维护当事人合法权益，避免冤假错案的发生。

第三，案件事实基本清楚，个别证据需要补充且比较简单，自行侦查有利于节约办案时间。按照我国刑事诉讼法的规定，退回补充侦查的期限为一个月，而实践中侦查人员在补充侦查环节往往是拖延时间，导致办案时间过长。检察人员对案件事实以及证据存在的薄弱环节比较了解，对于一些比较简单的补查事项，如果采用自行补充侦查的方法，不但可以有效固定证据、节约办案时间，也不会影响检察机关正常的审查起诉和法律监督工作。

（三）自行侦查的方式

第一，对于比较简单的补查事项，检察人员可以自行收集证据。比如调取单个言词证据、书证、物证，委托鉴定人员进行鉴定等。

第二，对于技术要求比较高的补查事项，可以要求检察机关技术部门予以配合。比如调取电子数据、视听资料、鉴定意见的文证审查和重新鉴定等。

第三，对于比较复杂的补查事项，可以要求侦查机关予以配合。由于检察机关侦查能力和侦查手段的不足，对于一些涉及多个部门配合、补充侦查工作量大、对侦查技能要求比较高的案件，检察机关可以要求公安机关予以协助，共同完成补充侦查的任务。

第三节 诉前主导实践存在的问题及对策

诉前主导作为一种新生事物，需要在实践中不断摸索和发展。全国检察机关第五次公诉工作会议之后，各地检察机关进行了积极有效的探索和尝试，但由于经验缺乏和统一规范阙如，诉前主导的实践难免存在一些问题和不足，只有正视这些问题并不断加以改进和完善，才能使这项制度更加规范、更加有效。

一、诉前主导实践存在的问题

（一）侦查人员配合意识不强

受传统刑事侦查模式影响，侦查人员对于检察机关的诉前主导往往存在认识误区而不愿配合。尽管在制度设置上，检察机关不能在实质上干涉侦查机关的侦查活动，在运行效果上要求侦查机关、检察机关加强协作，以提高工作效率。但在实际运行过程中，一些侦查人员将“引导”误以为“指挥”，不了解两者之间的界限，在一定程度上对“诉讼监督”式的引导存在抵触情绪。同时，由于缺乏一定的经验累积，司法实践与“减少退回补充侦查”“提高工作效率”的目的还有一定差距，在一定程度上影响了侦查机关配合的积极性。因此，有必要进一步完善相应的运行机制，保障诉前主导的落实。此外，应当在诉前主导机制启动上注重双向启动权的运用，力求由检察机关自行启动一定数量案件的引导取证，并积累相应的数据、资料，为这一机制的良好运行积累实证素材。

（二）诉前主导的法律规范缺失

目前，在我国的法律体系中，对于诉前主导的授权性规定仅在《人民检察院刑事诉讼规则（试行）》和《公安机关办理刑事案件程序规定》中有“介入侦查”的表述，其体现的是“引导”功能，而不是“主导”功能。“诉前主导”这一概念系2015年6月在全国检察机关第五次公诉工作会议上首次提出，因缺乏明确的法律规定，导致检察机关诉前主导工作的执行力不足，侦查机关对此重视程度不够，直接影响引导取证的效果。因此，应当联合出台相关规定，明确引导取证过程中相关法律文书的法律效力，使诉前主导有法有据可依。

（三）捕诉衔接配合不顺畅

诉前主导的具体实施者是检察机关侦查监督部门和公诉部门。在检察机关内部，侦查监督部门负责批捕，公诉部门负责起诉，进行引导时两部门缺一不可。表面上来看，两部门的分工十分明确，二者对于案件引导的目的和侧重点不同，前者是为了侦查的全面监督、对案件进行批捕，后者是为了控诉犯罪。这就容易造成对案件证据的要求不同，公诉的证据标准可能会高于逮捕的证据标准。因此，两部门进行诉前主导时，对于案件特别是重大、疑难、复杂案件所需证据的着眼点不同，导致两部门在诉前主导工作中沟通不力、衔接不畅。主要表现有：第一，侦查监督部门与公诉部门不能及时沟通案情进展情况，易造成重复劳动；第二，若公诉部门介入侦查后改变罪名、变更强制措施等，容易导致检察机关内部意见不统一，影响检察机关的权威性，且捕诉衔接机制不顺畅也会造成检察资源的浪费，影响工作效率。

（四）法律监督力度不够

“目的是全部法律的创造者，每条法律规则的产生都源于一种目的，即一种事实上的动机。”[①] 诉前主导也同样拥有自己的目的即事实上的动机。随着我国以审判为中心诉讼制度改革的深入进行，近年来一系列冤假错案的曝光使得人民群众对司法公正的呼声越来越强烈，控诉犯罪所需证据的质量要求也越来越高。只有加强法律监督，建立新型诉侦关系，才能确保侦查活动所获得的证据符合庭审要求，在此情况下，出现了诉前主导模式。这一全新的刑事诉讼办案机制着眼于构建以公诉为主导的刑事指控体系。理论界诸多关于诉前主导的论述也强调基于追诉职能的需要，保证办案质量、提高办案效率等。但在世界范围内加强人权保障的潮流之下，我们不能仅仅停留在侦诉合力、打击犯罪层面，还应以一个客观监督者的身份进行引导，只有这样才能赋予诉前主导新的内涵。否则，再秉持之前的重控诉、重协作理念，使诉前主导变成更强大的检警合作，既有悖于人民群众对检察机关加强法律监督、防止冤假错案的殷切希望，更易使诉前主导丧失在当前检警关系改革过程中的价值。

二、加强诉前主导的对策建议

为使诉前主导这一制度得到良好的运行，使其逐渐融合到现实司法环境中，应结合相关的实践和探索，针对实践中遇到的问题进行完善。

（一）培育和强化诉前主导意识

在构建我国诉前主导制度的过程中，首先检察机关及其工作人员应该形成

① ［美］E. 博登海默：《法理学——法哲学及其方法》，邓正来、姬敬武译，华夏出版社 1987 年版，第 104 页。

先进的司法理念，树立主动实践诉前主导的意识，才能保证司法公正和司法效率价值目标的实现。一是要转变“重打击、轻保护”的司法观念，在有效打击犯罪的同时，树立人权保障的理念。“重打击、轻保护”与“重控诉、轻监督”是一脉相承的。刑事诉讼中，在侦查期间出现的违法取证现象是整个侦查阶段或者整个刑事诉讼过程中最突出的问题，究其原因是缺乏对程序违法行为的有效惩戒机制。人民检察院是国家的法律监督机关，因此，在构建诉前主导模式时，务必要把“重控诉、轻监督”模式转变为“监督和控诉并重”模式，由检察机关对证据的收集和侦查行为进行监督，对违法侦查行为进行否定、禁止、排除，使检察机关成为侦查程序的监督者和审前程序的主导者。只有如此，侦查阶段存在的一系列问题才可以得到根本的解决。二是要树立诉讼效率意识。我国尚处于社会主义初级阶段，司法资源十分紧缺，唯有大力推进诉前主导工作，诉侦部门在确保司法公正的前提下，加强配合和监督制约，加快办案速度，准确及时打击犯罪，才能更好地体现“以审判为中心”的诉讼制度改革的目的和要求。三是要摒弃门户之见。诉侦部门在诉讼价值和目标上具有一致性，都是为了准确、及时地指控和打击犯罪，诉前主导工作的推进有利于实现双方互利共赢的局面。

（二）完善相关法律规定

构建我国诉前主导模式不但要转变观念，还要通过立法完善整个诉前主导的运行机制，同时要构建完备的配套制度来保障诉前主导的顺利实施。

1. 对检察机关诉前主导地位予以立法明确

我国法律对检察机关诉前主导的地位并没有作出明确规定。“任何一项公权尤其是国家权力，都有追求不受约束地运行的本能，以求得自身利益的最大化。侦查权又是一种武装性质的国家权力，具有更强的扩张性和逐利性，对来自外部制约特别是自上而下的监督，则更为消极被动。”① 正因如此，公安机关更容易对诉前主导产生消极抵制的思想，所以要充分发挥诉前主导的作用，必须在法律中将其制度化。否则，诉前主导仅仅是检察机关的一厢情愿，达不到预期的效果。在法律中明确规定检察机关在诉前程序的主导地位，可以直接对公安机关的侦查活动进行有效指引和法律监督，也只有这样才能实现诉前主导的价值诉求。在制定有关法律规范时，不仅要作出原则性的规定，更要明确在诉前主导过程中检察机关和公安机关的权力界限，防止出现模糊不清、无法操作的情形。

① 毛志斌：《检察引导：刑事侦查的历史流变与现时改革》，载《中州学刊》2003年第3期。

2. 规范诉前主导启动程序，确保适时介入侦查

如前所述，适时介入对于达到诉前主导的预期效果具有重要作用。实践中，诉前主导程序一般情况下是由公安机关启动，检察机关只有在公安机关认为“确有必要”时才会被邀请介入侦查活动当中，检察机关对案件信息的知晓是在公安机关向检察机关通报之后，信息的不通畅和不对等使检察机关难以在最适当的时候介入侦查活动。对此，可以通过建立案件通报制度予以解决，即公安机关在对案件处理进行变更或作出对犯罪嫌疑人拘留等强制措施时，应该迅速告知检察机关，使检察机关能及时了解案情作出是否提前介入并启动诉前主导程序的决定。另外，还应当赋予检察机关启动诉前主导程序的权力，即如果检察机关认为某案件符合诉前主导程序的规定就可以通知公安机关并介入侦查。案件通报制度和启动诉前主导的权力只是改革的一部分，检察机关和公安机关之间应当建立诉侦协作信息平台。该信息平台对公安机关关于刑事案件各环节动态进行全程录入，为检察机关的监督提供实时的监测信息，检察机关通过获取准确的信息来决定是否启动诉前主导程序。

3. 明确诉前主导的案件范围

由于目前我国检察资源有限，诉前主导机制应该重点突出，对事实清楚、责任清晰的一般刑事案件没有必要进行主导，只有对重大、疑难、复杂案件才适用此项机制，以便最大限度地节约司法资源，提高司法效率。但是对于应当进行诉前主导案件的类型，要根据实际情况来确定。

笔者认为，由法律明确规定为诉前主导的案件范围应包括以下几种：(1) 黑社会性质组织犯罪、贪污贿赂犯罪、恐怖组织犯罪和涉众型犯罪，这类案件涉及人数众多，法律关系复杂，社会影响大；(2) 疑难复杂、新罪名案件和严重破坏市场经济秩序类案件，由于其侦查难度较高，专业性较强，对证据要求严格，因此需要检察机关提前介入引导侦查取证；(3) 司法解释模糊不清、具有较大争议的案件；(4) 对于牵涉个人实际利益的边沿案件以及介于罪与非罪之间和可诉与可不诉之间的案件，出于对犯罪嫌疑人或被告人的保护，应该要求检察机关提前介入进行引导；(5) 检察机关和公安机关都认为有必要进行诉前主导的其他案件。这五类案件属于诉前主导应该重点关注的案件，关于是否对在当地有重大影响的案件进行诉前主导，要根据案件性质、取证难度等实际情况具体确定。

4. 赋予检察机关诉前主导的监督权力

如果检察机关在诉前主导时没有相应的权力保障，在审前程序中对侦查行为进行引导和监督的效果就会大打折扣，诉前主导的目的也就无法实现。由于检察机关与公安机关彼此独立，只有立法规定了相应保障措施，诉前主导活动

才不会流于形式。陈卫东教授曾经这样说过："引导是什么含义？我们的材料写得很明白，是一种建议，一种意见，我们始终强调'指导不是指挥、建议不是干预，不是替代'，那么我要问，你的指导公安机关不听怎么办？你还有意义吗？如果说你建立的这种结构是一种毫无约束力的，对警方来说没有任何强制力的结构，在法律上是无可奈何的。这就必须形成一种强制……所以在建立一种毫无约束力的，没有任何程序后果的引导、指导，一旦诉侦关系紧张时它是毫无意义的。"① 所以，我们必须通过完善立法来保障诉前主导监督权力的刚性运行。

第一，赋予检察机关对引导侦查工作的处置权。即检察机关对侦查的引导应该具有一定的法律效力，公安机关对于检察机关提出的侦查意见应当接受并执行，公安机关只有通过提出正当理由并经过检察机关的同意，才能不执行诉前主导所提出的建议。法律同时还应该对检察机关提出的《纠正违法通知书》《诉前主导意见书》等法律文书赋予强制力，以此来确保检察机关对发现的问题能够有权并及时进行处理，使诉前主导意见能够得到有效执行。

第二，赋予检察机关对公安机关进行调查和阅卷的权力。法律应当明确规定检察机关能直接对公安机关收集的证据进行审查，随时随地不受约束地调阅案卷，只有这样才能使检察机关随时了解公安机关的侦查活动，防止因公安机关的不配合而干扰整个诉前主导机制的运行。

第三，赋予检察机关对侦查人员的更换、惩戒的建议权。具体操作上可以借鉴日本刑事诉讼法中检察机关对警察的提请惩戒权或罢免的相关规定。对侦查人员更换、惩戒的建议权是诉前主导权得以落实的最好保障，但是这种建议权仅仅适用于公安机关进行刑事侦查的办案人员，且前提是在诉前主导过程中办案人员存在违法违纪行为。这样一来，就不会因为侦查人员个人原因影响检察机关对于侦查活动的引导建议和侦查监督，同时对公安机关的侦查人员也是一种威慑，确保其在侦查过程中的侦查行为符合程序法的规定，以此来提高刑事案件的侦查质量。

第四，通过非法证据排除程序保障诉前主导的正常运行。所谓非法证据排除程序是指通过否定公安机关侦查活动非法获得的证据，确定违反法律规定的侦查行为会导致侦查活动无效的制度。如果个别侦查人员我行我素，不执行检察机关对于案件的引导或不接受法律监督建议，检察机关可以向公安机关提出检察建议，还可以直接否定其侦查成果，避免违法侦查活动继续进行，并要求

① 周口市人民检察院：《"检察指导侦查"研讨会观点摘编》，载《国家检察官学院学报》2002年第5期。

更换之前的侦查人员，可建议对其进行惩戒。

5. 赋予检察机关对强制性侦查措施的司法审查权

司法实践中，建立以证据为核心的刑事指控体系，客观证据的调取至关重要。近年来，国内许多错案的成因就在于提取客观证据的程序出现了问题。当前，最为紧要和迫切的任务是在审前程序中建立相应的司法审查和监督制度。作为法律监督机关，检察机关应当担负起强制性侦查措施审查机关的职责。检察机关对强制性侦查措施的司法审查权应当包括：（1）对搜查、扣押、冻结等强制性侦查措施的司法审查制度。需经侦查机关提出书面申请，然后由检察机关指派人员审查后再决定、批准。（2）无证搜查备案制度。即在执行逮捕、拘留的时候，遇有紧急情况无搜查证进行的搜查，应当在3个工作日内将有关材料报送检察机关备案审查。（3）司法审查制度。对于公安机关依法进行的无须批准的强制性侦查措施，主动或者依照当事人及利害关系第三人的申请进行审查，如发现有不当行为或者违法情形的，可以撤销。（4）惩戒制度。包括运用非法证据排除规则对非法获取的实物证据予以排除，对相关法律手续予以补正或者作出合理解释，对违法侦查的办案人员予以纪律处分和追究刑事责任，确定其侦查行为无效。（5）完善当事人救济机制。侦查机关在采取强制性侦查措施时，应当告知当事人及相关诉讼参与人有向检察机关控告和申诉的权利，侦查机关必须予以配合，检察机关应当作出处理意见。对于涉案财物，如果是通过违法查封、扣押、冻结而来的，当事人有权要求侦查机关返还；造成损失的，可以要求侦查机关给予赔偿，并告知当事人有权申请启动国家赔偿程序。

（三）加强内部和外部协调

1. 加强检察机关内部协调，避免侦查监督部门和公诉部门重复引导

实践中，诉前主导会出现侦查监督部门和公诉部门双重引导的情形，且难以对接。侦查监督部门与公诉部门在刑事诉讼中所发挥的作用不同，介入的阶段也不同，处理不当会导致侦查人员有两种不同的引导意见。对于这个问题，很多学者认为应当建立捕诉合一的引导侦查机制。捕诉合一是与捕诉分离相对而言的，是指分别行使侦查监督权和公诉权的两个部门合并为一个职能部门，以更好地行使侦查监督权与公诉权的一种制度。其优点为：（1）有利于检察机关内部协调，防止监督的脱节；（2）有利于统一证据标准和定案标准，以起诉标准规范批捕标准，建立统一的诉前主导工作体系；（3）有利于检察机关在审前程序中全程主导，规制和引导侦查活动。[①] 但笔者认为捕诉合一弊大

① 刘建国：《刑事公诉实践探索与制度构建》，中国检察出版社2003年版，第84页。

于利。其理由为：侦查监督权与公诉权是检察机关内部两种不同的权力。对于公诉权而言，成功与否可从判决中直接体现出来，但是否对侦查进行了有效的监督却没有统一的标准。如果诉前主导模式改革采纳了捕诉合一的方式，检察机关的重心必然会放在诉侦合力提高控诉率上，对于公安机关侦查工作的监督就会流于形式。从当前刑事诉讼实践来看，加强对公安机关侦查活动的监督已经成为我国刑事诉讼改革的重要方向，诉前主导模式应向监督与控诉并重转变。

基于上述分析，笔者认为检察机关的工作重心应该放在检察机关内部的协调沟通上，完善捕诉衔接机制。在实践中这种沟通协调并不难实现，因为两部门的工作性质类似、关系密切。因此，两部门在诉前主导工作中应通过捕诉衔接机制，保证检察机关内部工作的协调一致。具体包括：（1）建立信息共享机制。两部门在每月报表后分别将诉前主导案件的受理、决定、判决情况互相通报。侦查监督部门和公诉部门要在现有统一办案系统中将《审查逮捕案件意见书》《不予批准逮捕案件补充侦查提纲》《公诉案件审查报告》《起诉书》《抗诉书》等主要法律文书实现共享。侦查监督部门在作出批准或者不批准逮捕决定后将案件文书发送给公诉部门，公诉部门收到诉前主导案件后与侦查监督部门主动对接，对诉前主导的内容实现“无缝衔接”。（2）建立协调联动机制。对于诉前主导的案件实现捕诉联合介入，建立两部门讨论制度，一方面公诉部门可以对案件引导提出意见，另一方面侦查监督部门从侦查活动的合法性方面提出补充，最后大家统一意见进行引导，就会避免双重引导难以衔接的问题发生。（3）建立沟通协调机制。对于捕诉衔接机制要建章立制，定期对该机制的运行进行评估，捕诉部门在坚持捕诉证据法定标准有差异的情况下，要统一证据审查认定标准和入罪标准，对于类案引导等宏观引导的诉前主导联席会议，捕诉部门要一起参加，统一步调。（4）建立分工协作机制。坚持捕诉部门工作各有侧重，实现优势互补。两部门检察人员要增强大局意识和全局观念，坚持分工负责，侦查监督部门侧重监督，公诉部门侧重引导取证，共同提出诉前主导意见。

2. 加强外部协调，提高诉前主导的效果

对于诉前主导而言，外部关系主要是诉侦关系，就是要贯彻以审判为中心诉讼理念为指导，建立一种检察主导、诉侦配合、沟通顺畅、高质高效的新型诉侦关系。这种新型诉侦关系的构建需要完善相关的工作机制。笔者认为，应当加强以下几个方面的工作：（1）规范有序，使诉前主导有章可循。即建立详细可操作的诉前主导工作制度，由检察机关和公安机关会签，具备一定的法律约束力，不再局限为地方性工作规范。（2）加强沟通，使得诉侦配合更加顺畅。建立诉前主导台账制度，使诉侦两家工作协调一致；建立案件信息通报制度，使检察机关诉前主导“有的放矢”；建立联席会议制度，对疑难和共性问题协商形成共识；建立案件指导机制，使诉前主导由个案主导扩展到类案主导，防止重复劳动；建立侦查人员观摩庭审机制，让侦查人员感受侦查工作与审判标准之间的差异；建立诉侦人员学习交流制度，让诉侦人员换位思考，互通有无，互相支持。（3）精准定位，诉前主导高质高效。一是要尊重侦查工作的规律和诉侦人员的分工，将诉前主导的范围界定在证据的获取、法律的适用和侦查活动合法性的监督上。二是介入要适度，诉前主导不能指挥、代替侦查。三是要提高自身素质，诉前主导中对疑难和遗漏问题引导侦查要精准、有效，对违法现象实施的法律监督要及时、准确。

（四）建立与诉前主导相适应的工作机制

1. 建立诉前主导台账制度

凡实施诉前主导的案件，检察机关、侦查机关均应建立工作台账，专人负责记录。台账内容包括案件名称、基本案情、侦查单位及侦查人员，诉前主导的人员、时间、诉讼阶段、内容、结果等。台账要编号，各单位应当统一格式。诉前主导案件通过建立工作台账，实行一案一档，实时填写介入侦查的开展情况，从而使诉前主导逐步走上常态化、制度化、规范化。台账应同步建立，诉前主导的案件移送审查起诉时，诉前主导的检察人员只要对照台账列明的诉前主导意见中需要补查的事项便可知案件证据的具体情况，也将缩短审查起诉的周期。

2. 建立案件信息通报制度

诉前主导制度改变了引导侦查取证机制被动介入的问题，通过建立案件信息通报制度，便可随时掌握公安机关所有立案侦查的案件信息，根据需要主动或者由公安机关商请介入侦查。公安机关在受理案件、立案、破案后，应当将相关材料抄送检察机关备案，便于检察机关了解案件，为介入侦查决策参考。每月底，公安机关法制部门应向检察机关公诉部门报送立案情况及相关法律文书，确保公诉部门择案、择机派员实施诉前主导。另外，对于检察机关自行了解的案件信息，如案件当事人反映、媒体披露、上级领导关注、社会反映强烈等发现需要介入的案件，经主管检察长批准后以书面的形式通知公安机关，公安机关应当予以配合。这样使得检察机关对侦查活动的规制和引导更加主动，信息来源更加广泛，对于重点案件能够做到及时准确的引导。

3. 完善联席会议制度

检察机关和公安机关要采取定期或不定期召开联席会议的形式，对办案中出现的疑难问题、新型问题、共性问题进行专题研讨，对法律适用进行交流，对庭审证据进行深入讨论，以期不断达成侦查取证共识。同时为了提高联席会议的效能，要防止“发言空洞”“议而不决”等现象。

（1）联席会议的种类和议题范围。联席会议应当分为定期联席会议和不定期联席会议两种形式。定期联席会议，主要是进行阶段性总结、类案分析、信息通报等，从宏观和微观多个角度解决案件的共性问题。讨论的议题主要包括：一是近期案件质量分析报告，多发性案件和多发性问题的表现、特点和解决方案；二是相关法律规定和司法解释不完善、证据要求和入罪标准需要统一认识的疑难案件和新类型案件；三是通报近期退回补充侦查案件存在的突出问题、质量和效率情况，研究改进意见；四是对诉前主导指导意见，公检两家有重大分歧不能达成一致意见的；五是庭审观摩后的相关问题研讨；六是其他需要召开联席会议的议题。不定期联席会议，即个案联席会议，由实施诉前主导的检察人员或侦查人员根据需要随时提议召开，以充分发挥集体的智慧和力量，保障个案诉前主导的全面性、正确性和及时性。

（2）联席会议的启动方式。定期联席会议可以每季度召开一次。召开会议前，检察机关公诉部门和公安机关法制部门应当提前酝酿议题，确定会议主持单位，将问题及解决办法形成书面意见，报由诉、侦分管领导同意后，即由会议主持单位通知各与会人员。个案联席会议，也应当提前书面列明需要解决的疑难问题和解决方案，由诉、侦部门分管领导召集与会人员参加。无论定期联席会议还是个案联席会议，必要时均可以邀请审判人员、法律专家、勘验检查人员、鉴定人或有专门知识的人参加，以提供意见或咨询。联席会议主持单位应当安排专人记录会议内容，会后由诉前主导的检察人员和侦查人员核对记录并签字。定期联席会议在会后 3 日内形成会议纪要，由诉、侦部门分管领导签署后印发。个案联席会议纪要在会后立即送达有关人员。

（3）联席会议的落实和执行。诉前主导联席会议形成的会议纪要，检察人员和公安人员必须执行，并将执行情况及时书面上报本单位分管领导。

4. 建立完善案件指导机制

（1）对疑难案件进行指导。司法实践中，公安机关经常与检察机关商讨法律适用中的疑难问题，常见的有罪与非罪、此罪与彼罪、重罪与轻罪、一罪与数罪等问题，因此检察机关有必要适时对公安机关提供理论帮助。如某县人民检察院对近年来危害社会的开设赌场案件共犯认定问题给予了理论指导，办理的 3 起开设赌场案件中共追诉漏犯 5 人（公安机关只移诉了赌场的组织人员，经诉前主导后，追诉了在赌场内放高利贷、发牌坐庄、望风警戒、接送赌博人员等共犯），有力地打击了犯罪。又如，某市人民检察院在办理李某等人诈骗案中，发现被告人利用“伪基站”向周边的手机用户发送带有“钓鱼网站”网址的假中奖信息，骗取被害人银行卡密码后，将卡内资金转走，公安机关以诈骗罪移送审查起诉，法院根据相关判例认为应当以盗窃罪定罪处罚。

检察机关则认为，根据相关司法解释，不具有透支功能的银行卡也应当认定为“信用卡”，被告人骗取被害人银行卡信息后，冒用被害人名义支取卡内现金的行为应当属于诈骗行为，不应否认银行系统的“人格”，因此应当以信用卡诈骗罪定罪处罚，最后一审法院采纳了检察机关的意见。被告人上诉后，二审法院驳回上诉，维持原判。据此，该院针对此类案件向公安机关提供了理论指导，明确了该类犯罪的定罪量刑标准和侦查方向、侦查重点等。

（2）针对常见案件的多发性问题进行指导。基层检察机关的常见案件几乎占到了全部案件的50%—70%，比如故意伤害、交通肇事、盗窃、抢劫、强奸等，这些看似简单、经常办理的案件，往往问题也出在其中，由于程序不当或者取证不当造成的信访案件也层出不穷。对于程序问题，如某公安机关取保候审后移送审查起诉的案件远远超过了逮捕后移送的案件，占到了全部案件的70%—80%，而且相当一部分是到了取保候审的最后期限才移送，这样即使证据有问题也来不及进行诉前主导。究其原因，有的是因为公安人员办事拖沓，有的是因为案件证据存疑、达不到起诉标准，有的则是为了寻找机会没收犯罪嫌疑人的保证金。因此，检察机关向公安机关发出《诉前主导意见书》，要求公安机关在采取取保候审措施后3个月内移送检察机关审查起诉，轻伤害案件和交通肇事案件要先固定证据再调解，调解不成的及时移诉。又如，某县级检察院召开公检法联席会议，规定三家统一适用强制措施标准，统一保证金收取标准，采取“一次收取，三家通用”的措施，防止因采取强制措施不当而影响诉讼效率。

（3）针对新类型案件的入罪标准和证据标准进行指导。证据是刑事诉讼的核心和灵魂。诉前主导主要是在依法收集和固定证据基础上进行的，而检察人员不可能对每个案件都实施诉前主导，如果能建立类案证据标准，诉前主导就可以更好地进行。因此，公诉证据参考标准和入罪标准的制定，对诉前主导具有特别重要的现实意义。比如，近年来国家加大了对食品药品和环保案件的打击力度，这些案件判例少、有些司法解释不完善，实际办案难以操作。某县检察院在成功办理几起该类案件后，与公安机关召开联席会议，结合最高人民检察院发布的《公诉案件证据参考标准》和本地实际，明确了相关案件的入罪标准和证据体系标准。如该院2015年办理的18起销售假药系列案件，为公安机关制定了证据体系标准（即所需证据目录、案卷装订顺序以及证明标准），从而提高了办案的效率和质量，除两起涉及追诉漏罪的案件退补以外，其他16起案件全部在20日内提起公诉。此外，该院还作了以下规定：一是类案指导要以《类案指导意见书》的形式进行，主要针对案件的入罪、量刑、证据、程序标准和侦查方向等侦办过程中的普遍问题和疑难问题。二是类案指导要依法进行，严格遵循法律规定。《类案指导意见书》的形成要注意听取公安机关、法院、上级人民检察院和有关法律专家的意见，吸收兄弟省市院的指导意见，结合本地实际，使之具有规范性、系统性和可操作性。三是《类案指导意见书》应当包括以下内容：该类案件出现的主要问题是什么；类案的证据体系和证明标准要求，侦查取证的方向和侦查重点，普遍性问题的解决方式；相关的法律、司法解释规定及其他规范性文件；同类案件的指导性案例或者判例。四是及时反馈。侦查机关（部门）在办理类案指导案件过程中，对发现的问题要及时向检察机关反馈意见，检察机关要及时总结、归纳和改进。

5. 建立侦查人员庭审观摩机制

通过组织侦查人员旁听刑事案件庭审，让其感受庭审对证据规格和证明标准的要求，从而增强侦查人员的服务庭审意识、证据意识和程序意识，提高侦查取证行为的全面性、及时性和规范性。具体内容包括：（1）适用案件范围。一是诉前主导比较成功的重大、疑难、复杂案件；二是诉前主导意见未被采纳，可能引起庭审被动，但又不至于失控的案件；三是有高水平律师参与庭审、辩点较多，旁听后有助于提高侦查业务水平的案件。（2）适用程序。检察机关公诉部门收到《出庭通知书》后，经主管检察长批准，通知侦查机关（部门）。（3）参加人员范围。包括诉侦部门的主管领导、部门负责人，侦查部门的全体侦查人员、负责案件质量的法制部门和检察机关案管部门有关人员。（4）观摩程序。首先是做好笔记。旁听人员认真旁听，不要随意进出法庭和走动，围绕庭审找出是否存在违法取证、不规范取证、不及时取证造成非法证据、瑕疵证据或者证据体系不具有排他性等情况，是否存在未听取诉前主导意见而导致案件质量和效率减低现象。其次是归纳总结。庭审后，诉侦部门负责人要组织本部门旁听人员对庭审中发现的问题和经验进行总结，分类归纳，形成书面意见。最后是沟通协调。诉侦部门领导就形成的书面意见进行沟通，达成一致意见后，负责召集诉侦联席会议，诉侦人员进行讨论、沟通，就诉前主导情况、取证方式、沟通协调方式、贯彻的司法理念进行充分探讨，形成会议纪要。（5）及时反馈。侦查机关（部门）对庭审观摩会议纪要落实情况要及时向检察机关反馈意见，检察机关要及时总结、归纳和改进庭审观摩机制，以便更好地服务于诉前主导工作。

6. 建立检察人员和侦查人员学习交流制度

在诉前主导过程中，通过组织检察人员和侦查人员加强沟通交流、共同学习，提升刑事司法业务水平，提高刑事案件的办案质量和办案效率。一是诉侦人员交流学习。通过召开座谈会，由资深检察官讲述案件的法律适用、取证规范、侦查方向、侦查重点，资深侦查员讲解侦查策略、侦查方式、侦查技巧，双方相互学习、互通有无、共同促进、共同提高。二是规范性文件“三必学”。即新颁布的法律法规和司法解释必学、搜集到的各省市办理某类案件的指导意见必学、新公布的高检高法指导性案例必学，并多方获取信息，学习外地的先进工作经验，诉侦部门共同学习、共同研究，形成科学可行的工作制度。三是角色互换。每年由负责诉前主导的检察人员和侦查人员结对，协助对方办理案件1—2件，在角色转换中提高认识、取长补短，共同提高惩罚犯罪和保障人权的能力，增强“以审判为中心”的诉讼观念和“大控方”的整体意识。通过学习，检察人员重点培养以下侦查能力：审查和甄别案件线索的能力、讯问（询问）的能力、抓捕犯罪嫌疑人的能力、运用侦查技术的能力、逻辑分析判断能力。侦查人员主要培养以下能力：准确适用法律的能力、避免非法证据和瑕疵证据的能力、及时收集关键证据的能力、构建证据体系排他性的能力。侦查人员和检察人员学习后加强总结，勤于写作，建立学习交流微信群、诉侦交流专刊等，共同提高业务水平。

7. 完善诉前主导的诉讼风险分配机制和奖惩机制

在以审判为中心的诉讼制度下，考察一个案件成败是在法庭上而不是在审前程序中。而按照现有规定，法庭上的败诉风险是由检察机关及检察人员承担，侦查人员不需承担责任。根据《人民检察院办理起诉案件质量标准（试行）》第2条规定，起诉案件被人民法院作无罪判决、案件起诉后撤回起诉的，属于起诉错误。承办案件的检察机关将承担上级检察机关对其考评的不良后果。另外，根据我国《国家赔偿法》第21条的规定，被告人被羁押的案件被撤销、不起诉或者判决宣告无罪终止追究刑事责任的，逮捕后的赔偿义务机关为作出逮捕决定的机关，也就是说公安机关仅对拘留期间承担赔偿责任。显然，这种诉讼风险分担不利于新型诉侦关系的建立和“大控方”的形成。因此，建议通过修改《国家赔偿法》和错案追究制度来平衡检察机关和公安机关诉讼风险的分配比例，优化检察机关和公安机关的配合关系，保障检察机关诉前主导的权威。

另外，必须改革目前对检察机关、公安机关办案人员的业务考核方式，合理设置考核目标，并且将诉前主导引入到考核中。例如检察机关可以对侦查监督进行硬性指标设定，公安机关可以将对检察机关的诉前主导意见执行情况纳入年度考核中，这样对实践中诉前主导的实施大有裨益。除此之外，为了避免公安机关为了侦破案件忽视人权保障，应当将公安机关在侦查中出现的程序违法列入考核标准中。转变公安机关侦查中长期存在的程序虚无主义的思想，让程序的重要性在侦查活动中得到充分体现。只有这样，才能提高侦查人员的积极性，促使侦查人员从被动接受引导侦查变为主动接受引导侦查。

第三章 审前过滤

在刑事诉讼中，审查起诉处于承上启下的关键环节，发挥着重要的过滤作用。审前程序好比案件输入的管道，将有必要追究刑事责任的案件源源不断地导向刑事审判阶段，而审前过滤就是在审前阶段对刑事案件进行的筛选，严格起诉的法定标准，降低起诉风险，防止“带病”案件进入审判环节。审前过滤的内涵极其丰富，其价值在于保障司法公正、提升诉讼效率、加强人权保护，为庭审实质化提供重要的制度支撑。同时，审前过滤也是对检察机关司法水平和检察人员职业素养的检验。

第一节 审前过滤概述

在我国刑事诉讼实践中，侦查、起诉、审判各个阶段的职能具有一定的承继性，先阶段的决定能够对后续阶段产生较大的影响。这也意味着我国刑事追诉行为具有很强的前驱力，程序要么不开启，一旦开启就很难停顿。考虑到刑事追诉对被追诉人自由、安全甚至生命权的影响，刑事司法系统的运作应该有一个过滤过程。具体而言，对于进入刑事追诉程序的案件，如果未能达到法定要求，就应当在追诉过程中陆续地被排除，以避免不当追诉对被追诉人人权的侵犯。这种过滤处理被形象地称为“司法漏斗效应”。

一、审前过滤概念的提出

曹建明检察长在全国检察机关第五次公诉工作会议上指出：“审查起诉环节对案件进行过滤，既是全面贯彻宽严相济刑事政策的需要，也是坚决防止事实不清、证据不足或者违反法定程序的案件‘带病’进入审判程序的重要保障。要对达不到起诉标准的案件在审前依法进行分流，防止把矛盾推向审判环节。”2016 年 7 月 20 日，曹建明检察长在第十四次全国检察工作会议上再次强调，要“强化审前过滤，坚持法定起诉标准”。

（一）审前过滤提出的背景

针对不同类型案件建立不同的处理程序是法治发达国家的通行做法。审前过滤虽然在我国刑事诉讼法典中未有规定，但通过审前程序的分流，使有限的检察官、法官能够集中更多时间和精力投入到重大复杂疑难案件的办理上来，以推动司法高效化和精细化的有机统一，这是审前过滤的价值所在。

1. 全面推进依法治国战略部署的内在要求

除自诉案件外，我国公诉案件的指控都由检察官代表国家行使公诉权。当前，我国正处于全面深化改革的深水区和攻坚期，各种社会矛盾凸显，刑事犯罪呈高发态势①，而人民群众在公正和效率价值维度上对司法过程和结果的要求越来越高，政法机关办案压力越来越大。全面推进依法治国是习近平总书记“四个全面”战略思想的重要一极，在政法层面首先必须通过司法改革满足人民群众对司法价值的诉求。公正和效率是司法的终极价值，也是人民群众最为关切的司法问题。在刑事诉讼过程中，诉讼资源是有限的，如果诉讼资源配置不合理，就会导致重大疑难复杂案件得不到充分的资源投入，势必影响案件的控诉质量，并在根本上对诉讼的公正性产生消极影响。当前，我国刑事诉讼制度改革的重点是强化审判中心主义理念、树立证据裁判意识和人权保障意识，建立新型的侦、诉、审、辩关系，提高诉讼效率，保障刑事裁判过程和结果的公正。检察机关在审查起诉过程中充分发挥审前过滤功能，通过严格证据标准和起诉条件，既保障提起公诉的案件经得起庭审的检验，同时对不符合起诉条件或没必要提起公诉的案件作出不起诉决定，也实现了司法资源的优化配置，保障了被追诉人的合法权益。

2. 推进以审判为中心诉讼制度改革的重要方面

以审判为中心，实质是以庭审为中心，使庭审在事实认定、证据采信、定罪量刑中发挥决定性作用，回归审判的司法属性，即将庭审作为审判过程的决定性环节。以庭审为中心，就是要紧紧围绕庭审要求的事实、证据标准开展审查起诉，实现让事实证据调查在法庭、定罪量刑控辩在法庭、裁判结果形成在法庭，切实发挥庭审的实质作用。但是就目前而言，庭审实质化还受到诸多因素的制约：一是司法资源稀缺。目前我国刑事案件不断增多，司法机关备受

① 2008 年至 2012 年，全国各级法院审结的一审刑事案件同比增长了 22.3%，其中，2013 年全国各级法院审结一审刑事案件 95.4 万件，判处罪犯 115.8 万人；2014 年全国各级法院审结一审刑事案件 102.3 万件，判处罪犯 118.4 万人，同比分别上升 7.2% 和 2.2%；2015 年全国各级法院审结一审刑事案件 109.9 万件，判处罪犯 123.2 万人，同比分别上升 7.4% 和 4%。数据来源于最高人民法院 2014 年至 2016 年向全国人民代表大会所作的工作报告。

“案多人少”压力的困窘。[①] 二是诉讼程序结构不合理。简易程序与普通程序简化审理依然烦琐，大量没有必要开庭审理的刑事案件挤占了公诉人、法官大部分精力。三是庭审参与人缺席。许多刑事案件开庭审理时，证人、被害人不出庭，法庭调查主要靠公诉人宣读证人证言和被害人的陈述，法庭质证很难充分展开。为了确保法庭审理的实质化，必然要求对审前程序和审判程序进行改革。而审前程序的改革，就是要在审查起诉环节充分发挥审查起诉的过滤功能，通过不起诉等形式过滤一部分刑事案件，使公诉部门能把主要精力投入到重要案件中，保障庭审指控的质量，同时减轻审判机关的负担。

3. 探索推进认罪认罚从宽制度改革的需要

当代刑事司法的走向是当事人主义的诉讼结构，这样借鉴英美法系诉辩交易制度中的积极元素，本土化为认罪认罚从宽制度，来实现案件的繁简分流，是合理可行的。2016 年 9 月，在京、津、沪等 18 个城市开展为期 2 年认罪认罚从宽制度改革试点，认罪认罚从宽制度已经由理论争鸣进入司法实践层面。认罪认罚从宽，首先是检察官对犯罪事实进行审查后发现的是否认罪、是否认罚、是否可以从宽，之后适用什么样的程序才赋予了当事人一定的选择权，这是检察机关审前过滤后的结果，有利于推动我国刑事诉讼模式向审判中心模式转变。当前，司法资源紧张，针对认罪认罚与否采取不同的司法程序，通过审前过滤，实现对刑事案件的分流处理，贯彻宽严相济刑事政策，节约检察官、法官办案精力，提升司法产品质量，必然带来良好的办案效果和社会效果。我国认罪认罚从宽制度在实体法上主要体现在长期奉行的“坦白从宽、抗拒从严”刑事政策；程序法上包括简易程序、普通程序简化审理、刑事和解及刑事速裁程序，认罪与否不是构建程序的唯一标准，三种程序之间存在一定模糊与交叉，分流效果有限。目前我国尚未建立对被告人、犯罪嫌疑人认罪认罚从宽处理普遍认同的刑罚制度，导致实践中检察官、法官很少对犯罪嫌疑人、被告人认罪认罚给予积极评价，程序法中缺乏认罪认罚案件的专门程序处理机制，未以认罪认罚与否为标准构建刑事司法程序。笔者认为，完善认罪认罚从宽制度，涉及侦查、审查起诉、审判等各个诉讼环节，要明确法律依据、适用条件，明确撤案和不起诉程序，规范审前和庭审程序，完善法律援助制度，建立量刑监督考核机制。刑事诉讼中认罪认罚从宽制度的适用应当各司其职：公

① 2016 年上半年，全国法院新收案件 1002.9 万件，同比增加 159.7 万件，上升 18.94%。截至 2016 年 6 月 30 日，全国法院未结案 510.9 万件，同期增加 26 万件，上升 5.36%。而全国法官 19.88 万人（且大部分院领导不办案），2015 年结案 1672.8 万件，法官与审判辅助人员比例为 1:0.63，而日本为 1:6，德国为 1:4，英国为 1:9.8，美国为 1:6。数据来源于最高人民法院司改办主任胡仕浩 2016 年 9 月 13 日在新闻发布会上的答记者问。

安（侦查）机关只负责收集认罪认罚的证据；检察机关公诉部门对认罪认罚行为成立与否进行审查认定，并就从宽的幅度对案件进行繁简分类，轻罪案件可以作不起诉处理，重罪案件提起公诉后可以提出从宽处理的量刑建议；法官负责就检察机关公诉的认罪认罚案件从宽的幅度进行量刑。这样，大量的认罪认罚从宽案件在检察机关审查起诉环节被过滤掉，避免进入审判程序，从而减少案件数量，为以审判为中心诉讼制度的实现提供条件。由此可见，审前过滤功能的发挥能够促进刑事诉讼中认罪认罚从宽制度的完善，二者相互作用、相互影响。

（二）审前过滤的界定

在我国，刑事诉讼过程可以分为审前程序、审判程序①和执行程序。所谓刑事审前程序，广义上是指庭审之前的侦查、审查起诉及庭前准备阶段，狭义上是指侦查终结移送审查起诉至进入审判程序之前的诉讼阶段。本书采纳狭义说，即公诉审查起诉环节，而庭前会议的相关内容将在本书第四章“庭审指控”部分予以阐述。

审前过滤的概念目前尚未有定论。笔者认为，以公诉权为中心来界定，审前过滤，是指检察机关通过严格审查，对刑事案件进行筛选，对不符合起诉条件的刑事案件以不起诉的方式作出处理，对拟起诉的案件根据复杂、难易程度进行程序上的繁简分流，以优化司法资源配置，提升诉讼效率，破解“案多人少”顽症，满足人民群众多元司法需求，维护诉讼参与人合法权益。

审前过滤的本质是检察官通过行使自由裁量权对部分刑事案件进行实体或程序性处理。审前过滤分为两个层面：一是对证据材料的过滤。审前对证据材料的收集、审查与认定，将一部分虚假的、非法的、错误的、无关联性的证据材料或信息剔除出去，保留能够据以定案的证据材料，防止有效证据受到污染或破坏。二是对犯罪事实的过滤。在审查起诉中，检察官依职权对无罪、非罪等案件信息进行过滤，依据罪责刑相适应原则，将犯罪情节轻微、社会危害性不大、犯罪嫌疑人人身危险性小、得到被害人谅解的刑事案件通过不起诉等替

① 我国传统刑事诉讼理论将刑事诉讼分为立案、侦查、起诉、审判和执行五个独立的阶段。从严格意义上来说，“执行”本质上并不具有“诉讼”的特征，而只有前四个阶段才属于典型的诉讼形态。在我国刑事诉讼法典的结构中，第二编的名称为“立案、侦查、提起公诉”，与第三编“审判”并列，可见立法上已经将审判阶段与审前阶段作了明确的区分。就诉讼阶段论而言，立案、侦查、审查起诉三个阶段虽具有相对的独立性，但实际上组成了刑事审前程序，其间的诉讼活动包括侦查机关的立案、侦查，检察机关的审查起诉以及始终伴随这些追诉活动而展开的犯罪嫌疑人的防御与辩护活动。现代法治国家的刑事诉讼模式，经历了从纠问式诉讼到对抗式诉讼，从控审合一到控审分离，从以侦查为中心到以审判为中心的根本转变，诉讼分工与诉讼精细化导致了审前程序与审判程序的分野。

代性纠纷解决方式过滤出去。

审前过滤的目的在于严格起诉的法定标准，降低起诉风险，防止“带病”案件进入审判环节，保障控诉质量。具体包括三个方面：一是确保对犯罪的精准控诉。通过审前过滤，可以实现案件甄别，对于不同案件投入不同司法精力，既能保证案件质量，更能保证精准控诉。二是确保对人权的保护。经过审前过滤，对于确属无罪的以及证据不足的案件，依法不起诉，防止当事人合法权利进一步被侵害；对于犯罪情节轻微的，依法不起诉，促进社会矛盾化解。三是确保司法资源的合理分配。通过审前过滤，及时将无罪案件或犯罪情节轻微不构成犯罪的案件过滤掉，避免不符合起诉条件的案件不加筛选径行进入审判程序，最大限度地保证司法资源的合理配置。

审前过滤的类型包括不起诉制度和繁简分流制度。不起诉着重从实体方面对公诉案件进行审前过滤，繁简分流着重从程序方面对公诉案件进行审前过滤。

二、审前过滤的功能

审前过滤的对象是进入审查起诉环节的所有刑事案件。审前过滤的功能是通过案件审前分流，实现司法资源的优化配置，站在客观、公正的立场，切实保障人权，其功能包括保障刑事诉讼程序启动的正当性、证据裁判、实现司法资源合理配置和保障人权等方面。

（一）保障刑事诉讼程序启动正当性的功能

通过审前程序的过滤作用，能够防止不符合条件的案件进入审判程序，避免轻率地将被告人交付审判，从而保障了刑事程序启动的正当性，也能够促使起诉中存在的一些错误及早得到纠正；能够实现案件繁简分流，进而建议审判机关适用何种审判程序，提高法官启动庭审程序的效率。

（二）证据裁判的功能

检察机关公诉部门要认真把好事实证据关，依法保全、出示证据和排除非法证据。检察官应当严格依法收集、固定、审查和运用证据，紧紧围绕庭审的证据证明标准，围绕案件事实和证据的客观性、关联性、合法性完善审查机制，不仅要重视收集和采信有罪证据，也要重视收集和采信无罪证据，坚决排除非法证据，有罪则诉，疑罪从无，坚决防止事实不清、证据不足的案件或者违反法律程序的案件“带病”进入起诉、审判程序。

（三）实现司法资源合理配置的功能

在刑事诉讼过程中，由于个案的情况千差万别，将所有案件都进入审判程序按照普通程序审理既不必要也不可能。通过审前过滤，在繁、简案件数量大比例不对称的情况下，按照一定标准，对案件进行分流处理，用水平相对较高的检察官、法官办理较少的复杂案件，指定专人或专门的速裁庭快速处理相对简单的案件，是配置有限司法力量的上佳选择，从而实现司法资源的优化配置，利于诉讼经济。

（四）保障人权的功能

尊重和保障人权是我国的宪法原则。《中国司法领域人权保障的新进展》白皮书①从健全机制、完善程序、提高执行力、保障被羁押人合法权利四个方面对人权保障进行了全新阐释。通过审前过滤，提高公诉案件的质量，防止“带病”案件进入庭审，对达不到事实清楚、证据确实充分的案件进行分流，作不起诉或建议撤案处理②，从而确保案件质量，防止冤假错案的发生。

三、审前过滤的原则

审前过滤作为检察机关审查起诉的职能之一，必然要遵循审查起诉的基本原则，如以事实为依据、以法律为准绳原则，法定程序原则等，但作为一项特殊的制度安排，审前过滤更有其自身应遵循的原则，具体包括客观公正原则、诉讼效益原则和刑法谦抑性原则。

（一）客观公正原则

“有罪追究、无罪保护、严格依法、客观公正”是检察官的基本职责，审前过滤也必须做到客观与公正相统一。一是证据收集审查要客观公正。以审判为中心内在要求以证据为核心。证据是决定案件定罪量刑的基础和保障。以证据为核心，就是要把重证据的要求贯穿办案始终，使证据达到法定的要求，确保纳入审前过滤视野的案件经得起法律的检验。因此在侦查阶段，公诉部门要加强对取证的引导工作，通过出席现场勘查、参加讯问和案件讨论等方式，对收集证据、适用法律等提出意见，监督侦查活动是否合法，在移送审查起诉前解决证据的确实充分和合法性问题，促进侦查工作由“抓人破案”向“证据定案”转变。另外，还要求检察官在审查证据的过程中，不仅应当注意审查对被告人不利的有罪证据，也应当审查对被告人有利的无罪证据。二是证据运用要客观公正。公诉部门应当坚持起诉法定标准，降低起诉风险，防止案件

① 参见《中国司法领域人权保障的新进展》白皮书，2016年9月12日国务院发布。

② 《人民检察院刑事诉讼规则（试行）》第290条至第299条细化规定了职务犯罪侦查终结作撤销案件处理决定的具体程序。公诉部门建议自侦部门撤案，这也是审前过滤功能发挥的表现。

“带病”进入审判程序，保障控诉证据经得起庭审的检验。要认真把好事实关、证据关、程序关和适用法律关，进一步改进和完善证据审查方式，加强对同步录音录像的审查，加强对客观性证据的审查运用；严格按照刑事诉讼法的规定，加大对取证行为的监督，坚决排除非法证据。三是诉权行使要客观公正。检察机关不是诉权的所有人，不能像民事诉讼原告那样任意处分公诉权。检察机关在对案件审查中必须基于客观公正的立场行使公诉权，对于律师提出的无罪、罪轻、证据合法性存在问题等意见，必须认真审查核实；发现被告人不应当起诉的，就应该依法作出不起诉决定。另外，检察机关应当依法及时将案件信息向当事人及社会公开，保障当事人及社会公众的知情权与监督权。

（二）诉讼效益原则

诉讼效益原则是指国家专门机关进行刑事诉讼，要在确保诉讼公正的前提下，尽可能采用较少的人力、财力和物力来完成刑事诉讼的任务。其基本内容包括两个方面：一是从总体上看，刑事诉讼的“投入”与“产出”比应当尽量低一些，不能为了追究犯罪而不惜一切代价；二是在具体案件的诉讼过程中，为了实现特定的诉讼目的，应当选择成本最低的方法。在刑事诉讼中实现诉讼效益，关键是减少不必要和重复耗费的司法资源投入。而审前过滤，就是这一原则在刑事诉讼中的具体体现。在审前过滤中贯彻诉讼效益原则，关键是要真正发挥审前程序过滤、分流的功能，通过审前过滤，将不符合起诉条件的案件从诉讼进程中过滤出去，作非刑事化处理，解决了司法资源的有限性和司法任务繁重与艰难性之间的矛盾，符合“轻轻、重重”的刑事政策，有利于提高诉讼效率、节约司法资源和保护人权。对不同案件在诉讼过程中分流处理，区别对待刑事犯罪，按照轻重缓急，不一定每案必诉，减少了诉讼环节，节约了这些本可能被消耗的司法资源，这些诉讼资源的节约将使公检法机关拥有相对充裕的时间和精力去处理那些重大、疑难、复杂的案件，保障这些案件的诉讼过程和结果符合公平、正义的价值要求。

（三）刑法谦抑性原则

谦抑是指缩减或者压缩。刑法的谦抑性，是指立法者应当力求以最小的支出——少用甚至不用刑罚（而用其他替代措施），获取最大的社会效益——有效地预防和控制犯罪。[①] 张明楷教授认为：“刑法的谦抑性，是指刑法应依据一定的规则控制处罚范围与处罚程度，即凡是适用其他法律足以抑止某种违法行为、足以保护合法权益时，就不要将其规定为犯罪；凡是适用较轻的制裁方

---

① 陈兴良：《刑法的价值构造》，中国政法大学出版社1988年版，第353页。

法足以抑止某种犯罪行为、足以保护合法权益时，就不要规定较重的制裁方法。”① 从上述论述来看，刑法谦抑性的基本要求是限制处罚范围、降低处罚程度。根据刑法谦抑性原则，检察机关应当充分发挥审前过滤职能，对犯罪嫌疑人的人身危险性和涉嫌犯罪的社会危害性进行科学全面的审查，如果依法可以适用非刑罚的处理方法，就应当作出不起诉的决定，在审查起诉环节对案件进行分流处理，而不是也没有必要将全部案件交付法庭审判。

第二节　审前过滤的途径和工作要求

在我国现行的刑事诉讼制度框架内，检察机关审前过滤功能的发挥，主要通过审查起诉环节的不起诉和繁简分流的方式来进行。

一、审前过滤的途径

不起诉是检察机关法定的自由裁量权，成为审前过滤的重要手段毋庸赘言。那么为什么繁简分流②要纳入审前过滤，一种观点认为对刑事案件适用何种审判程序审理是法官的神圣职权，检察机关公诉环节抉择审判程序有越位行权之嫌。事实不然，以检察机关公诉职能为基点，同时适当向前向后延伸，即根据案件的具体情况，检察机关向审判机关提出繁简分流、快速办案的建议有两层含义：一是对案件难易的繁简区分，这是检察官在审查起诉具体个案后很必然的结果；二是对经过繁简区分后的案件，选择哪种程序最有利于审判效率实现的预判，这是一种程序启动的建议权，为法官快速区分繁案简案、提高审判效率提供了捷径，一旦认可检察机关繁简分流的建议，势必实现诉讼程序的简化，这是审前过滤应有的辐射范围。相反，如果繁简分流不在公诉环节甄别，那么在法庭审理之前，审判机关仍然需要和检察机关、当事人提前协商适用何种程序审理。综观整个诉讼程序构造的合理性，繁简分流纳入审前过滤最优。不起诉是通过实体法处置，繁简分流是程序法的适用，二者相得益彰、互为支撑、缺一不可，构成了完整意义上的审前过滤制度。

（一）通过不起诉进行过滤

不起诉是刑事案件审前科学分流的多元化案件处理方式。为了防止事实不

---

① 张明楷：《刑法格言的展开》，法律出版社1999年版，第289页。

② 2007年1月30日，最高人民检察院公布施行的《关于依法快速办理轻微刑事案件的意见》指出，对刑事案件实行繁简分流，依法快速办理。

清、证据不足或者违反法定程序的案件以及没有必要交付审判的案件进入审判程序，就应当恰当运用不起诉制度对案件进行分流处理。另外，加快以审判为中心的诉讼制度改革，也要求检察机关依法运用不起诉，把那些证据难以达到定罪要求的案件排除在法庭审理之外。以审判为中心的诉讼制度改革要求法庭审理的实质化，这对进入审判程序的案件质量提出了更高的要求。一方面，检察官要严格把握证据标准。检察机关提起公诉的案件必须在法庭审理中接受辩方的质证和论辩，如果证据出现瑕疵或者难以达到确实、充分的程度，检察官在法庭上就会处于被动。为了保证公诉案件法庭审理的顺利进行，检察官在审查起诉阶段必须严格审查证据是否达到确实、充分的起诉标准，尤其是对非法证据和瑕疵证据要从严审查，对其中直接影响到定罪的要坚决予以排除，对于两次退回补充侦查仍然不能达到证据确实、充分的案件，不能贸然提起公诉。另一方面，法官要完全根据法庭审理情况进行裁判。对证据不够确实、充分的案件，提起公诉的检察机关将承担败诉的风险。为了避免这种风险，检察机关必须对证据不够确实、充分的案件作出不起诉处理。这些都必然导致起诉裁量权扩大、不起诉案件数量大幅增加的情形。对此，为了实现司法公正和诉讼效率的价值追求，检察机关应当积极行使起诉裁量权，大胆而谨慎地作出不起诉决定，避免不起诉案件执法中的随意性、区域不平衡性和标准差异性，保障审前过滤价值的最大化。

（二）通过繁简分流进行过滤

刑事案件繁简分流的功能是实现案件甄别，根据案件繁简不同而投入不同的司法资源，使节约的司法资源集中在疑难复杂的案件审理上，实现难案精审、简案快审。现行刑事诉讼制度在司法正当性和司法效率两个方面都面临着诸多制约因素，特别是近年来一批冤假错案暴露出的司法公信力危机表明，司法专业化和程序正当化不足依然是目前更为迫切和突出的问题。在司法资源不足与司法需求骤增的剧烈冲突中，刑事案件繁简分流的重点应当是建立体现不同价值取向的刑事案件审理机制。具体而言，刑事案件在进入庭审程序之前必须进行合理分流，证据确凿、事实清楚、法律适用简单和被告人认罪的案件，简化庭审程序；集中优势资源重点审理疑难、复杂、重大案件。当然，刑事案件繁简分流的重点在于审判阶段。审判机关以“简案速裁、繁案精审”为原则，落实甄别案件、科学分流，优化流程、速审速判的要求，积极推进案件繁简分流，提高审判效率。但是刑事审判具有被动性的特点，如果检察机关对提起公诉的案件不加甄别全部交付审判，势必增加审判机关的工作量。所以，刑事案件繁简分流价值的充分实现还应当重视检察机关在刑事案件繁简分流过程中的重要作用。这就要求公诉部门通过整合现有司法资源，内外分流、繁简分流、类案分流，实现纠纷不同层次的分级处理，多渠道化解矛盾纠纷，积极缓解钝化“案多人少”司法难题。适应以审判为中心的诉讼制度改革，发挥检察机关审前过滤功能，要求结合检察机关吸收刑事案件速裁程序试点工作经验①，积极探索在审查起诉环节认罪认罚从宽制度，以便更好地发挥审前过滤的功能，丰富过滤后的处理方式，进而开展繁简分流，实现司法公正与效率的统一。

二、审前过滤对不起诉工作的要求

通过不起诉制度实现检察机关的审前过滤职能，需要明确规范检察官的自由裁量权，具体包括严格执行不起诉的类型划分、正确理解不起诉的适用条件、准确把握不起诉的证据标准、正确贯彻宽严相济刑事司法政策和保障不起诉制度的适用效果五个方面的内容。

（一）严格执行不起诉的类型划分

公诉权是国家主动对犯罪进行追诉的一种公权力，完整的公诉制度包含着起诉和不起诉两种法定的处理结果。② 我国现行刑事诉讼法规定的不起诉制度包括绝对不起诉、存疑不起诉、相对不起诉、附条件不起诉四种类型。这四种类型的不起诉还可以具体划分为六个层次。一是“不是其所为”，即侦查机关所指的“犯罪嫌疑人”根本没有犯罪事实；二是“是其为但法不究”，即犯罪嫌疑人具有法定不追究刑事责任的情形；三是“是不是其所为不确定”，即证据不足存疑、不符合起诉条件；四是“是其所为可宽恕”，即犯罪嫌疑人虽然构成犯罪，但犯罪情节轻微，依照刑法规定不需要判处刑罚或者应免除刑罚；五是“是其所为情法可恕”，即当事人双方达成刑事和解协议且符合相对不起诉的条件；六是“年少罪轻”，即未成年犯罪嫌疑人虽符合起诉条件但又具备附条件不起诉的法定情形。前三种情形是“应当”不起诉，第四种、第五种情形是“可以”不起诉，第六种情形是“附条件”不起诉，六种情形由轻到重、层次清晰、内涵丰富、外延周密、逻辑严谨，构建了我国完整的刑事不起诉制度。

检察官在审查起诉工作中遇到前述三种情形时，只有一种审前过滤处置的

---

① 2014 年 6 月 27 日，在北京等 18 个城市开展了刑事案件速裁程序试点工作，效果显著。2016 年 9 月，同样是这 18 个城市被纳入认罪认罚从宽试点工作范围，保持了繁简分流改革探索的连续性。

② 2012 年修改后的刑事诉讼法取消了公安机关等侦查部门对达不到起诉标准案件自行撤回起诉或检察机关通知其撤案的做法，即刑事案件自立案后，审前过滤实体性处置只有起诉与不起诉两种法定结果。

结果，就是“应当”不起诉。“应当”等同于必须，没有丝毫自由裁量的空间。尤其是对于第三种情形，因定罪证据未达到确实、充分，为了防止冤假错案，从“存疑时有利于犯罪嫌疑人”的刑事指控理念考量，应坚持疑罪从无原则。[①] “存疑时有利于犯罪嫌疑人”原则的适用需要把握三点：一是“存疑”是指对案件事实存在合理疑问，不是对法律适用的疑问；二是“存疑”是指对案件事实中定罪量刑有直接影响的事实存在合理疑问，不是对任何事实都有疑问；三是“存疑”是指对犯罪证据的合理怀疑，不是无端猜疑或片面怀疑。适用证据不足不起诉，检察官必须坚守法治底线，贯彻罪刑法定、疑罪从无、程序公正原则，最大限度地避免该类案件进入审判环节。因为该类案件一旦进入审判程序，必然经不起庭审的检验，最终会使检察机关陷入十分被动的局面，影响检察机关的公信力。随着一批冤假错案的解决，我国刑事司法在贯彻疑罪从无方面得到强化，寄希望判决“留有余地”实际上是疑罪从有思想在作祟，是与罪刑法定原则和无罪推定原则背道而驰的。当然，存疑案件作出不起诉决定后，后续侦查达到证据确实、充分的，依然可以提起公诉。

审前过滤，主要是过滤后三种不起诉情形，简单归结为相对不起诉和附条件不起诉两类，而相对不起诉包括一般类型的相对不起诉和因刑事和解所作出的不起诉。据了解，2014 年，全国检察机关对不构成犯罪和证据不足的案件（包括法定和存疑）不起诉 23269 人，其中因排除非法证据不起诉 198 人；作出相对不起诉 52218 人，同比上升 1.6%，因刑事和解不起诉 17666 人；对未成年人适用附条件不起诉 4021 人。2015 年，全国检察机关对不构成犯罪或证据不足的案件（即法定和存疑）不起诉 25778 人；作出相对不起诉 50787 人。[②] 由此可见，司法实践中，法定不起诉案件数量略有上升，相对不起诉案件数量占大部分，附条件不起诉案件数量一直处于低位。究其原因，主要是配套制度缺失，附条件不起诉后续考察难，这在一定程度上限制了附条件不起诉的适用。

（二）正确理解不起诉的适用条件

对不起诉适用条件的把握，重点是从法律标准、证据标准和刑事政策标准三个方面严格执行刑事诉讼法对不起诉条件的规定。不起诉案件的办理必须以刑事诉讼法的规定为标准，此外还应该执行最高人民法院、最高人民检察院出台的刑事司法解释及相关规范性文件。

---

① 具体参见中央政法委 2013 年 8 月颁行的《关于切实防止冤假错案的指导意见》。

② 数据来源于 2015 年、2016 年，曹建明检察长在十二届全国人大三次、四次会议上所作的最高人民检察院工作报告。

1. 绝对不起诉的适用条件

绝对不起诉，又称法定不起诉，是指检察机关公诉部门对案件没有诉权或者丧失诉权，因而不提起公诉。《刑事诉讼法》第 15 条明确规定了六种情形不追究刑事责任，已经追究的，应当撤销案件，或者不起诉，或者终止审理，或者宣告无罪。这六种情形分别是：情节显著轻微、危害不大，不认为是犯罪的；犯罪已过追诉时效期限的；经特赦令免除刑罚的；依照刑法告诉才处理的犯罪，没有告诉或者撤回告诉的；犯罪嫌疑人、被告人死亡的；其他法律规定免予追究刑事责任的。《刑事诉讼法》第 173 条第 1 款规定：犯罪嫌疑人没有犯罪事实，或者有本法第 15 条规定的情形之一的，人民检察院应当作出不起诉决定。

从《人民检察院刑事诉讼规则（试行)》第 401 条、第 402 条规定可以看出，我国绝对不起诉制度有三种情况：一是犯罪嫌疑人的行为构成犯罪但在诉讼程序上不需要追究刑事责任。如犯罪已过追诉时效；犯罪嫌疑人死亡；经特赦令免除刑罚的、依照刑法告诉才处理的犯罪没有告诉或者撤回告诉的。二是犯罪嫌疑人的行为不构成犯罪，不能追究其刑事责任，但其行为是违法的。如《刑事诉讼法》第 15 条规定的情节显著轻微危害不大不认为是犯罪的；14 周岁以下未成年人犯罪或 14 周岁以上 16 周岁以下未成年人实施依法不应追究刑事责任的违法行为；不能控制和辨认自己行为的精神病人实施的危害行为。三是犯罪嫌疑人的行为既不构成犯罪也不违法，纯属错误移送起诉的。

2. 存疑不起诉的适用条件

存疑不起诉，又称证据不足不起诉，是指检察机关对于经过补充侦查的案件，仍然认为证据不足，不符合起诉条件，作出的不起诉决定。根据《刑事诉讼法》第 171 条第 4 款、《人民检察院刑事诉讼规则（试行)》第 403 条之规定，准确把握“证据不足”的标准尤为重要。《人民检察院刑事诉讼规则（试行)》第 404 条将证据不足的标准分为五类：一是犯罪构成要件事实缺乏必要的证据予以证明的；二是据以定罪的证据存在疑问，无法查证属实的；三是据以定罪的证据之间、证据与案件事实之间的矛盾不能合理排除的；四是根据证据得出的结论具有其他可能性，不能排除合理怀疑的；五是根据证据认定案件事实不符合逻辑和经验法则，得出的结论明显不符合常理的。

对于因存疑不起诉后，是否可以重启起诉程序，根据《人民检察院刑事诉讼规则（试行)》第 405 条的规定，检察机关对存疑不起诉案件保留公诉权前提是发现达到起诉标准的新证据。笔者认为，这里的新证据应该是原案卷没有且对罪与非罪认定起到直接影响的证据，至于一般性的间接证据、量刑证据就不能据此撤销不起诉，重启审查起诉的程序。司法实践中，一些公安机关在检察机关对存疑不起诉人宣布决定并予以释放后，立即对其采取监视居住或取保候审等强制措施，目的是便于对案件的进一步侦查，便于控制被不起诉人，这种做法于法无据，应当禁止。

存疑不起诉实质上是对犯罪事实不清案件的处理。造成这种结果的原因主要有：共同犯罪案件其他犯罪嫌疑人在逃、关键物证书证毁损、证人无法找到等，而犯罪嫌疑人又拒不供述，一些合理怀疑无法排除。基于办案期限，为保障人权，只能作出存疑不起诉决定。但这并不意味着犯罪嫌疑人客观上没有犯罪，一旦找到相关证人，或者共犯被抓获，如能证实被不起诉人有罪，仍需将其交付审判。虽然在司法实践中，囿于有限的侦查力量及待查刑事案件的数量激增，存疑不起诉后获得新证据再起诉的案例微乎其微，但从保护人权，特别是公民名誉权的视角，可以对存疑不起诉后再起诉权的行使规定一个合理的期限，具体时限可以参照刑法总则溯及力的规定，即从检察机关不起诉决定宣布之日起计算，在该期限内，检察机关对被不起诉人未能提起公诉的，不再保留公诉权。

3. 相对不起诉的适用条件

相对不起诉，又称“酌定不起诉”，是指检察机关认为犯罪嫌疑人犯罪情节轻微，依照刑法规定不需要判处刑罚或者免除刑罚而作出的不起诉决定。包括两类：一般的相对不起诉和因刑事和解而不起诉。刑事和解是指犯罪嫌疑人、被告人在真诚悔罪的基础上，通过赔礼道歉、赔偿损失、提供特定服务等方式，当事人双方自愿达成和解协议，司法机关根据诉讼阶段可以分别作出从宽处理的制度。由于世界范围内轻刑化思潮的影响，在我国通过相对不起诉，在审判前环节过滤掉的刑事案件数量最多，效果亦最明显。

（1）一般的相对不起诉。根据《刑事诉讼法》第 173 条第 2 款、《人民检察院刑事诉讼规则（试行）》第 406 条规定，适用相对不起诉应具备三个法定条件：一是人民检察院认为犯罪嫌疑人的行为已经构成犯罪，应当负刑事责任；二是犯罪行为情节轻微；三是依照刑法规定不需要判处刑罚或者免除刑罚。

这里的“依照刑法规定不需要判处刑罚”，是指虽然不具有免除处罚的情节，但犯罪嫌疑人的犯罪情节轻微，社会危害性较小，综合全案具体情况，结合刑法和司法解释关于法定刑和量刑标准的规定，认为不需要判处刑罚。实践中，对于是否需要判处刑罚应当综合以下五个方面的因素来考虑：一是犯罪事实方面。包括犯罪的手段、对象、危害后果、动机、目的等。二是犯罪主体情况。包括性格、年龄和境遇、个人恶性、改造难易、身体对刑罚的承受能力、提起公诉对犯罪嫌疑人的职业、工作单位和家庭可能带来的影响等。三是犯罪后的情况。包括作案后是否有逃跑、隐匿或者毁灭证据的行为，有无悔改表现，是否积极赔偿损失等。四是被害人处分权的行使状况。即被害人是否愿意接受人身、财产损害赔偿调解协议，是否同意不追究刑事责任。五是直接损害社会公共利益与否。包括社会影响是否恶劣，群众反应是否强烈。

"依照刑法免除刑罚"主要包括以下十个方面的内容：一是犯罪嫌疑人在中国领域外犯罪，依照我国刑法规定应当负刑事责任，但在外国已经受过刑事处罚的，可以免除或者减轻处罚；二是犯罪嫌疑人又聋又哑，或者是盲人的，可以从轻、减轻或者免除处罚；三是正当防卫明显超过必要限度造成重大损害的，应当减轻或者免除处罚；四是紧急避险超过必要限度造成不应有的损害的，应当减轻或者免除处罚；五是对于预备犯，可以比照既遂犯从轻、减轻或者免除处罚；六是对于中止犯，没有造成损害的，应当免除处罚；七是对于从犯，应当从轻、减轻或者免除处罚；八是对于被胁迫参加犯罪的，应当按照他的犯罪情节减轻或者免除处罚；九是对于自首的犯罪分子，犯罪较轻的，可以免除处罚；十是有重大立功表现的，可以减轻或者免除处罚，犯罪后自首又有重大立功表现的，应当减轻或者免除处罚。

对于以下情形，犯罪情节轻微，依照刑法规定不需要判处刑罚或者免除刑罚的，经检察委员会讨论决定，可以综合考虑后适用相对不起诉：一是未成年犯罪嫌疑人、老年犯罪嫌疑人，主观恶性较小、社会危害不大的；二是因亲友、邻里及同学同事之间纠纷引发的轻微犯罪中的犯罪嫌疑人，认罪悔过、赔礼道歉、积极赔偿损失并得到被害人谅解或者双方达成和解并切实履行，社会危害不大的；三是初次实施轻微犯罪的犯罪嫌疑人，主观恶性较小的；四是因生活无着落而偶然实施轻微犯罪的犯罪嫌疑人，人身危险性不大的；五是群体性事件引起的刑事犯罪中的犯罪嫌疑人，属于一般参与者的。

（2）因当事人和解而不起诉。根据《刑事诉讼法》第 277 条至第 279 条和《人民检察院刑事诉讼规则（试行）》第 510 条至第 522 条之规定，适用当事人和解的案件范围包括两类：一是因民间纠纷引起，涉嫌刑法分则第四章、第五章规定的犯罪案件，可能判处 3 年有期徒刑以下刑罚的；二是除渎职犯罪以外的可能判处 7 年有期徒刑以下刑罚的过失犯罪案件。但犯罪嫌疑人、被告人在 5 年以内曾经故意犯罪的，不适用该规定。

对于故意犯罪的公诉案件，有三个方面的适用限制：一是案件起因只能是因民间纠纷引起的，如家庭纠纷、邻里纠纷、财产纠纷等；二是罪行只能是可能判处 3 年以下有期徒刑、拘役、管制或者单处附加刑的案件；三是犯罪种类只能是属于刑法第四章、第五章规定的侵犯公民人身权利、财产权利的犯罪，但是第四章侵犯公民民主权利的犯罪，对刑法保护的法益往往损害较大，一般也不是因民间纠纷引起，不宜适用和解程序。对于过失犯罪的公诉案件，除渎职犯罪和可能判处7年有期徒刑以上刑罚的案件不适用外，一般都可适用。对于达成和解协议的案件，犯罪情节轻微、不需要判处刑罚的，可以作出不起诉的决定。

需要注意的是，检察机关应当全面审查和解协议的自愿性、合法性，着重审查犯罪嫌疑人是否真诚悔罪并已赔偿被害人经济损失，并对和解协议实际履行情况进行动态跟踪，充分听取当事人意见并书面记录附卷。和解内容可以就被害人一方是否要求或同意检察机关对犯罪嫌疑人依法从宽处理达成一致，但不得对案件的事实认定、证据和法律适用、定罪量刑等事宜进行协商。当事人和解只是就案件涉及的民事责任事项达成协议，并不必然导致不起诉或是影响刑事处罚的结果。为避免“花钱买刑”等弊端，单纯因为个人经济条件差异导致和解失败等情况，应当综合考虑案情，再决定诉与不诉。和解的前提是认罪悔罪，对于只赔偿不认罪、不真诚悔过的；对于被害人因治病救人等紧急情况急需赔偿款，当事人为了骗取从轻或免除处罚，趁人之危压低赔偿额才达成的和解，都不是真正意义上的刑事和解，不应从轻处罚。① 这需要检察官审慎审查，一旦发现否定性评价，就不能仅以当事人和解为理由作出不起诉处理。

4. 附条件不起诉的法律适用

附条件不起诉，又称暂缓起诉②，是指检察机关对于已经涉嫌犯罪、具备起诉条件的未成年犯罪嫌疑人，基于犯罪事实、犯罪情节、社会危害性及犯罪后的表现等因素考虑，以暂时不起诉为条件，对犯罪嫌疑人规定在一定期限内履行一定的义务，并视其履行义务的情况最终决定是否对其提起公诉的一种起诉裁量制度，其实质是一种案件审前过滤机制。

自1986年上海市长宁区人民检察院成立第一个“少年起诉组”，我国未成年人检察工作已走过了30年的发展历程，集逮捕、起诉、监督、预防职能于一体的四级未成年人检察工作专门机构相继成立。特别是刑事诉讼法规定附条件不起诉制度后，未成年人检察工作迈向新的起点，各地检察机关坚持对未成年人在案前预防，案中少捕、慎诉，案后帮教、挽救，成效显著。2012年修改后的《刑事诉讼法》第266条至第276条专章规定了未成年人刑事案件诉讼程序，并规定对于未成年人涉嫌刑法分则第四章、第五章、第六章规定的

---

① 王志凯：《只赔偿不认罪不属刑事和解》，载《检察日报》2011年9月2日，第3版。

② 与我国不同，英美法系和大陆法系主要国家和地区对附条件不起诉制度并无统一的称谓，且因其适用主体一般不限于未成年人，故往往并未以未成年人限定其范围。如德国一般称之为“起诉保留”或“附条件不起诉”，日本称之为“起诉犹豫”，美国称之为“延缓起诉”，我国台湾地区则称之为“缓起诉”。

犯罪，可能判处1年有期徒刑以下刑罚，符合起诉条件，但有悔罪表现的，检察机关可以作出附条件不起诉的决定。《人民检察院刑事诉讼规则（试行）》第484条至第509条对此进行了细化，由此确立了具有中国特色的未成年人附条件不起诉制度。

适用附条件不起诉制度应当把握五个条件：一是适用对象。犯罪嫌疑人实施涉嫌犯罪行为时已满14周岁、未满18周岁。二是符合法定起诉条件。未成年犯罪嫌疑人的行为构成犯罪、符合起诉条件。与审判机关有罪认定不同，这只是一种程序上的有罪认定，即检察机关认为未成年犯罪嫌疑人的行为已经构成犯罪，可以交付审判，只是基于特殊预防目的而没有提起公诉。若检察机关审查证据后，无法认定犯罪嫌疑人是否构成犯罪，或虽构成犯罪，但依法不需要判处刑罚，则只能依法作出存疑不起诉决定或者相对不起诉决定。三是可能判处1年以下有期徒刑。四是有悔罪表现。“悔罪表现”需要检察官从涉嫌犯罪未成年人到案情况（包括是否投案自首、有无立功等法定情节）、认罪态度（是否主动如实供述犯罪事实）和行为表现（包括是否退赃、是否向被害人赔偿损失和赔礼道歉等）进行综合判断。对于由于各种原因在附条件不起诉决定作出前犯罪嫌疑人尚未对被害人赔偿损失、赔礼道歉的，可将此作为决定作出后犯罪嫌疑人所承担的义务。五是当事人同意。根据《刑事诉讼法》第271条规定，附条件不起诉决定的作出和最终实施还需具备两个条件：一是必须听取公安机关和被害人的意见，但公安机关或被害人的不同意见并不直接阻碍检察机关作出附条件不起诉决定，公安机关和被害人可以对附条件不起诉决定要求复议，提请上一级人民检察院复核或进行申诉。二是必须得到未成年犯罪嫌疑人及其法定代理人的同意，如果他们有异议，即使检察机关认为该案符合附条件不起诉的其他所有条件，也必须将案件提起公诉。

目前，未成年人违法犯罪低龄化、校园暴力欺凌等现象时有发生，越来越受到社会各界的关注。检察机关为落实“教育、感化、挽救”方针，三十年来，全面贯彻对未成年人“教育为主、惩罚为辅”原则，“少捕、慎诉、少监禁”等理念，大大降低了涉罪未成年人的犯罪率。为了更好地发挥附条件不起诉的审前过滤功能，需重点把握两点：第一，附条件不起诉中“1年有期徒刑以下刑罚”不是指法定刑，而是指实际量刑或宣告刑可能判处1年有期徒刑。第二，撤销附条件不起诉决定产生的法律后果包括附条件不起诉程序的终结和审查起诉程序的重启，将会给当事人的权利义务带来重大影响，必须慎重决定，加强内部程序控制。

需要注意的是，为确保机关事业单位及时规范处理本单位被采取刑事强制措施和受刑事处罚工作人员的工资待遇，有效预防和纠正机关事业单位工作人员[①]“带薪羁押”问题，检察机关对机关事业单位工作人员被采取刑事强制措施和受刑事处罚的要履行向所在单位告知职责。检察机关应当在作出不起诉决定后10日以内，告知机关事业单位工作人员所在单位；送达撤销案件决定书、不起诉决定书的，可以不再另行送达告知书。[②] 检察机关决定不起诉的案件，如果被不起诉人需要给予行政处罚、行政处分或者没收其违法所得的，检察机关应当提出检察意见，移送有关主管机关处理。有关主管机关应当将处理结果及时反馈给检察机关。此外，对于职务犯罪案件的不起诉，应该按照《刑法修正案（九）》及《关于办理贪污贿赂刑事案件适用法律若干问题的解释》中“数额加情节”的规定从严掌控。

（三）准确把握不起诉的证据标准

证据是决定案件处理结果的基础。能否对刑事案件作出不起诉决定的标准应当是以事实为依据，核心也是证据问题。检察官应从证据“三性”即合法性、真实性、关联性着眼，对其作出形式和实质判断，去伪存真，正确审查判断案件证据情况，以现行法律为标准，首先确定诉与不诉，然后再准确甄别案件是适用法定不起诉、存疑不起诉、相对不起诉还是附条件不起诉。

1. 证据合法性的审查判断标准

不起诉案件证据的合法性，是指证据形式及证据收集主体、方法和程序应当符合法律规定，对证据的采信需经法定审查程序，主要解决证据资格问题，属于证据裁判原则范畴。不起诉案件对证据合法性审查主要侧重形式方面的审查，具体分为以下两个方面：（1）证据载体是否合法，表现形式是否符合法律规定的八种证据形式，否则就不能作为定案的依据予以采信。（2）取证主体是否适格，取证方法和程序是否合法。关于取证主体包括公安、检察、国家安全等部门侦查人员，人数应为二人以上。侦查实验应当经侦查机关负责人签字，扣押邮件、电报需经相关侦查机关负责人批准；讯问未成年犯罪嫌疑人，应通知其法定代理人到场，传讯犯罪嫌疑人应当符合关于时间的限制要求等。对非法证据和瑕疵证据要从严审查：一是从细节中发现非法取证的痕迹。如通过审查相关法律文书是否齐全，查实证据的取得是否符合法律法规和有关司法解释的要求；通过检查笔录材料是否齐全、连续，是否存在“重复自白”等现象，查找刑讯逼供的线索；通过核对勘验检查搜查笔录，检查是否存在证据

① 包括公务员、参照公务员法管理的机关单位工作人员、事业单位工作人员和机关工勤人员。

② 参见最高人民法院、最高人民检察院、公安部、国家安全部《关于机关事业单位工作人员被采取刑事强制措施和受刑事处罚实行向所在单位告知制度的通知》。

未提取、未移送等情况。二是听取当事人、诉讼参与人对证据合法性提出的异议，对非法取证线索要认真核实。三是与犯罪嫌疑人面谈。对于犯罪嫌疑人具有伤情、在被羁押的监所外接受讯问等可疑情况应引起重视，有讯问录像的可疑供述，应仔细查看讯问录像。四是发现取证行为异常，应当要求侦查机关提供相关证据佐证或说明合理理由，不能证实或补证的，应当运用证据规则予以排除。

2. 证据真实性的审查判断标准

不起诉案件证据的真实性，是指证据所表达的内容或事实是真实存在的，不是想象、臆测或者虚构的。对证据真实性的审查主要是对证据内容是否客观真实进行审查。实践中，检察官需要充分利用生活经验、社会常识、司法经验，具体把握三个规则：一是利害关系规则。言词证据提供人如果与本案处理结果或案件当事人存在一定利害关系，该关系通常会直接影响言词的真实性。犯罪嫌疑人的供述大多避重就轻，其内容常带有一定虚假性；案件被害人常夸大、虚构案件事实；与当事人存在亲友等利害关系的证人，其证言带有一定倾向性。二是生活逻辑规则。刑事案件都遵循前因后果、时间顺序，案件证人以及犯罪嫌疑人、被害人若对其所为、所见、所闻如实陈述，其内容应前后一致，无明显矛盾，整体内容应具体，条理符合生活逻辑。如果言词证据存在逻辑顺序错误，则其内容真实性存疑。三是相互印证规则。证据之间能够相互印证，其真实性显著增强。如“先供后证”印证模式就是在合法取证前提下，以犯罪嫌疑人供述为线索，取得其他证据，这些证据证明的内容与犯罪嫌疑人供述一致，则该犯罪嫌疑人供述真实性基本可以确认；共同犯罪中，分别羁押犯罪嫌疑人，排除串供前提下，若其供述在细节上一致，相关犯罪嫌疑人供述内容真实性得到强化；传来证据如果没有原始证据印证，则不能确定其真实性；言词证据，距离发案时间越短，真实性越强。

3. 证据关联性的审查判断标准

不起诉案件证据的关联性，是指证据必须与待证不起诉案件事实有关，具有证明案件待证事实的属性。不起诉案件证据关联性审查包括两方面：定罪证据审查和免罪证据审查。定罪证据与案件事实之间的联系是内在的、直接的，而前科证据、品行证据与案件事实不具有关联性，只能作为量刑证据。免罪证据与案件事实之间的证据是外在的、间接的，免罪证据存在就不能排除合理怀疑。总之，检察机关应当重点加强对证据与决定定罪事实的关联性审查，与定罪事实不具有关联性的证据要坚决予以排除。当然，在审查证据的关联性时，要做到将证据审查范围从“在卷证据”扩展到“在案证据”，逐步强化案件审查亲历性，做到“关键物证要见物，关键现场要到场，视听资料要播放，同步录音录像要三全”，将证据的客观性作为关联性审查的基础。同时，要结合刑法分则对具体个罪罪状的规定，正确认识和理解犯罪成立条件对主体、主观方面、客观方面的具体要求，有针对性地对证据进行审查。

（四）正确贯彻宽严相济刑事司法政策

宽严相济刑事司法政策，是指针对犯罪的不同情况区别对待，该宽则宽，该严则严，有宽有严，宽严适度，宽不是法外施恩，严也不是无限加重，而是要严格依照刑事法律，根据具体的案件情况来惩罚犯罪，做到“宽严相济，罚当其罪”。具体来讲，“宽严相济”包含三层含义：（1）区别对待，宽严适格。具体而言，一是注重打击犯罪与对特殊种类的犯罪和犯罪人给予轻缓处理相结合；二是注重集中打击恶性犯罪与发挥社区矫正预防犯罪相结合；三是注重保护人权、程序正义与社会效果和司法成本相结合。（2）宽严相倚，宽严互补。对犯罪的“从宽”，建立在集中力量有力打击严重犯罪基础之上，对特定的犯罪从宽处理，以提高诉讼的效率。（3）辩证统一，宽严适度。宽严相济的“宽”“严”并非绝对，二者是辩证统一的关系，要做到宽中有严，严中有宽，宽严适度。为便于实践操作，2006 年 12 月 28 日，最高人民检察院出台了《关于在检察工作中贯彻宽严相济刑事司法政策的若干意见》，规范了检察环节宽严相济刑事司法政策的具体适用。

适用宽严相济刑事司法政策办理不起诉案件时需要把握两个基础性原则：一是罪刑法定原则。罪刑法定原则是指“法无明文规定不为罪，法无明文规定不处罚”。不起诉案件在贯彻宽严相济刑事政策时强调的“宽”是有范围的，宽和严都是在罪刑法定的界限上展开的，是宽还是严，都只能以现行法律为限。二是罪责刑相适应原则。罪责刑相适应原则是指对犯罪分子量刑时，应根据其所犯罪行和所承担的刑事责任大小相适应，表明犯罪与刑罚之间是相互关联的。司法实践中不起诉案件都是轻微刑事案件，犯罪嫌疑人主观危险性小、犯罪行为社会危害性不大，依照罪责刑相适应原则，将刑事责任追究与犯罪预防整体考量，能够较好地彰显宽严相济刑事政策的底线和标准，实现有宽有严，宽严适中，良性互动。

深刻理解宽严相济刑事政策的精神，不仅体现在如何把握对犯罪打击“宽”与“严”的过滤结果上，还包含实体公正、程序正义、诉讼效率等多个层面的内容，应当从实体法、程序法、证据法等角度加以把握。一般而言，对于相对不起诉案件，可诉可不诉的不诉。具体来说，在审查起诉工作中，要充分考虑起诉的必要性，从化解群众矛盾、促进社会和谐的大局着眼，对可诉可不诉的案件，在法律规定的框架内适用不起诉。同时，根据案件的不同情况，对被不起诉人予以训诫或者责令具结悔过、赔礼道歉、赔偿损失，确需提起公诉的，可以依法向审判机关提出从宽处理、适用缓刑等量刑方面的建议。另外，善于运用刑事和解制度，让犯罪嫌疑人主动承担责任以消弭双方冲突，扩大不起诉案件适用率，贯彻宽严相济政策，深层次化解矛盾，修复受损的社会关系。

此外，2012年10月，最高人民检察院出台的《关于进一步加强未成年人刑事检察工作的决定》中确定可以适用附条件不起诉也可以适用相对不起诉时，优先适用相对不起诉。但这可能会带来对部分案件处理过宽的问题。比较合理的做法是应当考虑未成年人实施犯罪的动机和目的、犯罪性质情节、社会危害程度、是否属于初犯、归案后是否悔罪以及个人成长经历和一贯表现等因素，因人、因案作出选择。

三、审前过滤对繁简分流工作的要求

检察机关审查起诉阶段对于案件的繁简分流主要是指根据公诉案件复杂难易等情况对案件作出不一样的程序性处理，可以有效缓解检察官、法官的工作压力，解决案多人少的难题，将有限的司法资源进行更合理的配置。积极推动繁简分流，总的原则为“轻轻、重重”，对简类案件简化审理、全程提速，对繁类案件高质精办、细化审查，需要合理区分繁简案件，并明确繁类案件和简类案件各自需要把握的要求，从而在保障办案质量和诉讼参与人合法权利的前提下，实现提升办案效率的功能。

（一）合理确定“繁简案件”分类标准

繁简分流的前提是合理界定繁类案件和简类案件。这两种案件的内涵和外延并不是十分确定，需要从刑事诉讼法及其他配套规定中加以明晰，并结合案件本身的难易程度，以及案件可能带来的社会关注度、对法益的侵害程度来确定繁简案件的区分。

对于简类案件而言，根据《刑事诉讼法》第208条规定，基层人民法院管辖的案件适用简易程序审理的标准为：案件事实清楚，证据充分，被告人承认自己所犯罪行，对指控的犯罪和适用简易程序没有异议的。从案情方面、认罪方面及程序选择方面对简易案件进行了界定，综合简易程序案件的适用情况，从公、检、法三机关流程衔接提速的角度考虑，按照以往以轻罪标准确认简类案件的基本方法，适用快速办理程序的简类案件包括以下案件：（1）法定刑在3年有期徒刑以下刑罚的；（2）案情简单即事实清楚，证据充分的；（3）犯罪嫌疑人承认实施了被指控的犯罪，并对适用快速办理机制没有异议的；（4）社会影响较小，主要是指多发性案件、作案次数少、作案人数少、适用法律争议不大的案件。

与此相应，根据刑事诉讼法的有关规定，繁类案件应为重大复杂案件，限定条件多采用列举式，如《刑事诉讼法》第156条规定的重大复杂案件包括：交通十分不便的边远地区的重大复杂案件、重大的犯罪集团案件、流窜作案的重大复杂案件、犯罪涉及面广、取证困难的重大复杂案件。根据刑事诉讼法的相关规定，以及对照简类案件的适用范围，综合考虑案件类别、刑罚轻重以及认罪情况，确定以下案件为繁类案件，适用精办制度：（1）被告人不认罪的案件；（2）3人以上共同犯罪的案件，依法可能判处有期徒刑3年以上刑罚的或者一人多次作案达3次以上、依法可能判处3年以上有期徒刑刑罚的案件；（3）职务犯罪案件；（4）涉外或涉港、澳、台案件；（5）存在群体性、敏感性等因素，具有较大社会影响的案件；（6）新型犯罪案件；（7）单位犯罪案件；（8）其他重大、复杂案件。

（二）“简类案件”全程提速

当前，对简类案件主要有两种提速程序：一是对简类案件适用简易程序，二是对简类案件中可能判处1年以下刑罚的轻微刑事案件适用速裁程序。为实现诉讼程序的提速，需要对以上两类程序做到程序上从简、实体上从宽，形成合理可行的快速办理机制，保障其规范运行。

1. 适用简易程序案件快速办理机制的要求

适用简易程序案件的快速办理机制，是以办案提速为核心路径，以实现迅速终结为目的的程序运作机制，[①] 主要强调的是侦查、起诉、审判三部门内部工作流程的简化和办案期限的缩短。

1996年刑事诉讼法对简易程序采取限制的态度，适用范围限定在可以判处3年有期徒刑以下刑罚的案件范围内，对庭审简化的规定也比较粗略。2003年，最高人民法院、最高人民检察院和司法部发布的《关于适用普通程序审理“被告人认罪案件”的若干意见（试行）》规定，被告人对被指控的基本犯罪事实无异议，并自愿认罪的第一审公诉案件，除7种情形外，都可适用普通程序简易审；对于指控被告人犯数罪的案件，对被告人认罪的部分，可以适用普通程序简易审，从而确立了“普通程序简化审”的程序。普通程序简易审只能对普通程序的审理环节作部分简化而不能省略，是介于普通程序与简易程序之间的一种审理程序，是在司法机关仅靠简易程序不能实现刑事案件繁简分流目标的情况下而采取的另一速决程序，但因其未得到国家立法确认而受到质

---

① 潘金贵：《轻微刑事案件快速办理机制研究》，中国检察出版社2015年版，第14页。

疑。现行刑事诉讼法是刑事简易程序立法完善的第三步，规定了对于适用简易程序审理的公诉案件，检察机关应当派员出庭支持公诉，赋予了被告人直接的程序否决权，体现了新法在追求效率的同时更加注重公平的倾向。在不突破现行刑事诉讼法的制度框架下，适用简易程序办理案件需要明确以下四个方面：

（1）加强办案环节衔接。检察机关公诉阶段对适用简易程序的案件处理的快慢，不仅取决于公诉阶段本身，还受到与侦查机关、审判机关办案衔接的影响。因此，公诉部门应该加强与相关部门的衔接。首先，检察机关的侦查监督部门和公诉部门要建立信息交流共享机制、内部办案衔接机制，加强内部协调配合。其次，公、检、法三机关会签《适用简易程序案件快速办理办法》，对三机关的办案流程、办案期限、办案衔接、案件处理结果等作出明确的规定，力争做到规范职责、明确义务，从而使整个机制能够流畅运行。再次，加强与公安机关、审判机关的沟通配合，不断完善快速处理机制。例如，公、检、法三机关分别对应设置专门的适用简易程序案件审理组，建立对口接案的内部循环链条，在适用快速处理机制的案件卷宗上加上快审标识，并设置与案件配套的情况表，明确登记各环节的受理日期，并随案流转，便于公、检、法三机关之间配合制约，共同做好辖区内的适用简易程序案件快速处理工作。最后，建立公、检、法联席会议制度，定期通报内部设立快办组及专案专办的情况，通过相互配合的运行机制，缩短诉讼周期，加快案件办理过程。

（2）优化办案流程。在快速办理适用简易程序案件机制的流程设计上，需要把握四点要求。

一是明确“四简化”标准，即简化审查报告、简化讯问笔录、简化审批方式、简化出庭程序，以提升办案效率。简化审查报告要求结合办案实际对审查报告进行合理简化，简略发案、破案经过及侦查机关认定的犯罪事实与意见，简单列明证据的出处及所能证明的案件事实，重点就量刑情节提出量刑意见。简化讯问笔录要求对不影响定罪量刑的家庭情况、个人经历不再叙写，对于与在公安机关所做供述基本一致的内容略写。简化审批方式要求对于可以适用简易程序审理的公诉案件，经主管检察长签字后，即可向人民法院提起公诉。根据现行《刑事诉讼法》第 213 条的规定，简化出庭程序要求适用简易程序审理案件不受普通程序关于讯问被告人、询问证人、鉴定人、出示证据、法庭辩论程序规定的限制。在法庭调查阶段，公诉人当庭宣读起诉书，可以只宣读起诉书文号、认定事实、起诉罪名和适用法律条款。如被告人对指控事实无异议，则无须讯问被告人。对于出示证据的环节，公诉人可采用分组概括出示证据的方法，具体为将证明力、证明作用相同或者相近、内容关系密切相关联的证据按照顺序进行排列与组合，并相互关联用以证明某方的事实和情节。

公诉人将证据分组后，向法庭举证、示证时只说明该证据的名称及证明作用，不宣读具体内容，被告人表示无异议即可完成质证，可使法庭调查速度大幅度提升。对于控辩双方对罪名无争议的，公诉人直接提出量刑建议，法庭引导双方围绕量刑情节展开辩论。

二是建立“三集中”机制。首先公安机关快速集中移送起诉。可由公安机关指定内部法制部门统筹适用简易程序公诉案件的集中侦办、移送起诉工作。侦查人员认为可以适用简易程序的案件，在对犯罪嫌疑人第一次采取强制措施时，填写《刑事案件动态监督提示卡》，报法制部门审核同意后，在审核意见中注明“可适用快速集中办理机制”字样，提示办案人员可以适用快速集中办案机制，并规定办案期限，同时要求每周集中两天移送起诉。其次由检察机关集中受案提起公诉。案件管理部门于每周两次统一受理适用“轻刑快办”程序的公诉案件，并调整案件交负责办理简易程序案件的公诉部门专办检察官，经审查符合适用简易程序的案件，统一制作《适用简易程序建议书》，建议审判机关适用简易程序审理，并建议审判机关安排专门审判人员审理，连同案卷材料、证据、起诉书等批量移送审判机关。最后由审判机关相对集中受理、审理。审判机关刑事审判庭每周固定两天集中受理可适用简易程序审理的案件，经审查符合条件的，安排专门审判人员集中开庭审理。

三是确立“两固定”模式。为避免分散出庭，浪费司法资源，在人员使用上可确立“两固定”模式，即相对固定办案组、相对固定办案人员，专门办理适用简易程序的案件。专人办理可以积累更丰富的经验，把握庭审节奏更顺畅，有利于提高诉讼效率。同时为避免长期出席简易程序案件庭审后，专办检察官麻木、流于形式的问题，对专办检察官定期轮换，一般每三个月轮换一次，并与审判机关协商在审判机关设置专办检察官工作室，配置齐全的办公设备，便于检察官在集中出庭日的出庭工作。

四是突出“一重点”原则，“一重点”即重点加强对诉讼参与人合法权益的保护。对于关键事实、情节，在讯问、询问、制作审查报告、庭审调查时不能省，法庭辩论、答辩不能省，量刑建议不能省，法庭教育环节不能省，被告人的最后陈述不能省，以最大限度地保护诉讼参与人的合法权益。讯问未成年犯罪嫌疑人、被告人时应当通知法定代理人到场并应指定辩护人，庭审时起诉书要求全文宣读，被告人最后陈述时法定代理人进行补充陈述等。

（3）强化监督制约。一是确定案件转处机制，对经审查不符合快速办理条件的案件应及时转为普通程序处理，并对该程序作出具体规定，由专人负责。二是可由案件管理部门对适用简易程序案件快速办理机制运行情况进行专项检查，对相应的文书进行备案，从而督促办案人员严格遵守办案期限，以确保案件质量。

（4）重视配套措施保障。一是明晰适用案件的证据标准。特别是对于符合条件的适用简易程序案件的证据标准，要明确，具有可操作性。基于案件特点，证明标准可以较普通刑事案件稍低，即产生内心确信，也就是根据常识经验，由证据推导结论足以使人信赖即可。此外，为保证犯罪嫌疑人的正当权利，解决过度羁押的问题，要严格把握逮捕的证据标准，可捕可不捕的不捕，不符合逮捕条件的坚决不能批准逮捕。二是建立促进简类案件快速处理奖惩机制。如可以考虑把按规定适用快速办理机制结案作为办案人员工作业绩考评的一项重要内容，也可以考虑把矛盾化解率纳入案件质量考评体系，这些都可以促进办案人员对该机制的合法运用，改变办案人员有罪即诉的观念，增强办案人员办案效果意识。同时，对因主观原因造成办案差错、认定事实及适用法律错误等情况的，要严格追究相关办案人员的责任，可由检务监察部门认定处理。三是充分利用刑事和解制度。现行《刑事诉讼法》第277条对适用刑事和解的案件作出了限制，主要争议点在于民间纠纷是否应当仅限于公民之间。笔者认为，对民间纠纷的认定，应当从其性质入手，看到侵犯法益的本质，应包括公民与法人之间、法人与法人之间的民事纠纷。在审查起诉过程中，对于已在侦查阶段达成刑事和解的，应当讯问犯罪嫌疑人，听取被害人及其委托的人的意见，对该协议的真实性和合法性作进一步的审查。对于尚未达成刑事和解协议的案件，办案人员可以征询双方的意见，有和解可能的，可以建议当事人进行和解，并告知相应的权利义务，必要时可提供法律咨询或者主持制作和解协议书。和解协议书的内容包括双方当事人的基本情况、主要事实、犯罪嫌疑人的认罪和悔过态度，有赔偿情况的写明赔偿数额、履行方式及期限等，被害人对犯罪嫌疑人予以谅解并要求司法机关予以从宽处理的条款。对于在审查起诉阶段的轻微刑事案件，涉及刑事和解的，需给出具体的调解期限，不能无限制拖延时间，若调解不成，转为普通刑事案件办理，不再适用快速办理机制。

笔者认为，和解协议属于诉讼合同，它是双方当事人就民事责任达成的协议，应当参照民事法律的规定确认其效力。如果加害人一方以暴力、胁迫、欺骗等非法手段强迫、引诱被害人和解，例如在实践中经常出现加害人部分支付赔偿款，许诺被害人几个月后支付剩余赔偿款但需要被害人签字确认全部赔偿的情况，这样的和解协议基于被害人一方的申请可归于无效。如果犯罪嫌疑人一方在协议履行完毕后威胁、报复被害人或其近亲属的，应当认定和解协议无效。另外，检察机关应当健全以刑事诉讼程序为主线的和解案件全流程监督机制，注重对和解案件内容的实体监督，为和解制度功能发挥最大化构造牢固的

“防火墙”。[①]

2. 借鉴刑事速裁程序试点工作成效

2014年6月27日，十二届全国人民代表大会常务委员会第九次会议通过授权最高人民法院、最高人民检察院在北京、天津、上海、重庆、沈阳、大连、南京、杭州、福州、厦门、济南、青岛、郑州、武汉、长沙、广州、深圳、西安共18个城市开展刑事案件速裁程序试点工作。同年8月26日，最高人民检察院会同最高人民法院、公安部、司法部制定了《关于在部分地区开展刑事案件速裁程序试点工作的办法》，正式启动刑事案件速裁程序试点工作，主要适用于事实清楚、证据充分，被告人自愿认罪，当事人对适用法律没有争议的危险驾驶、交通肇事、盗窃、诈骗、抢夺、伤害、寻衅滋事等情节较轻，依法可能判处1年以下有期徒刑、拘役、管制或者单处罚金的案件，依法简化诉讼程序。2015年11月3日，十二届全国人大常委会第十七次会议审议通过最高人民法院、最高人民检察院关于刑事案件速裁程序试点情况的中期报告，认为成效显著，提高了刑事诉讼效率，保障了当事人合法权益，为完善刑事诉讼程序制度提供了实践基础，应继续加强组织指导和监督检查，切实维护司法公正，为完善刑事诉讼程序提供可靠依据。2016年3月13日，曹建明检察长在十二届全国人大四次会议上作最高人民检察院工作报告时指出：“在北京等18个城市212个检察机关开展试点，对3万余件[②]轻微刑事案件加快办案进度并建议人民审判机关适用速裁程序，审查起诉周期由过去平均20天缩短至6天以内，充分体现了速裁程序的效率价值。”[③] 鉴于其积极价值，两年试点结束后，2016年9月，在以上18个城市开展认罪认罚从宽试点工作，将速裁程序成果吸收其中，内容更加丰富。

河北省并未开展速裁程序和认罪认罚从宽的试点工作，但是鉴于速裁程序在程序简化、权利保障方面对于办理简类案件具有很大借鉴意义，因此应对该程序进行积极探索，并在不突破现行刑事诉讼法的基础上贯彻“速裁”理念，简化审查程序和工作流程，完善简类案件快速办理机制。结合司法实践，面对刑事案件类型化、多样化，微罪案件所占比重越来越大的趋势，建议完善多元

---

① 王志凯：《论刑事和解中的法律监督》，载《第四届刑事诉讼监督论坛文集》，法律出版社2014年版，第545－555页。

② 同期全国212个试点基层人民法院适用速裁程序共审结刑事案件31086件，占试点法院同期判处1年有期徒刑以下刑罚案件的33.13%，占同期全部刑事案件的15.48%。其中10日内审结的占92.77%，当庭宣判率95.94%；附带民事诉讼原告人上诉率为零，被告人上诉率为2.13%。参见国务院：《中国司法领域人权保障的新进展白皮书》，载新华社2016年9月12日。

③ 参见曹建明：《2016年最高人民检察院人大工作报告》，载《检察日报》2016年3月21日。

化的简易程序体系，用以适用“微罪—轻罪—重罪”的案件层次体系，根据个案的具体情况选择适用速裁、简易或者普通程序。

（1）明确适用范围。速裁程序是独立于简易程序存在的第三种审判程序，主要适用于事实清楚、证据充分、被告人自愿认罪、当事人对适用法律没有争议的一些案件，如危险驾驶、交通肇事等情节较轻、依法可能判处1年以下有期徒刑、拘役、管制或者依法单处罚金的案件。除了刑期的限制，根据《关于在部分地区开展刑事案件速裁程序试点工作的办法》的规定，犯罪嫌疑人、被告人除了对指控事实和适用法律没有异议外，还需要同意检察机关提出的量刑建议，才能适用速裁程序。此外，《关于在部分地区开展刑事案件速裁程序试点工作的办法》还规定具有以下情形的不得适用速裁程序：一是虽然对量刑建议没有异议但是经审查认为量刑建议不当的；二是没有达成调解或者和解协议的；三是严重影响诉讼活动正常进行的。上述规定显然反映了速裁程序对高效快速裁决的价值追求，将可能因为刑期超标而导致程序回转的案件排除在外。

（2）简化审理程序。在审判程序上被告人当庭认罪、同意量刑建议和适用速裁程序的，不再进行法庭调查、法庭辩论。在审理期限上，要求在受理后7个工作日内审核。相对于简易程序，速裁程序的简化程度和庭审的步骤更加明确了快速进行的目标价值，但是如果法庭认为有必要调查核实证据，公诉人应当出示证据，辩方可以进行质证。在出现不适合速裁的情形时，及时终止庭审，转为简易程序或者普通程序。

（3）重视审前程序衔接及当事人利益保障。在审前程序的配合与衔接上，《关于在部分地区开展刑事案件速裁程序试点工作的办法》不仅要求检察机关应当拟定量刑建议，而且要求检察机关与犯罪嫌疑人达成共识并签字具结。对于可能判处宣告缓刑或者管制的犯罪嫌疑人，可在审前委托犯罪嫌疑人居住地所在的县级司法行政机关进行调查评估。此外，速裁试点工作赋予了被害人否决权，强调被害人与被告人的权利并重，加强了对被害人权利的保障。

（三）“繁类案件”精细审查

1. 合理设置办案组

随着社会变革加剧及犯罪形式的层出不穷，重大复杂案件逐年增加，对以审判为中心的诉讼制度改革带来了严峻考验，而行之有效的繁简分流机制可将更多的诉讼资源集中到重大复杂案件的办理上。根据重大复杂案件分类特点，结合办案检察官的能力特长和思维性格，可以将除简类案件专办组外的人员分为职务犯罪办案组、新型案件办案组和一般刑事案件办案组。职务犯罪案件办案组是由资深员额检察官组成，专门办理职务犯罪案件；新型案件办案组，由业务精通、思维活跃、涉猎范围广、熟悉民商法、行政法律法规的检察官组成，专门办理新型涉众型经济犯罪案件；一般刑事案件办案组办理除上述两种类型外的重大疑难复杂案件。分类办理的同时，灵活采用案件调剂制度。在受理一般刑事案件数量过多过于集中，而其他案件少的情况下，启动案件调剂制度，由案件管理部门将案件调剂给其他办案组办理。

2. 深入推进精办制度

具有普适性的重大复杂案件精细办理制度包括“四步、三细、两强、一统筹”四方面内容，具体如下：(1)“四步”指的是对案件证据和事实的审查工作法。第一步全面概括了解案件主要事实及证据收集情况，做到心中有数；第二步核实证据固定的来源、收集程序、结果是否客观、合法、有效；第三步将证据与案件事实对比印证，主要是纵向对比和横向对比，纵向比较同一种类的证据前后是否一致，有无矛盾，横向比较不同证据种类能否相互印证，矛盾之处能否合理解释，最后将证据与事实进行对照，看收集证据能否作为定罪事实的依据；第四步综合归一，通过对证据材料的全面审查，将证据材料作为一个整体综合考量，依据排除合理怀疑及内心确信法则得出对罪刑情况的唯一性的结论。(2)“三细”指详细制作反映案件事实、证据及适用法律的审查报告；详细制作出庭预案，结合案件要点撰写讯问提纲、举证计划、质证预案和答辩提纲，特别对于公诉意见要进行详细论证和说理；按照司法责任制改革要求，严格履行检察官、检察长（主管检察长）扁平化审批程序，明确办案责任。(3)“两强”指强化对涉案财物的管理、处置，强化对公安机关、审判机关以及相关职能部门的监督，通过退回补充侦查、抗诉、纠正违法通知书、检察建议等方式强化监督职能。(4)“一统筹”指着力统筹案件的社会效果，化解社会矛盾，做好释法说理工作，将社会效果统筹到最佳。

第三节　审前过滤实践面临的问题和对策

一、审前过滤在实践中遇到的问题

司法实践中，因法律规定过于宏观或缺失、办案机制不健全，从实体和程序适用不起诉和繁简分流制度很难规范操作，有些检察官对审前过滤的功能和目的认识不清晰、不到位，未能及时转变司法理念和办案方式。不起诉存在怠于行使、滥用、限定比率、同案不同罚、公开办理机制流于形式等问题，繁简分流存在难以分流、办案进度与审判机关同步协调难等问题，亟待解决。

（一）不起诉在实践中存在的问题

为适应以审判为中心诉讼制度改革的需要，检察机关不起诉制度的功能应当适当调整和优化。不起诉制度属于检察官对案件的自由裁量权范畴，体现了非犯罪化、轻刑化和诉讼效益的原则，从程序上保护当事人合法权益，是公诉权的组成部分，是对侦查活动进行法律监督后的重要出口。当前国家层面还没有一套完备、行之有效的不起诉工作机制，全国各地检察机关自行摸索，做法五花八门、良莠不齐，使得不起诉率长期低位徘徊，过滤的整体社会效果没有凸显出来。

1. 追诉倾向浓厚，不起诉权怠于行使

长期以来，我国刑事诉讼的重心在于侦查阶段，核心价值在于治罪效率。因为刑事案件的发生意味着法益已经遭受到损害，必须通过侦查活动有效确定行为人才能予以定罪。为了实现效率价值，侦查活动被高度信任，且对辩护功能产生相对的否定，并对可能出现的错误予以容忍。在这样的刑事诉讼模式下，诉讼活动对国家利益、社会秩序层面的价值诉求过分倚重，而忽视了个人权益，导致在实践中部分司法人员产生片面强调打击犯罪的倾向，并将对犯罪嫌疑人、被告人合法权利的侵犯视为一种必要的代价，从而步入“重打击、轻人权”的误区。如上个世纪80年代在“严打”活动中，形成了一种报应性的司法观，即将追究犯罪、处以刑罚作为司法机关的基本职能。在这种理念的影响下，案件的实质调查都在侦查阶段完成。案件移送审查起诉后，仅仅是对侦查阶段形成的卷宗和证据的审查确认，审查起诉的滞后性与非同步性及过分依赖卷宗使得公诉人员缺少发现、识别和纠正侦查违法的途径，对漏罪、漏犯等消极侦查行为的监督不足，即便公诉人发现在侦查取证过程中存在不规范、不合法的问题，在实践中也往往迁就侦查行为，甚至为侦查机关“背书”。受传统追诉观念影响，多数检察官司法理念滞后，思想僵化，就案办案，认为案件不起诉就是打击不力、放纵犯罪，不起诉率高就存在“猫腻”或是检察官个人倾向性因素导致，是司法不公的表现，导致一部分可诉可不诉的案件宁愿起诉到审判机关，也不愿适用不起诉，片面追求有罪判决率。另外，检察机关内部虽然取消了对不起诉率的限制性业务考核指标，但很多地方仍将其作为案件质量指标进行通报，在各种执法检查中不起诉案件往往是特殊关注点，导致不起诉案件成为可能出现问题的重灾区。如果出现问题办案检察官就要作出合理解释，否则有可能被追责，这无疑会给直接办案的检察官裁量诉与不诉案件时施以无形的负面影响，增加办案检察官心理压力和工作压力，且程序繁琐，又容易受制于人为因素干扰，从而怠于行使不起诉权。

当然，怠于行使的反面就是滥用，办理不起诉案件还应当谨防两种倾向：

一是滥用不起诉权，即放纵犯罪，将不该过滤的案件过滤掉；二是怠于行使不起诉权，对过滤的标准把握不严，流于形式，将原本达不到公诉标准的案件简单一诉了之，既省心、省力，又谁也不惹，却是不负责任地把矛盾和责任转推给审判机关。例如，办理当事人和解案件，较普通案件要花费更多的时间、精力，在普遍存在案多人少情况下，检察官对刑事和解不积极，导致在检察环节可以和解的案件也被诉至审判机关，审判阶段和解了，被告人多数被判缓刑结案，间接使被告人丧失了不起诉的机会。至于如何在诉与不诉之间找到一个合适的平衡点，除了从实体法和程序法中找到根据外，更有赖于检察官高水平职业素养来保障。再如，随着城市化进程加快，人口流动性增强，受地理环境、司法成本、人力资源等因素制约，社会调查、附条件不起诉考察帮教、犯罪记录封存等特殊制度在外来未成年犯罪嫌疑人适用上遇到困难，检察官多不愿对外来未成年犯罪嫌疑人适用不起诉，外地未成年人犯罪的不起诉率远低于本地人。

另外，需要解决对罚金刑犯罪依法作出相对不起诉后，检察机关因无财产罚没权而造成的法律空白等问题。

2. 违背司法规律，人为限定不起诉率

鉴于免予起诉后期滥用的历史教训，检察机关对不起诉案件实行严格的内部考核控制，[①] 造成我国刑事案件不起诉率极低。如 1997 年全国不起诉率为 4.2%，1998 年至 2000 年均为 2%，极少数刑事案件才有适用不起诉的可能。虽然修改后的刑事诉讼法实施后，不起诉案件呈现上升趋势，但仍处在低位运行，不起诉率与起诉率不相称。大量应该在检察机关过滤掉的案件进入审判环节，而多数被告人被判缓刑或免予刑事处罚，既浪费了司法资源，又影响到社会安定，也无法避免关系案、人情案、金钱案，可谓“费力不讨好”。

影响不起诉率高低的因素主要有两个方面：(1) 侦查机关（部门）的因素。主要是在某一时期内（如严打、开展专项活动），侦查机关（部门）刑事侦查质量下降，一些案件原本达不到移送起诉的法定标准，而侦查机关（部门）坚持移送起诉。这种情况下，检察机关只能作法定不起诉或存疑不起诉处理，此时自然会导致不起诉率上升，这种情况不是检察机关能够左右的。(2) 检察机关的因素。在 2007 年之前，还没有未成年犯罪嫌疑人附条件不起诉制度，检察机关能够自由裁量、控制的都是相对不起诉案件。另外，不起诉权是法律

---

① 2001 年，最高人民检察院印发《人民检察院办理不起诉案件质量标准（试行）》要求：职务犯罪案件、破坏社会主义市场经济秩序案件、普通刑事案件的不起诉率应低于 12%、7%、2%。2007 年修订时才取消了对不起诉率的明文控制。

赋予检察机关的权力，检察机关因为怕执法中出现问题，不是想如何提升办案质量，而是根据受理案件数量简单划定一个看似合理的不起诉比例，广受诟病。如一旦超出相应比例或出现不起诉决定错案，就要承担相应的不利后果，而起诉案件只要审判机关不作无罪判决即可，不起诉决定风险显然大于起诉，对于可诉可不诉的案件，检察官轻易不愿提出不起诉的审查意见，而是更愿意采用稳妥的起诉方式处理，从而使得大量轻微案件无法实现审前过滤。

3. 执法标准模糊，不起诉类案处置差异

相比较而言，绝对不起诉和存疑不起诉标准比较明确，但是相对不起诉标准不明确，有裁量和变通的空间，而附条件不起诉标准过于抽象和概括，司法实践中对主观恶性、犯罪情节、犯罪后果、悔罪表现难以把握。导致相似案件诉与不诉不相同，不同地区执法尺度不一，通俗讲即“同案不同罚”[①]，主要出现在相对不起诉案件，其次是附条件不起诉案件。部分检察官受素质能力限制，对各种类型适用不起诉的适用标准、要求、规定掌握不到位，不会行使不起诉权或适用不起诉不当，导致不起诉决定作出后，案件当事人、侦查机关对结果存有疑虑。具体表现在：（1）相对不起诉适用条件模糊。何为“犯罪情节轻微”，缺乏明确的标准。司法实践中，将可能判处 3 年有期徒刑以下刑罚作为判断犯罪情节轻微的标准。然而这种做法有悖于“依照刑法不需要判处刑罚或者免予刑事处罚”的立法本意，可能造成不起诉的随意性。裁量轻微刑事案件是否符合不起诉条件可以从以下几个维度进行考量：一是案件的性质，如是否属于渎职犯罪以外的过失犯罪和无严重后果的故意犯罪；二是犯罪嫌疑人的主观恶性，考察其犯罪的动机、原因，案发后是否具有明确的悔罪表现，是否达成刑事和解等；三是刑事责任能力受限的特殊主体，如未成年人、75 周岁以上的老年人、盲人、聋哑人等，对其适用相对不起诉的条件应当适度放宽。（2）错误适用不起诉。应作法定不起诉而错误作相对不起诉；不起诉决定书制作不规范，一份不起诉决定书不起诉多人；擅自扩大“犯罪情节轻微”适用范围，应当起诉却不起诉；受制于逮捕，一旦发现犯罪嫌疑人已经被逮捕，不作羁押必要性审查，径行将不起诉排除在外。（3）受案外因素干扰。有的接受当事人请托，有的因侦查机关（部门）抵触，有的是害怕被害人上访，有的是领导干部打招呼干预案件办理，检察官个体对案外因素缺乏应对措施，无力抵制、无所适从，导致案情类似的案件，因外力干预而出现不

① “同案不同罚”主要发生在故意轻伤害、盗窃、交通肇事等常见多发案件中，在犯罪情节以及悔罪表现基本相同的情况下，有的被提起公诉，有的却作了不起诉处理，“事同罚不同”的恶劣影响严重波及到司法的公信力。

同的处理结果。(4) 撤回起诉后对案件处理不规范。《人民检察院刑事诉讼规则（试行)》第459条第1款明确规定了七种撤回起诉的情形，但实践中仍存在诸多问题：一是案件撤回起诉后无新的事实、证据又重新起诉；二是案件撤回后没有在30日内作不起诉处理；三是案件撤回后应当作存疑不起诉或绝对不起诉的，却作相对不起诉处理。(5) 附条件不起诉帮教考察效果不佳。刑事诉讼法规定附条件不起诉的决定机关是检察机关，实施监督考察的机关也是检察机关，考验期满还是由检察机关根据考察结果作出不起诉或起诉决定，使得该项工作的中立性较差。而在检察机关人力、物力、财力有限的情况下，很难安排专门检察官对未成年犯罪嫌疑人进行有效的监督考察。且在考察期间内，应该对未成年犯罪嫌疑人附加哪些条件，尚无统一标准。另外还有本地和外地涉罪未成年犯罪嫌疑人差别化待遇问题，对于符合条件的外地未成年犯罪嫌疑人，一些检察机关以不具备监督考察条件为由拒绝适用附条件不起诉，导致类案不同罚。

另外，我国刑事诉讼法对不起诉决定的法律效力没有明确规定，被不起诉人的诉讼地位是不稳定的，随时有被提起公诉的可能，因此有必要明确发现新的证据再次起诉的标准。

4. 程序繁琐规避风险，适用罪名狭窄

当前社会重大热点敏感案件逐年增多，各方利益矛盾冲突加剧，检察机关在处理刑事案件的过程中，更是步步谨慎，唯恐触碰到矛盾汇集无法调和的“雷区”。不起诉案件使诉讼程序终结于检察机关，难免会引发个别当事人的不满，是涉检信访事件重要的“导火索”，当事人缠访、闹访事件频发，有些案件当事人甚至上访几十年。面对这一状况，检察机关基于维护自身安全及避免与当事人发生冲突的考虑，出于对涉检风险的防范，对有上访因素的案件即使符合不起诉条件一般也不愿作出不起诉处理，导致不起诉适用存在罪名种类集中、适用面不够广等问题，80%以上集中在盗窃、故意轻伤害、交通肇事案件，其他罪名适用率极低。而与之不相应的是判决轻缓化问题比较突出，涵盖全部罪名，每年占到刑事案件数量的50%以上，这是不起诉审前过滤职能没有得到充分发挥的佐证。

对于附条件不起诉制度附加了考察期限和考察条件，虽然符合我国宽严相济的刑事政策，有利于对犯罪行为人的挽救和改造，在社会治理上具有积极的作用。但现行刑事诉讼法对这一制度的设计有些保守，对被附条件不起诉人的主体条件、涉嫌的罪名和可能的刑期作了严格的限制，限制了这一制度适用罪名的范围。

司法实践中，检察机关处理不起诉案件的工作程序通常比较繁琐，一般均需经过检察委员会程序，在决定作出前后需要经过复杂的审批和报备程序。繁琐的内部流程使得作出不起诉决定的案件在工作量和办案时间上均远远超过了提起公诉的案件，客观上影响了检察官适用不起诉制度的积极性。

5. 办案程序不透明，不起诉公开监督乏力

检察机关的审查起诉活动遵循不公开原则，由检察机关以单方审查的方式进行，不开庭、不实行控辩对抗，当事人很难参与其中。不起诉案件决定主要是内部层层审批，多数以不公开方式进行、透明度不足，缺乏有效监督，不起诉权易滥用，导致社会公信力弱。《人民检察院公诉工作操作规程》第153条规定：对存在较大争议并且在当地有较大社会影响、拟作不起诉处理的案件，可以根据实际情况，实行公开审查。同时又规定案情简单没有争议的案件、涉及国家秘密或个人隐私的案件、未成年人犯罪的案件及其他没有必要进行公开审查的案件，不进行公开审查。《人民检察院办理不起诉案件公开审查规则（试行）》将公开审查的不起诉案件限定为存在较大争议并且在当地有较大社会影响的，经人民检察院审查后准备作不起诉的案件。对存在较大争议和在当地有较大社会影响没有作进一步界定，但却限制了大多数的普通案件。上述规定将不起诉案件公开审查限制在较小范围，合理性令人质疑。当前，各地检察机关开展的不起诉案件公开办理机制多是在很窄的范围或还只是停留在表面上，主要存在以下十种情形：（1）纯粹是为宣传而选取个别案件公开办理。（2）只在常见的盗窃、轻伤害、交通肇事等几种犯罪中适用。（3）遇到不起诉案件，检察长、主管检察长先定“调子”，再由办案检察官履行公开程序，公开不公开成为掩盖案外干扰因素的幌子。（4）仅程序公开，但是听取的意见是否采纳，没有形成一个适当的反馈机制。（5）不起诉文书说理不充分。不起诉决定书和说理书的质量不高，格式不统一。如有些地方不起诉决定仅仅叙述认定的案件事实和法律依据，无决定理由和内容阐述，致使当事人不能全面了解检察机关所作决定的合法性、合理性；有些地方虽然单独制定了不起诉说理书，但过于简单，纯属法言法语，释法说理性不足，当事人认同感不强；有些地方尚未建立不起诉案件的通报及说理制度等。（6）不起诉决定文书未公开宣告或没有在互联网上公开。（7）缺乏必要的公开听证场所或硬件标识不庄重，公开过程不严肃、程序混乱。（8）公开宣布不起诉决定的活动没有记录在案。（9）被不起诉人被采取非羁押强制措施，未通知执行机关解除。（10）不起诉决定书未送达被害人或其近亲属及其诉讼代理人、被不起诉人及其辩护人（未成年人法定代理人）以及被不起诉人所在单位，或者未送达移送起诉的公安机关。

另外，当前我国不起诉裁量权的监督制约主要是事后监督制约，包括公安

机关复议复核程序、被害人申诉自诉、被不起诉人申诉制度，缺乏事前的预防，效率不高。而人民监督员制度因选任管理方式、监督规范、监督程序、知情权保障等方面的制度缺失，对不起诉案件的外部监督实效也有待进一步提升。

（二）审前过滤繁简分流在实践中存在的问题

1. 对繁简分流功能认识存在误区

在繁简分流工作运行过程中，大量简类案件由于其自身的特殊性，存在取证难、划分责任难等问题。这类犯罪有很大一部分是由邻里纠纷、家庭纠纷、日常琐事等引发的，由于侦查阶段通常强调打击犯罪，往往忽视收集有无逮捕必要和是否符合取保候审条件等证据材料，导致案件在提请批准逮捕后，检察官必须为核实逮捕必要性方面的证据耗费大量的办案时间和精力。同时，侦查阶段取证不到位也造成部分轻微案件在审查起诉阶段不得不退回补充侦查，影响了办案效率和质量。简类案件快速办理机制的特点在于快，但在加快办案节奏的同时如何最大限度地实现公正价值则被有些检察官所忽略，对案件事实和证据的审查未完全达到“事实清楚，证据确实充分”的要求，便建议审判机关以简易程序进行审理。

犯罪嫌疑人有获悉适用何种快速办理机制以及申请和否决适用该机制的权利。因此，在讯问简类案件的犯罪嫌疑人时，应明确告知其可能适用的快速办理机制，检察机关建议审判机关可能适用的审判程序、适用条件及法律后果。实践中，简类案件委托律师的比例较低，对简类案件的法律援助缺位、质量低下，导致程序分流时多数犯罪嫌疑人被动接受。

2. 对证据审查未能全面贯彻证据裁判规则

对案件客观准确的繁简分流，必须全面贯彻证据审查规则。实践中，检察人员过分依赖言词证据，重视犯罪嫌疑人在侦查阶段所作的有罪供述，而忽视对相关物证、书证、视听资料等客观证据的收集，鉴定勘验、犯罪现场、犯罪工具识别能力不足，导致案件把关不准，难以分流或是分流不准。此外，不重视同步录音录像与书面笔录的比对，使得其中的实质性差异不能被及时发现。对其中提供的线索不积极查证，造成案件事实不清。由于过分依赖变化前的证据，一旦被告人翻供，检察人员便容易陷入尴尬境地，导致因言词证据的变化而使证据链条断裂的被动局面，使先前对案件繁简的预判发生错误，影响过滤结果。

另外，由于公诉与侦查部门的过度配合，或是部分检察人员自身素质因素，造成对当事人、辩护人、证人提供的证据材料的忽视，有的仅凭侦查机关的工作说明就简单认定不存在非法取证行为。而以卷宗为中心的封闭审查模式导致不具备发现不实证据的功能，特别是对人为制造、隐匿的重要证据、使用刑讯逼供等非法方法获取的口供，现行审查方式存在缺陷，导致检察人员对案件繁简的认识存在误差。

3. 繁简分流分类不当

繁简分流标准难以掌握，区分不准，过滤不当。表现在：一是难案分流至简案审判组织或简案分流至难案审判组织时，简案审判组织还需将难案转出；或者是对于分流不当的案件，速裁庭经审理后发现案件不适宜速裁的，原承办法官需要转成普通程序的，还需经过层层严格批准。二是该简的不简。一些案件公诉办案环节程序依旧繁琐，起诉到法院后审判机关适用简易程序办案与普通程序办理也没有体现应有的差异。三是刑事诉讼法中简易程序有待区别化，速裁程序尚未彻底简化，繁简分流协商程序缺失。四是和解案件分流数量少。现行刑事诉讼法仅要求检察机关审查和解的自愿性及合法性，并主持制作和解协议书，大量原本能够在检察机关和解的案件，因为无中间人居间调和，当事人双方互不信任，导致和解失败，或提起附带民事诉讼，影响了诉讼效率，不能适应繁简分流的效率要求。

4. 与审判机关的协调配合尚不顺畅

侦查机关、检察机关、审判机关因工作模式的不同，案件批量移送难，互相配合不畅，制约了繁简分流机制的运行。表现为：（1）法律认识不同。检察人员认为提起公诉的案件为简案或是繁案，法官对适用法律、程序方面存在不同认识，难以提升诉讼效率。（2）繁简分流适用断层。检察机关和审判机关欠缺工作沟通协调、司法信息共享、联席通报等机制，造成工作衔接不畅，突出表现在繁简分流主要局限于某一领域或某些诉讼环节，发挥作用具有单一性，如适用简易程序审理案件的衔接、协调配合工作未能做到无缝对接。此外，对检察机关和审判机关共同制定的规范性文件在实施过程中无监督机制，各自运行，违反规范性文件时没有强制纠正措施，造成实践运行过程中诉讼周期的延长。

二、完善审前过滤的措施

在以审判为中心的诉讼模式下，为了节约诉讼资源，保证庭审实质化效果，检察机关必须对公诉案件进行筛选、过滤，发挥调节器作用。因此，审前过滤是审查起诉的重要功能，而其功效的发挥有赖于检察机关在审查起诉程序中对案件质量严格把关和转变证据审查方式，加强审查把关和审前分流，特别是对命案和主要靠言词证据定性的案件的审前过滤审查。

（一）不起诉过滤制度的完善

在全面推进司法体制改革的背景下，不起诉工作机制的完善首先应服从以审判为中心的诉讼制度改革。办案中要注意防止两种倾向：一种是将不该过滤的案件过滤掉，从而放纵犯罪；另一种是对过滤的标准把握不严，过滤功能流于形式，将达不到裁判标准的案件不负责任地推给审判机关。顺应检察改革与公诉实践要求，建立健全不起诉案件由实体到程序、由内部到外部，互为支撑、互相配合、互相交融的工作机制，准确适用不起诉自由裁量，推动不起诉案件执法规范化，可以从健全程序实体制度体系，从适用广度上大胆拓展，从文书上明确释法说理标准，从考核上不限制不起诉率等方面，规范不起诉案件的办理。

1. 健全不起诉案件办理的制度体系

我国刑事诉讼采用起诉法定主义与起诉便宜主义相结合的方式。公诉作为刑事诉讼的中间环节，检察机关对不构成犯罪、犯罪证据不足、不需要判处刑罚或者免予刑事处罚的案件作出不起诉处理，既能够起到过滤案件、保障人权、诉讼经济、维护公正的作用，也维护了刑法的谦抑性，使无罪的人免受刑事追诉。依法行使不起诉权，不是放纵犯罪，必须走出有罪必诉的思维误区，纠正当前工作中存在的“重打击、轻保护”的错误观念。检察官必须转变司法理念，秉持公平正义理念，认识到不起诉率与办案质量没有必然联系，该诉而不诉、不该诉而诉，都是办案质量不高的表现。对不符合起诉条件的案件，既要敢于依法作出不起诉决定，防止把问题推向审判环节，又要严格规范适用不起诉，准确把握不起诉标准。检察官应当始终坚持“可诉可不诉的不诉”的原则，敢于担当，适度扩大轻微犯罪不起诉的适用范围，合理运用不起诉权，以最大限度地减少社会对立面，尽可能地增加社会和谐因素。

绝对不起诉，必须坚持罪刑法定原则，不枉不纵，发挥刑法打击犯罪与预防犯罪的功能；存疑不起诉，必须坚持疑罪从无原则，能够防止冤假错案的发生；相对不起诉，贯彻宽严相济刑事司法政策，是恢复性司法的体现，有利于社会秩序的安定；附条件不起诉，贯彻对未成年犯罪嫌疑人特殊保护政策，最大限度教育、感化、挽救未成年人，促其回归社会。唯如此，才能减少当事人对不起诉案件的误解和不信任，增强检察机关的司法公信力。

（1）修订完善不起诉案件办理规范。随着《刑事诉讼法》《刑法修正案（九）》等一大批新法律、司法解释的实施，2007 年 6 月 19 日最高人民检察院公诉厅出台的《人民检察院办理不起诉案件质量标准（试行）》已经不能适应办案需要，建议在基层调研、充分吸收全国各地检察机关办理不起诉案件经验基础上，由最高人民检察院公诉厅对不起诉案件的适用原则、适用范围、适用条件、办案程序和工作要求作出具体规定，纳入规范性文件，指导不起诉案件的办理。各地检察机关可以根据辖区实际自行探索，为不起诉规范性文件的出台提供实证数据支撑。

目前，许多国家都在充分利用不起诉分流的功能，以减轻案件数量激增给审判环节带来的压力，如英国不起诉案件占全部受理刑事案件数的12%、美国占25%—50%、日本占40%—45%、德国占80%以上。其结果是大量刑事案件在检察环节被过滤，确保审判机关集中精力解决重大、复杂、疑难案件，缓解法官办案压力，避免罪犯交叉感染。限制比例就像下指标，具有极强的行政干预色彩，而犯罪的不确定性是无法用确定的比率控制的，这不符合司法规律，检察机关内部应当杜绝对不起诉率的人为限制，起诉率高低不能直接跟公诉案件质量、业务考核挂钩。

（2）出台相对不起诉案件适用标准。因相对不起诉案件基数多，自由裁量的幅度大，检察官处理结果呈现明显差异化，因此有必要由最高人民检察院专门以规范性文件的形式对相对不起诉案件适用标准细化，增强执法尺度的统一性和可操作性。具体包括：一是明确相对不起诉的适用范围和条件。如对交通肇事、亲友邻里之间纠纷引发的轻伤害犯罪、初犯、偶犯以及未成年人、老年人犯罪等，在考虑犯罪情节、数额、人身危险性等因素后如何判断“犯罪情节轻微，不需要判处刑罚”的具体标准。二是规范相对不起诉案件办案流程。如可以明确将羁押必要性审查作为拟作相对不起诉的重要条件之一，规定轻伤害等案件拟提请不起诉前15日内必须进行羁押必要性审查前置程序。三是明确附条件不起诉和相对不起诉适用的区别。重点是明确“一年以下有期徒刑”判断标准和附条件不起诉与相对不起诉的逻辑适用关系。四是附条件不起诉案件，明确办案检察官社会调查规范。通过讯问犯罪嫌疑人，了解其犯罪情况、主观恶性、社会危害性，观察其悔罪表现；通过走访学校、居委会、同学同事、邻居了解犯罪嫌疑人的家庭情况、平时表现和品性；通过询问被害人及其家属，了解赔偿情况和对犯罪嫌疑人处理的意见。全盘考虑后作相对不起诉还是有必要考察一段时间作附条件不起诉，衡量哪个结果对未成年犯罪嫌疑人矫正效果最优。为了修复被侵害的社会关系，附加条件应当包括：书面悔过；向被害人道歉、给予赔偿；提供一定时间的公益劳动；不得侵扰被害人、证人。为了避免未成年人再次犯罪，可以附加禁止出入特定场所，不得接触特定的人和物，不得从事某些特定职业，完成一定的生理、心理、精神治疗等条件。对被附条件不起诉的未成年犯罪嫌疑人进行监督考察由检察机关直接实施，但限于检察机关的精力有限，帮教可以充分利用社会力量，按照《社区矫正实施办法》第33条规定，如以会签文件等形式明确当地居委会、村委会、社区、法律援助部门、学校等监管部门责任，具体进行矫治、教育、考察，检察机关负责监督，及时掌握动态信息，预防和控制犯罪，防止脱管漏管。五是对于当事人和解案件，不宜以赔偿数额高低论成败。否则容易造成“花钱买刑”，有钱人与无钱人犯罪一样，结果却不同，为此应当规定一个赔偿的基本原则和标准，如最高可以是正常民事诉讼赔偿的3倍，下限自由协商。列举对只因赔偿数额多少而未达成和解的案件，检察机关仍可以不起诉的特殊情形。六是立法可以适度扩大附条件不起诉制度的适用范围。具体而言：在被不起诉主体的适用条件上，可以将在校学生、主观恶性较小的初次犯罪、偶发犯罪等具有较强可塑性的涉罪行为人纳入其中；对于其可能判处的刑罚，可以扩展到3年有期徒刑以下刑罚；在所涉嫌的罪名上也应适度扩充。

另外，绝对不起诉重在细化法律适用标准，存疑不起诉重在细化证据判断标准。扩大不起诉适用范围，就必须根据社会情况及时调整追诉重点，同时要防止审前过滤职能虚化，解决案件诉不出去带来的实际困难；适度扩大检察机关的起诉裁量权，具体包括适用案件数量有增长、罪名范围广覆盖、公开办理常态化、个罪不起诉[①]等多个方面，特别是逐渐放松对相对不起诉的制约机制，打通各类不起诉案件的过滤通道。对符合不起诉条件的，要敢于依法作出不起诉决定；对于不符合不起诉条件的，准确把握起诉标准。以不起诉减轻案件急剧增长压力，给普通程序审理的刑事案件质量提升腾出司法资源。

（3）制定常见犯罪不起诉指导意见。标准的研究和判断是发挥审前过滤的关键。适用不起诉，应当坚持合法、合理、适度原则，完善四类不起诉类型的执法标准，同类案件、案情类似的，做到同案同罚，避免不起诉权适用差异化。常见犯罪不起诉指导意见的制订虽有一定难度，但具有很强的现实意义和实用价值，是在不起诉案件的办理规范、相对不起诉案件适用标准等文件基础上，对不起诉案件样本性的总结。制订可以由易到难、从正向反向两方面，参

① 所谓个罪不起诉制度，是指对于一人犯数罪，如果部分犯罪的量刑将被他罪吸收或对最终量刑不具有实际意义，检察官应当根据案件情况对这部分行为作不起诉处理。吴宏耀：《我国公诉制度功能的调整和优化》，载《人民检察》2016年第1期。

照最高人民法院《关于常见犯罪的量刑指导意见》[①] 格式体例，分为总则、一般性规定、常见罪名具体适用标准、附则四部分。重点列明故意伤害、盗窃、交通肇事、抢夺、危险驾驶等常用相对不起诉罪名诉与不诉的具体适用标准。如高发的故意伤害和交通肇事案件，将赔偿谅解作为对两类案件作不起诉处理的条件之一，直接影响案件的诉讼进程和效果，赔偿谅解协议达成的越早越有利于案件的处理。检察机关可以建议公安机关在侦办这两类案件过程中，根据犯罪嫌疑人的犯罪事实、情节可以作不起诉处理的，要第一时间启动调解程序，促使双方当事人在侦查阶段尽早达成赔偿谅解，并可提出不起诉的意见，检察机关受理后对符合不起诉条件的及时作出不起诉处理。

针对近年多发的非法集资、非法吸收公众存款等涉众型经济案件，将涉案数额、积极退赃退赔、主观恶性等因素纳入不起诉综合考虑因素，明确此类案件不起诉应以积极退赔退赃和被害人谅解为先决条件，稳妥化解社会矛盾，才能对犯罪起到打击、警戒、预防功能，防冤纠错，保障人权。

2. 规范不起诉案件的办理程序

只有规范不起诉案件办理程序，让不起诉案件在公开条件下办理，才能加强监督，排除各种因素对不起诉工作的不当干扰。检察机关在作出不起诉决定前，应当公开听取被害人及其代理人、犯罪嫌疑人及其辩护人对证据客观性、合法性、关联性的意见，人大代表和人民监督员可以发表个人意见；不起诉决定宣告要公开并阐明理由，主动接受社会监督。2001 年 3 月 5 日，最高人民检察院公诉厅印发了《人民检察院办理不起诉案件公开审查规则（试行）》，规定了制订不起诉案件公开审查的目的和法律依据、适用范围、公开审查程序及内容、时限，目前该规则已显陈旧，不能适应办案需要，亟待进一步修订完善。

（1）扩大不起诉案件公开审查的适用范围。不起诉作为刑事案件审前过滤的主要手段，其功能前文已经阐述，需要指出的是，当前我国已借鉴国外诉辩交易等制度合理元素，开展认罪认罚从宽制度试点工作，一旦全面实行必然

---

① 在规范 15 种常见犯罪量刑的基础上，2016 年 5 月 26 日，最高人民法院发出《关于扩大量刑规范化罪名和刑种试点的通知》，将危险驾驶罪、非法吸收公众存款罪、集资诈骗罪、信用卡诈骗罪、合同诈骗罪、非法持有毒品罪、容留他人吸毒罪和引诱、容留、介绍卖淫罪等 8 种罪名纳入规范范围，从有期徒刑、拘役扩大到罚金、缓刑，并指定天津、辽宁、福建、海南、湖北、广西、云南、陕西等地 8 个高级法院作为试点法院，在辖区内指定有关中级、基层法院开展试点，在此基础上提出量刑指导意见。同时指定量刑规范化工作基础比较扎实的广东省广州市白云区人民法院就 8 个试点罪名的罚金刑进行试点，并提出指导意见。扩大量刑规范范围以后，适用量刑规范化的罪名达到 23 种，案件数量占全国基层法院刑事案件的 90% 左右。参见《人民法院报》2016 年 5 月 26 日。

增大个案不起诉的概率，这也从侧面凸显了不起诉制度的重要性。为了提升不起诉案件处理的公信力，笔者认为，应当扩大不起诉案件公开审查的适用范围，即除涉及国家秘密、个人隐私和未成年人不起诉案件外，一律公开办理。为提高办案效率，建议分为两个层次：一是简易公开，适用于案情简单、没有争议的案件；二是普通公开，适用于存在较大争议、在当地有较大影响、撤回起诉后拟不起诉的案件和职务犯罪案件。

（2）改革不起诉案件内部审批程序。长期以来，不起诉案件与一般公诉案件的内部审批程序一样。首先由办案检察官提出处理意见，提交部门负责人审批同意后，经分管检察长审核，再报检察长或者最后提交检察委员会讨论决定，这种“三级审批”的办案模式行政化色彩浓厚，无法做到“谁办案谁负责，谁决定谁负责”。今后应按照司法责任制改革的新要求，减少行政层级审批，增强司法的亲历性，赋予检察官（员额内）自主裁量权。基本模式是公诉案件由检察官独立作出拟不起诉意见后，直接由检察长（主管副检察长）或提交检察委员会审议决定。为兼顾公正和内部监督，不起诉案件以提交检察委员会讨论决定为主，以检察长决定为辅；删减向上级检察机关请示和报备的案件范围和流程。

（3）细化不起诉案件公开审查流程。梳理不起诉案件公开审查、宣告的流程，做到程序规范、层次明晰，可以从以下六个方面制定实施办法：①启动程序。拟作不起诉处理的案件，一般应由办案检察官提出公开审查意见，侦查机关（部门）也可以提出要求或者由犯罪嫌疑人及其法定代理人、辩护人、被害人及其法定代理人、诉讼代理人提出申请，经检察长决定，符合条件后进入公开审查程序。②事前告知程序。检察机关在公开审查 5 个工作日前，应当向社会公告案由、公开审查的时间和地点，并通知参加公开审查活动的人员，允许公民旁听。③场所设置。检察机关应当统一设置专门的不起诉公开听证室，布局参照刑事审判庭，保持司法的庄严性，用于公开听证、公开宣告。④听证过程。在公开审查时，简易公开案件，可以由 1 名办案检察官主持，普通公开案件由 3 名检察官居中入座，案件直接承办人为主持人，听证开始前由书记员宣布参加的检察官和当事人的姓名，核实其身份，主持检察官宣布案由以及公开审查的内容、目的，告知当事人有关权利和义务，并询问是否申请回避。参加公开审查的侦查人员，犯罪嫌疑人及其法定代理人、辩护人、被害人及其法定代理人、诉讼代理人按照顺序可以就案件事实、证据、适用的法律以及是否应予不起诉，各自发表意见，但不能直接进行辩护。⑤宣告程序。不起诉决定公开宣布时，首先在专门的不起诉宣告场所宣读不起诉决定书和不起诉说理书，其次针对各类不起诉案件的特点开展法治宣传。如交通肇事案，在拟公开宣布不起诉决定时请公安机关予以配合，邀请部分驾驶员参与公开宣布活动，检察机关在公开宣布不起诉决定后，重点就发生交通肇事后驾驶员应承担责任、构成交通肇事罪作不起诉处理的情形以及交通肇事罪从轻、从重处罚的情节进行讲解，使参与公开宣布的驾驶员全面了解交通肇事罪的相关法律知识。在此基础上，将交通肇事罪不起诉处理的相关案例以及因具有逃逸等情节而予以从重处罚的相关案例印发各驾驶员，对驾驶员起到警示教育作用。⑥不起诉文书公开。不起诉决定生效后，按照《人民检察院案件信息公开工作规定（试行）》① 规定，依法将属于公开范围的案件不起诉决定书在人民检察院信息公开网等媒体公开，自觉接受社会监督。

3. 健全不起诉案件释法说理制度

在社会公众法律意识越来越强、对检察机关的要求也越来越高的背景下，只有客观全面的释法说理，才能有助于增进当事人对不起诉决定的理解。不起诉案件释法说理绝不是泛泛而谈，应当包括口头形式和书面形式，贯穿于案件办理全过程。2015 年 7 月，最高人民检察院印发《关于实行检察官以案释法制度的规定（试行）》，对包括不起诉等案件的释法说理工作提出了新要求，完善了不起诉案件释法说理工作机制。

（1）工作方式。将不起诉说理书纳入必备工作文书，每一起不起诉案件必须具备，入副卷存档，并列入检察机关和检察官的工作考评范围。

（2）工作内容。调整公诉案件审理报告结构，增加办案检察官对不起诉后可能引发的影响及社会效果的内容；不起诉说理书根据不起诉案件的类型分类释法说理，以理服人，杜绝千篇一律。具体要求：一是在法定不起诉中，重心放在对罪与非罪的分析上，阐述当前法律对该罪名的立案追诉标准、犯罪构成要件、法律解释规定等，对比案件事实和证据，指出不构成犯罪的法律依据；二是在相对不起诉中，重心放在对罪与罚的分析上，侧重于对案件事实的说明，阐明被不起诉人犯罪情节轻微、社会危害性不大，如已达成和解、取得谅解、将社会危害性降低到最小化等方面，可以不追究刑事责任的法律依据；三是在存疑不起诉中，把说理的重心放在对证据的分析上，阐述证据间存在的矛盾、无法排除的合理怀疑等方面，证明事实不清、证据不足的法律依据，现有证据不足以证明被不起诉人实施了犯罪行为；四是在附条件不起诉中，主要从未成年人保护的法、情、理角度有针对性地予以阐述，把说理的重心放在罪

① 根据 2014 年 10 月 1 日起施行的《人民检察院案件信息公开工作规定（试行）》第 18 条至第 19 条的规定，不起诉决定书，应当在人民检察院案件信息公开系统上发布，被不起诉人应当采取符号替代等方式作匿名处理。这里的人民检察院案件信息公开系统，是指“人民检察院案件信息公开网”。

轻、罪重量刑证据的裁定上，侧重对考察必要性的说明，阐明设定考验期的必要。特别是敏感、有较大影响和刑民交织拟作相对不起诉案件，要重点说理。为鼓励检察官说理，在篇幅比例上不宜作上限。

（3）方法步骤。不起诉说理书随同不起诉决定报告一并提交检察长（包括副检察长），但不需要检察长审批，检察长可以提出修改意见。是否履行报上一级人民检察院请示备案程序，根据本地规定执行。在公开宣告时，检察官公开宣读不起诉决定书后，要随后宣读不起诉说理书，由书记员记录在案。

（4）工作形式。统一格式范本，编发工作文书号，加盖院印，随同不起诉决定书一并送达当事人，既保持对外文书的严肃性，又要尊重当事人的知情权。案件涉及公共利益且符合公开条件的，释法说理的内容还应向社会公开。

毋庸置疑，不起诉案件释法说理工作常态化会增加检察官的工作量，但从长远看，这项制度落实好，对内倒逼检察官的司法办案水平提升，对外利于促使犯罪嫌疑人如实供述犯罪事实，配合司法机关依法处理好案件，节约司法成本，提高司法效率，减少社会对抗，修复社会关系，有利于提升检察机关不起诉案件的司法公信力，推动早日建立中国特色的“认罪从宽”机制。

4. 明确不起诉案件后续处置机制

不起诉案件在不起诉决定生效后，还应当对涉案款物、强制措施解除、是否移送相关行政执法部门处罚等后续工作予以开展。特别需要注意以下六类情形：

（1）绝对不起诉案件。对法律适用发生变化导致不诉的，应将相关情况通报给侦查机关，统一案件处理标准，明确不符合移送起诉条件，以便今后更好地引导侦查和移送审查起诉。

（2）存疑不起诉案件。对于由于证据瑕疵导致事实无法认定的，或由于违反程序取证导致证据无法补证或被排除的，将发出纠正违法通知书。如案件事实尚有侦破空间，将发出进一步调取证据函。另外，在公安机关内部办案质量考核中，可以建议其对移送起诉后检察机关作法定不起诉、存疑不起诉案件进行否定性评价，倒逼办案质量提升。

（3）撤回起诉后的不起诉案件。撤回起诉是指检察机关在案件提起公诉后、审判机关作出判决前，因出现一定法定事由，决定对提起公诉的全部或者部分被告人撤回处理的诉讼活动。[①] 撤回起诉的案件，检察机关应当在撤回起诉后 7 日内作出不起诉决定；如果属于证据瑕疵或者取证违法需要重新侦查的，在撤回起诉后应当对侦查机关提出重新侦查的意见，根据情节轻重发出纠

① 参见最高人民检察院《关于公诉案件撤回起诉若干问题的指导意见》。

正违法的法律监督意见。

（4）逮捕后拟作不起诉案件。对因证据发生变化导致不起诉的，如属于侦查机关（部门）责任的，及时制发检察建议；如属于证据标准不一致，导致侦查监督和公诉部门产生分歧且无法统一法律适用认识的，提交检察委员会决定。

（5）限制被害人自诉权。《刑事诉讼法》第176条规定的被害人对不起诉权的制约机制——公诉转自诉程序，损害了检察机关裁量的权威性，导致指控犯罪主体冲突、自诉范围扩大，有违国际上刑事诉讼制度的发展趋势，有必要对被害人的诉权进行改造，如设立申诉前置程序、对被不起诉人侵权赔偿制度等。

（6）附条件不起诉帮教考察。明确对监督考察工作的经费和人员支持，引入社会服务机构等社会组织参与监督考察。一是学校模式，适用于在校生犯罪，尽量减少以往学生一犯法学校就不分处理结果一律开除的做法，教育、人社部门负责督促学校健全在校生附条件不起诉帮教考察制度，检察机关予以监督。二是社区模式，适用于非在校生，且在当地有监护条件、有固定住所、有经济来源的，司法行政机关联系社区协助检察机关开展帮教考察工作。三是企业模式，对于第一、第二种情形之外的，由工商联合会负责推进有意愿、有能力的企业，经检察机关认可后，为未成年犯罪嫌疑人提供食宿及劳动技能培训岗位，同工同酬。四是其他模式，地方给予参与帮教的单位、企业以奖励、税收优惠等政策。如引入社会化资源，建立帮教矫治基地，[①] 将一些符合条件的涉罪未成年人送到基地，以就业培训、学习为导向，提供物质帮助和心理抚慰。对于有求学愿望及就学条件的，积极联系学校，在学校帮教考察；对于有工作单位的，在原单位帮教考察；对于自主创业的，协助提供帮扶基金。同时，落实回访制度，掌握不起诉未成年人后续工作、生活、心理状况，帮助其彻底回归社会。

5. 保障不起诉制度的适用效果

不起诉制度的适用效果直接影响到审前过滤职能的发挥，这首先需要检察官全面准确把握刑事立法的基本精神、正确理解不起诉的适用条件，具有过硬的证据判断能力、事实分析能力、释法说理能力、群众工作能力，以实践推动不起诉制度的健全。有些地方检察院从实践中汲取经验教训，探索实行的不起

---

① 如北京市基层检察机关采取联系驻区企业明苑集团成立“新起点实践中心”，使流动人口与本市户籍涉罪未成年人实现“同城待遇”；或者是与辖区图书馆联合建立“扬帆义工培育基地”，实行义工惩教制度。

诉案件风险评估化解机制和未成年人检察宣传工作颇有成效，有力保障并巩固了不起诉制度适用的法律效果和社会效果。

（1）健全不起诉案件风险评估化解机制。不起诉案件风险评估机制，包括事前风险评估与事后定期回访两个阶段。①事前风险评估，指在作出不起诉决定之前，检察官充分听取双方当事人意见，了解双方对案件处理结果的期望，初步分析研判决定后可能存在的风险，据此对风险提出解决预案；对拟不起诉的案件，及时与侦查部门沟通，听取侦查人员对所侦办案件的直观感受，必要时办案检察官需到案发现场接触证人、当事人，对案件潜在风险作出全面准确的判断；对重大、疑难的矛盾纠纷，联合控告申诉检察部门、当地派出所、司法所、综治维稳等部门开展调处工作，一案一人制定风险评估表，化解矛盾。对于附条件不起诉邀请专业心理咨询师对未成年人进行心理评估，全面了解其成长经历、家庭情况、悔罪表现等情况，综合判断社会危害性，从程序和实体上确保依法适用不起诉，减少后患。②事后定期回访，指在作出不起诉决定后适时对当事人回访。即把注意力更多地放在对被不起诉人的社会表现进行调查回访上，以便正确评估不起诉决定的社会效果，进一步考量因案件引发的社会矛盾是否真正化解，发现存在的缺陷和不足及时予以完善，从而使案件处理达到法律效果和社会效果的有机统一。

（2）建立附条件不起诉异地协助机制。为破除本地和外地涉罪未成年犯罪嫌疑人差别化待遇，针对外地未成年人异地考察难问题，建议建立“观护基地考察帮教模式”或是检察机关异地协助机制[①]，主要内容包括：①网上异地协作工作程序。地方检察机关需要对户籍所在地、经常居住地或主要关系地在异地的涉罪未成年人开展社会调查、帮教考察的，正式发出委托函，明确委托工作事项，异地检察机关接受委托后，予以必要的协助或是接受相互委托，信息互通，资源共享，委托工作结束后，受委托检察机关向办案检察机关移交全部书面材料。②形成异地考察共同监督模式。建立异地帮教小组，办案检察机关通过电话、互联网，听取帮教小组反馈意见及涉罪未成年人定期书面报告等，居住地检察机关进行实地监督。③推行合适保证人制度。借鉴欧美、我国台湾地区志愿者工作理念，探索由“无利害关系人”为外地未成年犯罪嫌疑人担任合适保证人。此举减少了原本可以作附条件不起诉，仅是因为非本地户籍、缺少监管条件而起诉的情况发生，对符合条件的外来涉罪未成年人给予平

① 据了解，上海市检察机关还积极探索尝试“涉罪未成年人心理测评与风险控制系统”，与江苏省检察院签订异地协作协议，依法扩大未成年人检察部门受案范围，严打侵害未成年人的犯罪，落实未成年被害人身体康复、心理疏导、法律援助和司法救助等措施。

等保护。

（3）加强对不起诉的舆论宣传引导。随着“互联网 + 检察”及“两微一端”新媒体、自媒体的兴起，检察机关相继成立了专门的未成年人检察部门，目前对未成年人附条件不起诉制度宣传力度大、效果较好，提升了检察机关的公信力。[①] 但是在其他类型不起诉案件中，由于公诉部门办案压力大，检察官精力有限，不想宣传、不会宣传、不敢宣传情况客观存在，有些不起诉案件不够公开透明，引发互联网涉检舆情，在社会上造成负面影响。这些都需要加以正面宣传报道，特别是加大对不起诉典型案例的宣传报道，形成适用不起诉处理案件的良好氛围。

（二）繁简分流制度的完善

2016 年 9 月 13 日，最高人民法院发布了《关于进一步推进案件繁简分流优化司法资源配置的若干意见》，围绕繁简分流目标，简案要快速办理，繁案要精细解决，难案要合力解决。该意见虽然立足于审判工作，但对于公诉工作同样具有现实意义。因为繁简分流的标尺是一样的，如果检察官在审前已将个案启动何种程序审理提出建议，法官只负责审查，必将大大提升诉讼效率，以较小的司法成本取得较好的法律效果。

1. 遵循司法规律推进繁简分流

审查起诉程序应发挥有效分流过滤案件的作用。简类案件快速办理、复杂案件规范办理，实现简案快办、繁案精办，完善不同流程之间因案件情况发生变化时简案程序与繁案程序的转换衔接。根据案件事实、适用法律、社会影响等因素，以书面形式建议审判机关适用何种审理程序，做到该繁则繁、当简则简、繁简得当。

2. 完善公诉案件甄别过滤机制

检察机关根据案件难易、刑罚轻重等情况，科学制定简单案件与复杂案件的区分标准和分流机制。公诉案件以统一业务应用系统随机分案为主、指定分案为辅的方式，办案检察官快速甄别案件繁简，系列性、群体性或是关联性案件原则上由同一检察官办理，同时起诉。对于繁简程度难以及时准确判断的案

---

① 2014 年 9 月以来，河北省唐山市路南区人民检察院开展的《开学第一课，送法进校园》对在校学生等未成年人群体的法制宣传预防活动，形式新鲜引人，中央电视台、检察日报、河北新闻网等媒体相继予以报道。2016 年是未成年人检察工作 30 年，目前全国各地检察机关对于未成年人案件正面宣传力度很大，但对于一般类型的不起诉案件的宣传还很薄弱。2016 年 6 月开始，最高人民检察院联合教育部组织开展为期三年的“法治进校园”全国巡讲活动，以此来预防校园暴力犯罪，保障未成年人健康成长，创建平安校园。

件，办案检察官可以建议召开检察官联席会议①讨论繁简意见，供办案检察官参考后决定，实现案件分流的准确高效。建立听取律师对案件繁简分流和诉讼程序选择意见制度，帮助、引导当事人选择合适方式诚信理性诉讼。

3. 创新刑事速裁工作机制

吸收刑事速裁程序试点经验，公诉机关以与侦查、审判机关联合会签文件等形式理顺速裁程序的衔接配合。一是在看守所、检察机关、审判机关等场所内建立速裁办案区，公安等侦查部门随案移送电子化卷宗，破除案件简化提速的藩篱。二是集中时间移送案件固定化。对建议适用速裁程序或者简易程序审理的轻微刑事案件，检察机关集中受案、提起公诉，审判机关排期、开庭、宣判，由同一审判组织或同一法官在同一时间段内对多个案件连续审理。如采取"三集中"：侦查机关快速集中移送起诉；检察机关集中提起公诉；审判机关相对集中受理、审理，建议审判机关对案件采取分类集中开庭或是定期集中开庭制度。三是适用刑事速裁程序审理的，建议审判机关可不进行法庭调查、法庭辩论；适用刑事简易程序审理的，不受法庭调查、法庭辩论等庭审程序限制；认罪认罚案件简化办案流程。

4. 推行法律文书繁简分流

根据案件类型等情况对起诉书、审查报告、量刑建议书等文书的体例结构及说理进行繁简分流。复杂案件的文书应当围绕争议焦点进行有针对性的说理；新类型、具有指导意义的简单案件，加强说理；其他简单案件可以使用令状式、要素式、表格式等简式起诉书。对于犯罪嫌疑人认罪认罚的，经当事人同意，可以不再制作讯问笔录，同时建议审判机关对此类案件在保留听取被告人最后陈述程序前提下简化庭审程序。如河北省石家庄市检察机关采取的"四个简化"，值得借鉴，具体是：（1）简化审查报告。对审查报告进行"表格菜单式"简化，简略了发、破案经过及侦查机关认定的犯罪事实与意见，简单列明证据的出处及所能证明的案件事实，重点就量刑情节提出量刑意见。（2）简化讯问笔录。对不影响定罪量刑的家庭情况、个人经历不再叙写，对在公安机关所做供述基本一致的内容略写。（3）简化审批方式。对于可以适用简易程序审理的公诉案件，经主管检察长签字后，即可向人民法院提起公诉。（4）简化出庭程序。在庭审中，公诉人在宣读起诉书时抓住重点，只对诉讼过程、犯罪事实、证据和罪状罪名概要宣读；被告人承认所犯罪行，对指

① 2015年9月28日，最高人民检察院印发的《关于完善人民检察院司法责任制的若干意见》第19条规定：检察官联席会议由检察官或主任检察官根据办案需要提请召开，主要任务是对重大、疑难、复杂案件进行讨论，为检察官办理案件提供参考意见和处理建议。

控的犯罪事实无异议的，公诉人可以不再讯问；出示证据时，除合议庭认为有必要调查核实的证据、控辩双方有异议的证据或者控辩双方认为需要出示的证据，简单出示、质证外，其他只说明证据种类、名称、证明的事项即可。

5. 推广专业化办案模式

在精确测算人员、案件数量和工作量的基础上，动态调整公诉力量。根据案件繁简等相关因素，合理确定检察官、检察官助理、书记员的配置比例，科学界定各自职能定位及其相互关系，最大程度地发挥公诉团队优势。根据检察官办案能力、经验及特长、案件的不同类型等因素，确定办理类型化案件是适用独任制检察官还是主任检察官办案组织。根据案件的繁简程度确定专门办理简单案件与复杂案件的检察官。推进办案标准化建设，健全案例工作制度。构建检察官轮岗机制，完善业绩评价体系，激发和保持公诉队伍的活力。

6. 健全繁简分流配套制度

健全繁简分流相关配套制度，具体包括：一是法律援助覆盖简类案件。犯罪嫌疑人表示认罪，在面临程序选择时，基于其法律认知要求律师给予法律帮助的，检察机关可根据案件的具体情况为其协调法律援助机构提供法律帮助，保障当事人的诉讼权利。二是简类案件主动引导和解。检察机关应对符合条件的简类案件，主动引导双方当事人就赔偿数额、履行方式、赔礼道歉等细节方面达成合意，或者向参与和解的调解员提供法律咨询，了解掌握调解进程，并对调解是否自愿进行动态监督，保障整个轻刑案件快速办理机制的流畅。三是完善证据开示制度。检察机关认为需提起公诉的简类案件，在犯罪嫌疑人及其律师在场情况下进行证据展示，告知犯罪嫌疑人被指控罪名及量刑建议的幅度。被告人进行认罪答辩，并听取其律师的意见，犯罪嫌疑人是否认罪、量刑建议幅度以及律师的意见都记录在“认罪答辩笔录”上，由参加人员签字，副本随案移送审判机关，便于法官快速决定适用繁案程序还是简案程序审理。四是完善保障措施。规定对案件的各个专办组成员在一定时间内不得进行调整，积累办案经验，提高检察官专办某类案件的素能，并对特别重大复杂的案件实行竞办，对办案能力突出、取得良好法律效果和社会效果的，予以相应的精神奖励和物质奖励，并将办理案件的质量、效果和数量与检察官目标考核挂钩，切实做到依规奖惩，调动工作积极性。

三、加强审前过滤的监督

加强对审前过滤的监督，促使不起诉案件司法公信力提升，需要遵循刑事诉讼规律，健全机制，明确标准，细化程序，内外部监督双管齐下，才能实现以过滤促公正、以过滤促效率、以过滤促公信的价值目标。

（一）健全检察机关内部监督机制

为了预防不起诉裁量权的滥用，走出“一抓就死、一放就乱”的怪圈，检察机关内部可以通过检务公开、上下级制约、案件评查等多种方式，实现过滤监督。

1. 不起诉案件公开办理常态化

阳光下执法最容易令人信服。引入不起诉案件公开办理机制，实质上是检察机关借助外部监督力量，以公开审查、公开宣告等形式，把不起诉案件执法活动主动置于人民群众监督之下，防范“暗箱操作”下的司法不公。

（1）程序公开。规范不起诉案件公开审查、不起诉决定公开宣布、不起诉决定书网上公开办理程序。一是设定当事人权益保障程序。在公开审查前，当事人申请公开审查的，一般应当公开审查；当事人申请不公开审查的，不公开审查。在公开审查中，应当充分听取当事人双方的意见。二是细化公开审查程序。在公开审查前，设置准备程序，包括提前5个工作日向社会公告案件基本情况和公开审查的时间、地点，允许公民旁听，通知当事人双方及侦查机关派员参加，经许可媒体记者也可以进行报道和采访；审查程序中，在充分听取当事人双方、侦查人员对案件事实、法律适用和是否应予不起诉意见的基础上，增加诉讼参与各方提交新证据以及对新证据进行调查核实的内容。三是前置风险评估程序。在作不起诉处理前，对每起案件进行风险评估，切实增强办案的社会效果和政治效果。四是设立公开宣布程序。事先向社会公开宣布的时限、地点、参加人员和旁听注意事项。宣告分为宣读不起诉决定书、不起诉说理书，告知犯罪嫌疑人、被害人权利和训诫教育三个阶段。首先，检察官宣读不起诉决定书后，侦查机关（部门）、案件当事人及其法定代理人、诉讼代理人和辩护人可以发表意见。其次，检察官告知侦查机关（部门）、犯罪嫌疑人、被害人或者其近亲属及其诉讼代理人有权对不起诉决定提出异议。最后，检察官根据案件的不同情况，对犯罪嫌疑人予以训诫教育或者责令具结悔过、赔礼道歉、赔偿损失。对未成年犯罪嫌疑人进行训诫教育时，其法定代理人也可以发表教育意见。宣告活动的内容由书记员制作笔录后，笔录应当交参加宣告的侦查人员、当事人及其法定代理人、诉讼代理人和辩护人阅读，没有阅读能力的，应向其宣读。如果上述人员认为记录有误或者有遗漏的，可以要求补充或者更正，确认无误后，应当签名或者盖章。五是网上公开法律文书。建立生效不起诉文书统一上网和公开查询制度。规定除被不起诉人不满18周岁需经被不起诉人及其法定代理人同意外，不起诉决定书生效后及时在人民检察院案件信息公开网等新媒体上公开，自觉接受社会公众查询监督。

（2）文书规范。针对绝对、存疑、相对、附条件四类不起诉案件分别制定审查报告、不起诉文书及说理书模板。一是对不起诉文书格式、内容进行规范。二是完善公诉案件审查报告制作。在审查报告中增加公开审查情况、对新证据的调查核实情况、风险评估情况等内容，在审查意见部分要求对适用不起诉的法律和事实理由、证据情况、刑事政策进行充分的分析论证。三是创制不起诉说理书模板。根据案件类型特点，分别制作四类不起诉说理书的规范文本。四是严格文书送达标准。不起诉决定书和说理书一并送达案件侦查机关及双方当事人，提高当事人对不起诉决定的接受程度，特别是把释法说理贯穿于不起诉工作的全过程，有效预防和化解社会矛盾。

（3）场所统一。适应司法规范化需要，建议制定出台《标准化不起诉宣布室建设意见》，建设不起诉宣告室，做到“四统一”：统一标识、统一布局、统一配置、统一风格，用于不起诉案件公开审查和不起诉决定公开宣布。一是凸显庄重性。门前悬挂不起诉宣布室标识，室内分为宣布区和旁听区，摆放标准化桌椅，宣布区居中高悬国徽，分别设置检察官、书记员、犯罪嫌疑人、辩护人、侦查机关代表、被害人及其诉讼代理人席位，旁听区设置人大代表和人民监督员席位。二是体现严肃性。明确设置不起诉决定公开审查的程序、公开宣布的程序、公开审查宣布的纪律，确保整个过程庄重严肃，使被不起诉人感受到司法的庄严，增强司法权威。三是注重安全性。不起诉宣告室与工作区相对隔离，并设置安全门、隔离带、同步录音录像设备，配备警力，对听证审查、不起诉宣告过程进行全程录音录像。

对于不起诉案件公开办理程序繁琐、增加诉讼成本的担心，笔者认为应从整个诉讼过程来衡量计算司法成本，公开办理的不起诉案件争议少了，增加了当事人的认同度，后续的申诉、自诉等程序不再启动，必然节省大量司法成本、减少当事人诉累，督促检察官自觉履行职责，保证审前过滤的效果。

2. 规范自侦案件不起诉决定报上一级检察机关批准制度

《人民检察院刑事诉讼规则（试行）》第407条规定：“省级以下人民检察院办理直接受理立案侦查的案件，拟作不起诉决定的，应当报请上一级人民检察院批准。”第425条规定：“最高人民检察院对地方各级人民检察院的起诉、不起诉决定，上级人民检察院对下级人民检察院的起诉、不起诉决定，发现确有错误的，应当予以撤销或者指令下级人民检察院纠正。”但在实践中，上级检察机关对于不起诉案件的监督存在很多问题，如对于未报请上一级检察机关批准的案件如何掌握相关情况。根据法律规定，上级人民检察院可以通过复查制度审查下级人民检察院已经作出且生效的不起诉决定，对于发现“确有错误”的，应当撤销不起诉决定或者指令下级人民检察院纠正。但是，由于法律并没有对“确有错误”作出明确规定，是否“确有错误”完全依赖上级检察机关的认定，导致标准的不确定性和模糊性。针对上述情况，应在制度上予以明确并严格执行，建立定期或者不定期巡查、考核制度，及时发现不起诉案件中可能存在的问题；对“确有错误”制定相对明确的、可供操作的标准，以便对不起诉案件进行有针对性的指导。

3. 完善职务犯罪不起诉的上下级同步审查

职务犯罪案件的上下级同步审查主要指检察机关在办理职务犯罪案件时，在受理案件、提起公诉、收到一审判决时，应将受案、起诉、判决情况及时上报上一级检察机关，两级检察机关对职务犯罪案件的起诉、判决等监督工作同步进行，起诉的检察院负主要责任，上一级检察院负监督制约责任。[①] 由于上级检察机关受一审案件所在地干扰因素影响较小，通过职务犯罪案件上下级同步审查的方式，有利于上级检察机关对职务犯罪案件进行科学指导，在保证正确司法理念、提高办案质量等方面能起到较好的引领作用，同时还可以平衡职务犯罪案件的处罚标准，对正确适用不起诉等也有积极意义。

做好职务犯罪案件的上下级同步审查工作，具体如下：一是完善办案机制。基层可指定某独任制检察官专门办理职务犯罪案件，对不起诉、繁简分流进行专业化审查过滤；上级检察机关也可以专人负责同步审查，保证办案效率。二是建立对重大、疑难案件的提前介入机制，节约审查时间。对于重大、疑难案件，因为证据多、案件事实复杂，如果仅在判决时同步审查，往往会因为时间仓促导致审查不细、审查不到位等问题。因此对重大、疑难案件提前介入，以便更好地熟悉案情，找准监督着力点。三是上级检察机关对下级检察机关可以通过巡视检查、抽查等方式进行监督，以防止有案不报、案件报告不准确等情况的发生。四是加快推进信息化建设，实现远程视频办案、在线讨论案件、检察系统网状信息沟通与资源共享等。

4. 完善不起诉案件质量评查制度

遵循“检察一体”原则[②]，检察机关应当层层建立不起诉案件质量评查常态机制，定期或不定期地对本省、市、县（区）辖区内的不起诉案件进行案

① 俞德明、樊华中：《职务犯罪案件一审判决二级同步审查探析——以上海市为例》，载《华东政法大学学报》2012年第6期。

② 检察一体，是对检察制度中有关上命下从的权力运行方式的概括，基本内涵主要包括三个方面：在上下级检察机关和检察官之间存在上命下从的领导关系；各地和各级检察机关之间具有职能协助的义务；检察官之间和检察院之间在职务上可以发生相互承继、移转和代理的关系。

件评查或是抽样评估[①]，不断从正、反两方面监测，发现问题及时予以监督纠正，定期总结、通报，畅通审前过滤内部监督渠道，不能仅仅唯不起诉率论成效。

（二）发挥人民监督员的外部监督作用

人民监督员制度建立以来，解决了让谁来监督检察机关的问题。在审前过滤案件方面，2012 年至 2015 年，人民监督员共监督检察机关查办职务犯罪案件中“拟撤销案件”和“拟不起诉”两类案件 8161 件。其中，对 216 件提出不同意见，检察机关采纳 109 件，采纳率为 50.5%。对属于人民监督员监督范围的其他 9 种情形提出监督纠正意见 1040 件。[②] 外部监督制约机制成效初显。

2015 年 2 月 27 日，中央全面深化改革领导小组第十次会议审议通过《深化人民监督员制度改革方案》，对人民监督员选任管理方式、监督范围、监督程序、知情权保障等方面的改革进行了具体部署。2016 年 7 月 5 日，最高人民检察院、司法部联合制定印发了《人民监督员选任管理办法》，对人民监督员选任和培训、考核管理、监督权等内容进行了规定，为打造省、市两级检察院的人民监督员队伍奠定了基础。全国各级检察机关目前共有人民监督员 1.2 万多人，[③] 如何发挥好这一外部监督力量，对审前过滤职能的发挥尤为重要。因为繁简分流制度只是程序性，不涉及案件实体的处置，因此，人民监督员监督的重点是不起诉案件。要确保依法独立公正行使检察权的外部监督制约机制，需要把握以下几个方面：

1. 拓宽人民监督员监督案件范围

人民监督员监督的关键在于人民监督员的知情权，应当规定对于“拟撤销案件的职务犯罪案件”[④] 和“拟不起诉案件”，一律邀请人民监督员参加、列席有关会议，参与执法检查、案件公开审查和听证活动等，保证人民监督员对案件办理过程、处理结果监督的广度和深度。

---

① 抽样评估，是指以抽样的方式选取部分不同类别的基层检察院进行综合评估，采取由点及面、解剖麻雀的方式，进行实地考察、综合分析、客观评估，从中总结基层建设经验和规律，分析查找问题和不足，研究提出解决的办法和措施，业务部分抽样包括对不起诉案卷的抽查。按照最高人民检察院的部署，河北省检察机关自 2014 年分步骤开展抽样评估两年多以来，对纠正包括不起诉案件在内司法不规范现象成效很大。2016 年 4 月 29 日，河北省人民检察院发布《河北省检察机关抽样评估与验证工作实施方案》，决定在全省建立动态化、全覆盖、循环式抽样评估工作体系。

② 国务院《中国司法领域人权保障的新进展白皮书》，新华社 2016 年 9 月 12 日发布。

③ 资料来源于国务院《中国司法领域人权保障的新进展白皮书》，新华社 2016 年 9 月 12 日发布。

④ 此类案件数量很少，多由检察机关职务犯罪侦查部门因各种因素主动撤案，绝大多数案件不是公诉部门过滤的结果，因此本书未将其纳入审前过滤展开阐述。

2. 完善人民监督员监督程序

一是参与不起诉案件的人民监督员的产生程序。可从人民监督员信息库中随机抽选产生。被抽选出的人员是本案当事人近亲属、与本案有利害关系或者担任过本案诉讼参与人的，需要回避。人员确定后，应事先告知其监督事宜。二是提供案件材料和案情介绍程序。案件监督前，应向人民监督员提供充分的有关案件事实、证据和法律适用等材料；案件监督中，应全面客观地介绍案件事实、证据认定、法律适用以及对案件处理的不同观点和意见。必要时，人民监督员可以通过收听收看讯问犯罪嫌疑人相关录音录像了解当事人的意见。三是人民监督员评议表决和检察机关审查处理程序。人民监督员对所监督案件独立进行评议和表决，制作《人民监督员表决意见书》，说明表决情况、结果和理由，检察机关对此进行审查。检察长不同意人民监督员表决意见的，应当提交检察委员会讨论决定。检察委员会应当根据案件事实和法律规定，全面审查、认真研究人民监督员的评议和表决意见，依法作出决定。检察长或者检察委员会的处理决定应及时告知参加监督的人民监督员。最终处理决定与人民监督员表决意见不一致的，应当向参加监督的人民监督员作出说明。四是复议程序。诉与不诉决定未采纳多数人民监督员评议表决意见，经反馈说明后，多数人民监督员仍有异议的，可以提请检察机关复议一次。

3. 完善人民监督员知情权保障机制

检察机关可以从三个方面完善人民监督员知情权保障机制：一是建立不起诉案件台账制度。便于人民监督员查阅案件办理情况，发现监督线索。二是建立监督事项告知制度。检察机关接待不起诉当事人时，应告知其在案件处理完毕后，对处理结果有不同意见的，可以向人民监督员反映。检察机关在审查起诉等诉讼环节第一次讯问犯罪嫌疑人时，应向犯罪嫌疑人及其近亲属告知有关人民监督员监督事项的内容。三是建立人民监督员参与案件跟踪回访、执法检查等机制。检察机关开展不起诉案件跟踪回访、执法检查、抽样评估等工作，可以邀请、组织人民监督员参加。

在不起诉案件公开办理过程中，增设人民监督员发表意见的环节。即选择人民监督员担任听证人员，听证人员可向当事人进行发问，并对案件处理发表意见，对审查过程进行监督。为了保证公开审查的效率，避免因公开审查、宣告程序增加当事人诉累，要求办案检察官应提前7日将案件相关材料以及涉及的法律依据送达人民监督员，确保人民监督员在公开审查过程中能够独立、充分阐述意见，并将意见与案件当事人、侦查机关的意见作为决定是否不起诉的依据。案件作出决定后，将案件的审查结果以及相关理据通报给参与公开审查的人民监督员，确保参加公开审查人员能够对审查活动进行充分的参与和有效的监督，从而提升不起诉案件办理的认同度。

同时，检察机关需要重视社会监督，畅通人大代表、政协委员、普通民众、新闻媒体等群体参与监督职务犯罪案件撤案处理和不起诉案件办理过程的渠道，增强检察公信力。

第四章　庭审指控

2016年9月最高人民检察院发布了《“十三五”时期检察工作发展规划纲要》，强调要落实“指控犯罪有力、诉讼监督有效、社会治理有为”的公诉工作总要求，构建以证据为核心的刑事指控体系，建立健全与多层次诉讼体系相适应的公诉模式。庭审指控是公诉工作三大任务之首，检察机关必须进一步适应以审判为中心的诉讼制度改革，进一步适应事实证据调查在法庭、定罪量刑辩论在法庭、裁判结果形成在法庭的庭审实质化要求，实现指控犯罪有力的工作目标。同时，检察机关既要尊重和支持法官在审判活动中的地位和权威，又要依法全面履行法律监督职能，推动公诉工作和刑事审判工作相互配合、相互制约，共同维护司法的公正和权威。

第一节　庭审指控概述

一、庭审指控的内涵

狭义的庭审指控，是指检察机关运用公权力对违反刑事法律且应科以刑罚的人诉请国家审判机关依法追究其刑事责任，并派员以国家公诉人的身份出席法庭支持公诉的诉讼活动。《刑事诉讼法》第172条规定：“人民检察院认为犯罪嫌疑人的犯罪事实已经查清，证据确实、充分，依法应当追究刑事责任的，应当作出起诉决定，按照审判管辖的规定，向人民法院提起公诉，并将案卷材料、证据移送人民法院。”《人民检察院刑事诉讼规则（试行）》第426条第1款规定，“提起公诉的案件，人民检察院应当派员以国家公诉人的身份出席第一审法庭，支持公诉。”

全国检察机关第五次公诉工作会议明确提出，“要发挥好庭审指控作用，围绕构建以证据为核心的刑事指控体系，全面贯彻证据裁判规则，不断加强出庭支持公诉工作，切实完善诉审配合制约关系”。具体而言，就是要“做好庭前准备”“强化当庭指控”，还要“进一步完善与法院的沟通协商和监督制约机制，平衡好公诉人诉讼职能与监督职能的关系”。由此可见，庭审指控已经不再局限于庭审这一狭小空间，而是围绕庭审这一中心进行适度前延和后展，既包括庭前准备，也包括庭审监督。因此，广义的庭审指控，可以理解为是检察机关对提起公诉的案件代表国家依法指控犯罪、维护诉讼参与人合法权利、履行刑事审判监督职责的诉讼活动和由此产生的工作职责。

为强化庭审指控工作，最高人民检察院根据中央关于深化司法体制改革的要求和最高人民检察院《关于加强公诉人建设的决定》，印发了《关于加强出庭公诉工作的意见》，明确了公诉部门庭审指控的重要意义和总体思路，对庭审指控的任务进行了细化，成为指引全国检察机关庭审指控的基本规则。

二、庭审指控的价值

首先，庭审指控是公诉工作三大核心任务之首。全国检察机关第五次公诉工作会议提出了公诉工作的总要求，即“指控犯罪有力、诉讼监督有效、社会治理有为”，其中，“指控犯罪有力”作为公诉职能的核心放在首位予以强调，足见其重要意义。从世界范围看，“检察”一词系由英语的 public prosecution 翻译而来，而 public prosecution 一词的直译就是“公诉”。在英文中，检察官（prosecutor）意即公诉人的意思。公诉权在世界各国几乎都是检察机关独享的一种国家权力，是检察权的一种标志性的权力。公诉权中最核心的内容是指控犯罪的权力，即提起公诉的权力，这不仅可以派生出变更公诉的权力、出庭公诉的权力和上诉（抗诉）的权力等，而且可以产生一系列的法律效力，对包括检察机关在内的其他诉讼主体的活动形成制约。[①] 庭审指控是公诉权最核心的内容，由此派生出诉讼监督职能。在我国，庭审指控是检察机关实现法律监督权的重要途径。此外，参与社会治理也是公诉部门履行职责的重要内容。修改后的刑事诉讼法设专编对特别程序作出规定，从立法上确立了检察机关参与社会治理、促进法治社会建设的法定职责。检察机关公诉部门参与社会治理的前提是立足司法办案，结合办案适度延伸工作触角，充分发挥检察机关在促进法治社会建设方面的积极作用。因而，指控犯罪不仅是公诉部门最基本的工作职责，也是公诉部门参与社会治理的根基。

其次，庭审指控是检察机关落实以审判为中心诉讼制度改革的核心环节。推进以审判为中心的诉讼制度改革，是十八届四中全会为完善司法权力运行机制作出的重要部署。习近平总书记在全会上专门进行说明：推进以审判为中心

① 张智辉：《公诉权论》，载《中国法学》2006 年第 6 期。

的诉讼制度改革，目的是促进办案人员树立办案必须经得起法律检验的理念，确保侦查、审查起诉的案件事实证据经得起法律检验，保证庭审在查明事实、认定证据、保护诉权、公正裁判中发挥决定性作用。2015 年 1 月，最高人民检察院印发了《关于贯彻落实〈中共中央关于全面推进依法治国若干重大问题的决定〉的意见》，明确指出“要密切与人民法院的协调配合，充分发挥检察机关指控犯罪的主体作用，全面提高公诉人出庭能力，切实强化出庭工作”。2016 年 7 月印发的《关于推进以审判为中心的刑事诉讼制度改革的意见》，提出“进一步完善公诉机制，被告人有罪的举证责任，由人民检察院承担。对被告人不认罪的，人民检察院应当强化庭前准备和当庭讯问、举证、质证”。可见，以审判为中心要求进一步发挥庭审实质作用，这不仅是对以往庭审形式化、走过场的反思和纠正，同样是对检察机关庭审指控提出了更高标准、更严要求。强化庭审指控，是适应全面深化改革和全面依法治国新形势，顺应深化诉讼制度改革，全面贯彻证据裁判规则，有效应对庭审实质化的必然要求。

最后，庭审指控是人民群众了解和认知检察机关极其重要的“窗口”。[①]出庭公诉工作的是展示公诉人公正司法形象、开展法治宣传教育的重要阵地，也是检察机关接受社会监督、联系群众的重要窗口。[②] 随着互联网、移动通讯、大数据等信息技术的快速发展，社会公众通过新媒体行使知情权、表达权、参与权、监督权的能力得到很大提升，检察机关办理的许多案件很容易与公众其他诉求交织，检察机关对所办理的案件，是否起诉、以什么罪名起诉、什么时候起诉、法庭指控是否有力、公诉人的能力和形象等，都时刻处在公众视野中、媒体聚光灯下。随着阳光司法、司法公开的深入推进，公诉环节司法行为是否规范、是否公正，公诉人在法庭上的表现，更是直接接受社会检验。检察机关司法办案中哪怕有一点瑕疵，都可能成为社会关注的焦点，甚至成为诱发突发事件的导火索。同样，如果庭审指控有力，不仅能够展示检察机关良好形象，提升司法公信力和人民群众满意度，更会树立和增强党和国家的司法权威，特别是党的十八大以来，反腐败斗争以前所未有的深度和广度推进，“打虎拍蝇”的高压反腐态势下，职务犯罪大要案体量增大，公诉部门庭审指控效果更是检验检察机关落实依法治国和反腐倡廉政策的试金石，直接检验着检察机关办案质量的高低。

① 2016 年 6 月，最高人民检察院第五次公诉工作会议提出。

② 最高人民检察院《关于加强出庭公诉工作的意见》第 1 条。

三、庭审指控的原则

（一）证据裁判原则

党的十八届四中全会提出："推进以审判为中心的诉讼制度改革，确保侦查、审查起诉的案件事实证据经得起法律的检验。全面贯彻证据裁判规则，严格依法收集、固定、保存、审查、运用证据，完善证人、鉴定人出庭制度，保证庭审在查明事实、认定证据、保护诉权、公正裁判中发挥决定性作用。"全国检察机关第五次公诉工作会议上，最高人民检察院明确要求，"坚持以证据为核心，切实提高公诉质量和效率"，"要围绕构建以证据为核心的刑事指控体系和新型诉侦、诉审、诉辩关系，全面贯彻证据裁判规则"。2015年修订的《关于深化检察改革的意见（2013—2017年工作规划）》将"适应以审判为中心的诉讼制度改革，全面贯彻证据裁判规则"列为深化检察改革的重要内容。证据是诉讼的基石，我国台湾地区学者林钰雄教授认为，证据裁判原则是证据规定的帝王条款之一，支配所有犯罪事实的认定。[①]

确立证据裁判原则，意味着公诉工作要更加严格地执行证据裁判规则和控辩式庭审规则的要求。不仅要充分发挥审前过滤功能，防止案件"带病"进入审判程序，更要认真把好事实关、证据关，坚决排除非法证据，并在庭审中强化说理和论证，使提交法庭的证据经得起被告人、辩护人的质证、辩论，最终使合议庭认定采信。这也意味着公诉指控体系的调整与变化。以前，如果说侦查机关、公诉机关提供的证据对法庭认定事实具有预设效力的话，那么往后就要彻底打破这种预设效力，让法庭审理实质化。也就是说所有用作定案根据的证据都要在庭审中举证、质证，所有与定罪量刑有关的事项都要经过法庭辩论，法官的判决要完全建立在审理的基础之上，只有经过公正审判才能将一个人定罪，被告人的辩护权及其他诉讼权利也要得到充分保障。在这样的调整与变化下，公诉机关将不再是把侦查机关移送的证据材料转手搬到法庭上，而是以案件事实证据标准和证据裁判规则为依据，对事实证据进行实质审查，进行过滤和补充完善，该排除的排除，该留用的留用，该退侦补充的退侦补充，然后在确实充分证据基础上形成独立的起诉决定，提起公诉交法庭审理。不仅如此，公诉机关还要本着"谁主张什么，谁就应当证明什么""凡是未经当庭以言词方式调查的证据资料，不得作为判决的依据"的庭审规则，在法庭上证明所提交证据的合法性、客观性、关联性、充分性。如果不能证明所提交证据

---

① 陈卫东：《论刑事证据法的基本原则》，载《中外法学》2004年第4期。

是合法的、客观的、关联的、充分的，提交的证据经不起辩方的质证、辩论与合议庭的审查，那么公诉机关就要承担起诉不能的后果。

构建以证据为核心的刑事指控体系时，应着重从以下几个方面入手：第一，充分发挥客观性证据的作用。客观性证据不易随主观变化而变化的特性，使以之为主体搭建的指控体系相对可靠，其受庭审不可控因素影响相对较小。第二，注意审查并确保证据的合法性。控方证据的合法性问题往往是控辩双方在质证环节的争议焦点，应严格依照非法证据排除规则在证明方法、证明标准方面的要求，对证据尤其是被告人供述的合法性加强审查并确认。第三，借助证据印证规则有效应对被告人翻供及证人翻证的问题。对容易发生变化的言词证据，应善于利用其他证据，尤其是客观性证据进行佐证，防止出现言词证据一旦变化就导致指控体系整体崩塌的情况。2015 年，最高人民检察院公诉厅针对公诉一线办案人员的迫切需求，为推进公诉办案工作规范化、标准化、精细化建设，研究制定了《刑事公诉案件证据审查指引》。该指引对提起公诉案件的证据表现形式、审查重点等进行了总结和规范，为公诉部门出庭指控犯罪提供了很好的参考。

（二）客观公正原则

检察官客观公正义务产生于 19 世纪中后期的德国。[①] 赋予检察官客观公正义务是为了防止检察官在控诉职能中将自己作为实质上的当事人，从而把谋求胜诉作为唯一追求。这是因为，无论是大陆法系还是英美法系国家，检察官都是国家和公共利益的代表，检察官所代表的国家和公共利益，同时也包含着被追诉者的利益，对被追诉者不公正也是对国家的损伤，故而，检察官在保护国家与公共利益时应注意保护被追诉者利益。[②] 如果检察官具有片面的控诉倾向，以追求胜诉为唯一目标，只注意不利于被追诉者的情况，而对有利于被追诉者的情况置之不理，或使无罪判有罪、轻罪判重罪，从而使被追诉者受到不公正对待，那就与作为“国家与公益代表”的角色相悖，也背离了国家与公共利益的要求。正如德国刑事诉讼法学者德迈尔所说：检察官应该力求真实与正义，因为他知道，显露他片面打击被告的狂热将减损他的效用和威信，他也知晓，只有公正合宜的刑罚才符合国家利益。[③]

检察官客观公正义务在庭审指控工作中有其独特表现：一是要客观公正地准备诉讼及支持公诉。客观公正地审查起诉是公诉制度的普遍要求，但支持公

① 朱孝清：《检察官客观公正义务及其在中国的发展完善（下）》，载《人民检察》2009 年第 9 期。
② 周叶中主编：《宪法》，高等教育出版社 2005 年版，第 198 页。
③ 转引自林钰雄：《检察官在刑事诉讼中的任务和义务》，载《法令月刊》第 49 卷第 10 期。

诉是否也要同样坚持客观公正的原则，这可能会有不同看法和不同的制度选择。美国实行对抗制诉讼制度，其要求是检察官在审查起诉时应当像法官一样客观公正，保持检察中立，但在法庭审判中，努力实现控诉要求，将被告人绳之以法。因此，审查起诉要求冷静，法庭诉讼则要有控诉的热情和斗志。因此，检察官应当兼有法官和诉讼律师的素质。然而，在大陆法系国家，尤其是德国的检察制度则要求检察官一以贯之地履行客观义务。在法庭审判活动中亦是如此，因为这些国家的检察官仅是法制守护人而非一方诉讼当事人。在我国，检察官也是法制守护人而非一方诉讼当事人，而且我国检察机关担负着监督法院公正司法的责任，更应当贯彻客观公正原则。二是客观公正地对待法院判决。这主要是指抗诉权的行使，无论是一审判决抗诉，还是再审抗诉，都应当坚持客观公正的原则，既要抗错误的无罪、罪轻判决，又要抗错误的重罪判决。三是处理好法律监督与公诉的关系。公诉职能是基本职能，监督职能是保障性职能。实践中，为保持公诉的客观公正，作为公诉机关和公诉人，在诉讼中要尊重控辩平等的诉讼规律，要尊重审判的权威。否则就没有公正的诉讼结构和有效的法庭审判。如果发现了需要实施审判监督的问题，应当报请检察长审查后，以检察院的名义向法院提出。也就是说，公诉职能与监督职能实施的时间、空间、方式不同，可以相对分离。①

习近平总书记在中央政治局常委会听取两高党组工作汇报时强调，“公平正义是我们党追求的一个非常崇高的价值，全心全意为人民服务的宗旨决定了我们必须追求公平正义，保护人民权益、伸张正义”。由此也能看出，在刑事诉讼中追求客观公正是司法机关及其工作人员的应尽义务和职责要求，当然也是公诉检察官的职责义务。

（三）正当程序原则

庭审指控应当遵循正当程序原则。首先，“程序公正必须被视为独立的价值。”② 程序不仅仅是一些手续，虽不直接确认当事人的实体权利和义务，但程序本身对当事人而言，也是一种重要的权利或义务。现代诉讼已经摆脱了程序是实体的附庸的观念，程序的独立正义价值已经得到体现，应该得到全面的贯彻和落实。发挥程序的独立价值，已经成为现代司法的基本标志之一。③

---

① 龙宗智：《论我国的公诉制度》，载《人民检察》2010年第19期。

② ［日］谷口安平：《程序公正》，载宋冰编：《程序、正义与现代化——外国法学家在华演讲录》，中国政法大学出版社1998年版。

③ 姜伟、韩炳勋：《论检察活动的原则》，载《法律科学（西北政法大学学报）》2014年第2期。

"理想的正义是形式要素和实体要素之和。"[①] 公诉人应当彻底扭转重实体、轻程序的思维，既要重视程序法在实现实体法目的方面的工具价值，更要强调程序自身的独立价值，充分发挥程序对权力的制约作用和对权利的保障作用。

就庭审指控而言，应当做到以下几点：一是树立程序正义的理念。要牢固树立程序至上的理念，在庭审指控的各个阶段都要把程序正当作为优先考虑的因素，破除程序可有可无、程序错误无关紧要的传统观念，逐步树立起尊重程序、程序优先的现代司法理念，使程序的独立价值在庭审指控活动中得以彰显，使检察活动更符合文明进步的现代法治发展方向。二是限制公诉权恣意行使。正当程序原则的基点是对公权力进行限制，保证公权力行使的正当性。在庭审指控活动中，检察机关处于优势地位，掌握着大量的司法资源，容易导致权力任性，因此要始终贯彻公诉权行使的谦抑原则，严格公诉自由裁量权的行使，着力限制法律监督权力滥用，最大限度地维护程序正义。三是全面保障诉讼参与人的权利。保障参与人诉讼权利的充分有效行使是检察机关在检察活动中的重要职责。参与人的诉讼权利与检察权的平衡对等，是诉讼公平的基本要求，检察机关在检察活动中要积极创造条件，充分保障诉讼参与人，特别是维护被告人的各项诉讼权利，依法保障诉讼参与人的知情权、参与权、辩护权以及权利遭到侵害而享有的各种救济权。

除上述三项基本原则以外，检察机关在庭审指控中还有一些特殊性的原则或活动规则，基于篇幅，不再一一赘述。值得一提的是，基于检察一体化原则下的公诉一体化原则，在庭审指控中，特别是重大疑难复杂案件的指控中发挥着重要作用。2005 年最高人民检察院《关于进一步加强公诉工作强化法律监督的意见》明确强调要"强化公诉工作的上下领导、横向配合和对外协调，形成检察机关公诉工作的整体合力"。近年来，河北省检察机关公诉一体化办案机制改革创新取得了突出成效，比如 2014 年 12 月 10 日，河北省廊坊市中级法院对国家发展改革委员会原副主任刘铁男受贿案作出一审宣判，对刘铁男以受贿罪判处无期徒刑，剥夺政治权利终身，并处没收个人全部财产。在这起全国公众高度关注的典型案件中，对公诉人在庭审中发挥的作用与表现，观摩庭审和参加旁听的人员都给予了高度评价。[②] 这起案件成功公诉的背后，凝聚了高检院公诉厅和省检察院公诉部门对刘铁男受贿案所有事实、证据审查、核实工作和庭审指控工作的组织指挥和坚强领导。

---

① ［美］戈尔丁：《法律哲学》，齐海滨译，三联书店 1987 年版。

② 参见刘天明等：《刘铁男受贿案公诉人出庭公诉评析》，载《检察日报》2014 年 12 月 11 日，第 3 版。

四、庭审指控现状及基本方略

（一）庭审指控现状

首先，庭审指控难度加大。“以审判为中心”要求进一步发挥庭审的核心作用，而庭审的主体包括控、辩、审三方，缺一不可，没有起诉指控就没有法庭和审判，裁判的基础也取决于控辩双方的质证和辩论情况。随着庭审实质化的推进，审判民主化加强，庭审对抗性加强，控辩博弈将进一步聚焦于法庭上，案件由指控到裁判的变数加大，“你辩你的，我判我的”将成为历史，辩护律师通过庭审影响法庭，争取最大限度的利益成为其首选。加上程序性制裁措施的实施，辩护空间空前增大。这都对公诉人出庭能力提出挑战。

其次，庭审指控能力不足。整体上公诉人的出庭能力尚不能满足以审判为中心的新要求，通过观摩庭审，发现庭审中许多公诉人或多或少存在以下“五不”问题：一是不熟。即对法律、对案件、对证据不能了然于胸，当辩护人提出某一质疑、某一辩点时，公诉人无法判断其正误与真伪，难以做到应对自如。具体表现就是法庭上公诉人甘坐冷板凳，对辩方的询问不依法反对、对辩方的证据不据理质证。二是不敢。主要是指案件在程序上、证据上存有硬伤，公诉人举证、质证时投鼠忌器。三是不能。即对庭审程序、技巧掌握不到位，导致在法庭上缩手缩脚，该出手时不出手。四是不愿。一些公诉人以理性自囿，对辩方无理辩解、无据辩护不进行针对性的反驳，还自以为是司法理性的表现，其实这是错误理解“理性”之含义。作为司法者，理性是必要的，但理性平和并不等于无原则地丧失阵地。五是不知。即庭前准备不足，对案件事实本身存在什么问题、辩方会提出什么问题准备不充分，导致法庭上辩方提出某一问题，公诉人措手不及、方寸大乱。①

（二）庭审指控基本方略

检察机关如何在庭审中唱好“主角戏”，接受媒体和社会各界的品评，彰显司法公正和司法公信力，是我们面临的一大课题。笔者认为应坚持以下几点：

第一，公诉人要“主动”作为。庭审中，公诉人要牢牢坚持指控犯罪的主动地位，把握庭审指控主动权，防止“被吊打”，这一点至关重要。工作中要注意运用“一六一”模式：“一”是指要吃透案情，做到心中有数。要充分

① 陈国庆、周颖：《“以审判为中心”与检察工作》，载《以审判为中心与审判工作发展——第十一届国家高级检察官论坛论文集》，2015 年 12 月 3 日。

熟悉案情，全面掌握和熟练运用证据，努力实现运用证据证实犯罪与适用法律对被告人准确定罪量刑的完美结合。同时精心做好庭审讯问提纲、举证提纲、答辩提纲和公诉意见书的各项准备工作，以达到把握关键、切中要害、逻辑严密、条理清晰的要求。“六”是指要摸清“被告人”“辩护人”“合议庭人员”“其他诉讼参与人”“旁听人员”“社会公众及媒体舆论”等六方心理，做到总体把控。要仔细洞察被告人犯罪时的心理状态以及庭审前的心理变化，掌握辩护人的辩护方向和常用论辩方法，还要尽可能了解合议庭人员以及其他诉讼参与人、旁听群众的情况，做到庭审指控有的放矢。有的案件还需要关注社会公众及媒体舆论的报道，但要做到不被舆论裹挟，始终坚持客观公正的指控立场。“一”是指要调整心态，充满自信。公诉人在做好前面的“一”“六”后，庭前准备已经达到较为充分的程度，出庭时就要充满自信、调整心态，注意将外在形象与内在气质有机结合，展现出严肃端庄、落落大方、机敏威严的国家公诉人形象。

第二，公诉人要发挥“主导”作用。主导，顾名思义是指具有主要的和引领的作用。在庭审活动中，公诉人承担着向法庭提供证据、出示证据，并运用证据揭露、证实犯罪的重要职责。从宣读起诉书，讯问被告人，示证、质证，到发表公诉意见、开展法庭辩论，公诉人在整个庭审活动中自始至终发挥着环环相扣、步步深入的主导作用，推动着庭审活动一步一步地进行。公诉人的主导作用与审判长的主持庭审活动并不矛盾，由于庭审活动主要是围绕证实犯罪、认定犯罪而进行的，公诉人在这一活动中的作用不言而喻。由此可见，公诉人主导作用发挥得如何，是庭审活动能否取得良好效果的关键。当然，主导不是主持，主导更不能替代侦查；主导也不是出风头、争地位高低。在整个庭审过程中，公诉人应当积极主动与审判长协同配合，确保庭审活动的每个环节都合法有序地进行。能否在庭审活动中发挥好主导作用，也是对每个公诉人素质与能力的检验。因此，要适应庭审改革的需要，公诉人不仅要在提高素质上下硬功夫，练好出庭公诉的基本功，还要学会临危应变、驾驭全局，提高积极应对复杂局面的能力。

第三，公诉人要树立“主角”意识。有观点片面地认为，以审判为中心，法官是当然的主角。实事上，如果把庭审活动比作一场大戏，法官则是拉开大幕的人，在这场大戏中，公诉人的角色才是重头戏。从宣读起诉书到最后的法庭辩论，公诉人的发言或发问、示证等活动所占用时间，在整个庭审活动中约占用了2/3以上。庭审活动是整个诉讼过程的高潮阶段，法庭最后形成的裁判也是依据庭审活动而作出的，而最后的裁判则表明审判活动结束。从这些角度讲，公诉人是庭审中理所当然的“主角”。树立主角意识，也是公诉人掌握庭审主动地位、发挥主导作用的关键，只有主角的作用发挥好了，庭审这场戏才能演好。树立主角意识，一是要有主角底蕴，即拥有深厚的法律功底、渊博的知识、敏锐的洞察力和雄辩的口才；二是要发挥好主角的作用，通过高质量办案，把每起案件都办成标杆，使公诉人更具影响力，公诉的效果更具震撼力；三是要相互尊重。庭审活动中控、辩、审三方，虽然角色分明，职责各异，但是共同的目的都是尊重事实，维护法律尊严，通过庭审的程序公正，而最终达到实体公正的裁判。强调主角意识，要切忌个人英雄主义，在法庭上一定要做到相互尊重，不能居高临下，使角色错位。①

第二节　庭前准备

庭前准备是指与庭审紧密相连，目标直指庭审的一系列工作。公诉人能否在庭上掌握主动，控制场面，使庭审活动有序、有效地按照公诉人的意图进行，直接关系到庭审的质量、公诉机关的形象，乃至诉讼的结局。所谓不打无准备之仗，要掌握庭审主动权，必须先做好一系列扎实、细致、充分的庭前准备工作。如果庭审指控是公诉工作的龙头，庭前准备则是整个庭审指控的基础。

一、域外的庭前审查及庭前准备

之所以分析和研究国外庭前审查及准备程序，就是要从庭前准备的功能上进一步明确检察机关的工作职责和方向。尽管从两大法系国家有关庭前审查及准备程序上分析，程序设置的出发点是为了保证庭审的公正、有序和高效运作，基本是从法院角度进行阐述。笔者认为，在庭前程序中，公诉人有必要构建新型诉审关系，在有力指控犯罪的同时，确保庭审的高效和不拖延，这也是客观公正原则和程序正义原则的体现。立足于此，研究各国庭前准备程序的功能具有意义。

从世界范围看，由于历史传统、法律文化及诉讼价值观等多方面因素的影响，两大法系国家刑事案件庭前审查及准备程序在具体设置上有所不同。

美国的庭前审查及准备程序包括：（1）传讯。当大陪审团起诉书或检察官起诉书提交法院后，法院应安排传讯。传讯在公开的法庭进行，被告人需到庭。法官首先问明被告人个人情况，然后向他宣读起诉书，告知被告人权利，接着要求被告人答辩。通常有三种答辩形式可供选择，即有罪答辩、无罪答辩

① 周庆平：《公诉部门如何推进以审判为中心的诉讼制度改革》，载《人民检察》2015年第4期。

和不愿答辩。如果作出有罪答辩，经审查确系自愿，即不再进行法庭审理而直接进入量刑程序。(2) 辩诉交易。(3) 审判前的申请、异议程序。(4) 特殊辩护理由的通知。即以不在犯罪现场、精神病或者公共特权等作为辩护理由时，必须事先通知控方。(5) 证据保全程序。(6) 证据展示程序。(7) 庭审前会议程序。

在法国，重罪案件的庭前审查及准备程序包括以下活动：(1) 讯问被告人。(2) 证据展示。包括律师在案卷保存处查阅案卷及检察院、民事当事人与被告人互相通知本方将在法庭上传唤的证人及鉴定人的姓名、职业和住所。(3) 补充侦查。审判长如果认为预审尚不完整，或者在预审之后发现新的情况，可以命令开展他认为需要的任何侦查行为。(4) 其他处理程序，如决定改变管辖、并案处理或分案处理。

德国刑事诉讼的庭前审查及准备程序包括：(1) 公诉审查。主要任务是对检察官提起公诉的案件进行审查，以决定是否开启法庭审判程序。(2) 调取证据。审判长应被告人的要求或依职权传唤证人、鉴定人或调取其他证据。(3) 证据展示。法院、检察院、被告方相互告知所传唤的证人、鉴定人姓名及他们的居所或住所。(4) 宣布法庭组成并征求被告方的意见。(5) 提前对预计不能出庭的证人或鉴定人进行询问或对现场进行勘验。(6) 其他准备程序。

日本在起诉方式上采取起诉状一本主义，因而与之紧密相关的庭审准备程序也基本是当事人主义化。日本开庭审判前准备程序的最显著特征就是明确分为第一次公审期日以前的公审准备和第一次公审期日以后的公审准备。第一次公审期日以前的公审准备既有法院、检察官和辩护人分别进行的准备，也有控辩双方的协商。

但是，各国庭前审查及准备程序功能上具有共通之处。英、美、法、德、日等国家的庭前审查及准备程序普遍承载着决定是否启动审判及纠正程序性错误，保全、展示、检验证据及排除非法证据，整理和明确讼争要点，提前处理和分流部分案件等诸多功能。

二、我国庭前审查及庭前准备工作

《人民检察院刑事诉讼规则（试行）》第 428 条至第 433 条专门对庭前准备进行了规定。2015 年，最高人民检察院《关于加强出庭公诉工作的意见》中对进一步加强庭前准备工作进行了具体部署，要求公诉部门“积极介入引导侦查取证”“加强庭前审查”“有效运用庭前会议解决争议”“加强庭前预测和应对准备”。笔者认为庭前审查和准备具体包括以下内容：

一是庭前证据审查。这属于出庭公诉人自行准备的内容，也是庭审指控证据裁判原则的体现。具体要求是：全面审查证据材料的客观性、关联性、合法性，全面审查涉及定罪量刑的各种证据，对据以定罪的关键证据必须严格审查，对被告人的无罪辩解必须高度重视，对定罪疑难且单一的言词证据必须认真复核，对矛盾证据必须严格甄别。对没有直接证据证实犯罪的，要综合审查判断间接证据是否形成完整证据链条。高度重视对物证、书证等客观性证据的审查和运用，掌握司法会计、法医、精神病、痕迹检验等鉴定意见以及电子证据相关的专业性知识和审查判断方法。突出对证据合法性的审查，坚决排除非法证据，及时补正瑕疵证据。正确适用法律和司法解释，全面贯彻宽严相济刑事政策，准确认定行为性质，确保不枉不纵。

二是参与庭前会议。对需要召开庭前会议提请解决的案件管辖、回避、庭审方案和出庭证人、鉴定人、有专门知识的人、侦查人员的名单等与审判相关的问题，公诉人要提前准备好意见。注意了解辩护人收集证据的情况，明确诉辩焦点，有针对性地交换意见和向法庭阐明观点。重视辩护人提出的非法证据排除意见，正确区分非法证据与瑕疵证据，能够在庭前会议环节解决的非法证据问题力争解决。庭前会议结束后注意查漏补缺，充分利用会议中获取的事实、证据信息和辩护意见，做好证据补强、程序安排和庭审预案的调整完善等工作。对辩护律师提出的执业权利受侵犯的情况，要积极查证并监督纠正。

三是庭前预测评估。充分听取辩护人意见，全面了解和分析辩护意见和辩护策略，及时掌握庭前案件动态。加强庭前预测，针对争议焦点做好庭审预案和重大复杂敏感案件临庭处置预案，对案件可能存在的信访风险做好应对准备，确保庭前准备与庭上应对紧密衔接。对申请关键证人、被害人、鉴定人、侦查人员出庭作证的，庭前充分沟通，介绍庭审程序、法庭纪律和有关法律知识，并进行必要的心理疏导，确保出庭作证顺利和良好庭审效果。

四是其他准备工作。主要体现在2012年修改后的刑事诉讼法中，该法在公诉环节上新增了包括案卷移送、庭前会议、附条件不起诉、简易程序、刑事和解、非法证据排除等内容，其中具有庭前准备性质的工作包括案卷移送、庭前会议（前面述及）、非法证据排除。我国2010年开始进行量刑程序规范化改革，庭前准备还包括能够启动量刑程序的量刑建议工作。证人出庭制度在2012年刑事诉讼法中受到了重视，并且有了相当程度上的可适用空间。可以预见，证人、鉴定人、专家证人等的出庭也将是公诉庭前准备中的重要环节。十八届四中全会提出要完善刑事诉讼中认罪认罚从宽制度，该项制度是建立在控诉机关指控被追诉人有罪的基础上的一种制度延伸，适用于任何案件性质、诉讼程序类型，广泛存在于刑事诉讼过程中，在性质上兼具实体与程序双重属性，且明显有别于域外辩诉交易制度。认罪认罚从宽制度，从其提高审判效率、程序分流功能来看，从国际通行观点分析，也应属于庭前准备的内容（如前述美国辩诉交易属于庭前程序）。此外，各地公诉部门正在探索开展的庭审方式改革，特别是“互联网+公诉”理念的提出，信息技术广泛运用于庭审中，通过远程视频方式开庭审理的案件，公诉人庭前准备也必然会有别于传统庭审。

三、庭前证据审查的主要任务

（一）庭前证据审查的重要意义

庭前证据审查是庭审指控的基础。2012年修改后的刑事诉讼法对检察机关举证责任进行了具体规定，其第54条第2款规定了审查起诉时的非法证据排除义务，第57条规定了法庭调查过程中证据收集合法性的证明义务，第58条规定了不能证明证据合法性的证据排除后果。无论是立法还是以审判为中心的诉讼制度改革的要求，无疑都加大了检察机关庭前证据审查和庭上质证说理的难度。公诉机关本着“谁主张，谁举证”“凡是未经当庭以言词方式调查的证据资料，不得作为判决的依据”的庭审规则，在法庭上要证明所提交证据的合法性、真实性、关联性、充分性。如果不能证明，提交的证据经不起辩方的质证、辩论与合议庭的审查，那么检察机关就要承担起诉不能的后果。这一过程，又增加了刑事证据言词化的要件因素，从而使得指控标准更加严格。

以审判为中心的诉讼制度改革使刑事指控体系发生了深刻的调整与变化，这种调整与变化的核心是将控辩式庭审制真正确立为审判案件的运行方式并实质化，使证据变为“定案的依据”的条件变得更加严格。公诉部门只有在庭前审查中认真把好事实关、证据关，坚决排除非法证据，才能在庭审中强化说理和论证，使提交法庭的证据经得起被告人、辩护人的质证、辩论，最终让合议庭认定采信。

实践中，公诉人往往会对审查起诉环节的证据审查倾注心力，认为案件经过审查足以定罪，提起公诉后便大功告成，而对庭前证据审查精力投入不够，直接导致公诉人在庭审中对被告人的讯问不到位，公诉词简单、模式化，庭审效果不佳。而随着庭审对抗性的进一步增强，证据发生变化的可能性加大，公诉人必须采取有效应对措施，全面预测庭审，这是提高举证和应变能力的重要前提。2016年9月21日，国务院新闻办举行新闻发布会介绍党的十八大以来司法体制改革进展及成效等情况，最高人民检察院副检察长孙谦表示，最高人民检察院检察委员会刚刚通过刑事案件的公诉证据标准，要求每个案件必须达到标准，不达到标准的不能再往下一个诉讼环节进行。

庭前证据审查不同于审查起诉中的证据审查。两项工作的最终目的都是为了确保公诉的案件质量，但也有明显区别。审查起诉的直接目的在于对侦查机关移送起诉的案卷材料审查后依法作出起诉或者不起诉决定，具有审前过滤功能，防止案件“带病”进入审判环节，相当于为案件开出了明确的“诊断证明”。庭前证据审查的直接目的是为了庭审中能够有力指控犯罪，对已经提起公诉的案件进行证据的再审查、再论证和相应的补充完善，对确实属于非法证据的进行排除，具有庭前过滤功能，也是为了进一步熟悉掌握证据情况，以便庭审中更好地示证、质证和辩论，相当于“手术前的体检”。庭前证据审查应包括对证据庭前鉴别、过滤与补强完善。

（二）庭前证据鉴别：对证据的再审视和对指控体系的再完善

1. 全面细致审查甄别证据

（1）证据采纳标准

一是客观性标准。证据的客观性要求证据必须是客观存在的事实。一个案件要得出令人信服的结论必须是“铁证如山”，也就是要求诉讼中的每个证据都是客观的。证据客观性是认定“证据确实”的基础，一般需要进行不同证据间的比对分析。在客观性的基础上，证据的主观性要得到合理的约束。主观性没有得到合理约束时，不能认定“证据确实”，譬如被告人改变供述、证人改变证言后要有其他证据予以反驳印证，才能达到被告人口供的主观性约束，否则就无法确定被告人口供的客观性。

二是关联性标准。证据的关联性首先要求证据与证据之间协调一致，相互印证，没有矛盾。比如言词证据既得到鉴定意见和勘验、检查、辨认、侦查实验等笔录的印证，还需得到书证、物证的印证，同时言词证据又与鉴定意见和勘验、检查、辨认、侦查实验等笔录相吻合，各类证据之间相互印证，形成完整证据链。其次要求据以定案的证据与被证明的案件事实之间具有关联性，这种关联是客观的，是不以办案人员的个人意志为转移的。因此，公诉人当庭出示证据时，应当说明拟证明的案件事实，以表明该证据的关联性。

三是合法性标准。现代诉讼就是通过严格的程序保障诉讼的公正。公诉证据运用必须符合法定的程序，用严格的程序保障证据被真实地发现、鉴别。例如刑事诉讼法规定讯问时“侦查人员不得少于二人”，询问未成年人时“其监护人必须在场”等。法律做这样的程序规定主要是基于司法公正角度的考虑，否则无法实现程序正义价值。[1]

---

[1] 林世雄、常新征：《“确实、充分”标准与公诉证据体系要求》，载《第八届国家高级检察官论坛论文集：证据制度的完善及新要求》，2012 年 11 月。

（2）证据审查判断方法

证据审查判断方法集中体现在《关于办理死刑案件审查判断证据若干问题的规定》和最高人民法院《关于适用〈中华人民共和国刑事诉讼法〉的解释》中，在具体审查案件时，还要注意以下几个方面：

第一，对物证的审查。要注意作为证据的物品或痕迹与犯罪事实是否相关，发现过程是否客观、自然、符合逻辑，是否存在被污染的情况等。对于那种与案件事实无关的物品或痕迹，实际上是不具有证据作用的，要果断地予以排除，对于证据链断裂的物证，要注重补充完善证据体系，确保物证的证明力。

第二，对书证的审查。书证形成的时间与案件的关系，书证是否有修改的痕迹，书证与其他证据之间能否印证。

第三，对证人证言的审查。公诉人应重点关注证人的生理条件、心理条件和认知水平是否影响证词的证明力，证人与本案的被告人、被害人及其相关人员之间有何利害关系、这种利害关系是否足以导致对其证言的真实性产生怀疑，有哪些可能会影响证言真实性的环境因素存在。

第四，对被害人陈述的审查。一般要考虑的问题是，在案发前，被害人与被告人是否认识，双方是否存在利害关系，这是影响被害人陈述真实性的关键性因素。

第五，对被告人供述的审查。需要注意的是，有罪供述是在初次讯问时形成的还是在审讯过程中逐渐形成的，从无罪辩解到有罪供述的过程是否存在违法侦查的情况。针对被告人从无罪辩解逐步过渡到有罪供述的情况，要认真审查在此期间侦查机关的羁押看管是否到位，是否保证了被告人必要的休息和饮食，被告人是否提出了刑讯逼供的辩解和对相关侦查人员的控告线索等。对于讯问笔录，还要注意以下几个细节①：一是讯问时间是否过长，一般认为单次讯问笔录的时间应在 3—5 小时为宜，至多不超过 8 小时；二是连续的两次讯问笔录间隔时间是否太短，一般认为两次讯问笔录间隔时间至少应在 3—5 小时以上才是可以接受的，否则极易遭到被告人及其辩护人关于疲劳审讯的诘难，并有违反禁止变相肉刑规定之嫌；三是讯问时间是否违反人类正常作息规律，实践中，对于那些在深夜 11 点以后及凌晨 5 点之前的讯问笔录，容易被认为是实施了变相肉刑的证据；四是讯问笔录中的语言文字是否过于流畅，表达内容过于书面化甚至格式化，是否与被告人的智力水平不相符合等，都是公诉部门在审查证据时需要高度重视，并提前做好应对工作的重要方面。还要审

① 任晶晶：《公诉环节审查运用证据规范化》，载《人民检察》2014 年第 10 期。

查被告人有罪供述中是否具有独特性、排他性的细节。有罪供述中的独特性、排他性细节，是指只有被告人可能知晓而案外人无法知晓的与案件事实有关的情节，如故意杀人案件中被告人作案后抛尸的地点、作案工具扔弃的地点；受贿案件中行受贿双方交付财物的地点；毒品犯罪案件中，上线和下线约定交易的地点和交付方式等。这些排他性的细节是检验被告人供述真实性的重要指标，也是采信被告人供述的重要依据。

第六，对勘验、检查等笔录的审查。要审查勘验笔录记载的是原始现场还是变动现场。一般来说，对于原始现场勘验笔录，要注重分析现场各类物件的方位、状态及其反映出的案件相关人员的运动轨迹等，将这些信息与被告人供述、证人证言、被害人陈述进行对比分析，以明确案情，并对其中的差异、矛盾作出合理解释。对于变动现场，要关注现场提取的物证、书证是否存在被破坏或者污染的情况，现场各类物件方位、状态的改变以及提取的物证是否有案外人影响。检查笔录主要是针对人身而进行的，因此执法的规范化就显得尤其重要，检查人员是否具备检查的资格和专业知识，对女性的人身检查是否由医师或者女侦查员进行，对被害人的人身检查有无违背其意志的情况等都是审查过程中要重视的问题。辨认笔录的内容是否真实、可靠是审查的重点，关键问题是辨认人在辨认过程中是否受到了不恰当干涉，甚至暗示。对侦查实验的审查，除了其形式合法性和内容真实性以外，最重要的问题是实验内容与案件本身是否存在同一性或类似性，即实验过程及其反映的结果是不是与案件本身的情况具有高度的关联性和必然性。

第七，对鉴定意见的审查。需要注意以下几点：一是送检材料与侦查中提取的物证、书证等是否同一。在实践中往往会出现现场勘验、人身检查、调取证据等过程中提取的物证、书证未完全送检，或者送检物质与提取物证不一致的情况，前者可能会导致关键物证在检验环节的缺失，从而造成案件的证据链不闭合甚至无法认定案件事实的后果，而后者更是会直接导致错案的发生。二是送检过程是否合乎法律规定，检材的运输、保管过程是否存在可能使检材的性状发生重大变化的情况。对于物证、书证、人身（包括尸体和活体）的送检，相关法律和操作规范都有明确的规定，是否由二人以上提取、二人以上送检等。另外，要注意审查鉴定意见中对检材的描述，确保检材在运输、保管的过程中未出现使其性状发生重大变化的情况。三是案件相关人员对鉴定意见有无异议、对同一问题是否存在不同的鉴定意见。四是鉴定意见是否能够与其他证据相印证、矛盾之处是否能得到合理解释。比如毒品的种类、纯度与犯罪嫌疑人交代的是否一致，被害人死亡的原因与被告人、目击证人所述的作案方式、作案工具是否吻合，被告人精神状况的鉴定意见与被告人描述的自身的各种症状是否一致，与其他证人证言是否印证等。

在审查证据的过程中，要做到客观细致，防止先入为主。对重要证据要尽量掌握第一手资料，坚持与被告人、被害人和证人的“三见面”制度，对重要的供述和证言要以视听资料的形式固定下来。在提审被告人时，要注意其关于无罪及罪轻的辩解，不能对被告人翻供感到反感或习以为常，因为被告人的辩解和翻供往往是庭上控辩双方争论的焦点问题。对律师和辩护人提供的证据同样要引起足够重视，知己知彼，才能掌握主动。

2. 完善刑事指控证明体系

（1）刑事指控证明体系的标准

简言之，就是公诉机关据以定案或据以指控犯罪的证据已达到确实、充分的标准。

一是真实性。证据的真实性是采信证据的基本标准。对证据的真实性进行审查是把证据用作定案根据的必经程序。我国刑事诉讼法规定，证据必须经过查证属实，才能作为定案的根据。换言之，在获准进入诉讼程序的证据中，如果经过审查发现某个证据不具备真实性，那么法官就不能采信该证据，就不能把它作为定案的根据。①

二是充分性。证据的充分性是采信证据的标准之一。如果说“证据确实”是就案件证据的单个属性而言，注重证据个体的质量，“证据充分”则可以理解为就证据整体证明案件事实而言，注重证据整体的作用和数量，即证据的证明力或价值足以证明案件中的待证事实。判断证据是否充分，可从以下几个方面进行：其一，审查所收集的证据是否能够互相印证、互相支持、互相说明；其二，审查证据之间、证据与犯罪事实之间、证据与情理之间，是否存在不能解释的矛盾；其三，审查证据对各个事实及各种情节的证明是否存在疏漏，是否环环相扣，有无断裂和遗漏；其四，审查对全案事实的认定结论是否唯一，是否排除了被告人的辩解或其他合理怀疑。

三是排疑性。一般情况下证据并不能以真或假来评判，也就是既不能完全肯定证据为真，也不能完全肯定证据为假。证据的真实与虚假性表现为真假之间的“度”，即证据的可信度，证据的疑点是得到合理排除，而不是绝对排除。刑事诉讼活动要求对案件事实的认识必须符合法律所规定或认可的事实，即法律意义上的真实，是在具体案件中达到法律标准的真实。从主观上说，排疑性标准要求根据现有证据能够使办理案件的检察官形成相应的内心确信，有合理的理由指控犯罪。

---

① 何家弘：《证据的审查与认定原理论纲》，载《法学家》2008年第3期。

(2)证据印证规则

《关于办理死刑案件审查判断证据若干问题的规定》第5条对“事实清楚、证据确实充分”的证明标准作出了明确的解释，对于只依据间接证据定案的证明标准也给出了说明。诸如“证据之间相互印证”“证据之间合理排除矛盾”“形成完整的证明体系”等之类的印证规则，已经被写入司法解释，成为我国法律的有机组成部分。在印证与证明标准的关系上，需要分别就存在直接证据的案件与只有间接证据的案件加以分析。

一是存在直接证据的案件。因该直接证据所包含的事实信息与案件主要事实发生了重合，对该证据真实性的验证就等于对案件主要事实的验证。“证据相互印证”，意味着直接证据所包含的案件主要事实得到了两个以上具有独立信息源的证据的证明，对案件主要事实的证明活动即告完成。在此情况下，所谓直接证据与其他证据相互印证，也就等于案件主要事实得到了两个以上证据的证实，对犯罪构成要件事实的证明达到了法定的证明标准。例如，在一起受贿案件中，受贿人的供述和行贿人的证言都属于直接证据，都包含着案件主要事实的内容，即“受贿事实已经发生”和“受贿人接受了贿赂”。作为两个具有独立信息源的直接证据，行贿人的证言对于受贿人的供述在受贿犯罪主要事实方面形成了印证关系，使得受贿人所供述的受贿时间、地点、手段、方式、金额、钱款去向、利用职务之便、为行贿人谋取利益等事实情节，都得到了行贿人证言的佐证。在此案件中，受贿人的供述所包含的案件主要事实也就得到了令人信服的证明。

二是只有间接证据的案件。由于任何一项间接证据都无法单独包含案件主要事实的信息，既无法证明犯罪是否发生，也难以证明犯罪是否为被告人所实施，而最多证明犯罪构成要件的某一环节或者片段，因此，对任何间接证据的“印证”最多只能说明该间接证据包含的事实信息是真实的、可靠的，而无法证明案件主要事实是成立的。至于案件主要事实能否得到证明，最终还要看若干个间接证据在其真实性得到印证的前提下，是否环环相扣，形成较为完整的证据锁链或者证明体系。根据“孤证不能定案”的原理[①]，法院对犯罪事实的认定，不能仅仅凭借孤立存在的证据来作出判断，而必须借助于两个以上具有“独立信息源”的证据，使得这些证据包含的事实信息环环相扣，共同指向同

① 所谓“孤证不能定案”，可以从两个角度进行解释：一是案件只有一项有罪证据，由于该证据形成了“孤证”，得不到任何其他证据的印证，处于真伪难辨、虚实不明的状态，裁判者当然无法仅凭各项孤证来认定案件事实；二是案件存在若干项有罪证据，都能够证明犯罪事实的某一环节或者片段，但它们相互之间不存在任何事实信息的重合和交叉，而只是孤立地存在，缺乏关联性，彼此无法得到印证或者佐证，对于这种案件，法院也无法认定被告人的犯罪事实。

一犯罪事实，从而形成较为完整的证明体系或者证据锁链。在那些只有间接证据的案件中，各项间接证据属于具有证据价值的信息链条。假如这些信息链条是孤立存在而不是相互连接的，那么这些证据仍然属于“孤证”。而真正将这些证据信息链条连接起来的，恰恰在于证据之间的相互印证关系。通过证据之间的相互印证，那些本来孤立存在的间接证据就开始发生逻辑上的联系，相互之间在事实信息方面发生了重合或者交叉，使得本来具有独立信息来源的间接证据发生了有机的联系。[①]

例如，在一起故意杀人案件中，被告人始终拒不供认犯罪事实。办案人员收集了以下间接证据：现场勘查笔录，证明被害人尸体的方位，尸体上和尸体边的墙上有血迹，现场有一段槽钢，槽钢上有血迹和指纹；鉴定意见，尸体鉴定证明被害人符合他人用钝器打击头部致颅脑损伤死亡，尸体上的血迹与被害人 STR 分型比对一致，墙上血迹与被告人 STR 分型比对一致，槽钢上检测出混合 STR 分型，经比对与被害人、被告人 STR 分型一致；从被告人家中提取了与案发现场相同特征的槽钢；证人 A 的证言，证明被害人与被告人有矛盾，被害人多次侮辱被告人的妻子，被告人曾扬言要报复；提取的被告人妻子的手机短信，证明被害人多次给被告人妻子发送侮辱短信进行骚扰；证人 B 的证言，证明曾经在案发现场附近看到被告人，而被告人并不经常到案发现场附近……上述各项间接证据假如孤立地存在，就难以发挥证明被告人有罪的效果。而从这些证据所记载的信息来看，它们之间相互印证、相互补充，形成了完整的证据锁链。例如，现场勘查笔录记载了大量物证的来源，而这些物证经鉴定足以证明被告人到过现场；从被告人家中提取的槽钢与现场的槽钢特征一致；证人证言证明被告人到过现场；一些电子数据和证言证明被告人与被害人有矛盾，被告人具有作案的动机。很显然，这些具有独立信息源的间接证据相互间存在事实信息的交叉，对所有事实信息的证明都至少有两个证据加以支持，它们相互之间环环相扣，排除了其他人作案的可能性。

（三）庭前证据过滤：调查和排除非法证据

《关于推进以审判为中心的刑事诉讼制度改革的意见》对非法证据再次予以强调，即“对采取刑讯逼供、暴力、威胁等非法方法收集的言词证据，应当依法予以排除。侦查机关收集物证、书证不符合法定程序，可能严重影响司法公正，不能补正或者作出合理解释的，应当依法予以排除”。

调查和排除非法证据，在庭前审查和准备阶段，既包括公诉人对证据审查

① 陈瑞华：《论证据相互印证规则》，载《法商研究》2012 年第 1 期。

过程中发现的线索核查，也包括在法院主持进行的庭前会议程序中发现的线索核查。[①] 但无论是哪一环节，都是公诉机关捍卫自身公诉案件质量的一种方式，同时也是对非法证据的产生来源即侦查机关进行侦查监督，从而在侦查权与辩护权之间进行的有效平衡。

严格讲，公诉部门无论是在公诉工作的哪一个环节都不能对非法证据不调查、不排除，随意采信和运用，更不能将非法证据作为定案根据。同样，对于非法证据线索也不能不调查、不核实或线索调查不全面，而只对部分线索进行调查或对线索的部分内容进行调查。特别是庭审前的准备工作中，如果对非法证据线索没有调查或没有充分调查，有可能在庭审中面临严峻的指控风险和不利的指控后果。简言之，只要能引起公诉人对可能存在非法取证行为的合理怀疑，公诉部门就应当进行调查。

一是调查核实。对于检察机关公诉部门依职权审查发现或者依申请后初步判断具有非法性或者非法可能性的证据，要通过调查核实方法，掌握尽可能多并且详尽的证据材料，以查明被怀疑证据是否存在非法性。在调查过程中，应从证据是否符合法定形式，证据的取得是否符合法律、法规和司法解释的要求以及是否有影响证据效力的特定违法情形等多方面予以分析。对于涉嫌通过刑讯逼供手段取得的犯罪嫌疑人供述与涉嫌通过暴力、威胁等非法手段取得的证人证言等非法言词证据，公诉人应当讯问犯罪嫌疑人，查明供述形成的过程是否合法，犯罪嫌疑人能否提供被刑讯逼供的相关线索，或者询问证人、被害人，查明证言、陈述形成的过程是否合法，是否能够提供自己被非法取证的相关线索。在核查侦查人员讯问、询问等程序性材料的基础上，向侦查机关办案人员了解取证的人员、时间、地点、方式、内容等基本情况，向侦查人员以外的在场人员或者证人了解并查明证据形成的过程是否合法。听取辩护律师的意见，查明是否有非法取证的线索提供。调取取证时固定的录音录像，严格查证是否存在刑讯逼供或者暴力取证等情况。调取、查询犯罪嫌疑人出入看守所的身体检查记录及相关材料，查明犯罪嫌疑人进入看守所时是否有无正当理由形成的伤痕。调取犯罪嫌疑人、证人、被害人有无因刑讯逼供和暴力取证致伤的体检证明和犯罪嫌疑人羁押期间同监房在押人员证言等证据。[②]

二是审查处理。如果查明证据系合法取得，侦查人员不存在非法取证行为

---

① 非法证据排除规则在本书其他章节也有论述，本节拟从其在庭前证据过滤中的工作要求和方法入手予以阐述。庭前会议程序中的非法证据排除问题与本部分内容基本一致，在庭前会议程序中不再阐述。

② 陈卫国、李红姝：《审查起诉环节非法证据排除工作机制研究》，载《政治与法律》2011 年第 4 期。

的，应当将调查核实过程详细记载，并将调查取证过程中形成的材料汇总装卷，以备在法庭中作为证据合法性说明材料移送出示。如果查明证据确系非法证据，应当详细阐明证据被认定为非法证据的理由和依据，并提出排除意见；对确有以非法方法收集的证据，尚未构成犯罪的，依法向被调查人所在机关提出书面纠正意见，要求侦查机关或部门另行指派侦查人员，以合法的方式重新调查取证，并对相关人员所在部门提出行政处罚建议；审查认定非法取证行为构成犯罪需要追究刑事责任的，应当将线索移送职务犯罪侦查部门立案侦查。如果查明证据并非非法证据，但程序存在瑕疵需要补正或者作出合理解释的，应当向侦查机关提出明确的补正意见。

实践中，对采取刑讯逼供等非法手段取得的犯罪嫌疑人供述和采用暴力、威胁手段取得的证人证言、被害人陈述等非法言词证据，应当一律排除，无须审查内容的真实性。但是对于通过刑讯逼供取得的犯罪嫌疑人供述进而取得的物证、书证，只要在提取物证、书证的过程中行为合法，物证、书证的来源是确定的，物证、书证仍应当视为合法证据。①

（四）庭前证据补强和补正：言词证据补强及瑕疵证据补正

1. 证据补强

补强证据规则，是指为了防止误认事实或发生其他危险性，在运用某些证明力显然薄弱的证据认定案情时，必须有其他证据补强其证明力，才能被法庭采信为定案根据。

“补强证据”，就是用以增强另一证据证明力的证据。一开始收集到的对证实案情有重要意义的证据，称为“主证据”，而用以印证该证据真实性的其他证据，就称为“补强证据”。补强证据必须满足以下三个条件：一是补强证据必须具有证据能力；二是补强证据本身必须具有担保补强对象真实的能力，设立补强证据的重要目的就在于确保特定证据的真实性；三是补强证据必须具有独立的来源，即补强对象与补强证据之间不能重叠，例如被告人在审前程序中所作的供述就不能作为其当庭供述的补强证据。

一般来说，在刑事诉讼中需要被补强的证据主要是言词证据。理论上认为言词证据包括口供、被害人陈述、证人证言、鉴定意见，实践中也把辨认笔录作为言词证据，然而并非所有的言词证据都需要补强，只有能够直接证实犯罪过程、直接指证被告人成立犯罪的言词证据才是补强的对象。这既是因为只有与犯罪有关的关键事实的真实性才决定着犯罪成立与否，才有补强的必要，也

---

① 湖南省人民检察院编：《公诉岗位专用操作规程》，中国检察出版社2016年版，第142页。

是因为只有不利于被告人的证据才更需要审慎对待。因此言词证据补强规则的对象应当仅限于口供、指明犯罪行为人的被害人陈述以及见证犯罪实施过程的证人证言。

言词证据补强的基础是客观性证据。《“十三五”时期检察工作发展规划纲要》明确要求，“推行以客观性证据为主导的证据审查模式”。所谓客观性证据审查模式，是指在办理案件过程中，审查工作重心应从以被告人口供等言词证据转变到客观性证据，充分梳理和挖掘客观性证据，凭借客观性证据具有可靠的稳定性和关联性的最佳证据特征，确认案件基础事实脉络，并以此为基础对全案证据予以审查和检验，进而认定犯罪事实的审查工作方式。主要方法有：一是时间补强法。时间具有一维性，亦即只有先后顺序，被告人、被害人的行为也因此有先后顺序。不同时序阶段的行为会留下不同的客观性证据，而且这些证据出现的先后顺序不可能颠倒，这种时序就具有唯一性。客观性证据反映出来的时序性和言词证据中反映出来的犯罪过程的时序性相互印证，就是彼此间的相互补强。二是空间补强法。通过对不同空间、地点证据的挖掘，用以补强言词证据。比如通过对犯罪人行走路线、出入犯罪场所的路径进行手机轨迹、行车轨迹等客观性证据的提取，然后与被告人口供作出对应，更能够证明被告人口供的真实性。三是特定情节补强法。就是只有被告人、被害人、目击证人等亲身经历犯罪全过程的当事人才知晓的犯罪情节。如通过被告人、被害人、目击证人等当事人所作的言词证据记载的情节，收集到客观性证据或者挖掘到客观性证据的其他用途，就可以用来补强言词证据。四是侦查实验补强法。侦查实验是一项科学实验，目的就是检验在案言词证据中关于所见、所闻、所为能否客观存在，是天然的补强证据。侦查实验必须在用其他方法都不能达到检验、核实证据，查明案情的目的时才能进行，具有最后性，因此这种补强证据的作用多表现在否定言词证据真实性上，对于纠正因采信错误的言词证据而错误定罪有特别的功效。

言词证据补强的特例是言词证据相互补强。如《全国法院审理毒品犯罪案件工作座谈会纪要》明确指出：只有当被告人的口供与同案其他被告人的口述吻合，并且完全排除诱供、逼供、串供等情形的，被告人的口供与同案被告人的供述才可以作为定案的证据。再如扒窃案件，因为被告人往往在被反扒人员抓获的同时就将手机、钱包等赃物丢弃，周边也无监控记录犯罪过程，被害人往往并不知情。若被告人归案后拒不认罪，该类案件的证据体系则主要是围绕着反扒人员的证言展开，因此需要反扒人员证言之间相互补强，并确保彼此作证时不受他人影响，具有真实、合法性，且在数量上有一定的要求，才能据以定案。

2. 证据补正

主要是指瑕疵证据，即证据的收集程序、方式存在瑕疵（也就是缺陷，因为疏忽或草率等原因而造成的技术性瑕疵，是一种“无害错误”），不符合法律的规定，或者是指在法定证据要件上存在轻微违法情节，尚未达到严重程度的证据。[①]

瑕疵证据一般有以下几种表现：一是证据笔录存在记录上的错误。侦查人员提供的证据笔录存在记录上的错误，这是刑事诉讼中经常发生的情况。比如，证人询问笔录反映出在同一时间段内“同一询问人员询问不同证人”，这显示出询问笔录记载的时间不合情理，违背基本的经验法则。二是证据笔录遗漏了重要内容。在侦查过程中，侦查人员由于疏忽大意或者对证据规则的轻视，经常发生没有完整地记载侦查过程的情形。这种形式上的程序违规尽管不一定意味着侦查人员违反了法律程序，却属于不容忽视的证据瑕疵。例如，勘验、检查笔录，搜查笔录，提取笔录，扣押清单没有载明物品的特征、数量、质量、名称等。三是证据笔录缺少有关人员的签名或盖章。在侦查过程中，无论是主持侦查的办案人员、物品持有人、被讯问人、被询问人，还是侦查过程的见证人，都要对有关证据笔录签名或者盖章，这是上述人员确认侦查过程规范性和侦查结果真实性的重要制度保证。一旦缺乏这些人员的签名或者盖章，证据笔录即属于瑕疵证据。例如，在收集物证、书证过程中，侦查人员制作的勘验笔录、搜查笔录、提取笔录、扣押清单没有侦查人员、物品持有人、见证人签名等。这些缺乏相关人员签名或者盖章的证据笔录，一方面属于证据笔录制作上的技术性失误，另一方面也足以令人怀疑侦查过程的合法性、规范性，甚至有关侦查过程是否发生过都可能引起人们的合理怀疑。四是侦查活动存在“技术性手续上的违规”。除了在证据笔录的记载上存在瑕疵以外，《关于办理死刑案件审查判断证据若干问题的规定》所列举的“证据瑕疵”还有一个显著的特征：侦查人员程度不同地存在轻微的程序违规情况。例如，询问证人的地点不符合规定，容易导致证人丧失陈述的自愿性，甚至被迫作出不符合真实情况的事实陈述。又如，勘验、检查过程没有见证人到场参与，这违反了刑事诉讼法有关勘验、检查需要见证人参与的规定，使得整个勘验、检查过程缺乏中立第三方的监督，其真实性和合法性难以得到保证。[②]

之所以对瑕疵证据进行补正，就是考虑到侦查人员违反法律程序的情节较

---

① 张礼权：《非法证据与瑕疵证据的发现及处理》，在山东省检察机关非法证据排除专题培训班上的讲课。

② 陈瑞华：《论瑕疵证据补正规则》，载《法学家》2012 年第 2 期。

为轻微，没有造成严重的法律后果，因此没有必要采取排除证据这一极端的程序性制裁方式。补正的方法和标准主要有：一是经过对证据笔录的必要修改，证明侦查程序中存在的缺陷和错误已经得到纠正。二是办案人员通过重新实施侦查行为，证明原来的程序瑕疵所带来的法律风险已经消除。[①] 尤其是因为原来的违规操作带来的影响证据真实性的危险不复存在。三是办案人员作出合理的解释和说明，足以证明原有的程序瑕疵属于一种无害错误，也就是说属于不会导致错误认定事实的技术性违规[②]。四是办案人员经过必要的解释和说明，足以证明原来的程序瑕疵属于一种疏忽大意的过失，侦查人员违反法律程序的主观恶性并不是很强。

需要指出的是，庭前证据补强是庭前准备的一项重要内容，即使是在庭前会议中发现的证据问题，也需要通过补强来完善刑事指控证明体系。

四、有效运用庭前会议解决争议问题

《关于推进以审判为中心的刑事诉讼制度改革的意见》要求，“完善庭前会议程序，对适用普通程序审理的案件，健全庭前证据展示制度，听取出庭证人名单、非法证据排除等方面的意见”。

（一）设置庭前会议程序的目的和作用

1. 我国庭前会议程序的确立

我国的庭前会议最早是以庭前证据开示制度出现的，即 2001 年发端于山东省寿光市人民法院的庭前准备程序，其主要功能在于明确证据焦点，为庭审的集中进行做准备，经控辩双方对需要相互公开拟在庭审中使用的证据发表意见，最终作出《证据展示报告单》，列明双方无争议和有争议的证据，待到庭审时，对无争议的证据，仅需宣读证据的名称与证明的事项，法官再次确认无争议后，即可直接认定证据，法庭调查的重点集中在双方有争议的证据上。

2012 年修改后的《刑事诉讼法》第 182 条第 2 款正式确立了我国的庭前会议制度。最高人民法院《关于适用〈中华人民共和国刑事诉讼法〉的解释》第 99 条、第 183 条、第 184 条对召开庭前会议的情形及会议内容、程序等进行了进一步的明确。一般情况下，对当事人及其辩护人、诉讼代理人申请排除

① 车绿叶：《论可补正的排除规则》，载《中国刑事法杂志》2011 年第 9 期。

② 所谓“无害错误”，是指那此尽管存在违反法律程序情形但不会造成严重负面后果的程序错误，对此类程序错误，程序法一般不设置绝对无效的制裁后果，而往往确立可补正的宣告无效规则。有关“无害错误”问题的讨论，参见工兆鹏：《美国刑事诉讼法》，北京大学出版社 2005 年版，第 552 页。

非法证据的，或者案件“证据材料较多、案情重大复杂”，或“社会影响重大”的案件等，法院可以召集控辩双方组织庭前会议。

2. 庭前会议的目的与作用

庭前会议的目的是便于审判人员把握庭审重点，提高庭审效率，保证庭审质量。在开庭以前，由审判人员召集公诉人、当事人和辩护人、诉讼代理人，对回避、出庭证人名单、非法证据排除等与审判相关的问题，了解情况，听取意见。庭前会议程序是法院受理案件开庭审理之前所进行的诉讼活动，该程序具有独立性，其既不属于庭审，也不属于检察机关的审查起诉工作。庭前会议解决的问题不仅包括对程序性问题的汇总解决，还包含部分实体问题如对案件争点明确、证据质证意见的整理明晰等。

从最高人民法院《关于适用〈中华人民共和国刑事诉讼法〉的解释》（以下简称《解释》）中可以看出，审判前召开庭前会议，主要有以下作用：一是庭前会议有助于提高诉讼效率，保证庭审的集中高效。庭前会议为了解决拖延庭审的程序性争议问题，保证庭审在定罪量刑的审理上集中主要精力，规定了包括管辖、回避、是否申请调取在侦查、审查起诉期间公安机关、人民检察院收集但未随案移送的证明被告人无罪或者罪轻的证据材料，是否提供新的证据，是否对出庭证人、鉴定人、有专门知识的人的名单有异议，是否申请不公开审理等内容。通过庭前对程序性问题的汇总解决，有效避免证据突袭及临时申请证人到庭等干扰、阻断庭审程序的情形，防止不必要的庭审停滞及拖延。二是庭前会议有助于促进庭审的实质化，提高审判质量。一方面，在庭前会议中控辩双方进行充分的证据展示、调取庭审所需证据、确定出庭的证人、鉴定人和有专门知识的人的名单，强化案件的实质审理，使案件审理深入细致，避免庭审的形式化、走过场；另一方面，通过对疑难复杂案件证据及事实争点的整理厘清，使得法庭审理的方向和重点得以凸显和强调，庭审将集中解决控辩双方争议较大的事实和法律问题，有助于事实认定及法律适用的准确性。该解释中明确规定“审判人员可以询问控辩双方对证据材料有无异议，对有异议的证据，应当在庭审时重点调查；无异议的，庭审时举证、质证可以简化。”三是启动审判前的非法证据排除的初步审查程序。该解释规定“开庭审理前，当事人及其辩护人、诉讼代理人申请排除非法证据，人民法院经审查，对证据收集的合法性有疑问的”，应当召开庭前会议。四是促使附带民事诉讼调解及刑事和解意向的达成，对被告人刑事责任的解决具有积极影响。该解释规定“对被害人或者其法定代理人、近亲属提起附带民事诉讼的，可以调解。”五是庭前会议中还存在诉辩协商情形。比如对待非法证据排除问题，法庭可以在分别听取被告方和公诉方意见的基础上，引导双方通过协商方式达成和解，假如公诉方经过审阅被告方排除非法证据的申请并进行必要的调查核实，认为侦查人员非法取证的情况确实存在，法庭可以直接说服公诉方将某一证据从指控证据体系中予以撤出。反过来，假如被告方通过听取公诉方的意见，了解公诉方提交的证据材料，认为排除非法证据的申请不可能被法院接受的，也可以申请法院撤回自己的诉讼请求。通过这种庭前会议中的协商与说服工作，法院可以促使控辩双方放弃不必要的诉讼对抗，选择一种基于合意的诉讼妥协。这样的庭前会议对减少不必要的非法证据排除程序，将发挥一种新的功能。六是还有一些涉及新媒体时代庭审特点的细节需要经过庭审会议协商，如是否允许媒体公开报道、是否实行多媒体质证、庭审的举证质证方案是分组举证还是罗列举证、量刑程序与定罪程序是否分别进行等，都需要在控辩双方一致同意的情况下作出决定，避免以往法官单方联系的不透明和效率低下，能够在一次庭前会议就将庭审的全部细节敲定。

（二）公诉人参与庭前会议的主要工作任务

从立法上看，设置庭前会议程序的价值在于提高庭审的效率和质量。庭前会议中，公诉人作为控方是必不可少的角色，要把握好庭前会议这一庭前准备程序，切实利用好庭前会议实现庭审指控有力的工作目标。在庭前会议上，公诉人的主要任务有：一是重视辩方在庭前会议上提出的管辖、回避、不公开审理、证人出庭、非法证据排除等程序性问题，认真审查和调查核实，并与辩方充分交换意见，力争在庭审前解决问题或做好庭审的有效应对。二是重视并积极与辩方进行双向证据开示，获取辩方证据情况，了解辩方对证据提出的异议，整理和明晰控方示证、质证重点，完善庭审预案。三是就庭审示证方式充分听取辩方意见，针对无争议事实简化示证以及有争议事实详细示证等问题，与辩方交换意见。四是了解和掌握庭审质证、辩论的焦点问题，做好积极应对。五是及时对证据收集的合法性进行证明和回应。六是通过庭前会议，了解和掌握庭审前各方动态情况。具体而言，公诉人要做好以下几项工作：

1. 庭前会议前的准备工作

（1）在参加庭前会议前，公诉人应当准备好拟提出的问题及意见，并列出详细提纲。

（2）公诉人要充分预测辩护方可能提出的问题、可能出示的证据以及可能对公诉方指控证据的合法性、客观性、关联性提出的质疑，对辩护方提出的问题制订方案，做好准备，并结合庭前会议情况及时调整方案内容。

2. 庭前会议中的重点工作

（1）对辩护方提出的管辖、回避、不公开审理等程序性问题交换意见。

（2）申请证人、鉴定人、有专门知识的人出庭。公诉人如果需要申请证人、鉴定人、有专门知识的人出庭，而在提起公诉时未提出的，在庭前会议中，可以提交申请证人、鉴定人、有专门知识的人出庭的名单。公诉人对证人证言有异议，且该证人证言对案件定罪量刑有重大影响的，可以申请人民法院通知证人出庭作证。公诉人对鉴定意见有异议的，可以申请人民法院通知鉴定人出庭作证。必要时，公诉人可以申请法庭通知有专门知识的人出庭，就鉴定人作出的鉴定意见提出意见。当事人或者辩护人、诉讼代理人对证人证言、鉴定意见有异议的，公诉人认为必要时，可以申请人民法院通知证人、鉴定人出庭作证。为了加强对证人、鉴定人、被害人等的保护，必要时，公诉人可以建议法庭采取不暴露证人、鉴定人、被害人外貌、真实声音等出庭作证措施，或者建议法庭在庭外对证据进行核实。

（3）需要推迟开庭的，公诉人要建议人民法院延期审理。

（4）需要建议人民法院适用简易程序而在提起公诉时未建议的可提出建议，或者对人民法院是否适用简易程序的方案提出和交换意见。

（5）了解辩护人收集证据的情况。对辩护人收集的有关犯罪嫌疑人不在犯罪现场、未达到刑事责任年龄、属于依法不负刑事责任的精神病人的证据，应当及时告知人民检察院。辩护人在庭前会议前已经告知人民检察院上述证据的，庭前会议中公诉人可以在辩护人自愿的情况下了解辩护人掌握的其他证据，与辩护人就证据问题进行沟通。辩护人没有告知人民检察院上述证据的，公诉人应当询问辩护人有没有上述证据，如果辩护人已掌握上述证据，应当要求辩护人告知。

（6）对辩护人收集的证据有异议的，应当提出。

（7）当事人、辩护人、诉讼代理人在庭前会议中提出证据系非法取得，人民法院认为可能存在以非法方法收集证据情形的，公诉人要对证据收集的合法性进行证明。庭前会议上不能证明的，应当在庭前会议结束后做好应对准备。需要调查核实的，应当尽量在开庭审理前进行。

（8）对庭审方案包括讯问、示证、质证方式等其他与审判相关的问题提出和交换意见。

（三）庭前准备程序中的其他重点问题

1. 证人出庭问题

这在庭前会议中也是重点内容之一，与庭审中的交叉询问制度有密切关系。《布莱克法律词典》的解释是：“交叉询问是在审判或听证中由相反一方的当事人或者律师对证人进行的询问，其目标主要在于瓦解对方证人的作证资格、降低对方证人的可信度或从对方证人证言中获得有利信息，以支持本方的诉讼主张。”交叉询问首先由申请提出该证人的一方对该证人进行询问，称为

"主询问"，然后由对方当事人对该证人进行询问，称为"反询问"。最初询问证人的当事人或律师还可以对证人进行再询问，称为"再主询问"，再主询问之后，也允许实施反询问的当事人或律师实施"再反询问"。[①] 交叉询问制度是根植于英美法系国家当事人主义诉讼模式的一项重要的审判制度，它的主要目的在于诱使证人说出对传唤证人一方有利的情况，或者使人们对于不利于本方的证据的真实性和证人的可靠性产生怀疑，以抵消或者减少证人证言的作证价值，也可以借机从证人的答复中寻找漏洞，以提出有利于己方的一些新问题。我国2012年刑事诉讼法确立了证人出庭制度，对于出庭证人可以分为证人（狭义）、侦查人员、鉴定人、有专门知识的人，按照不同申请证人方可以分为控方（公诉方）证人和辩方证人。

然而，交叉询问被认为是出庭竞战者所能掌握的最高艺术形式，[②] 是一名公诉人业务素质最突出的体现。一方面要求公诉人在审查起诉阶段就为庭审尽可能多的引导侦查来收集与固定证据，而不是仅凭口供来进行审查决断，否则会缺乏询问素材，无法组织发动有效的询问攻势；另一方面要求公诉人在庭审时能从容控制场面，面对被询问者或狡猾或高深或专业的言词时能以最直接有效的询问来揭示其中的矛盾和虚假之处，对事前推演、事中应变和事后总结能力要求极高。这种对公诉人精英化的要求是与检察官办案责任制改革相互契合的。[③]

司法实践中，公诉人庭审中交叉询问的难点是针对辩方申请出庭的证人、鉴定人和有专门知识的人进行询问，而交叉询问却是"死磕派"律师庭审时的利器[④]。例如，电影《克雷默夫妇》的妻子在直接询问环节中诉说丈夫对其伤害。之后，丈夫的律师连续问妻子以下几个问题："你老公抽烟喝酒吗？他虐待孩子吗？他挣钱都给你，经济上没亏欠你吧？他劈腿了吗？"妻子的一个个是或者否的回答让其之前的证言可信度降低，这就是交叉询问。因此，为了掌握庭审的主动性，在庭前准备阶段，公诉人就要密切关注辩方拟申请出庭证人的名单，做好交叉询问的应对准备。如果证人的证言对控方也有利，要及时与辩方同时提出证人出庭的申请，控制住主询问权，并制订好询问证人的提

① 夏瑜：《浅谈交叉询问制度——结合案例兼谈公诉人如何应对》，载《经济研究导刊》2012年第33期。

② ［美］史蒂芬·莫罗等：《对方证人——芝加哥著名刑辩律师论交叉询问与人生的经验教训》，吴宏耀等译，中国人民大学出版社2015年版，第1页。

③ 姚舟、沈威：《以审判为中心背景下交叉询问制度之实务检视与规则构建》，载《以审判为中心与审判工作发展——第十一届国家高级检察官论坛论文集》，2015年12月。

④ 许身健：《交叉询问：发现真相的最佳机制》，载《检察日报》2013年10月30日，第7版。

纲，充分做好庭审交叉询问的准备工作。如果庭审前忽视这项工作，丧失了对控方有利证人的主询问权或者在交叉询问中策略失当，公诉人在庭审中就可能陷入被动和艰难应战的局面，而导致庭审指控不力。

2. 认罪认罚从宽处理问题

（1）国际上对提高诉讼效率的改革动态

从国际诉讼法发展动态观察，近年来，诉讼效率成为当代国际刑事诉讼制度改革的重要考量。[①] 由于刑事案件的审理成本很高并且程序复杂，诉讼效率低下是长期困扰刑事诉讼制度改革的问题。刑事诉讼制度改革注重对诉讼效率价值的认识，并对简易程序和辩诉交易给予更多的考量。在美国，辩诉交易在学界受到强烈的质疑和反对，甚至20世纪80年代在美国一度出现了废止辩诉交易的运动，阿拉斯加等个别州和地区完全废除了辩诉交易。虽然如此，辩诉交易制度并没有从美国刑事诉讼制度中消失。值得注意的是，美国最高法院在2012年通过两个辩诉交易中的有效辩护的判例，表明最高法院试图通过加强有关辩诉交易中的律师代理，来避免辩诉交易中被告人的诉讼权利被削减的问题。辩诉交易在近年来还被引入国际刑事法院的刑事规则中。从世界范围看，辩诉交易制度还存在扩张的趋势，如德国、法国、意大利、俄罗斯等国家都相继借鉴美国的辩诉交易制度，建立相应的刑事快速处理程序。韩国也于2011年开始着手实行“辩诉交易”制度。在移植辩诉交易的过程中，各个国家和地区都根据本国和本地区的实际情况进行必要的调整，并没有全部照搬美国的辩诉交易模式，基于被告人自愿认罪的刑事速决程序的审理模式逐步成为刑事简化程序的重要组成部分。

（2）我国认罪认罚从宽制度改革动态

十八届四中全会《中共中央关于全面推进依法治国若干重大问题的决定》提出，“完善刑事诉讼中认罪认罚从宽制度”。全国检察机关第五次公诉工作会议要求“探索建立被告人认罪与不认罪案件相区别的出庭公诉模式，提高出庭工作效率”，“当前普通程序案件出庭公诉模式千篇一律，检察机关举证、质证等环节拖沓冗长繁琐现象不同程度存在，造成出庭效率低下。对被告人认罪案件，举证、质证、辩论等环节要予以简化；在被告人不认罪的案件中，对被告人无异议的证据，在举证示证时也要予以简化”。然而，要在普通程序案件庭审中对认罪和不认罪案件进行区别公诉，就需要在庭前准备程序中对认罪认罚案件进行区分。《关于推进以审判为中心的刑事诉讼制度改革的意见》也

① 陈光中、樊崇义、卞建林：《中国诉讼法治发展报告（2012—2013）》，中国政法大学出版社2014年版，第155页。

明确强调，“对被告人不认罪的，人民检察院应当强化庭前准备和当庭讯问、举证、质证”。

何谓“认罪”。2003年颁布的《关于适用普通程序审理“被告人认罪案件”的若干意见（试行）》第1条规定：“被告人对被指控的基本犯罪事实无异议，并自愿认罪的第一审公诉案件，一般适用本意见审理。”这表明“认罪”的前提设定为“对被指控的基本犯罪事实无异议”，而“并自愿认罪”的重点在于“自愿”，即被告人自愿供述其所犯罪行、自愿接受法庭审判，而不是出于被胁迫等因素。此外，根据法律的语境解释，“认罪”作为一种广义的概念，其理应包含刑法中规定的“坦白”与“自首”以及其他可能之情形。根据《刑法》第67条的规定“如实供述自己的罪行”是构成自首与坦白的基本条件之一，“被告人对行为性质的辩解不影响自首的成立”，可以认为只要犯罪嫌疑人、被告人如实供述了被指控的行为事实，并在后续的协商过程中达成了承认罪行指控的协议，就应当被认定为符合“认罪”的要求。

何谓“认罚”，现行刑事法律、司法解释并未对其予以权威规范。根据语义解释，“认罚”即愿意受罚，结合认罪认罚制度的内涵，首先，“认罚”应当理解为犯罪嫌疑人、被告人在认罪的基础上自愿接受所认之罪在实体法上带来的刑罚后果。在认罪的基础上，检察机关应提出较拒不认罪更轻的量刑建议，若犯罪嫌疑人同意并达成协议，则可以认定为“认罚”。其次，在程序上“认罚”应当包含对诉讼程序简化的认可，即放弃其在普通程序中所具有的部分法定诉讼权利，同意通过克减部分如法庭调查与辩论等诉讼环节的诉讼权利来对自己定罪量刑。最后，犯罪后嫌疑人的退赃退赔也应当是“认”中的应有之义，认罪认罚制度需要体现犯罪嫌疑人的悔罪性，而积极主动地退赃退赔、弥补已经造成的损失正是悔罪性的体现。只有与检察机关达成了有效的认罪协议，罚赔并满足了上述三项条件才能被认定为“认罚”。①

（3）认罪认罚制度与辩诉交易制度的关系

认罪认罚制度与英美法系国家的辩诉交易制度有相似之处。辩诉交易制度作为美国处理刑事案件的主要方式，在美国大约有90%以上的案件以此种方式办结，即控辩双方通过交易的方式就定罪量刑讨价还价，以被告人的认罪达成某种协议，换取被告人从宽处罚的结果。不可否认，我国在推行认罪认罚制度中借鉴了辩诉交易的某些合理因素，但二者是不同的。认罪认罚制度是我们党和国家长期贯彻实施的宽严相济刑事政策的体现，是该项政策的制度化新发

① 陈卫东：《认罪认罚从宽制度研究》，载《中国法学》2016年第2期。

展。认罪认罚制度以契合中国刑事司法实践需要、特点为基本导向，是具有中国特色的刑事司法制度。尽管不同国家的刑事司法及其运行有其普遍共性，但并不意味着我国推行该项制度改革就是辩诉交易制度的翻版。同时我们还需认识到，美国的辩诉交易制度适用案件范围非常广泛，所交易的内容既包括罪名也包括罪数。而在我国的制度设计中，控辩双方的协商只能是在检察机关指控犯罪嫌疑人、被告人有罪的前提下，控辩双方就犯罪嫌疑人积极认罪而获得的可能优惠达成协议。在此过程中禁止交易罪名、罪数，应当是我们坚持的基本底线。此外，美国的辩诉交易很多是在案件事实有争议或者证据有疑问的情形下，换取被告人的轻罪轻罚认可，我们推行的认罪认罚必须在案件事实清楚、证据确实充分的条件下进行，不允许司法机关借认罪认罚之名，让犯罪嫌疑人、被告人承受事实不清、证据不足情形下的罪与罚，依此减轻或降低检察机关的证明责任。

(4) 公诉人的任务

一是公诉人作为认罪认罚制度适用过程中的控方代表，要与犯罪嫌疑人展开协商。一般而言，认罪认罚制度的适用时间节点为审查起诉阶段，但庭前准备阶段也有可能开展此项工作。协商中，公诉人要了解被告人认罪认罚的主观意向，并向其翔实地解释认罪认罚制度对其案件处理的法定影响。在此基础上，通过一系列协商过程，依法与被告人及其辩护人就特定认罪认罚事项达成协议。二是公诉人要依法提出适用认罪认罚从宽处理程序建议。三是履行检察监督职责。对被告人程序选择自愿性、控辩双方协商合法性、法院审查确认的正当性等重点予以监督。

五、庭前准备程序中的文书制作

(一) 起诉书的制作

1. 起诉书的功能与作用

起诉书是检察机关代表国家指控犯罪嫌疑人并将其交付审判的标志，是根据事实说明、追究被告人刑事责任的理由和根据的一种结论性请求书。[①] 起诉书是人民法院对公诉案件依法进行审判活动的合法依据，也是庭审中公诉人出庭指控犯罪、发表公诉意见、参加法庭调查和辩论以及被告人及其辩护人对指控的犯罪进行法庭辩护的基础。

首先，起诉书具有启动审判程序、强制被告人接受审判的功能。“根据不

---

① 龙宗智、杨建广主编：《刑事诉讼法》，高等教育出版社2003年版，第303页。

告不理的现代司法原则和我国刑事诉讼法的规定，检察机关不提起公诉，法院是不得自行受理公诉案件进行开庭审理的”[1]。随着起诉书提交到法院，行为人的法律地位从犯罪嫌疑人转变为被告人，诉讼程序也随之从审查起诉程序进入到审判程序。从这个意义上讲，起诉书是审判程序运转的“起动机”。

其次，起诉书具有限定审判范围、保护个人免受恣意审判的功能。起诉书限定审判范围的功能也是“不告不理”原则的自然延伸，没有提起公诉的案件，法院不得依职权自行审判，检察机关没有起诉的人和事实，法院也不得自行审判。起诉书划定了审判的对象和范围，起诉书所指控的被告人就是审判的对象，起诉书所载明的经审查认定的事实就是审判的范围，起诉书之外的对象和事实均在审判范围之外，法院不得擅自审判。

最后，起诉书具有辩护防御功能。起诉书中载明的犯罪事实、罪名构成、法律适用及量刑情节等，为被告人及其辩护人提供了标靶，被告人及其辩护人可以就公诉机关认定的事实和法律适用问题进行有针对性的准备，从而有的放矢的提出相反的证据或意见，进行积极防御，从中可以体现刑事诉讼控辩双方平等武装、平等对抗的理念。

2. 起诉书制作中存在的问题

（1）对犯罪事实的叙述繁简失当。在实践中，有的公诉人常常担心言多必失，如果在起诉书中写得过多会授人以柄，在庭审中会陷入被动，导致对犯罪事实应该详细叙述的部分却过于简单，不能充分体现犯罪的危害程度和情节的严重性。例如，在故意杀人或故意伤害案件中，对案件起因描述过于简单，往往以“因琐事”“发生矛盾”等词语一笔带过，没有充分说明犯罪的起因及动机，而这些情节对于刑事责任的大小及量刑具有一定的影响。在对犯罪客观方面的描述中，对于犯罪手段、犯罪工具、犯罪后果以及犯意产生、犯罪分工等方面的叙写过于简略，不利于有效指控犯罪。同时，有的起诉书对与定罪量刑无关的事实却大费笔墨，过于繁琐，不能简练地描述。

（2）遣词造句不够准确。一是法律用语或其他专业术语使用不准确，有损起诉书的严肃性和规范性，例如在毒品犯罪案件中将非法持有毒品行为与私藏毒品行为相混淆，对毒品种类的描述没有按照该毒品的化学名称为依据，而是使用“冰毒”“麻果”等俗称来描述；[2] 二是使用带有强烈感情色彩的词语

① 陈光中：《推进“以审判为中心”改革的几个问题》，载《人民法院报》2015年1月21日，第5版。

② 根据最高人民法院、最高人民检察院、公安部发布的《关于规范毒品名称表述若干问题的意见》，毒品名称表述应当以毒品的化学名称为依据，并与刑法、司法解释及相关规范性文件中的毒品名称保持一致。

进行描述，不符合起诉书用语的客观公正性，比如使用“竟然”来表达对行为人实施犯罪行为的愤慨，使用“无视国法”等词语对行为人进行定性；三是用语上掺杂土语俗话，没有使用书面语言，导致该词语所要表达的意思不能够被社会一般人所普遍理解，有损起诉书的规范性。

（3）格式不够规范。一是人民检察院的名称书写不完整，对于市、县两级院制作的起诉书，在前面未冠以所在省的名称。需要注意的是，目前统一业务系统自动生成的起诉书首部没有标注所在省的名称，在制作时应注意这一点。二是数量词的使用没有严格按照国家语言规范选择使用阿拉伯数字或汉字数目，计量单位也不是法定计量单位，缺乏应有的规范性，比如在表述毒品的重量时使用“分”，而没有使用规范的计量单位“克”，导致对毒品的计算发生争议。

（4）以法律评价代替对犯罪行为的描述。刑法分则具体罪名是对该种具体犯罪构成特征最简单、凝练的概括，也是刑事法律对该种行为所做的法律评价。在对案件事实的表述中，有的直接套用刑法分则的具体罪名来代替对犯罪行为的客观描述，如“诈骗”“盗窃”“抢劫”“强奸”等。由于个案的犯罪手段不尽相同，采用如此高度概括的语言进行表述，不能详尽展现犯罪行为的社会危害性和行为人的主观恶性，不利于对行为人量刑情节的认定。

（5）在事实表述和证据列举方面缺乏必要的逻辑性。任何事物的发生、发展都存在一定的规律和逻辑顺序，对已然发生的事实进行恢复和重现也要遵循相应的规律和顺序，才能最大程度地还原事实真相。在起诉书制作中存在对案件事实的叙述缺乏必要的逻辑性，不符合一般人对事物发展的认知顺序的问题，例如对案件事实的表述并未按照事情的前后顺序、因果关系来进行，导致表述不准确或者遗漏相关情节，不能被其他人所理解。同时证据的列举顺序不符合规定，常常将供述和证言等言词证据罗列在先，将物证、书证等客观证据排列在后，不符合以客观证据为基石构筑整个证据体系的理念。

（6）过早认定从轻、减轻情节导致庭审陷入被动。检察机关负有保障被告人合法权益的义务，对于其具有的从轻、减轻情节依法应予认定。但应把握好认定的时机与方式。对于根据现有证据能够证实被告人具有主动投案、积极抢救、被害人予以谅解等不会发生变动的情节，可以在起诉书中予以认定，但对于自首情节，如果在起诉书中予以认定，很可能出现被告人当庭翻供或者不如实供述主要事实的情况，此时便不能认定被告人构成自首。这种情况下便与起诉书认定的情节相矛盾，辩护人往往以起诉书已经认定自首来抗辩，给庭审造成极大被动。同理，有的地方将量刑建议写入起诉书，这一做法也会因庭审情况发生变化而陷入被动。

3. 完善起诉书的制作

（1）叙写犯罪事实要繁简得当。在叙述犯罪事实方面，对与定罪量刑有关联的事实要详细叙写，尤其对犯罪构成要件事实及相关量刑情节要详细写明，不能遗漏相关要素。在一些特定案件中，为了强调其主观方面对于定罪的关键作用，可以在犯罪事实中描述其主观方面内容，从而明确区分罪与非罪、此罪与彼罪的界限。与犯罪构成无关或关系不大的事实，在起诉书中不必详细描述甚至可以忽略不写，如与本案无关的被告人的经历、犯罪过程中一些无关紧要的细节等，从而做到详略得当、突出重点。对于涉及数罪的犯罪事实应分开表述，合理安排证据表述与证据罗列的关系。对于被告人犯数罪的案件，应采取一罪一证的叙述方式，即第一种犯罪事实表述完毕后，接着叙写证据部分，然后再表述第二种罪名的犯罪事实，再叙写证据部分，以此类推。对于被告人的数起犯罪均为同一罪名且犯罪手段、危害后果等方面相同的案件，应先对相同的情节进行概括叙述，再就每一起犯罪事实进行叙述。例如，对于一人多次贩卖毒品的案件，可以先就被告人获取毒品的渠道、贩卖毒品的起止时间、次数、对象以及毒品的价格、交易方式等作一概括叙述，再分笔叙述每一起贩卖毒品的事实。其中对于内容有重复的，可以简化叙写。

（2）遣词造句要准确恰当。一方面，公诉人要加强平时的学习和知识储备，防止临时抱佛脚；另一方面，在制作起诉书的过程中，对每一个字、每一个词都要字斟句酌，可以借助字典、网络来查清字词的含义，尤其是近义词之间的区别，做到用词、用字精准。在叙写被告人的基本情况时，对民族的表述应写明民族的全称，不能使用简称；被告人文化程度为硕士、博士的，应分别表述为硕士研究生、博士研究生；如果被告人之前所受到的行政处罚与本次的定罪和法定量刑情节有关的，应将其之前所受行政处罚的情况写明；在表述释放时间时，应当区分是刑满释放还是被假释。

（3）起诉书格式要规范。公诉人应认真学习《人民检察院刑事诉讼规则（试行）》关于起诉书制作的相关内容和格式要求，对于要求具备的要素和固定的格式一般不要有所变更或增减，以保证起诉书的严肃性。同时，对一些可以灵活掌握的内容，各地也可以进行有益探索和创新，但应保证地级市范围内两级院起诉书制作的统一规范。

（4）对犯罪客观方面的表述要准确恰当。公诉人应加强学习，深刻理解刑法分则具体罪名的犯罪构成，尤其是与其他罪名的本质区别。同时，对于刑法条文采用简单罪状的[1]，如《刑法》第232条中的“故意杀人的”，第233条的“过失致人死亡的”，可以参考刑法理论对具体罪名的定义，并结合该起犯罪中行为的特点来描述客观事实，从而避免出现以法律评价用语代替对客观方面的描述问题。

（5）表述事实与列举证据要富有逻辑性。在具体犯罪事实的叙述方面，应遵循一定的逻辑顺序进行叙写，如按照事物的发展顺序、时间顺序，不要违背一般人的认知逻辑。案件事实在表述过程中内容上要具有关联性，不要有太大的跳跃，注意句与句之间使用恰当的关联词相衔接，做到语句通顺、逻辑清晰。要按照合理的顺序叙述案件事实，一般可按照时间先后顺序；一人犯多罪的，应当按照数罪的轻重顺序叙述，把重罪放在前面；多人犯多罪的，应当按照主犯、从犯或者重罪、轻罪的顺序叙述，突出主犯、重罪。在列举证据部分时，应严格遵循《刑事诉讼法》第48条对于证据顺序的规定进行叙写，先列明证据的种类，再叙写具体证据的名称。对于无法归入法定证据种类的证据材料，可以归类为“其他证明材料”进行列举。

（6）适时、适式认定量刑情节。对于关系到案件罪与非罪、定性和量刑情节认定的犯罪构成要素应详细表述。对于量刑情节特别是法定量刑情节，应当在起诉书中予以表述。但是对于存在变化可能性的情节，在叙述时要慎重把握，防止因在庭审过程中发生变化而陷入被动。例如对于被告人投案自首的情节，可以在起诉书中只表述其自动投案的经过，通过庭审当庭讯问被告人，视情况在发表公诉意见时认定其是否构成自首。对提起公诉的案件提出量刑建议的，可以制作量刑建议书，与起诉书一并移送人民法院。[2] 如果庭审中发生变化导致原量刑建议不能适用的，公诉人可以当庭不发表量刑建议或者变更量刑建议。

（二）出庭预案的制作

1. 出庭预案的内容

出庭预案主要包括“三纲一书”，即讯问、询问提纲，举证、质证提纲，答辩提纲以及公诉意见书。其中，讯问、询问提纲主要是在起诉书指控的范围内，围绕对被告人的定罪和量刑讯问被告人和询问证人、鉴定人等相关人员，并针对被告人、证人、鉴定人的回答及时修正讯问、询问提纲，达到厘清案件

---

① 所谓罪状是指分则罪刑规范对犯罪具体状况的描述，分为简单罪状、叙明罪状、引证罪状、空白罪状四种情况，其中简单罪状是指对犯罪特征进行简单描述的情形。张明楷：《刑法学》，法律出版社2011年版，第578－579页。

② 《人民检察院刑事诉讼规则（试行）》第400条。

事实的目的；举证、质证提纲是从证据的合法性、客观性、关联性出发，对证据进行解释出示，结合案件情况对待证事实有全面了解，对涉及不同罪名、阶段、环节的证据进行归纳、汇总，做到要点突出，层次分明；答辩提纲则为针对案件事实、证据和法律适用问题存在的争议作出预测和应对，要从证据的矛盾点、犯罪性质、罪名、庭前被告人的辩解和辩护人的辩护意见进行预测，有重点和针对性地制作答辩提纲；公诉意见书是公诉人在法庭审理辩论阶段，当庭发表的揭露和指控被告人的法律文书，要围绕犯罪事实的认定、证据的使用、法律适用、法庭教育等方面来制作。

2. 出庭预案的制作重点

（1）防止被告人供述反复是制作讯问提纲的考量重点。在制作讯问提纲时，应考虑到接受讯问时被告人可能会回答的各种情况，制订相应的问题应对，使讯问步步深入、环环相扣，若被告人翻供使其不能自圆其说。要注意讯问应当在起诉书指控的范围内，围绕被告人的定罪和量刑进行，避免诱导性发问。

（2）定罪量刑问题是制作讯（询）问提纲的主要内容。发问应采用一问一答形式，简洁、清楚，并且应当针对有矛盾、遗漏、模糊不清和有争议的内容进行。应注意遵循一定的发问顺序，保持连贯性。一种是按照案件时间先后顺序，使被发问人的回答符合事实逻辑；另一种是围绕主要事实和情节进行发问，使被发问人有重点地进行叙述。讯（询）问提纲应切入主要事实，避免在无关事实上打转，设计的问题应当使被发问人的回答简短、清楚，切忌使之事无巨细、娓娓道来。另外，提纲应注意预判辩护方可能会提出的疑点和问题，并进行针对性发问，力争在控方讯（询）问时将疑点问题解释清楚，以补正证据中的瑕疵。

（3）举证提纲是制作出庭预案的关键。任何案件在任何阶段都应当用证据来说话。制作一个清晰有效的举证提纲是庭审中公诉人能否取得有利地位、掌控局面的关键。制作举证提纲时，要注意举证顺序合理、条理清楚、层次分明，要让法官、被告人、辩护人以及旁听者都能听明白公诉人所出示的证据要证明什么内容。举证提纲的制作，要遵循一罪名一举证、一事实一举证、证明同一事项的证据同组出示的原则，一般先出示定罪证据，后出示量刑证据，先出示主要证据，后出示次要证据。特殊情况下，公诉人可以按照有利于指控犯罪的原则灵活排列举证顺序。

（4）有争议的证据是制作质证提纲的重点。制作质证提纲要目的明确、逻辑清晰，紧紧围绕案件事实和证据的合法性、客观性、关联性进行，熟练掌握各类证据的质证方法和质证策略，熟悉言词证据和实物证据的特点差异，善于从不同角度区别质证，保证质证效果。要能够根据庭审变化动向，掌握质证主动性，提高质证的针对性和有效性。针对被告人或辩护人可能当庭提出证据系非法取得，公诉人可以提前准备讯问笔录、羁押记录、出入看守所体检记录、讯问同步录音录像，申请侦查人员出庭。在质证过程中既注重单一证据的证明内容，又要将各个证据形成一个完整的证据链条进行综合运用，证明相关证据与待证事实之间的关联性。

（5）把握好制作答辩提纲与制作公诉意见书的关系。发表公诉意见与答辩意见是法庭辩论的主要内容。辩论是庭审中最精彩的部分，要围绕控辩双方论辩的焦点进行，在定罪方面辩论构成此罪还是彼罪、有罪还是无罪、故意还是过失，在量刑方面证明是否有自首立功情节、是犯罪既遂还是未遂、是否从犯等。因此在制作答辩提纲时，要善于换位思考，站在辩护人的角度设计问题，根据案件的事实和证据尽可能地完善答辩方案。

第三节　出席法庭

根据我国《刑事诉讼法》第 184 条的规定，出席法庭是指“人民法院审判公诉案件，人民检察院应当派员出席法庭支持公诉。”《人民检察院刑事诉讼规则（试行）》第 426 条规定，“提起公诉的案件，人民检察院应当派员以国家公诉人的身份出席第一审法庭，支持公诉。”公诉人出席法庭的职责，是代表国家指控、揭露和证实犯罪，对审判活动是否合法进行监督，维护诉讼参与人的合法权利，同时结合案情进行法制宣传和教育。[①] 出席法庭是检察人员依法行使检察权的重要司法活动，包括宣读起诉书、讯问被告人、询问证人、被害人、鉴定人、举证、质证、法庭辩论，还包括简易程序出庭、建议延期审理、变更、追加、补充起诉、撤回起诉和一审刑事审判监督、一审刑事判决、裁定审查等诸多工作内容。

一、法庭调查

（一）宣读起诉书

宣读起诉书是我国刑事诉讼审判的必经程序。根据我国《刑事诉讼法》第 186 条规定，公诉人在法庭上宣读起诉书后，被告人、被害人可以就起诉书指控的犯罪进行陈述，公诉人可以讯问被告人。《人民检察院刑事诉讼规则

① 最高人民检察院公诉厅《公诉人出庭行为规范（试行）》，2004 年 12 月 10 日颁布。

(试行)》第393条也规定，起诉书的主要内容包括被告人的基本情况、案由和案件来源、案件事实、起诉的根据和理由等四个方面。

1. 公诉人仪表要求

根据最高人民检察院《公诉人出庭行为规范（试行)》的规定，公诉人出庭支持公诉应当佩戴胸徽和制式领带。做到仪表整洁，举止得体，并遵守下列规定：不得挽袖子、卷裤腿、穿拖鞋；不得染彩发、化浓妆、涂彩色指甲；不得戴耳环、佩项链及其他饰物，男同志不得留长发、剃光头、蓄胡须；不得佩戴除检察胸徽以外的徽章；不得有其他与公诉人形象不符的服饰、发型和举止。公诉人进入法庭应精神饱满，沉稳庄重，举止得体。多名公诉人出庭的，应按顺序进入法庭，第一公诉人坐在靠近审判席的一侧。

2. 起诉书宣读要求

公诉人应当在审判长宣布法庭调查开始后，宣读起诉书。宣读起诉书时，公诉人应当站立，并应保持姿势端正。宣读起诉书时应从“×××人民检察院起诉书”开始至“检察员（或助理检察员）×××”结束。宣读起诉书应当完整，不得随意删减、更改。起诉书宣读完毕后，公诉人应当面向审判长告知：“审判长，起诉书宣读完毕。”起诉书的宣读应当使用普通话，发言时应做到用语规范，语速适中，吐字清晰，声音洪亮。此外，诉讼参与人不通晓当地语言文字的，应当进行翻译。在少数民族聚居或者多民族杂居的地区，应当用当地通用的语言进行宣读或翻译。

3. 庭审常见问题应对

（1）公诉人如果在法庭上发现起诉书有失误的，或者被告人、辩护人提出起诉书认定的事实失实的。公诉人要区别对待：一是如果起诉书中确实存在日期、地点表述错误等瑕疵，导致指控的事实在细节上与客观事实不符，如不影响对案件基本事实的认定和对被告人定罪量刑的，公诉人可在宣读起诉书或者在发表公诉意见时当庭予以口头更正，对更正情况予以说明，并在庭后及时向部门负责人或检察长报告。二是如果起诉书存在被告人的基本情况、案由、案件事实、起诉的理由等重大失误，公诉人应要求法庭休庭。庭后经审查发现具有应当延期审理情形的，应要求法庭延期审理并进行补充侦查；在补充侦查期间，根据补充侦查的事实，建议法院恢复庭审或者变更、追加、补充、撤回起诉；变更起诉需要给予辩护人必要时间进行辩护准备的，可以建议法庭延期审理。公诉人根据现有证据能够认定被告人或辩护人所谓事实失实的主张是虚假的，可在讯问阶段、举证阶段、辩论阶段将其所谓的失实的事实作为重点，以揭露所称辩解的虚假性。

（2）辩护人提出出庭公诉人并非起诉书落款的公诉人问题的。根据规定，出庭公诉人应由检察长、检察员或经检察长批准代行检察员职务的助理检察员担任，如果出庭公诉人与起诉书落款公诉人不一致，应事先准备《派员出席法庭通知书》并予以出示。

（3）被告人陈述与起诉书指控犯罪事实有差异的，公诉人应根据实际情况及时调整出庭方案。

4. 改革前沿问题探讨

（1）关于以开庭陈述取代当庭宣读起诉书问题

近年来，一直有学者主张将当庭宣读起诉书修改为“开庭陈述”[①]，其理由：一是公诉人当庭宣读起诉书并非裁判者和旁听者了解案情的最佳方式。德国学者托马斯·魏根特认为，“实际上宣读起诉书是否能够达到被声称的告知非职业法官案件情况的作用是值得怀疑的，因为起诉书是以法律术语表达的，对外行来说不容易理解，而且检察官倾向于以较快的语速宣读”。简单的案件还好，对于那些涉案人物、情节众多的案件，没有重点、不加说明地迅速宣读一遍起诉书只能是走过场，很难达到预期目的。二是被告人和其他诉讼参与人早在开庭之前都已拿到了起诉书副本，十分清楚控方起诉书中的内容，相关的辩护意见和参与诉讼的意见早已在开庭审理之前就有所准备。所以，检察官是否当庭宣读起诉书并非被告人展开辩护、其他诉讼参与人参与诉讼的依据。三是我国传统诉讼理论认为，公诉人当庭以铿锵有力的语调宣读起诉书能够对当事人和旁听群众起到法制宣传教育的功能，然而，真正能使公众对司法的公正性深信不疑、心服口服的，应该不是表面上的义正辞严，而是通过公正的程序得出公正的判决结果。这种效果只能通过整体的庭审活动才能实现，承担着指控犯罪职责的检察官依靠的不仅是正义者的姿态和气势，更需要准确、合理的指控和无懈可击的论证，这只能通过准备充分的质证、辩论过程来完成。

与公诉人当庭宣读起诉书不同，公诉人开庭陈述是另一种开庭方式。所谓开庭陈述就是由检察官和律师对他们即将在庭审中展示的证据所能证明的情况的一个简单概述，它唯一的目的就是帮助裁判人员理解案情。公诉人的开庭陈述就是把他所认为的案件梗概向裁判人员做介绍，告诉裁判人员案件究竟是怎么回事，哪些重要环节是要重点关注的，为之后的举证打下基础。英国、美国、日本、韩国等国家和我国台湾地区都采用这种方式。开庭陈述应当包括以下三个部分：第一，以尽量简洁的语言将案件的性质叙述清楚，这是亮明公诉证明要达到的总体目的。第二，进行过程叙述，在此过程中尽量不要破坏

① 葛琳：《照本宣科还是娓娓道来——公诉人当庭宣读起诉书制度之反思与重构》，载《西南政法大学学报》2010年第8期。

其所认定的案件事实的连续性。第三，有何种证据意图证明什么，应当在过程叙述结束后概括说明，或在叙述某具体案件事实之后进行特别说明，以便裁判者和控方在随后的举证质证环节进行重点关注和回应，尽量使随后的举证过程与开庭陈述中所叙述的证明情况相呼应。最终达到的效果是，在开庭陈述中所陈述的案件事实作为“关节点”都在随后的举证过程中得到一一证明，从而使开庭陈述所认定的案件性质和具体事实被裁判者接受，成为裁判结果。

笔者认为，公诉人宣读起诉书是法庭审理过程中的“仪式”，正如对被告人的审判要在庄严的法庭进行开庭审理，而法官、律师出庭要穿法官袍、律师袍，甚至有的国家要佩戴假发套一样，宣读起诉书更多的作用是公诉人代表国家指控犯罪的庄重宣告，过多纠结其实质功能意义不大。

（2）普通程序中简要宣读起诉书的改革探索

司法实践中，存在公诉人宣读起诉书时间较长的情况，比如2009年轰动全国的重庆涉黑系列案件中，仅黎强案开庭时的起诉书就有59页，公诉人念了近3个小时；2006年4月，湖南省娄底市中级人民法院开庭审理新化县以刘俊勇为首的黑社会性质组织犯罪案，指控23项罪名，犯罪事实170宗，起诉书长达138页，至上午休庭时仍没有读完。这种冗长的起诉书宣读场景，不仅在我国较为常见，在大陆法系传统国家或地区也并不新奇，2007年11月我国澳门特区终审法院在审判澳门特区政府前运输工务司司长欧文龙案时，主审法官用了5个小时宣读长逾100页的起诉书。俄罗斯莫斯科梅夏法院在开庭审理“尤科斯”石油公司前总裁米哈伊尔－霍多尔科夫斯基案时，检察官在法庭上宣读了长400卷的刑事诉讼材料，持续了至少两天时间，其中起诉书就占大约200卷。[①]

近年来，检察机关也在大力探讨控、辩、审三方协商同意前提下，对适用普通审理的刑事案件简要宣读起诉书的改革。2015年12月29日，河北省保定市人民检察院指控的魏某某受贿、巨额财产来源不明案，起诉指控241宗犯罪，起诉书文稿约3万余字，通篇宣读耗时需要近3个小时。该市检察院探索利用多媒体辅助简要宣读起诉书的改革方式，宣读时间缩短至半个小时，提高了庭审效率。

如果起诉书指控犯罪事实繁多，宣读起诉书整体耗时较长（一般认为1个小时以上，起诉书字数在12000字以上），或者被告人身体状况不允许长期站立听取起诉书宣读等情况下，经庭前会议控辩审三方协商一致，在庭审中，

① 葛琳：《当庭宣读起诉书制度反思》，载《国家检察官学报》2010年第5期。

尤其是在能够保证被告人及其辩护人充分了解指控事实的前提下，探索起诉书简要宣读有其积极意义，并不违背正当程序原则。

（二）强化当庭讯问和询问

当庭讯问和询问工作，是法庭调查的重要内容。我国《刑事诉讼法》第186条、第189条分别规定，“公诉人在法庭上宣读起诉书后，被告人、被害人可以就起诉书指控的犯罪进行陈述，公诉人可以讯问被告人”，“公诉人、当事人和辩护人、诉讼代理人经审判长许可，可以对证人、鉴定人发问。审判长认为发问的内容与案件无关的时候，应当制止。”2015年，最高人民检察院公诉厅《关于加强出庭公诉工作的意见》对当庭讯问被告人、询问证人也提出了具体要求。

1. 庭审讯问被告人

庭审讯问是指在法庭审理中，公诉人就起诉书指控的犯罪事实以及相关情况对被告人依法进行发问的诉讼活动。庭审讯问不仅是公诉人出庭支持公诉的重要环节，而且是向法庭展示指控依据，对被告人的供述和辩解进行质证，进一步揭露犯罪和证实犯罪的重要手段。同时，也为公诉质证、答辩的顺利进行创造有利条件。“对抗式模式将诉讼双方视为法律地位平等的当事人，并以抗辩的方式推进诉讼，注重从对抗中发现事实和妥当解决争讼。”① 随着以审判为中心诉讼制度改革的推进，“要求以言词陈述或问答形式而显现于审判庭之诉讼材料，法院始得采为裁判之基础”②，因此更凸显出庭审讯问在法庭调查中揭露犯罪、指控犯罪的作用。

实践中，公诉人在出庭支持公诉、讯问被告人时仍然有许多不足，突出表现在以下几个方面：第一，庭前准备不足，法庭讯问时目的不明确，针对性不强，不能很好地围绕犯罪构成要件进行重点讯问。第二，讯问语言僵化，不能根据不同被告人的文化水平和语言能力，使用适当的用语进行讯问，导致交流不畅。第三，不能根据被告人的心理状态和当庭表现，灵活采取不同的讯问方式。第四，公诉人的法庭讯问与其后的举证质证和法庭辩论不能较好地结合起来。第五，对被告人当庭翻供或是沉默不语等突发问题不能较好处理。

《关于加强出庭公诉工作的意见》要求，“法庭讯问要讲究章法，合理选择运用解释性讯问、追问等方式，做到层次分明、重点突出、有的放矢。讯问

① 陈卫东、张月满：《对抗式诉讼模式研究》，载《中国法学》2009年第5期。

② 陈光中：《推进“以审判为中心”改革的几个问题》，载《人民法院报》2015年1月21日，第5版。

被告人应把握主动，从容应对，确保当庭指控犯罪全面、准确、有力。对被告人的合理辩解认真予以对待，对被告人当庭不实供述予以揭露，对庭前的有罪供述予以固定。”

（1）要明确庭审讯问的目的。一是再现被告人的犯罪事实；二是证明犯罪性质；三是分清罪轻罪重；四是促使被告人当庭如实供述；五是运用事实和证据，对预测可能提出的辩护理由予以预防性铺垫，预先瓦解其辩护前提，为公诉观点的发布和答辩打下基础；六是针对新的证据、事实进行澄清。

（2）要明晰庭审讯问的内容。一是当庭查明被告人主体情况，包括被告人的姓名、住址等情况，生理和精神健康等有无刑事责任能力的状况，文化程度和职业情况，被告人是否承认起诉书指控的罪行。二是当庭查明被告人实施犯罪的内容，包括指控的犯罪事实是否存在，是否为被告人所实施，实施犯罪行为的时间、地点、方法、手段、结果，被告人犯罪后的表现，有无故意或者过失，行为的动机、目的，犯罪集团或者其他共同犯罪案件中参与犯罪人员的各自地位和应负的责任，犯罪对象、作案工具的主要特点，与犯罪有关的财物的来源、数量以及去向，与定罪有关的其他情况。三是应当查明与量刑有关的情节，包括有无依法不应当追究刑事责任的情况，有无法定从重或者从轻、减轻以及免除处罚的情节，有无酌定从轻、减轻的情节，被告人全部或者部分否认起诉书指控的犯罪事实的，否认的根据和理由能否成立，与量刑有关的其他事实。

（3）要做好庭审讯问的准备。一是分清案件类型，摸清讯问对象的基本情况。了解被告人的基本特点，了解采取措施后的心态变化、认罪态度等情况，做到心中有数，有的放矢地进行发问，从而摧毁其心理防线，促使其如实供述。二是全面吃透案情，客观把握案件。熟悉被告人的犯罪事实和情节，熟悉能够证实被告人有罪或无罪的各种证据，以及证据之间的关联点和矛盾点，熟悉被告人的认罪态度和可能在哪些问题上进行辩解。三是在讯问前，公诉人应做好周密的庭前准备，拟定有针对性的讯问提纲。

（4）要讲究庭审讯问的方法。一是讯问被告人，首先告知其应当如实回答。公诉人在讯问时语气要严肃，为促使被告人如实供述，可以对被告人进行必要的法制教育和政策攻心，但不能使用威胁性、欺骗性语言。二是讯问应在起诉书指控范围内，围绕被告人的定罪和量刑进行，应当避免与案件无关的讯问。三是公诉人发问应采取一问一答的形式，切忌一次提出多个问题让被告人无从作答。讯问应力求一事一问，发问力求简洁清楚，忌笼统或含糊不清，避免使用反问句或多重否定句。同一事实，一般不应重复讯问，但确需强调的除外。四是公诉人在法庭上应尊重被告人的人格尊严，不能以势压人，不得使用有损人格或带有人身攻击性的语言进行讯问；讯问未成年的被告人，应当根据未成年人的特点进行。五是讯问应当避免诱导方式发问，即将其想要得到的答案添加在其所提的问题当中，或者将未经证明的事实假定为已证明的事实作为发问的前提，强烈地提示被讯问人的意图作出答案。六是讯问共同犯罪案件的被告人应当分别进行。被告人对同一事实的陈述存在矛盾需要对质的，公诉人可以建议法庭传唤有关被告人同时到庭对质。七是公诉人对被告人的不当回答应当适时制止，包括：对侦查人员进行人身攻击和侮辱的，提出反对国家政权、反对社会主义的反动言论的，无根据地控诉侦查人员如何对其进行刑讯逼供的，回答的问题与本案无关的，对其他事实进行辩解而答非所问的，回答语无伦次表述不清的，如被告人可能有间歇性精神病，应建议法庭休庭，对被告人进行精神病鉴定。八是讯问应与法庭调查阶段的举证和法庭辩论结合起来，公诉人在对被告人进行讯问时，应尽量综合运用其他举证手段。针对有充分证据证明被告人犯罪的翻供案件，应当将讯问与举证结合起来，当即举证予以否定。九是公诉人不应打断或限制被告人针对起诉书指控的犯罪事实进行完整陈述，应注意听取被告人陈述，并在被告人作完整陈述后，在审判长主持下开始讯问。公诉人讯问被告人后，应向审判长提示。十是对有数个罪名的被告人，应当对每项罪名涉及的每个犯罪事实与情节逐一讯问。对共同犯罪的被告人应当分别讯问。对既有共同犯罪又有单独犯罪的被告人，一般先讯问共同犯罪部分再讯问单独犯罪部分。十一是公诉人应注意分辨被告人的陈述与起诉书指控的差异或遗漏之处，尤其涉及犯罪构成要件、罪责、量刑的事实与情节，应当讯问清楚，并根据被告人的供述适时调整讯问提纲，列出重点讯问的问题。十二是如果被告人对犯罪的主要事实已陈述清楚，公诉人无须再详细讯问被告人，只要求其简明扼要复述一下主要犯罪事实经过即可。如果被告人陈述的内容过于简单，就需按照犯罪构成的诸要素详细对被告人进行讯问。

面对纷繁复杂的具体案件，公诉人在庭审讯问时可以根据每起案件的情况采取相应的讯问方法和技巧。

第一，对于认罪被告人的讯问。对于能够如实供述自己罪行的被告人，公诉人要充分运用其口供内容上的丰富性和证明案件的直接性的特点，展示案件全貌，直接印证控诉事实。讯问时，要注意抓住关键，把握层次，突出重点，简明扼要，只要被告人能够将犯罪的时间、地点、经过、手段、目的、动机、危害后果等与定罪量刑有关的事实供述清楚，与相关的证据能够相互印证，就要适可而止，不必在一些枝节问题上纠缠。[①] 在讯问时还要注意条理清晰，可根据案情特点选择合适的讯问顺序。对于案情脉络清晰的，可以按照案件事实发生的时间顺序进行发问，如按起意、预备、着手、完成犯罪以及之后如何被抓获的顺序，多次作案的按照每次作案的时间先后进行发问。对于一些被当场抓获的被告人，尤其是一些被采取强制措施后有特殊自首情节的被告人，可以采用时间倒序的方法进行讯问，先从抓获问起，后问行为经过，再问动机目的。这种讯问顺序有利于稳定被告人情绪，打消其翻供念头。当然，公诉人可不拘一格，根据案情灵活进行选择，目的是更加清晰、简洁地将整个案情展示给法庭。

第二，对于一直不认罪的被告人的讯问。被告人在侦查、审查起诉阶段经过多次讯问，仍拒不认罪的，公诉人期望通过运用某种讯问策略，就能使被告人当庭招供的想法是不现实的。这种情况下，公诉人通过讯问能揭露出被告人供述的虚伪性，为驳斥其不合理的辩解奠定基础，即为有效，这也是达到讯问目的的一种有效途径。若被告人在回答公诉人讯问时，明显违背事实或常理，明显为虚假时，公诉人要抓住时机，当即反击，予以揭露，不给被告人留下任何逃避的机会。公诉人只要善于发现并利用被告人供述中的矛盾，并围绕矛盾，步步论证，就能揭穿被告人的虚假辩解，达到制服被告人的效果。

第三，对被告人当庭翻供的应对。在司法实践中，被告人庭上翻供的原因是多方面的，既有畏罪侥幸的内心因素，也有受他人唆使或司法机关工作人员办案失误等外部因素。公诉人遇到被告人翻供时，不能简单训斥被告人认罪态度不好，而应耐心地听取被告人的翻供理由，在其翻供中找漏洞，抓矛盾。从被告人口供对定罪量刑的作用角度，可以将被告人当庭翻供分为两类：不影响定案的翻供和影响定案的翻供。就前者而言，由于除口供外的其他证据非常充分，没有被告人的有罪供述仍然能定罪量刑；就后者而言，由于个案的特殊性及证据的有限性，被告人先前的有罪供述在定案中起着决定性的作用，被告人翻供就有可能导致全案证据体系崩溃或定性的改变。公诉人对前一种情况的处理，由于没必要在法庭上出示被告人先前的有罪供述，因此可以采用与应对一贯不认罪的被告人相同的策略。对于后一种情况，讯问核心是体现原有罪供述真实、合法。采信被告人原有罪供述的案件，被告

① 最高人民法院、最高人民检察院、司法部《关于适用普通程序审理“被告人认罪案件”的若干意见（试行）》第7条规定，公诉人、辩护人、审判人员对（认罪）被告人的讯问、发问可以简化或者省略。

人原有罪供述是全案证据链条的关键一节，不可缺失。必须尽力揭示翻供的不合理性，适时向法庭宣读出示被告人先前的有罪供述，论证先前供述的合法性、关联性和真实性，提请法庭予以采信。被告人翻供最常见的理由就是遭到刑讯逼供，或是受到欺骗诱供。若被告人到案后首次作有罪供述时有讯问录像并能证明被告人当庭翻供的理由不成立，公诉人在讯问时可直接指出其过去作过多次有罪供述，现在又否认并称是被迫的，与事实不符，要求法庭播放首次讯问录像，直接揭穿被告人的谎言。被告人作有罪供述后，对笔录进行过多处修改的，公诉人可出示笔录，指出其中的修改之处，证明被告人所谓“没阅看笔录”或被迫签字是不真实的。需要注意的是，上述策略只能是驳斥被告人的翻供理由，证明先前有罪供述的合法性。有罪供述的相关性和真实性，仍需要通过公诉人的举证和论证，以有罪供述与其他证据的相互印证来证明其内容的真实性和对案情的证明力。对于被告人提出新的事实，足以影响定罪量刑，当庭又无法解决的，公诉人要适时提请法庭延期审理，及时补充相关证据。

第四，对多名被告人的讯问。共同犯罪案件，特别是事前有预谋的共同犯罪案件，案发前各被告人之间往往已经订好攻守同盟，给公诉人的讯问带来困难。但是各被告人之间毕竟有责任划分的问题，存在利害冲突。基于趋利避害的一般心理规律，各被告人在法庭上的心态往往不一样，公诉人要善于利用他们之间的矛盾，各个击破。对多名被告人的讯问，要从薄弱环节入手，通过对讯问对象的正确选择，找准突破口。公诉人可以向法庭请求首先讯问罪行较轻的被告人。罪行较轻的被告人一般主观恶性较小，容易认罪服法，即使有对抗讯问的心理准备，态度也容易松动。公诉人由此开始讯问，可以使整个讯问有一个良好的开端。公诉人对有“弱点”的被告人要进行详细深入的讯问。共同犯罪案件中往往有立功或自首表现的被告人，这种人在犯罪后慑于法律的威严主动向司法机关自首或立功，其内心渴望得到从轻处罚，又怕司法机关不给予从轻处罚，处在矛盾心理中，因此认罪态度较好，容易供述全部问题。公诉人可利用被告人这种“弱点”促其全面交代，为顺利讯问其他被告人创造条件。根据共同犯罪的特点，当法庭上出现部分被告人翻供或推诿责任的，公诉人可以适时请求法庭将两名或多名被告人同时带上法庭讯问，让罪行较轻且认罪态度好的同案犯与当庭拒不供认的被告人当庭对质，确认犯罪事实，达到澄清事实、去伪存真的目的。当被告人均不供述，相互推诿时，也可采用当庭对质的方法来揭示其辩解的虚假性。

第五，补充讯问。公诉人第一轮讯问完毕后，辩护人对被告人进行发问。这时公诉人应高度重视辩护人的发问，认真听取并做笔记，因为辩护人的发问往往是为其辩护观点服务的。辩护人在发问中有诱导性发问或其他违法现象的，公诉人要及时提出明确的异议。辩护人向被告人发问后，可能会出现一些新的问题。公诉人应从辩护人的发问中揣摩出辩护人的辩论观点，在第二轮讯问中进行有针对性的补充讯问，并为其后的法庭辩论做好准备。公诉人尤其要注意分辨被告人在回答公诉人和辩护人提出的相同问题时，是否有前后不一致的供述。如有这种情况，公诉人在补充发问时，应要求被告人作出解释加以澄清。在举证和质证过程中，被告人、辩护人都可以对公诉人出示的证据提出异议，从而引发一些新情况。必要时，公诉人应即时征得审判长的同意，对被告人进行补充讯问。在法庭辩论阶段，被告人、辩护人提出新的问题或就一些未加证明的事实发表辩护意见时，公诉人也可以视情况请求法庭恢复法庭调查，对被告人进行补充讯问，而不可过分拘泥于庭审程序。

2. 庭审询问证人、被害人、鉴定人

询问证人、被害人、鉴定人是指公诉人对上述人员就案件事实了解的情况进行询问的活动。通过询问，可以证明被告人实施犯罪的过程或某一阶段，有利于查清案件事实，保证被告人的质证辩护权和法官的认证权，保障被告人得到公平公正的处罚。

实践中，公诉人在庭审询问中存在一些不足，主要表现为：

第一，询问技巧不高，庭前准备不足。好的询问者在庭前要大量累积素材、反复推演问答，精心设计不同的套题、追问；在庭审中则需要敏捷的思维、从容的气魄和较强的话语控制力，不慌不忙、循循善诱。实践中部分公诉人往往不愿意在庭前投入太多的时间，所设计的问题也比较简单，在庭审中一旦遭到被询问者超出预期的回答就不知所措。

第二，规则适用不熟，应变能力不强。一个合格的询问者，不仅能适应询问的规则，游走于边际而不越雷池，还能有效应用规则达到询问目的。实践中部分公诉人并不具备“带着镣铐起舞”的能力，要么无视询问规则，进行诱导发问，要么不能很好地运用异议规则，对辩方违规发问反应迟钝、视若无睹，或基于较劲、惩戒等错误心态而频频发难。

第三，思维模式滞后，适应改革不快。实践中，很多公诉人庭前寄希望于累加被告人和证人有利指控的证言次数来强化指控，因为次数越多则被告人和证人合理解释其翻供（证）原因的难度就越大，如果有在看守所或会见公诉人时的有利言词证据则可谓万无一失，庭审翻供（证）基本不会被法庭采信，可谓以数量累积优势。在庭审中，公诉人面对翻供（证）时频频以“无法解释”或者“无其他证据印证”作为反驳武器，过度依赖和使用。在庭后，往往希望通过规劝、协商等方式要求被告人或证人回归有利言词，只要重新达到

“口供印证”的状态，则其之前在庭上的言词将被自动忽略。然而，庭审实质化的改革，要求直接言词原则在庭审中发挥重要作用，公诉人要重视这一改革并逐步调整适应。

《关于加强出庭公诉工作的意见》要求，“公诉人询问出庭作证的证人，可以要求证人连贯陈述，也可以直接发问。发问应简洁清楚，重点围绕与定罪量刑紧密相关的事实以及证言中有遗漏、矛盾、模糊不清和有争议的内容进行。当事人和辩护人、诉讼代理人对证人发问后，公诉人可以根据证人回答的情况，向法庭申请再次对证人发问。发现辩护人对证人有提示性、诱导性发问的，公诉人要及时提请合议庭予以制止。”

（1）我国的询问制度与其他国家交叉询问制度的比较（见表格）。

	中国	美国	德国	日本
法规名称	2012 年刑诉法及司法解释	联邦证据规则（FRE）及相关判例	德国刑事诉讼法	刑事诉讼法 刑事诉讼规则
询问主体及对象	刑诉法第 186、189 条及解释第 198、210、212、217 条等。询问主体为公诉人、被告人、被害人、附带民事诉讼原告、代理人、辩护人。询问对象为被告人、证人、鉴定人、被害人、具有专门知识的人。	第 601、607 条，第 611 条（b）：被告人、检察官和辩护人可以为询问主体；任何能证实案件事实的主体都可以成为被询问对象（包括放弃沉默权的被告人）。	第 238 条：询问主体仅有辩护人、检察官，被告人不得参与交叉询问；询问对象为证人、鉴定人。	诉讼法第 304 条第 2 项：检察官、被告人或辩护人得为询问主体；证人、鉴定人、通译得为被询问对象。
法庭依职权询问	刑诉法第 186、189 条，解释第 215 条：审判人员可以依职权主动传唤对象并询问。	第 614、706 条：法官可以依职权传唤证人和专家证人并亲自询问。	第 239 条：为进一步查明事实，审判长、陪审法官可对询问对象提出问题。	诉讼法第 304 条第 1、3 项：审判长或陪审法官得为首先询问；法庭认为得当时，在征求控辩意见后可变更询问顺序。

续表

	中国	美国	德国	日本
法规名称	2012 年刑诉法及司法解释	联邦证据规则（FRE）及相关判例	德国刑事诉讼法	刑事诉讼法 刑事诉讼规则
诱导性发问	解释第 213 条第（二）项：诱导性一律禁止。	第 611 条（c）项：除非是推进证言之必须，否则主询问不得诱导发问，反询问则可以。	第 68 条：不区分主、反询问，一概禁止诱供和暗示性提问。	规则：主询问原则上禁止诱导发问，但有 7 种除外情形；反询问可以诱导发问。
异议规则	刑诉法第 189 条，解释第 214 条：简单赋予询问主体提出异议和法官主动异议的权利。	赋予双方异议权，但得及时提出，对不当的提问和回答均可异议。	第 240、383 条：法官可主动或依申请驳回不当询问。对上述驳回可再次声明异议，还可因此提出上诉。	诉讼法第 309 条、规则第 205 条之 1－6、206、208 条：设定异议及声明程序，详细规定异议时间、法庭决定、异议效力等。
询问禁止规则	解释第 213 条：禁止 4 类询问：无关、诱导、威胁、损害尊严。	规定了 20 种不当询问的情形：欠缺关联性、以结论为提问、重叠提问、不正当弹劾、不当归类等。	第 68 条：不得提出可能涉及对象尊严、私生活、前科的问题，除非不可避免。禁止诱供、暗示、重复性、评价性提问。	规则第 311 条：规定询问应个别、具体进行，同时规定了 4 种严格禁止的询问，如恐吓、侮辱、重复、未曾经历等。

（2）询问证人、被害人、鉴定人的准备。对辩方可能申请出庭的证人，公诉人要在庭前充分了解其背景情况，包括证人的年龄、心智、精神状况、表达能力、学历情况、与当事人的关系、与案件处理结果是否有利害关系，庭前的证言情况等。对于拟出庭的鉴定人或者有专门知识的人，公诉人应重点了解其专业背景、专业水平、经验、在所从事领域内的知名度、受认可度、与当事人或者案件有何种关系。公诉人在庭前准备中，要结合对方证人的特点拟定询问提纲，根据其背景情况、证言情况以及其证言中的漏洞情况制作询问提纲。

（3）询问证人、被害人、鉴定人的要求。一是询问证人、被害人、鉴定人应当分别进行。二是应当首先要求证人、被害人、鉴定人就其所了解的与案件有关的事实进行连贯陈述，之后对证人、被害人、鉴定人发问，证人、被害人、鉴定人不能连贯陈述或者就部分事实陈述的，公诉人可以直接发问。三是对证人、被害人、鉴定人发问，应当针对陈述中有遗漏、矛盾、模糊不清和有争议的内容，并着重围绕与定罪量刑紧密相关的问题进行。四是发问应当采取一问一答形式，提问应当简洁、清楚，避免诱导性发问。五是当事人和辩护人、诉讼代理人对证人、被害人、鉴定人发问后，公诉人可以根据证人、被害人、鉴定人回答的情况，经审判长许可，再次发问。六是证人、被害人、鉴定人当庭作虚假陈述，足以影响对被告人定罪量刑的，公诉人可以宣读其在侦查、审查起诉阶段所作的陈述或证言笔录，并当庭询问其与之前陈述不一致的原因，结合具体案情有针对性地进行询问，或者宣读、出示其他证据予以证明。七是对于经法院通知未到庭证人的证言、被害人的陈述笔录、鉴定人的鉴定意见、勘验笔录和其他作为证据的文书，公诉人应当庭宣读。八是辩护人对被告人或者证人、被害人、鉴定人进行诱导性发问，可能影响陈述或者证言的客观真实的，公诉人应当及时要求审判长制止或者要求对该项陈述或者证言不予采纳。九是被告人、证人对同一事实的陈述存在矛盾需要对质的，公诉人可以建议法庭传唤有关被告人、证人同时到庭对质。十是必要时公诉人可以建议法庭采取不暴露证人、被害人、鉴定人外貌、真实声音等出庭作证措施，或者建议法庭在庭外对通过技术侦查措施收集的证据进行核实。

（4）询问证人、被害人、鉴定人常见问题应对。一是被害人当庭陈述发生了变化，且出现与证明事实不一致的情况后，如果被害人当庭改变陈述具有正当理由，且当庭陈述变化的内容有一定合理性并影响到事实认定的，公诉人可以建议休庭，对该部分内容进一步调查核实；如果被害人无正当理由当庭改变陈述，且改变陈述的内容明显不符合常理或者与本案客观证据矛盾，公诉人应先向被害人强调如实作证的义务。如果被害人继续坚持，公诉人应当庭向法庭说明庭前笔录具有合法性、真实性和关联性，该询问笔录能够作为案件事实的证据使用。二是证人以庭前证言系非法取证为由，当庭改变陈述的，如果与事实不符，公诉人应当庭指出；如果经分析可能构成合理怀疑的，可以建议或者同意法庭启动非法证据排除程序，通过播放同步录音录像、申请侦查人员出庭等方式查明证人证言的合法性。三是出庭作证的证人、被害人因紧张而表述不清或出现矛盾的，公诉人应及时针对该部分进行补充发问，让证人、被害人在公诉人的引导下将所要证明的事实清晰、准确地表达出来。四是鉴定人当庭对鉴定意见进行说明时出现矛盾的，公诉人应向法庭申请询问鉴定人，使鉴定人有机会向法庭解释失误。

（5）对被告人不认罪案件的庭审询问技巧。一是问题应尽量简洁清楚，范围不要太大，确保“一问一答”。在“一问一答”的节奏下，保证公诉人在发问中始终发挥引导作用，确保回答总体上在公诉人的掌控之中。二是注意根据证人、被害人自身特点提出问题，不同教育背景的人，对公诉人发问问题的理解不同，要注意变化问题的语言内容、发问语句和句式，避免使用过于艰涩的言语。三是确保对发问节奏、过程的掌握。对证人、被害人可能出现的跑题、无理解释、对抗行为，公诉人应注意及时地拉回到发问的主线中来，以避免庭审节奏拖延、重点不突出等问题。四是公诉人要问自己觉得有底或者已经预知答案的问题，尽量避免问“为什么”，以便掌握节奏和整个流程。五是应尽量询问证人、被害人自身直接感知的问题，而非评价性、推断性问题。《关于办理死刑案件审查判断证据若干问题的规定》第12条第3款规定：“证人的猜测性、评论性、推断性的证言，不能作为证据使用，但根据一般生活经验判断符合事实的除外。”

（三）强化当庭举证

举证和质证是法庭调查的主要手段和方法，对查明案件事实具有重要作用。以审判为中心诉讼制度的改革强调发挥庭审关键作用，举证、质证是落实庭审实质化的重要保障和核心环节。2015年12月15日，中国检察学研究会公诉专业委员会在浙江省湖州市安吉县召开公诉人举证质证方式改革研讨会，与会人员围绕“诉讼制度改革与公诉人举证质证方式调整”“多媒体示证改革与完善”“不同审理程序与公诉人举证质证方式改革”等议题进行了深入交流与探讨。最高人民检察院公诉厅陈国庆厅长强调，“公诉人举证质证问题非常重要，是公诉人看家的本领”。

《关于推进以审判为中心的刑事诉讼制度改革的意见》明确要求，“规范法庭调查程序，确保诉讼证据出示在法庭、案件事实查明在法庭。证明被告人有罪或者无罪、罪轻或者罪重的证据，都应当在法庭上出示，依法保障控辩双方的质证权利。对定罪量刑的证据，控辩双方存在争议的，应当单独质证；对庭前会议中控辩双方没有异议的证据，可以简化举证、质证”。

可见，举证、质证改革问题，成为以审判为中心诉讼制度改革背景下，使庭审成为法官形成心证和裁判意见的主要渠道，也是实现庭审实质化的关键环节，更是值得公诉人关注和探讨的核心实务问题。

1. 举证质证的目的和任务

（1）举证和质证是控方承担证明责任的具体体现。控诉方承担举证责任是刑事诉讼的基本法则，此法则与无罪推定相契合，其本源即无罪推定，有英国法官将其称为“刑网上的金线”。[①] 具体说来，举证责任包括以下三方面内容：一是证明被告人实施犯罪行为的责任在控方；二是被告人不负有证明自己无罪的责任；三是如果控方举证不力的话，将承担相应的败诉结果。[②] 综上，证明被告人犯有罪行的责任在公诉方，而公诉人正是通过举证，即出示、宣读、播放相关证明被告人有罪的证据材料的活动，来证明指控事实的存在和诉求的合理性，并对辩方的质证进行答辩和回击，巩固己方的证据体系。同时对辩方所提交的证据发表质证意见，驳斥辩方证据，从而实现指控犯罪、追究被告人刑事责任的目的，而这一目的从根本上说是因为控方承担着举证责任，公诉人当庭举证和质证正是履行这一责任的手段和途径。

（2）举证和质证是查清案件事实的重要手段。俗话说“兼听则明，偏信则暗”。在现代对抗式诉讼模式当中，正是通过控辩平等武装、平等对抗的方式，在控辩双方举证和质证过程中最大程度还原案件事实，使居中裁判者形成对案件事实的内心确信，最终作出公正的裁决。控辩双方实现自身目的的武器就是手中的证据，而这些证据都要当庭出示并接受质证，才能作为最终的裁判依据。以审判为中心的实质就是以证据为核心，据以定案的证据都要在法庭上出示并接受质证，法院的判决也都要以当庭出示的证据作为定案依据，这就更凸显出举证和质证在查清案件事实、准确适用法律方面的关键作用。而且随着直接言词原则的贯彻落实，庭审方式将逐渐从案卷中心模式转变为证人和鉴定人等出庭形式向法庭提供证据材料，并当庭接受双方的询问。所以说在以审判为中心背景下的举证和质证增加了庭审的不可预测性。[③] 因为出庭人员当庭可能变更其庭前所提供的证明内容，或者在辩方的诘问下出现纰漏而导致其证言的真实性受到质疑。在这一背景下如何做好举证和质证工作，对公诉人提出了新的更高的要求。

（3）举证和质证是辩方实现辩护权的重要途径。在审判中立、控辩平等对抗的等腰三角形的诉讼结构下，被告人及其辩护人实现平等对抗的主要方式就是其享有的举证权和质证权。一方面，辩方有权搜集、提交证明被告人无罪或者罪轻的证据，以证明被告人无罪或者应当从轻、减轻处罚，对抗控方的指控；另一方面，被告人及其辩护人可以通过行使质证权，对控方所出示的有罪证据进行质疑、辩驳，否定控方证据的证据能力或者减损其证明力，达到破坏

① 张建伟：《证据法要义》，北京大学出版社2014年版，第3644页。

② 宋英辉：《刑事诉讼原理》，法律出版社2007年版，第136页。

③ 樊崇义：《以审判为中心的概念、目标和实现路径》，载《人民法院报》2015年1月14日，第5版。

指控体系的效果，从而实现有效辩护，以维护被告人的权益。所以说举证和质证是辩方实现辩护权的重要途径，也是辩方实现程序参与的主要体现，通过举证和质证，可以使被告人等诉讼主体充分参与到与自身利益密切相关的诉讼过程中。由于充分尊重了被告人及其他诉讼当事人的参与权并认真听取其意见，所以这种程序的结果往往比较容易被诉讼参与人所接受，从而实现案结事了，达到法律效果和社会效果的统一。

2. 举证的要求

（1）举证方式及顺序应有利于指控犯罪。举证的过程绝不是对证据的简单列举，而是有规则地出示，在出示证据之前之后要运用规范用语衔接举证和质证环节，这样做既可以使举证规范化，更能凸显公诉人理性、规范的特质，增强诉讼参与各方及旁听人员对公诉人的信任，还可以有效掌控庭审节奏和走向。

第一，举证时应表明证据来源的合法性。程序正义是实体正义的基础。出示证据时，首先要说明证据的取证主体、取证时间、取证地点、取证程序、取证形式的合法性。比如在出示言词证据时，需要说明该份证据的取证程序均符合法律规定，尤其对采取刑事拘留强制措施的，应当在 24 小时内送看守所羁押，对这一点要格外重视，防止辩方以此为由申请排除该证据。出示物证、书证的，要先出示相应的搜查笔录、提取笔录及扣押物品清单；出示视听资料的，要先出示该证据的制作、提取说明；出示鉴定意见的，要附随出示出具该鉴定意见的鉴定人资质证明和告知鉴定意见的笔录等。

第二，举证时应说明证据的来源及出处。列举证据时，要说明该份证据的出处，即摘录自案卷的第几册第几页，这样做可以使辩方和合议庭马上找到该份证据的原始材料，方便对该证据的质证，尤其是出示证据节录时尤其重要。对于概括出示或者摘要出示证据材料的，应当庭予以说明并经审判长许可，防止辩护人以公诉人未完整出示证据为由提出抗辩。

第三，举证后要对证明目的加以论述。“凡是根据已知的真实判断来确定未知现象的活动，叫作证明。”[①] 证明意味着不仅要提出证据材料，还要对之加以论述。举证后要阐释证据与待证事实之间的关系，即说明该项证据的证明目的。证据不仅应当庭出示，而且要说明出示该证据的目的是什么，是要证明什么事实，又是在什么角度、多大程度上证明待证事实，这些内容都需要公诉人当庭予以说明。因为对于同一项证据，不同人的理解可能截然相反，公诉人出示它是因为能够证明被告人有罪、罪重，而辩护人则可能认为该项证据可以

① 张建伟：《证据法要义》，北京大学出版社 2014 年版，第 336 页。

证明被告人无罪或者罪轻，盖因不同人看问题的角度不同。这就要求公诉人在出示一项证据时，要充分说明证据与待证事实之间的关联性，注重通过证据认定事实的说理性。尤其是对于间接证据，要联系其他证据材料，通过对若干个间接证据所能证明的事实，运用逻辑规则和经验法则，使之形成一条相互联系、环环相扣的证据链条，从而证明案件事实。对于具有直接证据的案件，则应对直接证据所证明的事实，通过其他间接证据相互印证进行补强，从而达到证明案件事实的目的。同时，对证据证明目的的说明，也有助于明确证据的质证焦点，防止公诉人与辩护人对同一项证据的理解不同导致自说自话，从而提高庭审效率。总之，不论采取哪种证明方式，均应充分阐释证据的证明目的，使之达到最大的证明效力。

第四，举证后应及时总结。出示完一项或一组证据后，应及时对该项或该组证据进行总结说明。说明该项或该组证据合法有效，与其他证据能够相互印证，能够形成证据锁链，充分证实待证事实清楚，足以认定。通过对每一项或每一组证据的总结，可以着重突出证据的合法性、客观性和关联性，彰显公诉人客观立场，同时也强化合议庭对证据可采性的心证，筑牢胜诉的基础。

第五，举证过程应连贯流畅。运用规范语言串联举证过程，使举证程序趋于完美。“具体证据的出示相当于证据体系的躯干和肌肉，而举证语言则相当于证据体系的外衣。”[①] 通过规范、简洁的举证语言，可以衔接好证据与证据之间、举证与质证之间的联系，相当于给证据体系穿上一件完美的外衣呈现于人前。公诉人代表国家出庭指控犯罪，要使用严谨规范、简洁合理的语言来表达自己的意思。一方面，公诉人作为法律人，首先要遵循法律人所共有的话语模式，对具有法律意义的语句要运用得当，要符合法律、法理的规定，不说外行话；另一方面，规范用语也是公诉人职业化和专业化的体现，通过规范简洁的衔接语言，可以展示公诉人较高的专业素养。例如，在证据出示完毕后，公诉人应提请法庭进行质证，标准用语是“该组（项）证据出示完毕，请法庭质证”，以衔接质证环节，也可以防止因审判人员疏忽未主持质证的情况出现；在需要出示物证时，可以说“审判长：公诉人提请将物证交由被告人辨认”，而不能直接指挥值庭法警协助出示物证，以尊重法庭的指挥权；在需要申请证人出庭作证时，可以说“审判长：公诉人提请传证人某某到庭作证”。总之，法庭用语要严谨规范，切忌口语和啰唆，保证举证的流畅自然。

（2）举证应兼顾庭审质量与效率的统一。出庭支持公诉既要追求庭审质量，保证案件诉得出、判得了，也要追求庭审效率，节约宝贵的司法资源。所

① 熊红文：《公诉实战技巧》，中国检察出版社2007年版，第109页。

以公诉人举证既要全面细致，又要简明扼要，详略得当。具体来说，需要注意以下几个方面内容：

第一，举证要细致全面，切忌遗漏相关证据。证据相当于公诉人手中的子弹，为实现成功公诉，就要将手中的证据全部射出，不要将侦查机关（部门）来之不易的证据材料深埋于案卷中。在庭审过程中，审判人员有时会要求公诉人调整示证顺序，对于合议庭的合理建议，可以临时调整举证顺序，但有可能会遗漏出示相关证据，公诉人在出示完证据后应沉着冷静思考，在确认全部证据出示完毕后，再作举证完毕的说明或向法庭示意全部证据出示完毕。

第二，举证要围绕指控事实，合理运用证据规则。举证的目的在于证明起诉书指控的犯罪事实，所以出示证据要围绕与定罪量刑有关的事实展开，对与案件事实无关的证据材料不予出示。如对于被告人品格、被害人品格、侦查过程中为确定侦查方向而与案件事实无关的证据材料，不必当庭出示。同时要合理运用证据规则的相关规定，对一般人共同知晓的常识性事实、人民法院生效裁判所确认的并且未依审判监督程序重新审理的事实、法律推定的事实等，均不需要公诉人出示证据加以证明。例如，根据《全国部分法院审理毒品犯罪案件工作座谈会纪要》的规定，在有证据证明采用高度隐蔽的方式携带、运输物品并从中查获毒品的，采用高度隐蔽的方式交接物品，明显违背合法物品惯常交接方式，为获取不同寻常的高额、不等值报酬为他人携带、运输毒品等情形，就可以直接推定行为人对涉案毒品是明知的。所以公诉人要熟练掌握相关法律和司法解释对于法律推定的规定，在有证据证明基础事实的情况下，直接推定相关事实的存在，而不需要再出示证据予以证明。总之，公诉人要善于运用免证事实和法律推定的规则，达到事半功倍的效果。

第三，举证要把握证明标准，避免重复举证。“公诉庭审举证需要达到证据确实、充分，不需要穷尽侦查机关（部门）收集的所有有罪证据，举证的证明标准可以是达到证明犯罪事实的最低证明标准。”[①] 特别是有多份证据证明案件非关键事实且证明目的相同的，可以出示其中一至两份代表性证据即可，其他证明内容完全相同的证据只需向法庭说明证据的存在，而不需要详细宣读证据的内容。例如在故意杀人案件中，有多份证人证言均为听说某某被某某杀害了，并未亲眼见到杀人过程，对于这些证言就可以出示其中一份，对其他证明内容相同的证据不必详细宣读。

第四，举证要摘要宣读证据，实现举证的流畅紧凑。摘要宣读证据就是宣读证据中能够证明案件事实的关键字句，可适当对摘要后的内容做一些文字上

① 熊红文：《公诉实战技巧》，中国检察出版社2007年版，第155页。

的调整，使文句通顺。但不能改变证据原意，更不能故意歪曲证据原意。例如在一些言词证据中，笔录内容十分繁杂，篇幅过长，但对证明犯罪非常重要，又不宜作归纳说明，便可以摘要宣读相关证据。在摘录过程中，着重摘录与定罪量刑有关的词句，并对句与句之间添加关联词处理以使衔接顺畅，符合逻辑。同时，需要注意的是，有些公诉人在示证时往往将笔录中的问话也予以宣读，采用一问一答的方式出示证据，这样做不仅宣读的内容繁多，容易使合议庭及听审群众厌烦，也显得不够流畅、通顺，重点不突出。所以应尽量摘要宣读证据，保证证据出示的流畅紧凑。而对于笔录中出现的一些特有的方言口头语等内容，除非带有侮辱性的语句，则要忠实于原文宣读，以证明该份证据的真实性。

（3）举证时应注意攻守平衡。公诉人在庭审时不仅要进攻，即通过出示、宣读有罪证据来证实所指控的犯罪事实，而且要注意防守，保证己方证据体系的坚固和完整，防止因单个证据被攻破导致证据体系的瓦解。

第一，举证前要预测辩争焦点，突出举证重点。公诉人在庭前要仔细阅卷，充分掌握证据情况并据此预测辩护意见，从而有针对性地确定举证重点，做到重点突出、详略得当。控辩双方争辩的焦点一般是对认定犯罪、裁量刑罚具有决定性意义的事实，认定与否直接决定了罪与非罪、此罪与彼罪、罪轻与罪重的区别。公诉人在熟悉案件材料的同时，应尽可能预测辩护人的辩点，有的放矢地确定举证重点。例如，对于被告人认罪态度好、供述稳定的案件，就可以不再详细宣读被告人在侦查阶段的有罪供述，而是重点出示物证、书证等客观证据，或者其他能够与被告人供述相吻合、印证的证人证言、被害人陈述等证据材料，从而体现重点突出、详略得当的举证思路。在共同犯罪案件中，应当把主犯的犯罪证据作为举证重点，将其他同案犯的有罪供述作为证明主犯的证据使用，在证明主犯的同时，自然也证明了其他同案犯在主犯的领导、组织下所实施的具体犯罪行为。例如在毒品犯罪案件中，虽然毒品买卖的上下线之间并非共同犯罪，但可以将证明毒品源头犯罪分子的贩卖毒品行为作为案件的主线，将从其手中购买毒品的下线人员的供述作为证据来运用，结合毒品源头犯罪分子的同案犯供述、当场扣押的毒品等证据，来证实其贩卖毒品的事实。与此同时，购买毒品的下线人员的供述一旦与毒品源头分子的供述相吻合，便可以证明其构成非法持有毒品罪或贩卖毒品罪。

第二，举证要合理编排证据体系，实现指控犯罪最优化。对于连续犯，侦查机关往往详细罗列每一起犯罪事实，例如盗窃惯犯或者以零包贩卖的方式贩卖毒品，被告人往往由于时间久远记忆不清，对每一起犯罪事实的时间、地点、犯罪数量、数额等不能准确供述，尤其是共同犯罪的情形，各被告人供述的内容不可能完全吻合，若按照每一起犯罪事实举证的话，很可能导致单起犯罪事实因证据未达到证明标准而不予认定。在这种情况下，可以根据各被告人的供述内容，就其重合的部分依据就低不就高的原则综合认定犯罪数量或数额。

第三，举证时要坚守证据采信权，不受外界干扰。言词证据的特征就在于真伪并存、瑕瑜互见，公诉人出示的证据均是经过审查认为真实的证据，公诉人对证据具有当然的采信权。在庭审中，辩护人经常会以公诉人未出示对被告人有利的证据为由，要求公诉人宣读该份证据，而有的审判长则要求公诉人予以宣读、出示。若公诉人按照审判长的指挥出示未被采信的证据，则会给旁听人员造成公诉人受制于人的印象，更会给指控犯罪造成种种不利。具体而言，公诉人出示了被告人有罪的证据，随后又出示了被告人无罪的证据，显然是自相矛盾，给人以证据存在矛盾、指控事实存疑的印象。对此，公诉人应建议法庭要求辩护方宣读出示相关证据，因为庭前辩护人已充分阅卷并进行了摘抄、复制，公诉人在对该证据进行质证时可以充分阐述控方未采信该证据的理由，使合议庭和听审人员充分了解该项证据不具备合法性、真实性和关联性的情况。这样做也符合谁主张、谁举证的诉讼原则，符合平等对抗的刑事诉讼理念。

第四，举证时要明确证据合法性的证明责任，理性对待翻供及非法证据排除。刑事诉讼法明确了检察机关负有证明证据合法性的责任，[①] 也就是说若公诉人不能证明证据的合法性，或者不能排除证据系非法取得的情况下，该项证据将被排除在定案的依据之外。在庭审中，若被告人及其辩护人提出非法证据排除的，公诉人虽承担证明证据合法性的责任，但根据法律的规定，应要求辩方提供非法取证的证据或者线索；若不能，公诉人则无须出示证据证明取证合法。当然辩方承担的举证义务较公诉人的证明标准要低得多，只要使合议庭产生合理怀疑即可，不必达到确实充分的标准。另外，辩方当庭提出排除非法证据的，公诉人应提请法庭要求辩方说明未在庭前提起的理由，对此合议庭具有裁量权，对于合议庭不启动非法证据调查程序的，公诉人亦不必举证。对于被告人以遭到刑讯逼供为由否认庭前供述的，公诉人应沉着应对。首先讯问其遭到刑讯逼供的时间、地点、刑讯人员等情况，再出示相应的讯问录音录像、入所体检表等情况，还可以要求侦查人员出具情况说明、提请法庭通知办案人员出庭作证。对于侦查人员出具的办案说明，虽不能单独作为取证程序合法的证

① 根据我国《刑事诉讼法》第 57 条的规定，在对证据收集的合法性进行法庭调查的过程中，人民检察院应当对证据收集的合法性加以证明。

据，但可以结合其他证据材料综合证明证据的合法性。

3. 举证的方式

庭审举证不是罗列证据，而是要以有效指控犯罪为目的、以证据之间及证据与案件事实之间的逻辑联系为原则，有层次、有条理、有顺序地向法庭展示一个完整的证据体系。出示的证据不是一个孤立的材料，而是相互呼应、互相印证的证据链条。

（1）根据具体案件的不同，可以采取四种举证方式

一是按一事一证举证。对于事实清楚的多次犯罪案件，可采取一事一证的举证方式。如多次盗窃、多次抢劫的案件，犯罪主体、犯罪手段、销赃方式等基本相同，可将证明每一次犯罪事实的证据列为一组，综合出示。同时，对于证明各次犯罪事实的共同证据，如实施盗窃行为所使用的作案工具、实施抢劫行为所使用的凶器等，可以单独列为一组证据出示，从而做到繁简得当。

二是按犯罪构成举证。对被告人的犯罪构成要件比较复杂，犯罪的主体、主观方面、客观方面、客体要件均需要证据支持，且犯罪次数单一的案件，可以采取此种举证方法。例如对于职务犯罪案件，根据其犯罪构成要件的特点，首先要出示证据证明被告人符合该罪的主体身份要件特征，在此基础之上，再出示证明犯罪客观方面的证据。在出示犯罪客观方面的证据时，可以根据具体罪名的客观要件要求，予以细化分组证明。例如对于受贿犯罪，其客观方面是由为他人牟取利益和收受他人财物两方面构成，在示证时可以针对上述两方面分组出示相关证据，从而增强示证的针对性。为实现上述目的，就要求公诉人在庭前对相关罪名的犯罪构成进行充分且深入的理解，以具体构成要件的要求作为出发点，在案卷材料中提取相应的证据组织示证提纲。

三是按证据种类举证。在庭审实践中，对于罪名单一、犯罪次数单一的案件，一般采取此种举证方法。根据刑事诉讼法的规定和起诉书制作规范，举证顺序一般是：物证，书证，证人证言，被害人陈述，犯罪嫌疑人（被告人）的供述和辩解，鉴定意见，勘验、检查、辨认、侦查实验等笔录，视听资料、电子数据。这样做，根本理念在于以客观证据为基石构筑整个证据体系，弱化言词证据尤其是犯罪嫌疑人（被告人）供述在证明犯罪事实方面的价值，切实防止刑讯逼供、引供、诱供行为的发生。但是在庭审出示证据时，则不必完全按照上述顺序进行示证，而要根据具体情况具体分析。一般而言，应当按照证明力的强弱依次举证，即直接证据的证明力强于间接证据的证明力，原始证据的证明力强于传来证据的证明力，实物证据的证明力强于言词证据的证明力。当庭举证的证据顺序，还应考虑被告人当庭的认罪态度。对于被告人认罪的案件，可以将其供述放在前边，以印证其供述的真实性，并针对其当庭未供

述的部分进行有针对性的出示；对于被告人不认罪的案件，可以将其供述放在最后出示。最后，需要注意的是举证顺序应符合案件侦破的逻辑顺序。例如对于在现场提取的相关物证，应先出示对该物证的搜查、提取笔录及扣押物品清单，证明物证来源的合法性，再出示对该物证的辨认笔录及相关鉴定意见，从而显示示证的逻辑性，证明取证的合法性。

四是按犯罪阶段举证。对于犯罪过程比较复杂、犯罪手段比较多样、犯罪参与人数众多而犯罪结果比较严重的案件，可以采取此种举证方法。比如对于集制造、走私、运输、贩卖于一体的毒品犯罪案件，可以针对犯罪的各个阶段分组出示证据予以证明，从而使每一阶段的犯罪行为得到合理区分又相互联系。

（2）根据表现形式和来源的不同，刑事诉讼法将证据分为八种，在列举不同证据时应当遵循相应的方法

首先，关于言词证据的举证。对于被告人认罪态度较好、供述较为稳定的，可以结合庭审情况，简要出示其在侦查阶段的供述内容，重点出示与其当庭供述不符的部分。若被告人庭前不认罪而当庭如实供述犯罪事实的，在举证时应简要概述被告人当庭供述的内容，并分析说明被告人当庭供述的内容与本案其他证据能够相互印证，且为自愿供述，因而应采信其当庭供述。在共同犯罪的情况下，被告人当庭供述较好的，也不能简略出示其在侦查阶段的供述，要保障其他同案被告人的知情权、质证权。在共同犯罪案件中，按照证明力的强弱出示各被告人的供述和辩解，按照先主犯后从犯的顺序出示。对于主犯认罪态度不好的，也可以先出示其他能够如实供述的被告人的供述，再出示主犯供述中属实的部分。针对同案被告人供述不一致的情况，应当特别注意，并在示证阶段重点出示相应证据，以证实被告人供述的虚假性。出示言词证据时，对笔录中记载的被告人的神态、动作等描述性语言也应出示，以反映被告人、证人在制作笔录时的具体情况，从而体现笔录的真实性。对于笔录中记载的被告人上厕所、休息等内容，可以作为证明侦查行为合法的证据适时出示。对于黑社会性质组织犯罪、恐怖活动犯罪、毒品犯罪中的证人证言，在出示相关证据时应采用技术手段对证人的姓名、住址等身份信息进行保密处理，以保障证人及其近亲属的人身安全。

其次，关于物证、书证、鉴定意见等证据材料的举证。出示物证、书证的，要先出示相应的搜查笔录、提取笔录及扣押物品清单，以证明该物证、书证的来源。对于笔录中记载的勘验人、检查人、见证人的身份资质、与当事人及本案的关系说明，必要时提供证据予以证明。对于被搜查人或者其家属拒绝

签字的，应当将笔录中的注明情况予以说明。[①] 对当庭出示的物证、书证，应交被告人当庭辨认。对于被告人辨认后辩护人要求当庭查看相关案件材料的，公诉人应当庭予以拒绝并做如下说明：“全部案卷材料在庭审前已移交至法院，辩护人本着对当事人负责的态度，在开庭前应充分阅卷，而不是在法庭上才查阅案卷材料”，以保证庭审的流畅。对于根据被告人供述而发现的隐蔽物证、书证，在出示证据时应将二者的逻辑顺序予以说明，将被告人供述的时间与发现、提取相关物证和书证的时间着重说明，可以证实被告人供述的真实性、合法性。当取得原件确有困难而使用副本或复制件的书证，应当庭出示证明复制件与原件核实无误或者经鉴定为真实的证据，并结合取证主体、取证程序等证据来证明书证的证据能力。

再次，关于视听资料、电子数据的举证。出示视听资料、电子数据的，要先出示该证据的来源、制作过程、制作环境、制作人员及所要证明的内容，同时应准备好对播放证据的解读内容。对于从扣押的手机、电脑等电子设备中提取的电子数据，应先出示相关提取、扣押笔录，再出示从提取的物品中所获取的电子数据内容，做到一一对应。对微信、短信等记录，为稳妥起见，可以将恢复内容告知相关人员。但对于未告知相关内容而辩护人当庭提出异议的，公诉人可以提出恢复内容无须告知各被告人，因其属于电子数据，是对电子数据的恢复、提取和固定，而非鉴定意见，故不需要告知。出示鉴定意见时，应附带说明鉴定机构及鉴定人具有出具相关鉴定的资质并出示相关资质证明。在出示完鉴定意见后，应将鉴定意见告知书一并出示，防止辩护人以未告知相关鉴定意见为由否定鉴定意见的证据能力。

最后，关于多媒体示证。多媒体示证作为举证方式的一场改革，打破了以往公诉人举证就是照本宣科的固有模式，具有直观、简洁、具体、形象的特点，不仅强化了合议庭及其他诉讼参与人对证据的亲历性，从而增强了证据的证明力，同时对提高庭审效率也具有积极意义。对于具有重大社会影响、应用于法制宣传的观摩庭以及物证、书证数量庞杂的案件，以及被告人可能当庭翻供、证人可能当庭翻证，需要当庭播放讯问被告人、询问证人的录音录像等视听资料的案件，可以采取多媒体示证的方式举证。对于需要采用多媒体示证的案件，在录入证据前，要细致审查证据形式是否规范，保证录入系统的证据毫无瑕疵。有的侦查人员取证形式不是很规范，如笔录个别涂改没有按印、复印

① 对于当场扣押、提取的毒品等物证，应当现场称量并予封存、提取，在扣押物品清单中予以载明。对于当场称量的重量略重于鉴定重量的，公诉人当庭应说明其合理性，因提取时称量的是毛重而鉴定时为净重所致。

件没有注明与原件相符、没有提取人签字、盖章等情况，经多媒体示证就会放大这些瑕疵。为此，公诉人在录入证据前，要仔细审查证据形式是否规范，及时补正相关瑕疵。对于需要节录宣读的言词证据和鉴定意见，在通过多媒体出示时，应对宣读的部分在下面标识以作阅读提示。通过多媒体出示的书证，对于上面记载的字迹模糊或字迹太小的签名、数字等，应通过多媒体示证系统放大，便于庭审人员辨认。应尽可能制作视听资料，使之发挥最大的证明力。一张照片、一段录像的证明力以及对案件事实的还原程度往往高于枯燥的笔录摘录，所以要尽可能地制作相应照片和视听资料，以充分发挥多媒体示证的证据价值。在通过多媒体示证系统出示相关视听资料、照片时，应配合出示的证据作相应说明，明确证据的证明内容。出示完毕后，可要求被告人对出示的证据进行辨认。

4. 相关人员出庭

随着以审判为中心诉讼制度改革的逐步推进和直接言词原则的贯彻落实，传统的以案卷笔录为中心的庭审模式必将被淘汰，而证人、鉴定人、有专门知识的人及侦查人员出庭将成为常态化。上述相关人员出庭对公诉人指控犯罪以及举证和质证的方式方法既是机遇也是挑战。一方面，相关人员出庭可以增强控方证据的证明力，有关证言及鉴定意见由证人和鉴定人当庭出示、说明，比公诉人宣读笔录更加生动、形象，有利于贯彻直接言词原则，进而强化庭审质证效果，保证庭审的效率和质量。另一方面，相关人员出庭也增加了庭审的不可预测性。公诉人在出庭前要做好相关出庭人员的准备工作，与其充分沟通，帮助相关人员熟悉庭审程序和规则，了解出庭目的，做好心理辅导工作，使之知悉接受询问的重点和应对方法，以达到理想的出庭效果。

（1）出庭作证的必要性

一是直接言词原则的充分体现。"直接言词原则的综合运用，就是通过公正审判程序保障实现审判公正，特别是通过庭审查明案件事实真相。"① 证人、侦查人员、鉴定人出庭具有不可替代性，他们是凭亲身体验感知案件有关事实而向法院陈述的自然人，在审判人员核实其身份、与当事人以及与案件的关系，并告知其法律责任后，由其作全面的陈述，而不是由公诉人当庭宣读转化，从而贯彻了直接言词原则。

二是最大程度地保证言词证据、鉴定意见的真实性。"以往以'侦查为中心'的诉讼模式之所以广受诟病，原因之一就是法庭审判往往奉行'侦查卷

① 陈光中：《推进以"审判为中心"改革的几个问题》，载《人民法院报》2015年1月21日，第5版。

宗中心主义'，法庭调查主要围绕侦查期间形成的卷宗、笔录，而不是直面证据。这样的庭审，不仅使法庭质证难以真正展开，而且侦查中的问题也难以被发现，更难以被纠正”①，导致缺乏真实性的证据被作为最终裁判的依据。同时侦查人员出庭作证还有助于查明案件真相，规范侦查行为，保障被告人合法权益。通过庭审控辩双方的交叉发问，有利于法庭对言词证据的调查核实，如果证人或鉴定人不到庭，被告人或辩护人无法发问，无法行使有效的质证权，甚至可能导致错误的鉴定意见或非法的证人证言被采纳，造成对公正审判的背离。

三是确保庭审集中和诉讼效率的必然要求。当前证人、鉴定人出庭作证率较低，“书面审理造成的后果之一，就是侦查结果左右甚至决定审判结果，因为审判程序难以通过对证人的询问和质证发现侦查、起诉程序认定事实上的错误”②。在庭审过程中，有的被告人要求与对自己作证不利的证人对质，如果证人没有出庭作证，且相关证据证明力又较弱，可能会导致很多关键性的证言无法作为定案的根据，既影响了诉讼效率，也影响了对案件的处理结果。

（2）证人、侦查人员出庭

根据刑事诉讼法规定，公诉人、当事人或者辩护人、诉讼代理人对证人证言有异议，且该证人证言对案件定罪量刑有重大影响，人民法院认为证人有必要出庭作证的，证人应当出庭作证。这一规定也适用于人民警察就其执行职务行为出庭作证的情况。

侦查人员出庭大致有三种情况：一是侦查人员在非执行职务时，作为普通证人出庭作证。二是侦查人员执行职务时就案件的发生经过出庭作证。三是侦查人员就其侦查行为的合法性问题出庭作证。我们主要研究后两种情况。尤其第三种情况不仅仅是对目击犯罪情况出庭作证，而且对执行职务的合法性也要出庭作出说明，从而最大限度地避免控辩双方对取证程序是否合法产生的质疑。例如，某市检察院公诉的王某某故意杀人案，在审查起诉阶段犯罪嫌疑人提出了侦查人员存在疲劳审讯问题，为了保证庭审顺利，公诉人员申请召开了庭前会议，对被告人供述做了证据认定，并没有作为非法证据排除。但是考虑到被告人当庭很可能还会提出这一问题，为了确保庭审效果，提前要求该案的侦查人员做好出庭准备，由公诉人向其讲明出庭作证的目的、要求以及庭审程序。庭审过程，正如公诉人提前预测的，被告人提出了疲劳审讯的问题，公诉人申请侦查人员出庭说明情况，并结合讯问犯罪嫌疑人的同步录音录像，在关

① 王敏远：《把握发展机遇，积极推进改革》，载《检察日报》2015年7月31日，第3版。

② 宋英辉：《刑事诉讼原理》（第二版），法律出版社2007年版，第300页。

键细节上进行核实询问，在与辩护人的几轮交叉询问过程中，被告人以及辩护人对这一问题不再辩解，达到了预期目的，保证了庭审效果。

需要注意的是，司法实践中证人出庭作证率一直很低，这与中国人情社会的现状以及相关保障措施不配套有很大关系。根据法律规定，经人民法院通知，证人没有正当理由不出庭作证的，除被告人的配偶、父母、子女外，人民法院可以强制其到庭。但是，在实践操作中建议慎用强制证人出庭措施，对证人因种种原因逃避出庭的，应尽量通过说服教育来解决问题。

（3）鉴定人出庭

刑事诉讼法规定，公诉人、当事人或者辩护人、诉讼代理人对鉴定意见有异议，人民法院认为鉴定人有必要出庭作证的，鉴定人应当出庭作证。究其原因，一是鉴定意见对案件的定罪量刑基本都有重大影响，有的甚至是定案的关键；二是通过庭审质证解决鉴定意见可能存在的疑问，可以有效避免重复鉴定，防止因对鉴定意见有异议而影响案件认定和裁判效果问题。法律还规定，经人民法院通知，鉴定人拒不出庭作证的，鉴定意见不得作为定案的根据。根据最高人民法院《关于适用〈中华人民共和国刑事诉讼法〉的解释》第86条的规定，鉴定人由于不能抗拒的原因或者有其他正当理由无法出庭的，人民法院可以根据情况决定延期审理或者重新鉴定。因此，对鉴定人拒不出庭的，由其他鉴定人进行鉴定、提出新的鉴定意见即可，没有必要强制鉴定人到场作证，也不得对拒绝出庭、拒绝作证的鉴定人予以训诫、拘留。在实践工作中，既要考虑到这种情形给公诉人出庭指控犯罪带来的影响，同时也要做好法律监督工作。

按照刑事诉讼法规定，证人出庭作证所支出的交通、住宿、就餐等费用，人民法院应当给予补助。而对于鉴定人因履行作证义务而支出的交通、住宿、就餐等费用是否应当给予补助，法律没有规定。因为证人往往是在刑事案件过程中自然产生的，是偶然形成的，其成为证人并不能获取相应报酬，履行作证义务是无偿的，履行作证义务而支出的交通、住宿、就餐等费用是其在成为证人前无法预见的，自然应当给予补助。而鉴定人不同，其在刑事诉讼过程中因参与鉴定而成为刑事诉讼参与人，且收取相应的费用，这其中就包括因鉴定而履行作证义务的费用，故不宜重复给予补助。为保障庭审顺利进行，关于鉴定人出庭应做好两方面工作：一是加强庭前与鉴定人的沟通，尽量说服鉴定人出庭作证；二是在聘请书中明确写明鉴定人有出庭的义务。

5. 实践中存在的问题及应对

（1）缺乏逻辑性，不能充分发挥证据的证明效力。“法律思维主要是运用逻辑规则进行思维。”[①] 如前所述，举证不是将案卷中的证据材料简单地在法庭抛出来，而是通过合理编排证据体系，有条理、有顺序、有层次地向法庭出示相关证据，使之形成一个相互印证、相互呼应的证据锁链。所以，公诉人应根据具体案件的不同特点，采取一事一证、按犯罪构成举证、按证据种类举证、按犯罪阶段举证以及按犯罪行为举证等方式灵活举证。总之，举证顺序没有一成之规，公诉人在全面掌握案件证据后，以有利于指控犯罪为出发点和落脚点，按照一定的逻辑顺序合理编排证据体系，最大程度发挥证据的证明效力，为成功公诉打下良好基础。

（2）举证过程繁简失当，存在重复举证问题。面对证据种类繁多、数量庞大的案件，在举证过程中可能存在繁简失当问题，该详细列举说明的证据没有详细列举，没有对该项证据的证明目的及证据的“三性”进行阐述说明，而对一些与定罪量刑无关的证据却一读到底，没有突出举证要点。同时对于证明目的相同的多份证据材料，往往一份一份详细出示、宣读，被告人及其辩护人对这些证据材料也不存在异议，这样就会使庭审节奏大为拖沓，使关键证据湮灭在庞杂的证据材料之中。基于此，公诉人在列举证据过程中，应着重列举证明犯罪构成要件中核心事实的证据、证明被告人犯罪实施阶段的证据、证明共同犯罪案件中主犯犯罪行为的证据，并且根据庭审讯问被告人预测辩争焦点，有针对性地列举相关证据，做到主次清晰、重点突出。对于多份证据材料均证明同一待证事实特别是非关键事实的，可列举其中一至两份有代表性的证据，其余证据可简要说明证明目的即可。因为证据达到确实、充分的证明标准并非达到证据的穷尽，不需要也不可能穷尽证明案件经过的所有证据。

（3）未说明所举证据与待证事实的关系及证明目的。公诉人出庭支持公诉并非单纯地举证，而是要以所列举的证据为基础，说服合议庭采信控方证据，从而认定案件事实，最终实现正确解决被告人刑事责任的目的。“证据的证明力是由证据本身固有的属性决定的。证据具有客观性并与案件待证事实具有关联性，就具有一定的证明力。但不同的证据，因各自的特性和与案件待证事实的关系不同，对于待证事实具有不同的证明价值，发挥着不同程度的证明作用。”[②] 所以公诉人在出示、宣读、播放相关证据材料后，应对该份证据的证明目的作简要说明，对于间接证据应当将该证据材料与待证事实之间的关系进行阐述，说明该份证据具有关联性，可以在多大程度上证明案件事实。通过对关键证据的论述、阐释，积小胜为大胜，筑牢证据体系，为合议庭充分认识

① 陈金钊、熊明辉：《法律逻辑学》，中国人民大学出版社2015年版，第50页。
② 张建伟：《证据法要义》，北京大学出版社2014年版，第142页。

案件事实、正确适用法律夯实基础。在列举完一组证据以及全案证据全部列举完毕后，应对该组或者全案证据进行论证说明，从证据的合法性、关联性、真实性等方面说明证据具有证据能力和证明力，并且通过全案证据间的相互印证，形成证据锁链，实现证明目的。

（4）未对取证的合法性及证据来源进行说明。公诉人举证责任的体现不仅在于要将证据当庭列举以证明待证事实的存在，还要证实证据具有合法性，具有证据能力，从而能够进入法庭作为定案的根据。“严格依据证据法规定进行的证明，具有严格的形式性，表现在两个方面：一是法定证据方法的限制，二是法定调查程序的限制，亦即审判程序中关于案件事实的调查与证明，必须在依法律规定所准许的证据方法的范围之内，并且依据法律规定的调查证据程序加以实施，两者必须同时具备，才符合严格的证明要求。”① 而证据的合法性主要包括取证主体的合法性、取证程序及手段的合法性、取证时间地点的合法性等。所以公诉人在列举每一项证据时，除了列出该证据的证明内容外，还要对取证主体、取证时间、地点、取证程序等作以说明。

（四）强化当庭质证

法律适用是演绎推理的结果。“在演绎推理中抽象的法规范构成大前提，被认定为真实的、具体的案件事实构成小前提”②，最后合乎逻辑规则地推导出结论。要认定构成小前提的案件事实，不仅需要出示相关证据，而且要经过当庭质证，才能作为最终裁判的依据。由于检察机关承担指控犯罪的证明责任，当庭证据多数由公诉人出示、宣读，而辩护人质证的对象就是公诉人在法庭出示的各种证据材料。从这个角度来讲，公诉人在法庭质证环节主要回应辩方对己方证据的质疑，通过解释、说明、论辩等方式论证控方证据的合法性、关联性、真实性，巩固证据体系的牢固性与完整性。质证不仅是强化举证责任的延伸，也是夯实证据的关键。

1. 质证的具体要求

（1）树立正确的质证理念。质证的目的在于通过对对方所举证据的客观性、合法性、关联性提出质疑、异议，由举证方进行答辩，使法官对有罪或者无罪的证据体系形成内心确信，同时在质证中揭示对方证据的虚假、不充分、不可信，使对方证据体系发生动摇。质证的本质是保证进入审判环节据以定案的证据均为合法取得、客观真实且与待证事实存在关联，防止罚及无辜，最大限度地维护被告人及其他诉讼参与人的合法权益。所以公诉人要熟悉掌握证据

① 林钰雄：《刑事诉讼法》（上册），中国人民大学出版社2005年版，第384页。

② ［日］松冈义正：《民事证据论》，张知本译，中国政法大学出版社2004年版，第2页。

规则，深刻理解八类证据的制作、固定及形式要求等程序性规定，在此基础上树立正确的证据理念。一方面，不能为质证而质证，对具有证据内涵、程序合法的证据就应当依法认可，尤其是公诉人代表国家行使公诉权，是法律和公平正义的维护者，对于辩方提出的证据要实事求是地进行评估，不能一味地予以否定。另一方面，对质证不能消极回避，公诉人认为辩方出示的证据确有问题应当及时质证，对对方的质证意见均应予以积极答辩。唯有如此，才能最大限度地查明案件事实、维护法律的正确实施。

（2）掌握正确的质证方法。在质证过程中，可以采取讯问、询问、对质、辨认、说明、质疑、解释、辩论等方法。公诉人当庭出示物证、书证、视听资料等证据，应当就证据的来源、特征、证明目的等作必要说明，然后由对方进行辨认并发表意见，控辩双方可以进行质问、辩论。向证人、鉴定人发问，应当先由提出证据的一方进行，再由对方发问。

（3）采用合理的质证策略。公诉人在质证时要善于抓住实质，切中要害，从辩护人发表的质证意见中提炼对方的主要观点，针对辩方质证意见不能成立、不能否定证据能力或无碍证据效力的，可以简要表明态度，不必过多展开论述。若辩方的质证意见可能否定单个证据的证据能力、动摇控方证明体系的，公诉人认为其质疑不能成立或缺乏事实和法律依据的，应据理力争，直接指出其中不合理及矛盾之处，并从证据的证据能力及与其他证据相印证、相符合的角度论述其具有的证明力，反驳辩方质疑，巩固证据效力。

2. 质证的方式

（1）质证应一证一质。质证原则上应当一证一质，以充分保障被告人及其辩护人的质证权。但对于证据数量庞大的案件，也可以分组举证和质证，这是由案件事实由若干情节或者若干内容组成并通过若干证据来证明这一特性所决定的。证实同一事实内容的证据往往都不是孤立的，若切断这种天然联系则必然影响举证和质证效果。[①] 同时要考虑到对方对证据的记忆、理解能力，合理对证据进行分组。但对年龄较大、文化程度不高的被告人，应尽量采取一证一质的方式，以保障当事人权利和质证效果。

对于各被告人互相推诿的共同犯罪案件，在出示完被告人供述和辩解的书面证据材料后，可以申请法庭对各被告人供述有差异的事实进行当庭对质，由各被告人陈述自己的理由并互相质疑。这样可以通过被告人当庭言词的陈述和质疑，使合议庭对供述的真实性形成确信，同时可以使各被告人之间分崩离析，瓦解攻守同盟，有利于公诉的效果，更有利于法庭查清事实。

① 熊红文：《公诉实战技巧》，中国检察出版社2007年版，第183页。

（2）质证时可举反证。在庭审实践中，法庭一般把控方举证和辩方举证分成两个阶段来进行，即在控方出示完有罪证据后，再由辩方出示无罪、罪轻证据。这样人为割裂控辩举证阶段的做法并不利于有效质证，因为在质证过程中，质证方除了陈述异议的理由外，若紧接着出示证明己方异议成立的相关证据，那么对于证明异议成立、证明对方证据缺乏证据能力和证明力就更加有力。事实胜于雄辩，证据裁判的内涵就是以证据为基础认定案件事实，一份证明力较高的证据比长篇大论的质疑要有力得多。这种在质证环节交叉举证的方式，有利于提高控辩双方的对抗程度和对抗精度，使控辩双方的争辩焦点能够自然形成，从而有利于发现客观事实。所以公诉人在发表质证意见或者是对辩方的质证意见进行答辩时，可以临时调整示证顺序，将相应的证据在质证环节进行出示，以印证该证据的可采性。

（3）质证应把握好结束时机。通常情况下，辩方发表完质证意见后，审判长会要求公诉人进行答辩或者询问公诉人是否答辩，公诉人在答辩完成后，应当根据具体情况选择是否结束质证环节并继续举证。若公诉人认为辩方的质证意见不能成立或者无法威胁指控犯罪证据体系的，且对对方的质证已发表了充分意见，公诉人在发表完答辩意见后可径行出示、宣读下一份证据。

3. 常见质证焦点

公诉案件庭审中，控辩双方对对方出示证据的质证内容，主要是针对证据的合法性、客观性、关联性进行质疑和反驳，同时也包括对证据间的矛盾、证据的证明力大小及证据的可信度等问题进行质疑和反驳。公诉人在庭前应预测辩护人可能提出的质证意见并准备好相应的答辩提纲，不仅要从法律规定层面回应，还要注重从法理、逻辑和事理层面进行准备，尤其是注重联系其他证据论证公诉证据的可采性，辩驳对方的质证意见。若庭审中公诉人能够对辩护人的质证意见从容不迫、有理有据地予以回应，那么对说服法庭采信控方证据将起到至关重要的作用，也为接下来的法庭辩论打下良好基础。

（1）被告人当庭翻供、辩护人要求采信被告人当庭供述的答辩。被告人供述是认定犯罪事实的重要证据，但并非唯一证据。对被告人供述采信与否以及判断侦查人员是否对被告人刑讯逼供，不能仅以被告人当庭辩解为依据，而应把其供述放到全案的证据体系中评价，能与其他证据形成印证的，即应认定其具有客观真实性。如果经审查，被告人在侦查阶段的讯问笔录是在法律规定的时间、地点由侦查人员依法制作，且经被告人核对并签字、按手印，程序和形式均合法，根据最高人民法院《关于适用〈中华人民共和国刑事诉讼法〉的解释》第 83 条规定，被告人庭审中翻供，但不能合理说明翻供原因或者其辩解与全案证据矛盾，而其庭前供述与其他证据相互印证的，可以采信其庭前供述。

（2）辩护人以同一作证主体的前后若干份言词证据存在矛盾为由，否定言词证据的客观真实性的答辩。言词证据在细节方面存在前后矛盾，符合人的记忆规律，说明侦查人员在制作笔录时是实事求是的，不能因此而否定该证据的真实性。若所有的记忆在细节方面完全一致，反而令人怀疑笔录内容的真实性。同时，公诉人需要指出的是，指控被告人犯罪并非只凭一份言词证据，而是由一组完整的证据链条来支持的。公诉人应强调，辩护人参与庭审的重点和目的应在于促进查明案件事实，纠缠于定罪量刑无关的个别细节只能降低庭审效率，建议合议庭对该质证意见不予采纳。

（3）辩护人以被告人的供述均为夜间取得、未保障被告人必要休息时间的答辩。首先，刑事诉讼法及相关司法解释并未规定讯问被告人必须在白天而不能在晚上，所以在讯问时间上符合法律的规定。其次，侦查人员之所以在夜间讯问被告人，是侦破案件的需要，因为根据人的记忆规律，被告人越早供述，其真实性越高。同时，公诉人注意到侦查人员保障了被告人必要的休息时间，而必要的休息时间法律并未规定必须在晚上休息，所以不存在疲劳审讯的情况。

（4）辩护人以证据系侦查机关在案件提起公诉后取得为由，要求予以排除的答辩。首先，公诉人出示的证据在取证主体、取证程序、取证形式上符合法律规定，具备证据的合法性。其次，根据刑事诉讼法及相关司法解释的规定，检察机关在法院作出生效判决前，认为需要补充提供法庭审判所必须的证据的，可以书面要求侦查机关提供，必要时可以要求法庭延期审理，据此检察机关具有提起公诉后的补充侦查权，可以收集相关证据。辩护人是将民事诉讼法关于举证期限的规定混淆于刑事诉讼法之中。刑事诉讼法未对证据收集的时间作限制性规定。综上，检察机关收集证据的时间自立案始，至生效裁判终，在这期间收集的证据均具备证据合法性要求。①

（5）辩护人以单个证据否定起诉书指控犯罪事实的答辩。首先，公诉人应当提醒辩护人，法庭调查的质证阶段，只是对单个证据的合法性、关联性、真实性进行质证，而不是对整个案件事实进行认定。其次，证据的关联性不等于充分性，法律并不要求一个证据便能充分证明待证事实才具有关联性。一个证据只要能够比没有这一证据存在时对事实认定更有帮助即可，就像“一块砖不等于一面墙”。公诉人出示的这一证据确实不可能独立证实犯罪事实的存在，只有证据全面出示后，所有证据相互印证、形成完整证据链条才能证实犯

① 参见彭东主编：《国家公诉人出庭指南》，法律出版社2013年版，第235页。

罪事实的存在。辩护人应待全部证据出示完毕后，在适当的阶段对犯罪事实发表意见。

(6) 对言词证据不具有可采性的答辩。言词证据的特点就在于其具有浓厚的主观色彩，其特点就是瑕瑜互见、真伪并存。判断一份言词证据所证明的事实是否为真实，一是看是否与其他言词证据尤其实物证据相互印证；二是要看该言词证据是否与常理、与经验法则和逻辑规则相符。公诉人之所以采信本案中部分被告人的供述及证人证言，正是基于上述原因。需要指出的是，案件的办理，从侦查阶段的全面取证，到审查起诉阶段的全面审查，再到庭审时的举证质证，这其实就是一个去伪存真、去粗取精，反复审查判断证据的过程，这也符合刑事诉讼的原理与规则。

(7) 辩护人以证人与被害人或者被告人存在亲属关系而否定证言时的答辩。我国法律规定，除因生理上、精神上有缺陷或者因年幼而不能辨别是非、不能正确表达的人以外，凡是知道案件情况的人，都有作证的义务，不能因存在亲属关系而否定证人作证的资格。辩护人实际上所提问题是关于证人证言的证明力问题，而非证据能力问题。需要说明的是，判断一份证据是否为真实，可以在多大程度上证实犯罪，主要看该证言是否可以与其他证据尤其是客观证据相互印证。从证言内容分析，该证言符合常人对案件事实的认知判断逻辑，且能够在关键细节上得到其他证据的印证，就具有较高的证明力。

(8) 辩护人以同案犯的口供有利害关系为由，提出不能作为证据使用的答辩。第一，犯罪嫌疑人、被告人的供述和辩解是指案件中所有犯罪嫌疑人和被告人的供述和辩解，而非其中之一。第二，同案犯口供的取得方式符合法律规定具有证据能力就应当作为定案的证据。第三，同案犯的供述作为直接证据，能够全面、真实地反映案件情况，就具有一定的证明力。如果同案被告人之间的供述能够相互印证，那么供述的证明力就更强。辩护人实际上所提的问题是关于被告人口供的证明力问题，而不是证据能力问题。将其置于本案的证据体系中，能与其他被告人的口供相互印证，也能与其他证据形成完整证据锁链，具有证明力。[①]

(9) 对辩护人要求公诉人出示无罪证据或者其他在证据体系之外的证据的应对。首先，需要指出，公诉人在刑事诉讼中代表国家出庭支持公诉，在案件审查时秉持客观公正立场，全面收集并审查有罪、无罪、罪重、罪轻的证据，并认真听取被告人的辩解、辩护人的意见，提起公诉时已将全部案卷材料、证据移送法院。其次，检察机关在审查案件、出庭支持公诉时有证据采信

① 彭东主编：《国家公诉人出庭指南》，法律出版社2013年版，第168页。

权。证据之间必然存在差异甚至是矛盾，对这些证据要综合全案审查判断。检察机关对整个案件的证据审查结束后，认定有罪才可能提起公诉，在举证时自然会出示有罪的证据，这是公诉人基于指控犯罪的职责所在。庭审过程中，公诉人依法行使公诉职权，将可以相互印证且能够证实案件事实的证据向法庭出示，但对于部分与其他证据相矛盾未被采信的证据，则不需要向法庭出示。且公诉人已将所有证据提交法庭，辩护人也有充足的时间查阅案件证据材料，辩护人对其掌握的有利于被告人的证据材料，可以自行向法庭宣读出示，由公诉人发表质证意见。

4. 质证中存在的问题及应对

查明案件事实必须依靠证据，而证据必须经过当庭出示并质证，才能作为定案的根据。但在实践中，常存在以下问题：

（1）有的审判员对质证环节不够重视，在被告人及其辩护人对公诉人举证发表质证意见后，并不主动要求公诉人答辩，而是要求公诉人继续举证。造成这种情况的原因，有时是因为法官在开庭前受到案卷材料的影响，形成“预断”①；有时也是因为公诉人疏于答辩，导致审判员认为公诉人不会对质证进行回应而未要求公诉人答辩。面对这种情况，一方面公诉人可以在庭下与审判人员进行沟通，建议其在法庭调查阶段主动组织控辩双方进行质证，不能因为庭前已充分阅卷而忽略庭审的质证。另一方面，公诉人在出示下一证据前，也可以主动提请法庭或径行对辩护人发表的质证意见进行答辩，待答辩结束后，紧接着出示下一个证据，既加快了庭审节奏，也避免辩方再次对公诉人的答辩进行答辩，过分纠缠于细节。

（2）有的公诉人对质证的任务理解不够深刻，往往想将辩方的质证意见留在法庭辩论阶段再予以回应解决。对于证据的客观性、合法性、关联性问题应在法庭调查阶段解决，只有经过当庭举证并进行质证、最终被法庭采信的证据才能作为定案的依据，而法庭辩论的内容是案件事实和法律适用问题，若不在法庭调查阶段解决证据是否采信的问题，那么法庭辩论也会受到影响。另外，若公诉人对辩护人的质证意见不及时回应、无动于衷的话，则会给听审人员留下辩护人的质证意见有道理的印象，进而怀疑控方的证据存在问题，也不利于合议庭形成正确心证。所以公诉人对辩护人的质证要及时回应，形成有效对抗，强化指控犯罪的证据体系。为此，“公诉检察官必须不断增强业务素质，提高交叉讯问能力和当庭应变能力，真正通过扎实的证据和严密的论辩，

① 陈光中：《推进“以审判为中心”改革的几个问题》，载《人民法院报》2015年1月21日，第5版。

履行好对犯罪的追诉职能”[①]。当然，公诉人并不需要对辩护人所有的质证意见进行详细答辩，对于质证无碍证据的证明能力的，应简要、明确地予以否定，防止过分纠缠。

(3) 有的辩护人质证水平不高，凡证必质而又提不出事实依据或证据支持，或者将证据的证明标准问题混杂于质证中提出，进而对案件事实发表意见，完全脱离了质证的要义。前面这种情况，可以要求辩护人提供相应的证据或依据，说明质疑的合理性。辩护人无法提供的，公诉人应向其说明对证据的质疑要以事实和证据为基础，不能主观臆断。对于凡证必质而又无凭无据的，可以提请法庭注意辩护人质证的方式。对于后面这种情况，公诉人应在答辩中说明当前是法庭调查阶段，质证的任务是对单个或单组证据的客观性、合法性、关联性发表意见，公诉人出示的该项（组）证据确实不能单独证明案件事实，但并不能因此而否定该项证据的关联性。辩护人若想对案件事实发表意见，应当待公诉人出示完全部证据、充分证明起诉书指控的犯罪事实后，再予以发表。

二、法庭辩论

法庭辩论是在法庭审理过程中，公诉人、被告人及其辩护人围绕犯罪事实能否认定、被告人是否实施了犯罪行为、是否应负刑事责任、应负什么样的刑事责任等问题，对证据和案件情况发表各自的意见，相互进行辩论的诉讼活动。

《关于推进以审判为中心的刑事诉讼制度改革的意见》明确要求，“法庭辩论应当围绕定罪、量刑分别进行，对被告人认罪的案件，主要围绕量刑进行。法庭应当充分听取控辩双方意见，依法保障被告人及其辩护人的辩论辩护权”。

（一）发表公诉意见

公诉意见是公诉人在法庭上就案件的事实、证据、定罪量刑等问题集中发表的意见，发表公诉意见是法庭辩论的开始。

1. 公诉意见的特点和功能

(1) 归纳总结性。公诉意见是对法庭调查阶段举证和质证等庭审调查活动的归纳总结。公诉人通过发表公诉意见，将所出示的单个证据串联成一个完

① 樊崇义：《“以审判为中心”的概念、目标和实现路径》，载《人民法院报》2015 年 1 月 14 日，第 5 版。

整的证据体系，使每一份证据的证明力得到充分发挥，通过将相互关联的证据合理编排形成证据锁链，使合议庭能够充分认识证据的证明价值，强化对指控证据的认识，从而形成对被告人实施犯罪行为的内心确信，对成功公诉起到促进作用。

（2）论证解释性。公诉人出庭除了承担举证责任外，还承担说服义务，即说服法庭接受公诉人的指控意见。通过调查阶段的举证，法庭只是了解了本案的证据种类及具体证据有哪些，但对各项证据是否具有证据能力、能够在多大程度上证明待证事实、全案证据是否达到证明标准等方面可能存在怀疑，并未形成内心确信。这时，控辩双方对证据的分析论证以及对适用法律的争辩会对最终的裁判起到关键作用。尤其是在以审判为中心的庭审模式下，证据的采信及裁判的形成均在法庭，公诉人通过发表公诉意见说服合议庭的重要性也就日益突出。

（3）补充诉求性。由于被告人是否构成自首、认罪及悔罪表现等法定或酌定量刑情节需要结合庭审过程中被告人当庭供述情况来认定，所以在起诉书中不宜认定上述情节，而这些情节直接关系到被告人刑事责任的大小、最终刑罚的轻重，公诉部门必须予以认定或不予认定，所以公诉人可以在发表公诉意见时，根据法律的规定和庭审情况，对影响到被告人量刑的情节予以说明。①

（4）宣传教育性。庭审既是解决被告人刑事责任的活动，也是一场生动的法制教育课。公诉人通过发表公诉意见，揭示被告人犯罪行为的社会危害性，并对法律和法理进行解释阐述，可以使群众从个案中感受到公平正义，也可以使潜在的犯罪人因受到法律的警戒而不敢越雷池一步，从而达到宣传法制、教育守法的作用。

2. 公诉意见的内容

（1）总结归纳证据。公诉意见中对于证据的论证总结是必不可少的内容，通过合乎逻辑的编排将单个证据串联成为相互衔接、相互印证的证据体系，证明指控事实的存在。通过法庭调查阶段的庭审讯问及举证质证，对于证据情况及案件事实存在较大争议的案件，公诉人应详细论证该部分。实践中辩护人主要针对单个证据的可采性以及证据的证明标准提出异议，所以公诉人应将重点放在论述单个证据具有证据能力、全案证据已达到法定证明标准上。在论述证据达到证明标准方面，对于存在直接证据的案件，可以通过对直接证据进行补强，从而达到证明案件事实的目的。对于缺少直接证据的案件，可以通过将间接证据所证明的内容按照合理的顺序进行编排，通过运用逻辑规则和经验法则

① 熊红文：《公诉实战技巧》，中国检察出版社2007年版，第201页。

使之形成证据链条，从而排他性地认定案件事实。

（2）论证法律适用。在论证完证据及事实情况后，就要对被告人的行为是否构成犯罪、构成何种犯罪进行论证。结合法庭调查阶段的情况，着重论述被告人及其辩护人可能提出异议的构成要件部分。在论述行为是否构成犯罪时，应以犯罪构成要件作为标准，论述案件事实与构成要件之间的符合性或者该当性。在论述被告人行为符合构成要件该当性时，要从犯罪客观方面论起，通过客观行为探知其实施行为时的主观心理状态。

（3）阐述犯罪情节，揭露主观恶性。对于犯罪手段特别残忍、犯罪情节特别恶劣、犯罪后果特别严重的案件，为了进一步揭露犯罪、打击犯罪，有必要在公诉意见中对犯罪情节和犯罪后果进行详细的阐述，达到良好的指控效果和社会效果。对于犯罪动机卑劣、被告人主观恶性深或者无认罪、悔罪表现的案件，公诉人可以在发表公诉意见时对其主观恶性进行阐述，通过对犯罪动机、犯罪目的、犯罪前科、认罪态度等方面的论述，揭露被告人的主观恶性，从而使法庭在量刑时予以考量相关情节，彰显法律的威严，震慑潜在的犯罪。

（4）分析犯罪原因，宣传法制教育。分析被告人的犯罪原因是为后面进行的警示教育打基础，因为只有找到案件发生的原因，才能有针对性地提出对策、预防类案的发生。比如近年来由于家庭矛盾引发的命案增多，这其中有案件当事人的原因，也有社会方面的原因，而且这类案件听审的均为被告人及被害人的亲友、邻居，当庭对这类案件进行分析并进行警示教育能产生良好的法制教育作用。

（二）法庭答辩

1. 法庭辩论的特点

（1）言词的对抗性。在法庭辩论中，辩论主体双方利用语言技巧和逻辑规则进行对抗和角逐。由于法庭辩论具有极强的功利色彩，辩论的结果直接涉及双方自身利益，甚至关系到生杀予夺，所以参与法庭辩论的双方针锋相对，唇枪舌剑，寸言必争。言词的对抗只是法庭辩论的一种表现形式，在抗辩过程中，言词对抗必须建立在主体权利的平等性与目的的和谐性基础之上。法庭语言辩论必须是均等的对抗，有序的论争。控辩双方、当事人之间、代理人之间具有平等的权利，无论其诉讼参与人的职业、文化程度、民族和宗教信仰、社会地位和财富状况如何，在法律上都是平等的，即使是刑事案件中处于特殊地位的国家公诉人和处于被控受审的被告人，也是法庭辩论的平等主体。在语言辩论过程中，不应出现居高临下、以势压人，甚至蛮横无理、盛气凌人等情形。“公诉人参加法庭辩论，目的并非是让被告人及其辩护人因词穷而难堪，因控方逻辑严密的论辩而转变认识，继而欣然接受控方观点。"[①] 辩论双方虽然因辩论的功利色彩而建立起辩论的对立，但这只是法庭上临时的对立，言语行为的对立，决非是"敌""我"双方的对立。语言辩论的目的是要分清是非对错，弄清事实真相，体现法律的公正。那种在法庭辩论时各执一词的争吵、你死我活的争斗，胡搅蛮缠的对抗，完全背离了法庭辩论的初衷，如果双方都能遵从辩论的目的性，就会在辩论时有理有节，既有言语技巧的充分发挥，又不失儒雅风度，使法庭语言辩论体现一种庄重的和谐美。

（2）言词的针对性。法庭辩论虽然是讲究语言技巧的，但是法庭语言辩论又不是像一般辩论那样可以海阔天空、汪洋恣肆。法庭辩论必须注意语言的针对性，必须围绕案件中有争议的内容进行辩论。要通过辩论，做到"事实清楚、证据确凿、定性准确、量刑适当、程序合法"，所以语言辩论必须围绕如下内容进行：第一，辩论案件的事实。案件审判的原则是"以证据为依据，以法律为准绳"。语言辩论要实事求是，讲真话，道实情，依据法律条款来分析事实。所有含糊其词和花言巧语的不实之词，均不利于法庭弄清事实真相，不利于作出公正裁决。第二，辩论案件的证据。法律是讲证据的，缺乏证明事实材料的证据，案件的判决是不能成立的。所以辩论案件证据的证明力，是公诉人法庭语言辩论的重要任务。法庭辩论应当围绕证据的真实性、可靠性和关联性进行。如果对证据和证据之间的相互印证问题、证人与当事人之间或证人与案件审理结果之间的利害关系问题、鉴定材料的真实性问题、鉴定人所具有的专门知识和方法是否科学等问题存有疑义，必须通过法庭辩论予以澄清，如果证据不足或证据缺乏证明力，就会直接影响审判的结果。第三，辩论案件的法律适用。针对案件的法律适用进行辩论也是体现法庭辩论语言针对性的重要方面。第四，辩论案件的诉讼程序。一切案件的诉讼程序都是由法律规定的，如果在诉讼程序上出现问题，公诉人可以对不合法的程序提出异议，以维护法定程序的严肃性。

（3）言词的逻辑性。逻辑是研究人的思维形式的，它表现为一系列的思维形式和结构，逻辑思维反映客观事物之间联系的思维形式结构。法律之所以重视逻辑，是因为逻辑与合法性有着密切关系，逻辑是实现合法性命题的重要工具。[②] 法律辩论语言必须遵循逻辑性，这是确保辩论能够顺利进行并取得良好效果的关键所在。在法庭辩论中应该遵循如下语言逻辑原则：

首先，论题的明确性。所谓论题，就是一个论证中其真实性需要予以确定

① 王勇：《公诉人出庭的方法与技巧》，法律出版社 2015 年版，第 141 页。

② 陈金钊、熊明辉：《法律逻辑学》，中国人民大学出版社 2015 年版，第 13 页。

的那个判断。法庭辩论的论题是确定的，主要辩论的焦点问题的范围是可以预见的，一般在起诉书中已经载明，如被告人的犯罪事实、有罪还是无罪、罪轻还是罪重、此罪亦或彼罪、可减刑还是免予处罚、证据是真实还是虚假、适用何种法律程序等。具体而言有：第一，直接影响该案件审判的主要事实，包括案件事实的时间、地点、起因、发展、结果等可能影响责任划分和法律适用的事实要素。第二，案件中重要证据材料的真实性和证明力情况，包括证据来源和证据收集、固定、保全及其合法性，证据与事实的证明关系，对证据的判断、运用等。第三，适用法律情况，包括依照法律认定责任，适用量刑处罚的条款，对诉讼者行为的法律定性，对法律和法令的理解和解释等。辩论双方所持的论点、看法、主张、观点等需要论证的判断，都是论题。论题必须真实并与案件有直接的关联，必须是可以用事实加以证明的。

其次，论据充分性。论据是确立论题的根据，是用来确定论题真实性的那些判断。论题的可靠性和真实性必须用可靠的事实和充足的理由作论据进行论证。司法实践中可以用来作论据的有：已被证实的关于事实的判断，我国已颁布的法律、司法解释、地方性法规、条例和政策规定等。法律所讲的论据必须具有真实性和相关性。所谓论据的真实性，就是指论据必须是经过查证而且由法庭当庭质证的证据，确定证据真实性时必须对证据进行审慎、缜密的科学分析并认定是确凿无疑的，那种一厢情愿的所谓合理的想象的证据是不足取的。所谓论据的相关性，就是指作论据的证据材料必须与本案具有严密的相关性，没有相关性的证据是不足以支持其论点的。作为法律辩论，其证据是用来证明事实与判决结果之间的内在逻辑联系，所以证据必须是客观的真实的材料。

最后，论证的合理性。论证就是使用一定的推理形式，用已有论据证明论题真实性的思维方式。“由于法官在得出最终判决结论后，还需要对其判决理由进行论证，最后进入判决理由予以支持判决结果所引用的证据，才成为定案的依据。”① 论证要有合理性，必须依据逻辑法则，遵循有关论证的规则，使论题和论据之间建立必然的逻辑的联系。只有使用了正确的恰当的论证方式，才能将论据和论题有机地紧密地联系起来。所以在法律辩论中，有了真实的论题、充分的论据，如果缺乏科学严密的推理，是无法得出有效结论的。法庭辩论中语言能力的体现，语言风采的展示，从某种意义上就是表现在逻辑论证、逻辑推理方面。

---

① 王晓：《论法哲学视野中的证明对象》，载葛洪义主编：《法律方法与法律思维》（第五期），法律出版社 2008 年版，第 40 页。

2. 法庭答辩原则

（1）真实准确。法律语言必须是实实在在，真实可信，不能弄虚作假。法庭辩论语言也要求实事求是，反映客观事物，说真话，吐真言。离开了事实，脱离了真实，就无准确可言。真实性是法律的生命所在。要做到语言准确、用词贴切是其基本的要求。所谓贴切，就是要在法庭辩论过程中，对事实的介绍和法理的分析评论上恰到好处，不夸大，也不缩小，更不能推测或主观臆断。要做到语言准确，还要注意表意明确，避免歧义，防止误解。法庭辩论中，所用词句要明确、贴切，不能模棱两可，也不能晦涩难解，必须是意思清晰、明白，易懂易解。法庭辩论的语言应当体现诉讼的庄严性，要使用法言法语，对论辩中的人称、物称、事实和理由等都要用法言法语来表述，维护法庭语言的庄重。

（2）形象生动。法律语言一般而言是平实、质朴的。不过在法庭辩论中，除了符合语言表达一般性原则如合乎逻辑、合乎语法、准确通顺贴切外，语言表达也可以富于文采，讲究修辞性，使辩论语言具有生动性和感染力。虽然法庭辩论需要遵循法律规范，最后的胜辩是取决于事实的真相和法理的推断，但是基于语法性和逻辑性的生动而形象的辩论语言，有时会增强论辩的效果，为辩论增彩。

（3）文明礼貌。法庭辩论虽然是对立双方的语言论争，带有极其功利的色彩，但是这并不意味着可以不择手段、不顾一切甚至采取不正当的手段以谋求取胜。[①] 法庭辩论语言不仅要遵循法律语言的一般原则即真实性原则和明确性原则，还要注意语言的文明礼貌性，使辩论能在融洽和谐的氛围中顺利进行，使辩论既可以获得真理性的认识，又能够成为增进友谊的桥梁。遵循文明礼貌性原则要求辩论主体能够做到语言文雅，平和理性，尊重人格，尊重个人隐私，尊重客观事实。

3. 答辩的范围、方法与策略

（1）答辩的范围

公诉人对辩护人所提的问题不可能有问必答，而应紧紧围绕涉及定罪量刑的问题进行答辩。司法实践中，对以下八个问题，公诉人一般应予以答辩：一是有关否定起诉书指控罪行或承认事实但认为不构成犯罪的问题要进行答辩；二是对起诉书定性提出异议的要进行答辩；三是对提出否定被告人主观上有故意或过失的问题要进行答辩；四是对否定被告人从重处罚情节的问题要进行答辩；五是以乡俗民情、社会不良环境、被告人一贯表现作为法定从轻条件提出

---

① 余啸波：《公诉实务教程》，上海交通大学出版社2002年版，第38页。

的要进行答辩；六是对避重就轻、推卸罪责或嫁祸于人的观点和问题要进行答辩；七是对歪曲法律、编造事实的观点和论调要进行答辩；八是对牵强附会、随意曲解并扩大解释法律范围的要进行答辩。[①]

对以下五个问题，公诉人可以不予答辩：一是对辩护方提出的正确意见，公诉人可以实事求是地表示同意，或以默认表示认同；二是公诉人已经充分阐明了的观点，不作重复答辩；三是对一些不影响定罪量刑的枝节问题，公诉人一般不予答辩；四是对辩护人提出的与本案无关的问题，可不予答辩；五是对同案犯之间互相推诿争辩，不影响定罪量刑的问题，不予答辩。

（2）答辩的方法与策略

第一，答辩应突出重点，灵活应对。公诉人在法庭上应认真听取辩护人发言，将辩护人提出的所有辩护观点进行综合归纳，概括出几个主要的辩护观点，然后根据掌握的事实和证据，结合法学理论，对被告人不正确的观点逐一进行论证、驳斥。对辩护人突然提出的难点问题把握不准或存在疑问的，可以先不作正面答辩，而是从其与事实、证据、法律明显不符的辩论点开始反驳，变被动为主动。并在答辩中灵活地捕捉对答辩有利的材料，及时调整，主动出击，将辩论的焦点引向自己熟悉的范围。

第二，答辩要抓住矛盾，各个击破。对于多个被告人的共同犯罪案件，各被告人之间可能会因主从犯的认定、刑事责任承担的多寡等利害关系产生矛盾，多个辩护人出庭各自为其被告人进行辩护，公诉人利用各个被告人之间的辩护矛盾、辩护人与被告人辩论观点之间的矛盾、多个辩护人之间以及他们与被告人之间的矛盾，以矛攻矛，各个击破。公诉人可以先分别用大量的事实、证据驳倒支持辩护总论点的各个分论点，使辩护人的中心论点失去支持，成为无源之水、无本之木。然后公诉人再用逻辑三段论的演绎方法，得出总论点不能成立的结论，从而从根本上驳斥辩护人的错误观点。

第三，答辩应前后照应，协调统一。“答辩要立足公诉意见，把反驳辩方观点与进一步论证公诉意见紧密结合。”[②] 公诉人论述答辩观点时，要紧密结合起诉书、公诉意见书的内容，上轮答辩为下轮更有力的答辩做铺垫，下轮答辩时要与上轮答辩的观点紧密结合，遥相呼应，不留漏洞，使全部辩论观点连成一体，形成协调统一的论证体系，使辩护人找不到矛盾点，无法攻破其中任何一个观点。在辩论快要结束前，公诉人可以对辩论的关键问题作系统地答辩，使辩护观点的谬误得以清晰展现。

---

① 张穹：《公诉问题研究》，中国人民公安大学出版社2000年版，第480－481页。

② 姜伟：《公诉业务教程》，中国检察出版社2003年版，第246页。

第四，答辩要合理采纳，收放自如。如果辩护人提出的辩护观点明显错误，而公诉人有足够的事实和证据证明犯罪，在此情况下，公诉人就应依据事实和法律直言答辩，反驳其错误观点。当然，对辩护人在法庭上提出的合理辩护意见，公诉人应当予以采纳，不能对辩护人提出的一切问题都持争辩态度，给人以强词夺理或无理争三分的不良印象，损害检察机关公平正义的形象。对辩护人提出的辩护理由虽有一定的道理，但按照法律规定仍不能作为从轻、减轻理由的，公诉人也不能不加分析地一味否定或反驳，而应承认并说明辩护观点有一定道理，然后再从法律中找出依据，阐明不能从轻、减轻处罚的理由。这样，既婉转地驳斥了辩护人不正确的观点，又使旁听群众和被告人受到了法制教育，合议庭自然会支持公诉人的观点。

（三）问题与对策

1. 公诉人答辩文不对题，缺乏应变

“目前实践中法庭辩论应对不得当往往是基于两种情形：一是庭前准备充分有余而灵活不足，遇到突发问题仍然按照既定方案应对，导致法庭辩论缺乏临场性、针对性；二是庭前准备不足而造成难以有效应对法庭辩论突发情况。”[①] 面对这些问题，公诉人对辩护人的辩护意见，首先应有预测与分析，底数要清，底气要足。其次要注意从两个方面着力：一方面公诉人应加强平时的学习积累，不仅要学习刑法、刑事诉讼法等专业知识，还要对民法、商法等部门法有所了解，对逻辑知识、社会知识有所涉猎，通过深厚的知识储备和理论功底填平辩方设置的陷阱；另一方面，公诉人当庭要冷静应对，扬长避短，以不变应万变，在答辩前可以强调坚持公诉意见书中的意见，再将辩论焦点转移到本案事实及犯罪构成方面，通过论证案件事实与构成要件的符合性来进行答辩。

2. 公诉人对辩护意见归纳不足，答辩缺乏逻辑性

在共同犯罪案件中，被告人人数众多，并且每一名被告人可能会聘请两名辩护人，而大多数情况下公诉人只有一至两人出庭支持公诉，单从人数上讲双方相差悬殊。在法庭辩论阶段，若干名辩护人发表完辩护意见后公诉人便要答辩，客观上给公诉人答辩造成困难，因为要一一回应各辩护人的意见并进行辩论，尤其是在经过一天甚至是几天的庭审，给公诉人身体上和精神上带来了极大的压力，有时会出现答辩顺序混乱、答辩内容质量不高、答辩过程不顺畅等问题。面对这一状况，一方面对于人数众多、案件事实复杂的

① 彭东：《国家公诉人出庭指南》，法律出版社2013年版，第222页。

案件，应加强出庭公诉人员的配备，且公诉人之间做好分工配合，形成合力；另一方面，公诉人应善于从纷繁的词语中总结归纳辩护要点，最好以几个词语或一句话来概括并记下，以作下轮答辩提纲之用。在发表答辩意见时，应先概括答辩要点，以每个被告人为单位进行答辩，将一名被告人的辩护人发表的辩护意见全部答辩完后，再对其他辩护意见进行答辩，从而使答辩符合逻辑、条理清晰。

3. 公诉人与诉讼代理人的过度辩论

在法庭辩论阶段，诉讼代理人就附带民事部分发表代理意见时，经常就刑事部分发表与起诉书、公诉意见相左的观点。此时，诉讼代理人原则上只能就附带民事部分发表代理意见，其对刑事部分发表的意见不会作为定案的依据。若公诉人与诉讼代理人展开辩论，一方面不利于被害人情绪的恢复与社会矛盾的化解，另一方面不利于查清案件事实，造成庭审拖沓。面对这种情况，公诉人应当持同情、理解的态度，慎重发表意见，尽量避免与被害人及其诉讼代理人发生正面冲突。在法庭辩论阶段，公诉人应利用首先发表公诉意见的机会，通过对证据、事实及法律的论述、解释，说明指控事实及适用法律的准确性，取得被害人的理解。对于辩护人与公诉人的观点一致的方面，辩护人在发表辩护意见时对被害人及其诉讼代理人的不正确观点进行辩驳的，公诉人可以不再答辩。如果辩护人未就被害人及其诉讼代理人的不正确意见进行辩护的，公诉人可以就事实及法律进行阐述，释法说理，尽量消除被害人对法律适用的误解，做到案结事了。

第四节　审判监督

《关于推进以审判为中心的刑事诉讼制度改革的意见》第 16 条规定："完善人民检察院对侦查活动和刑事审判活动的监督机制"。由此可见，以审判为中心，并未冲淡和弱化审判监督。审判监督是人民检察院在刑事诉讼中依法对人民法院审理活动是否符合法律规定的诉讼程序进行的法律监督，是人民检察院行使法律监督权的重要内容。审判监督不是要制约和分享人民法院的审判权，而是要保障人民法院依法独立行使审判权，监督的目的是保障刑事诉讼合法进行。检察机关对审判活动的监督应当是对人民法院审判过程是否合法进行监督，即监督人民法院是否严格按照刑事诉讼法规定的程序进行审判活动，而对涉及人民法院对证据的审查、事实的认定、法律适用等行使审判权的活动不能干涉，必须保证人民法院的独立审判权不被侵犯。

一、庭审监督

（一）庭审监督的意义

1. 有利于保证诉讼活动依法进行

庭审过程使得所有指控被告人构成犯罪的定罪量刑证据均暴露于法庭之上，使所有诉讼参与人均有机会对在案证据进行检视，也就是说只有经过庭审程序核实的证据才能最终成为定案证据。庭审监督对法庭可能违反庭审程序、不遵守证据规则、侵犯当事人诉讼权利的行为进行及时纠正，保证庭审顺利进行，使审判活动更加公开、公正和透明。

2. 有利于加强审判权的依法行使

审判权的本质属性是一种理性推理过程，很大程度上是一种主观裁判。由于法官个体的价值观、认知能力、知识水平和社会经验不同，对相同案件的裁判可能出现不同的结果。另外，不受监督的权力容易滋生腐败，审判权也不例外。庭审监督能够保障审判活动的公平公正，只有加强对审判权的监督制约，才能确保实现“让人民群众在每一个司法案件中都感受到公平正义”的目的。

3. 有利于保护诉讼参与人的权利

惩罚犯罪的最终目的是保障人权。从这种意义上讲，刑事诉讼现代化的进程本质是不断调整刑事诉讼法制的价值目标，并逐步强化诉讼参与人权利保障的过程。被告人、被害人和其他诉讼参与人在法庭审判活动中享有法定的诉讼权利，大到被告人的辩护权、被害人的诉讼参与权，小到被告人在法庭上解除戒具权、对证据的查看权等。对于庭审过程中出现的不利于诉讼参与人权利保障的行为，检察机关有权力有责任保障诉讼参与人依法享有的诉讼权利。

（二）庭审监督的方式

根据刑事诉讼法和《人民检察院刑事诉讼规则（试行）》的规定，检察机关对庭审活动的监督可以分为庭前监督和出庭监督。

1. 庭前监督的方式

《人民检察院刑事诉讼规则（试行）》第577条前三项是对明显违反法定情形的规定。对这三种违法行为的判断较为容易，检察人员如果在法庭审理之前就发现了这几种情况，应当及时向主管领导汇报，并制作书面检察建议，包括问题来源和起因、应当消除的违法程序、改正的具体建议、建议所依据的法律法规及发往单位，经主管领导签批之后送至法院，并及时监督法院的整改情况，制作反馈情况登记表并存档。这种书面建议函方式能督促法庭及时改正程序性错误，保证诉讼活动依法进行。

检察机关对庭前会议的监督包括以下几个方面：庭前会议程序启动的合法性、召开时间的合法性、参加主题的合法性以及讨论内容的合法性。对庭前会议的监督应建立明确、规范和全面的监督体系，促使法院正确行使审判权。应当按照法定程序和方法对庭前会议进行监督：一是发出纠正违法通知书，检察机关认为同级人民法院在适用庭前会议程序中存在违法行为时，应向其发出纠正违法通知书，要求法院采取相应措施自行纠正违法行为；二是发出检察建议，对于召开庭前会议本身不具有违法性，但是对庭前会议过程存在不当情况的发出检察建议，督促人民法院予以解决；三是要求说明理由，检察机关对于召开庭前会议的有关情况存在疑问的，可以要求人民法院书面说明理由，这种监督有利于检察机关法律监督工作的开展，也有利于检法协调一致。[①]

2. 出庭监督的方式

（1）与程序有关的违法行为的监督。《人民检察院刑事诉讼规则（试行）》第577条第四、五、六项在性质上也属于程序问题，但与前三项在监督方式上有所不同。这些问题是否违反法定程序，是否侵犯了当事人和其他诉讼参与人的权利，不同的诉讼参与方可能有不同的意见，在庭审过程中可能存在争议。公诉人应当及时行使监督权，但是要注意法律监督的方式。对于这些情形，公诉人当庭提出法律意见为宜，但具体方式应与前三项的监督方式有所区别，例如可以建议休庭、同步交换意见，即公诉人、辩护人同时到法官席前交换意见，或者要求暂时休庭到法官办公室交换意见。

（2）与证据有关的违法行为的监督。《人民检察院刑事诉讼规则（试行）》第577条第八、九项是与证据有关的违法行为的监督。证据问题是刑事诉讼中的主要问题，法庭审判的主要活动就是提出证据、检验证据和采纳证据。审判人员应当在事实清楚、证据确实充分的基础上作出裁判，法庭审判是以证据为依据的，所以公诉人应当对证据问题及时提出意见，以便法庭及时解决，作出公正的裁判。如果在法庭上发现证据存在上述问题，当庭不提出，而是采取事后提出的方式，不仅不利于法庭根据有关证据作出裁决，而且会影响到诉讼各方对证据的质证。如果审判人员“故意毁弃、篡改、隐匿、伪造、偷换证据或者其他诉讼材料”，情节严重，涉嫌刑法第399条枉法裁判，公诉人当庭难以处理的，应当视情况要求休庭，并及时向检察长汇报。

（3）对侵犯当事人诉讼权利行为的监督。《人民检察院刑事诉讼规则（试行）》第577条第十二、十三、十四项属于对被告人人身权利和财产权利采取

---

① 杨军、杨维利：《人民检察院如何对庭前会议程序进行监督》，载《民主与法制时报》2014年9月19日。

不合法的强制性措施，违反当事人诉讼权利行为进行的监督。人民检察院所担负的法定职责决定了其在承担追诉职能的同时，也需要监督诉讼过程中被告人诉讼权利和其他权利受到侵犯的行为。例如，我国《刑事诉讼法》第93条赋予了人民检察院对羁押必要性进行审查的权力，尽管审判阶段的逮捕权由人民法院决定，而该阶段的羁押必要性审查由公诉部门负责。如果公诉部门在羁押必要性审查过程中认为被告人无须继续羁押，应当及时向法院提出，以便及时解除或者变更强制措施。

二、对一审判决、裁定的监督

以审判为中心诉讼制度改革顺利进行，加强对刑事诉讼的法律监督是重要保障，要求检察机关对庭审的程序、裁判所认定的事实、适用的证据、案件的定性、量刑的轻重进行更加严格、有效的监督，以防止冤假错案的出现。在收到法院第一审判决或者裁定后，检察机关公诉部门应当及时审查，承办人员应当填写刑事判决、裁定审查表，提出审查意见，按程序报领导审核，对于需要提出抗诉的案件，应当报请检察长决定，案情重大、疑难、复杂的案件，由检察长提交检察委员会讨论决定。

（一）一审判决、裁定监督中存在的问题

当前，虽然检察机关开展刑事审判监督工作收到了良好的法律效果和社会效果，但是检察机关在实施监督过程中也存在一些影响监督质量和效果的问题。

1. 抗诉质量有待进一步提高

法院采纳检察机关抗诉意见，作出改判处理的案件率较低，尽管影响抗诉成功率的因素较多，但检察机关提起抗诉的质量不容忽视，总体表现为提起抗诉与抗诉成功数量失衡。另外，法定量刑幅度过大，幅度内的不公正量刑难以抗诉，目前我国刑法规定的量刑幅度仍然较大，法官拥有较大的自由裁量权，导致实践中抗诉难，一些虽在法定量刑幅度内但不合理、不均衡的判决无法纠正，特别是酌定情节的适用比较随意，检察机关虽想监督，却无能为力。

2. 对审判程序违法行为的监督滞后、缺乏力度

根据我国《刑事诉讼法》及《人民检察院刑事诉讼规则（试行）》的规定，公诉人对法庭审理过程中有违反法律规定的情形，只是在笔录中记明，庭后提出。从尊重合议庭对庭审的主持权来看，该规定有其合理性，但过于绝对化也可能产生弊端。一些严重侵犯诉讼参与人合法权益的审判程序违法行为，如不当庭提出纠正意见，而在庭后提出，有可能会导致当事人或诉讼参与人权

益被侵犯而无法挽回，使其承担不利的诉讼后果，或引起再审，造成诉讼资源的浪费。

3. 对附带民事诉讼审判活动的监督缺位

因为刑事诉讼法中未涉及对附带民事诉讼的监督规定，实践中公诉部门对此几乎不予涉及。根据民事诉讼法的规定，附带民事诉讼的审判也应是检察机关监督的对象，但由于公诉部门长期从事的是刑事检察职能，而刑事诉讼法未规定在附带民事诉讼审判中公诉人的权利义务，再加上检察机关内部民行与公诉部门职能的划分，一般公诉人对附带民事诉讼部分很少关注。

（二）一审判决、裁定抗诉的条件

根据我国刑事诉讼法的规定，地方各级人民检察院认为本级人民法院第一审判决、裁定确定有错误的时候，应当向上一级人民法院提出抗诉。根据《人民检察院刑事诉讼规则（试行）》第584条规定，人民检察院认为同级人民法院第一审判决、裁定有下列情形之一的，应当提出抗诉：（1）认定事实不清、证据不足；（2）有确实、充分证据证明有罪而判无罪，或者无罪判有罪的；（3）重罪轻判，轻罪重判，适用刑罚明显不当的；（4）认定罪名不正确，一罪判数罪、数罪判一罪，影响量刑或者造成严重社会影响的；（5）免除刑事处罚或者适用缓刑、禁止令、限制减刑错误的；（6）人民法院在审理过程中严重违反法律规定的诉讼程序的。

（三）刑事抗诉案件审查的重点

1. 对刑事抗诉案件事实的审查

对于刑事抗诉案件事实，应当重点审查以下内容：犯罪的动机、目的是否明确；犯罪手段是否清楚；与定罪量刑有关的情节是否查明；犯罪的危害后果是否查明；行为和结果之间是否存在刑法上的因果关系。

2. 对刑事抗诉案件证据的审查

对于刑事抗诉案件证据，应当重点从以下几个方面进行审查：认定主体的证据是否确实、充分；认定犯罪行为和证明犯罪要素的证据是否确实、充分；涉及犯罪性质、决定罪名的证据是否确实、充分；涉及量刑情节的相关证据是否确实、充分；支持抗诉主张的证据是否具备合法性、客观性和关联性；抗诉主张的每一环节是否均有相应的证据予以证实；抗诉主张与抗诉证据之间、抗诉证据与抗诉证据之间是否存在矛盾；支持抗诉主张的证据是否形成完整的锁链。

3. 对刑事抗诉案件适用法律的审查

对于刑事抗诉案件适用法律，应当重点从以下几个方面进行审查：适用的法律和法律条文是否正确；罪与非罪、此罪与彼罪、一罪与数罪的认定是否正确；具有法定从轻、减轻、从重、免除处罚情节的，适用法律是否正确；适用刑种和量刑幅度是否正确；对人民检察院提出的附带民事诉讼部分的判决或者裁定是否符合法律规定。人民法院在案件审理中是否存在严重违反法定诉讼程序，影响公正裁判的情形。

（四）正确看待无罪判决、再审改判与起诉质量的关系

在刑事诉讼中，无罪判决和改判是正常诉讼现象。但是，近期不断出现的一些社会影响较大的无罪判决，使得舆论矛头直指检察机关的起诉质量，认为检察机关没有尽到充分的审查义务，起诉案件的质量存在问题。毋庸置疑，起诉质量与裁判质量确实有着密切的联系，但是影响案件裁判结果的因素是多方面的，无罪判决和改判并不能成为衡量起诉质量的唯一标准。

1. 起诉质量与裁判结果存在着必然的联系

一般情况下，起诉质量极大地影响着裁判结果。起诉质量高，有罪判决率就高，相应无罪判决率就低。检察机关认为犯罪嫌疑人的犯罪事实已经查清，证据确实、充分，依法应当追究刑事责任的，应当按照审判管辖的规定，向人民法院提起公诉。如果说证据质量是影响案件裁判结果的根本性因素，那么公诉质量无疑是影响案件裁判结果的直接因素。这就要求公诉部门在树立“以审判为中心”司法理念的同时，加强对案件证据的审查把关、对案件事实的分析判断、对案件性质的研判认定，切实重视和不断提高公诉质量。

2. 无罪判决不是衡量起诉质量的唯一标准

从客观真实和法律真实的角度看，无罪判决并不是衡量起诉质量的唯一标准。诉讼追求客观真实，但裁判依据的是法律真实。另外，公诉人和法官对证明标准的认识和把握也无法做到绝对一致。

第一，影响刑事裁判结果因素的不确定性。在刑事诉讼中，诉讼主体主要是控辩双方，法官居中，原则上不承担举证责任。[①] 我国《刑事诉讼法》第195条对于法院作出有罪判决的要求是“案件事实清楚，证据确实充分”，对检察机关提起公诉的证明标准也是相同的要求。证据确实充分是一个质量合一的要求，没有具体要求和衡量证明程度的指标，难免造成这种标准不易操作。为了解决这个问题，司法实践中就提出来一些具体的、比较具有可操作性的要求。然而，在这些标准的认知、把握中，往往受各种因素的影响，如个人法律素养、办案经验和知识水平，外在的社会关系干预、舆论压力等，都可能对裁判结果

① 皮文井、罗静：《无罪判决　公诉案件质量》，载《中国检察官》2007年第4期。

产生消极的影响。因此，无罪判决和再审改判并不一定意味着起诉质量不高。

第二，从刑事司法规律看，无罪是一种正常现象。不同于其他社会现象，刑事司法总是以已经发生的事件为基础，司法人员处理的是发生过的事情。刑事诉讼过程其实就是不断还原事实真相的过程，刑事诉讼法所要求的犯罪事实清楚，并不是要求将案件的一切细节事实查证清楚，而是要求对定罪量刑具有决定性意义的事实查清楚，且从待证事实来看，应该承认法律真实和客观真实的区别。从判决的角度分析，无罪判决不等于错案，造成无罪判决有三种情况：一是根据法律认定被告人无罪的，应当作出无罪判决；二是证据不足，不能认定被告人有罪的，应当作出证据不足、指控犯罪不能成立的无罪判决；三是对法律的理解不同而导致无罪判决。

从第一种情况看，法律规定无罪而错误办理的，例如盗窃、诈骗等数额犯达不到法定数额，一些情节犯达不到情节严重不构成犯罪而被公诉，则属于典型的错案。从第二种情况看，有些在侦查、起诉时，根据现有证据可以证明被告人有罪，但在提起公诉后，由于证据发生变化而造成的无罪判决，就不一定是错案。例如某个案件在审查起诉阶段认定事实清楚、证据确实充分，证据之间能形成完整的证据链条，在法律真实意义上没有问题，但在审判阶段有新的证据证明起诉书认定的犯罪事实不存在，这种情况下法院判决无罪的，就不一定是错案。还有就是审查起诉时认定被告人有罪的法律依据在审判阶段发生变化而认定被告人无罪的情形。从第三种情况看，检察机关和审判机关对个别法条理解的不同也会导致无罪判决。例如在查办职务犯罪案件中，事业单位会计销毁单位“小金库”的会计凭证，检察机关以故意销毁会计凭证罪提起公诉，而法院认为此罪名针对的是依法应当保存的会计凭证，“小金库”本身违法，记载其账目的会计凭证不属于依法应当保存的会计凭证，据此认定此罪名不成立而宣判无罪。这种情况属于对法条的理解不同，法院宣判无罪就不宜认定为错案。

3. 改判与否也不是衡量抗诉质量的唯一标准

刑事抗诉是检察机关履行法律监督权的重要内容。所谓刑事抗诉，是指人民检察院认为刑事判决或裁定确有错误，按照法定诉讼程序，要求人民法院对案件进行重新审理并作出改判的法律监督活动。刑事抗诉包括两种形式：一是第二审程序抗诉，即地方各级人民检察院认为本级人民法院第一审的刑事判决、裁定确有错误时，向上一级人民法院提出的抗诉；二是审判监督程序抗诉，即最高人民检察院对各级人民法院已经发生法律效力的判决和裁定，上级人民检察院对下级人民法院已经发生法律效力的判决和裁定，发现确有错误时，按照审判监督程序向同级人民法院提出的抗诉。

根据法律规定，具有以下情形之一的，认为有抗诉必要，应当依法提出抗诉：（1）人民法院采信自行收集的证据，未经庭审质证即作为裁判的根据，导致裁判错误的；（2）人民法院不采纳公诉人庭前收集并经庭审质证的有效证据，仅因被告人翻供而判决无罪或改变事实认定，造成错误裁判的；（3）人民法院审判活动严重违反法定诉讼程序，或者审判人员在审理案件过程中有贪污受贿、徇私舞弊等行为，影响公正裁判的；（4）判决、裁定认定事实或者适用法律错误，量刑虽然未致畸轻畸重，但社会影响恶劣的；（5）因重要事实、法定情节认定错误而导致错误裁判，或者因判决、裁定认定犯罪性质错误，可能对司法实践产生不良影响的。

如前所述，抗诉是检察机关的职责所在，检察机关认为刑事判决或裁定确有错误的，就应当提起抗诉。但是，抗诉仅仅是启动刑事二审或刑事再审的法定条件之一，审判机关是否认同检察机关的抗诉理由并予以改判，并不以检察机关的抗诉理由为根据。首先，由于审判机关和检察机关在裁判是否“确有错误”问题上的认识没有一个具体的标准，导致在认识不统一的情况下审判机关不支持抗诉理由不予改判实属正常。其次，尽管法律上审判机关内部在纵向上只是监督和被监督关系，但是在实践中案件请示汇报制度的客观存在直接影响到上级审判机关对下级审判机关判决的认同度。在这种情况下，除非裁判明显错误，一般上级审判机关很难对下级审判机关的裁判予以改判。最后，从司法案例来看，审判机关启动再审和改变原审裁判，其中不乏是在受到各种外在压力的情况下不得已而为之。此时，只要检察机关严格依法进行抗诉，即使审判机关不支持抗诉理由不予改判，也不能认定抗诉质量不高。

尽管不能把改判作为衡量抗诉质量的唯一标准，但是考虑到抗诉案件的质量毕竟是影响抗诉结果的重要因素，所以检察人员应当高度重视抗诉工作的规范化，保障抗诉案件的质量，最大程度地争取审判机关对抗诉工作的认同。首先，公诉人要严格审查判决书。抗诉书必须明确指出原审判决的错误所在，这就需要公诉人不断提高审查判决书的能力，重点审查法院错判据以采信的证据、理由与法律适用。其次，应当将量刑建议的采纳情况作为衡量是否抗诉的标准之一。量刑建议的提出，可以有效促使法官认真考虑检察机关的意见，一定程度上规范法官的自由裁量权。最后，需要提高制作刑事抗诉法律文书的能力。在质量不高的抗诉案件中，有的是案件性质把握不准，有的是因抗诉决定书中没有准确指出原审判决错误所在，或者没有具体的抗诉理由，影响了抗诉的效果。因此，要把提高制作刑事抗诉法律文书的能力作为一项重要工作来抓。

第五章　人权保障

纵观世界各国的司法改革，无不以人权保障为指导思想。尊重和保障人权是现代法治国家制度设计和运作的出发点和归宿，也是衡量社会文明发达程度的重要标志。在我国全面推进依法治国和加快司法体制改革的背景下，检察机关应当“从加强人权司法保障、维护社会公平正义的高度，深刻认识推进‘以审判为中心’的诉讼制度改革的重要性和紧迫性”①，强化诉讼过程中当事人和其他诉讼参与人的知情权、陈述权、辩护辩论权、申请权、申诉权的制度保障。建立对犯罪嫌疑人、被告人、罪犯的辩解、申诉、控告认真审查、及时处理机制，完善诉权救济机制，为诉讼权利受到不当限制或者非法侵犯的当事人提供畅通的救济渠道。② 为此，检察人员要牢固树立以审判为中心的理念，强化保障人权与惩罚犯罪并重的理念，把握时代脉搏，站在改革前沿，做到以客观事实为根据，同时审查对犯罪嫌疑人有利和不利的证据及事实，做到不偏不倚；重视犯罪嫌疑人、被告人的辩解，尊重辩护人的诉讼权利和辩护意见，真正把尊重和保障人权的观念根植于心，并践之于行，确保公诉办案更加规范、细致，让人民群众在每一个公诉案件中都感受到公平正义。

第一节　公诉工作中的人权保障

尊重和保障人权是社会主义法治的基本原则，是我国刑事诉讼的重要任务，贯穿于刑事司法实践的始终。公诉作为检察机关参与刑事诉讼活动、履行法律监督职能的重要表现形式，必然无法回避这一重要命题。能否让刑事诉讼的参与者都切实感受到来自国家司法的尊重，切实体会到基本权利的保障，是衡量公诉工作得失成败的重要标准。

---

① 曹建明：《积极适应“以审判为中心”诉讼制度改革要求》，载《检察日报》2014 年 12 月 26 日，第 1 版。

② 参见最高人民检察院《关于深化检察改革的意见（2013—2017 年工作规则）》（2015 年修订版）（高检发〔2015〕5 号）。

一、公诉工作中人权保障的概念

自《联合国宪章》首次将“人权”一词引入国际领域，人权问题与人权保障便逐步成为当今社会的主流话语。但从目前的学术研究来看，人们大多将目光集中于如何保障人权，而忽视了对人权本体的研究。此外，由于不同国家、不同地域的研究者具有不同的历史文化背景，关注和分析问题的角度和方法也各不相同。所以，对于到底什么是人权，至今仍没有“标准答案”。鉴于此，我们也难以给“人权”下一个正规化、普适性的定义。但与此同时，我们必须看到，任何事物都是多样性与一致性的统一，人权概念亦不例外。在大家的众说纷纭中，必然隐含着一些超越地域、文化的共通的东西，这些共通的东西恰恰应是我们准确理解“人权是什么”的关键所在。不难发现，“人权”由主体“人”和客体“权利”两部分构架而成，对于人权的研究，就是对“人”的应有“权利”的研究。

《世界人权宣言》开章明义：“人权是世界自由、正义与和平的基础。”英国的蒂莫西·希利尔认为：“人权是作为一个人自身应有的、基本的和不可分的权利而存在的，而这些权利的存在对个体而言也是着实必要的。从另一个角度来说，它是人类与生俱来的、固有的，同时也是人类存在的美德。”① 英国学者米尔恩则认为，“人权概念就是这样一种概念：存在某些无论被承认与否都在一切时间和场合属于全体人类的权利。人们仅凭其作为人就享有这些权利，而不论其在国籍、宗教、性别、社会身份、职业、财富、财产或其他任何种族、文化或社会特性方面的差异。因此，人权是一种最低限度的道德标准”。美国的霍勒曼提出：“人权是个多方面的概念。西方委实欣赏那些方面的东西：个人对国家的权利、人有按照自己的良知行事的权利。”美国的唐纳利说：“人权是一种特殊的权利，一个人之所以拥有这种权利，仅仅因为他是人，因此，它是最高级的道德权利。”② 我国学者徐显明教授认为：“人权不过是人值得社会承认，是人区别于动物的观念上的、道德上的、政治上的、法律上的标准。它包含着‘是人的权利’‘是人作为人的权利’‘是使人为人的权利’和‘是使人成为有尊严的人的权利’等多个层次。”③ 有的学者提出，“人权不仅体现为一系列物质性的规范、制度与组织结构，而且更为重要和更为深刻的是，它同时也是或者应当是人的一种生活态度、一种生活立场、一种

① 范继增：《浅析〈亚洲人权宪章〉中的人权精神》，载《学理论》2010年第3期。

② 刘恒志等：《司法人权论》，河北大学出版社2013年版，第6页。

③ 刘恒志等：《司法人权论》，河北大学出版社2013年版，第10页。

精神信仰。"① 因此，从国内外学者的不同论述中，我们大致可以勾勒出"人权"的基本轮廓，当然由于"人权"概念本身的复杂性、多维性，这并非给"人权"明示定义，而是我们可以这样理解"人权"，即人之所以为人所不可或缺、不可剥夺的最低限度的权利。

在公诉视野下探讨人权保障问题，并不能完全套用上述"人权"概念的范畴，应将其合理划定在刑事司法领域。因此，为了使题目的讨论更具客观性、针对性、实效性，公诉工作中的人权保障主要涉及刑事司法领域的人权保障，大体包括三类，即犯罪嫌疑人、被告人的权利保障、刑事被害人的权利保障以及律师的权利保障。就此，在上述划定的区域范围内，我们便可以大致将公诉工作中的人权保障诠释为："检察机关在依法对犯罪嫌疑人、被告人提出控告，要求审判机关追究其刑事责任的过程中，对被追诉人、刑事被害人、辩护人等诉讼参与人的诉讼权利的保护。"需要说明的是，与"人权"概念不同的是，此处的诉讼权利，与"人权"范畴中的"基本权利"，也就是"人之为人的较低限度的权利"有所不同，它应是刑事诉讼的参与者为保障其合法、充分、有效的表达诉求，所必备的较高级别的权利，是需要司法机关予以保障的权利。

二、公诉工作中人权保障的原则

公诉工作的依据是刑法、刑事诉讼法等基本刑事法律，公诉工作中人权保障的基本原则亦与刑事法体系不可分割。脱离现行刑事法本身而空谈人权保障问题，无异于无根之木、无源之水，难求根本，不足以行。

（一）罪刑法定原则

"法无明文规定不为罪，法无明文规定不处罚"是罪刑法定原则的经典表述，也是公诉工作中进行人权保障的首要原则及精神所在。毫不隐晦地说，如果没有罪刑法定原则的贯彻，人权保障将无从谈起。罪刑法定原则意在限制国家司法权的发动，防止因司法权的随意启动而使公民权利受损。

罪刑法定原则主要涵盖以下几个方面：第一，排斥习惯法。即评价某一行为是否应被追究刑事责任，只能以现行有效的刑事法为依据，而习惯则不能成为裁判的理由。当然这一点在英美法系国家有所变通。第二，禁止事后法。人们行事的原则是不违背可触、可见的"现在"法，而以"将来"法来约束现

① 张文显主编：《马克思主义法理学——理论、方法和前沿》，高等教育出版社2003年版，第306页。

在的行为，无疑将使人无所适从，既侵犯了公民的自由及预测可能性，也可能成为任意施刑的借口。第三，禁止类推。将某一没有法律明文规定的行为，类比归入可以被法所评价的行为，无疑与罪刑法定原则的本质相违背。第四，禁止绝对不定期刑。裁判时不确定具体刑期，使被追诉人长期处于“待定”状态，必然会损害法对人权的保障机能。当然随着社会的发展，罪刑法定原则的内涵也在不断丰富，我们无法界定其全部内容，以上仅是司法实践中较为关注的几个方面。

公诉既是法律的适用，又是诉讼的监督，其目的之一便是让人们切实感受到法律的公平、正义，尤其是对每一位具体的诉讼参与者。而在法律的适用、诉讼的监督过程中，如果不能全面、彻底贯彻罪刑法定原则，就必将侵害到诉讼参与者的法律权益，就难以让其信服法律的裁判，甚至会对司法失去信心。如此，公平、正义更难以企及。因此，罪刑法定原则应居于公诉工作中人权保障的首要位置。

（二）平等保护原则

贝卡利亚曾言：“法律应当是铁面无私，每一具体案件中的执法者，也应当是铁面无私的。”[①]《世界人权宣言》第7条规定：“法律面前人人平等，并有权享受法律平等保护，不受任何歧视。”我国自古便存在“法不阿贵，绳不挠曲”“刑过不避大臣，赏善不遗匹夫”的平等观念。在刑事立法方面，我国刑法亦规定：“对任何人犯罪，在适用法律上一律平等。不允许任何人有超越法律的特权。”由此可见，平等保护已经成为刑事司法工作的必然要求。罪刑法定原则确定了法律适用的准则，但对于如何面对适用对象却没能给出一个确定的答案。具体到公诉工作，如果我们在面对每一位诉讼参与者时，区别对待，厚此薄彼，也将污染司法人权保障的源泉。

当然，需要强调的是，平等保护是相对的，而不是绝对的。绝对的平等本身就是不平等的表现之一。公诉中的平等保护，是指检察机关向每一位诉讼参与者所提供的司法资源是平等的，其获取司法参与的机会和权利是平等的，它承认并允许裁判结果的不一致。世界上没有相同的两片树叶，更不会存在完全相同的案件事实，这种差异性的存在，导致了公诉工作中“区别对待”的必要性。譬如，同样的盗窃行为，包括盗窃的金额、盗窃的手段、盗窃的对象等情节都基本一致，但是该行为发生在经济发达地区与发生在偏远贫困地区所带来的社会危害显然是不同的，如果不考虑客观情况，一味要求“一刀切”式

① ［意］贝卡利亚：《犯罪与刑罚》，黄风译，中国大百科全书出版社1993年版，第60页。

的平等，则势必会削弱刑罚机能，导致机械化司法正义观的蔓延。

（三）诉讼效率原则

“迟到的正义非正义”，这句司法格言虽然是对司法正义观的表述，但也从侧面说明了一个问题，在公诉权的行使过程中，既要注重人权的保障，又必须兼顾权力行使的效率。高效的诉讼进程及处理结果，同样是人权保障的重要方面。《世界人权宣言》《公民权利和政治权利国际公约》也都对诉讼效率原则进行了重要规定。如《公民权利和政治权利国际公约》规定：“任何因刑事指控被逮捕或拘禁的人，应被迅速带见审判官或其他经法律授权行使司法权的官员，并应有权在合理时间内受审或审判前释放。”不仅如此，诉讼效率原则在各国的刑事法中也予以明确，如法国刑事诉讼法第7条规定：“法庭审理不得中断，应当持续进行到重罪法庭作出裁定，宣布审判结束为止。”由此可见，效率是刑事诉讼的核心价值之一。现代法治社会的进步，不仅需要人权的合法保护，同样需要高效率的诉讼进程。“它对于保障刑事诉讼当事人的合法权益不受侵犯，有效打击犯罪，维护法律权威，保证社会公序良俗，都具有极其重要的意义。”[①] 公诉活动中的效率，一般是指在公诉权的行使过程中，审查案件及向审判机关提起诉讼的时间长短。在保证案件质量的前提下，诉讼效率越高，所投入的司法资源取得的成果就越高，越利于降低司法成本，加快司法运转速度，减少积案和超期羁押的问题；反之，则会加大诉讼成本，降低司法效率，造成不必要的资源浪费。诉讼效率原则作为公诉工作中人权保障的利器之一，越来越受到普通民众及司法实践者的广泛关注。

在诉讼过程中，犯罪嫌疑人、被告人是被追诉的对象，其对于是否有罪、如何定罪，往往较为关注；被害人是受犯罪行为直接侵害的人，其对于被侵害的权益何时能得到恢复、何时能获得侵害者的赔偿及来自国家的救济，更是有着迫切的期待；辩护人、证人等其他诉讼参与人也因为参与刑事诉讼，而牵涉了一定的精力，甚至其正常的生活也会受到一定的干扰。所以，诉讼活动的参与者不仅需要正义，更需要及时的正义。检察机关在履行公诉职能的过程中，应当严格遵守法律规定的诉讼期限，超期限进行诉讼活动，不仅是对法律的违反，更是对诉讼参与人权益的侵犯。同时，由于案件情况繁简不一，对于相对简单的案件，应在法定时限内尽量缩减办案期限，及时提起诉讼。在符合法定条件的情况下，可以建议审判机关依法适用简易程序审理。当然，效率原则，并不意味着不区分具体情况，一味追求司法速度而忽视了案件质量，效率的前

① 胡卫列：《检察官与人权保障教程》，中国检察出版社2014年版，第75页。

提是质量的保障，是有秩序的速度。如果无视案件质量，只求速度，不仅无益于司法实践，在某种程度上讲，反而会拖滞诉讼进程。

三、公诉工作中人权保障的意义

人权保障是刑事诉讼的基本要求及价值需求，是公诉权正确行使的理论依据，是评判司法效果优劣的标准。在公诉工作中，大力贯彻人权保障原则，对提升诉讼效率、提高案件办理质量、最大限度地实现司法正义大有裨益。

（一）加强人权保障，有助于客观公正地行使公诉权

法国思想家孟德斯鸠在《论法的精神》中指出："一切有权力的人都容易滥用权力，这是万古不变的一条经验。有权力的人使用权力一直到遇有界限的地方才休止。"尽管孟德斯鸠的语词或许有些绝对，但毫无疑问的是，如果存在"没有界限的权力"，必会产生没有底线的问题。权力的监督与制衡是让权力的积极作用得到最大限度的发挥，让其消极作用得到最大限度控制的有效手段，也是法治国家的必然要求。公诉权作为国家公权力的重要组成部分，其能否客观公正的行使，关乎到能否圆满完成刑事诉讼的根本任务，关乎到能否最大限度地实现司法公平与正义。因此，公诉权必须处于有效的监督之下，否则也难避滥用之嫌。而加强人权保障，无疑是强化公诉权力监督，实现公诉权客观公正行使的有效路径之一。

检察机关代表国家行使公诉权，公诉权由国家强制力予以保障，而被追诉人则相对处于不利地位，二者的力量对比也很难得到衡平。刑事诉讼的目的是通过正当程序发现实体真实，但如果在此过程中，不让被追诉者有充分表达的机会，甚至不让被追诉者"说话"，那结果自不必言，司法公正的实现也将成为空谈。因此，加强对被追诉人的人权保障，有利于确保客观、公正地行使公诉权。同样，相对于被害人等其他诉讼参与人而言，他们参与刑事诉讼，有的是因为自身权益受损，期待司法恢复；有的是为了协助国家司法机关工作，进一步明晰案件事实。当然不论其个人目的为何，总体而言，根本目标都是实现司法正义，平复被犯罪行为侵害的社会秩序。就检察机关而言，通过公诉权的客观公正行使，依法控诉犯罪，监督法律实施，也是实现这个根本目标的重要形式。而公诉权的客观公正行使，则必须依赖于对被害人等诉讼参与人权利的保障，若被害人的权利无法保障，则被侵害的法益无法最大限度地恢复；若证人、鉴定人、翻译人员等的权利无法保障，则刑事诉讼无法顺利进行，相关案件事实无法准确查清。所以，检察机关在行使公诉权的过程中，必须将人权保障作为权力行使的准则之一，才能确保客观、公正的实现。

（二）加强人权保障，有助于提高诉讼效率

推动刑事诉讼进行的主体是侦查机关、检察机关、审判机关、执行机关等国家机关和刑事诉讼中的当事人和诉讼参与人，而国家机关和当事人、诉讼参与人之间能否“步调一致、有条不紊”是影响诉讼进程快慢、效率高低的重要因素。以较小的司法投入获得事半功倍的司法效果，也是检察机关行使公诉权参与刑事诉讼的初衷之一。如何协调好当事人、诉讼参与人与公诉权行使之间的相互关系，进而提高诉讼效率，无疑是公诉工作必须考量的重要因素。就被追诉人而言，公诉权的行使主要是为了控诉其犯罪行为，追究其刑事责任，从二者的相互关系上看，似乎处于利益的对立面。但是如果检察机关在公诉权行使过程中注重对被追诉人人权的司法保障，充分保障其“说话”的权利，同时在罪刑法定、无罪推定等基本刑事原则的指导下，加大侦查、审判监督力度，强化羁押必要性审查，对符合法定条件的不起诉案件合理启动不起诉程序等，必然会在一定程度上化解被追诉人的抵触情绪，使其真诚认罪、悔罪，从而进一步达到刑罚特殊预防的效果。由此，整个诉讼过程也会减少因被追诉人抵触行为而不断拖延的情况。同理，对于被追诉人以外的诉讼参与人而言，被害人往往认为其在诉讼过程中“无事可为”，其权利的恢复完全依赖于司法机关，因此怠于参与诉讼。但如果检察机关能够在法律规定的范围内，充分保障其表达诉求的权利，引导其积极参与诉讼，对于案件事实的查明、减少要求检察机关抗诉、申诉案件数量、合理节约司法投入都大有益处。对于证人、鉴定人、翻译人等诉讼参与人而言，刑事诉讼与其个人利益关系较弱，其参与其中往往是因为法律义务的需要，从其本意上来说也大都是比较消极的，但也正是由于其与刑事诉讼的利益牵涉较小，大多能够客观公正地提供证据材料，对于查明案件事实至关重要，在诉讼中的重要地位不言而喻。所以，在公诉权的行使过程中，应加强对证人、鉴定人等人员的权利保障，如对证人本人及其近亲属的安全给予保障。在危害国家安全、恐怖活动等犯罪中，对证人、翻译人员不公开真实姓名、住址和单位等个人信息，采取不暴露外貌、声音等出庭作证措施，禁止特定人员接触、对人身和住宅等采取专门性保护措施等。除此之外，对证人作证支出费用给予补助，保障鉴定人独立作出鉴定意见的权利，翻译人员基于翻译工作的需要，相应享有了解案件有关事实、查阅翻译笔录、获取劳动报酬等相关权利。提高上述人员参与刑事诉讼活动的积极性，合理推进诉讼进程，提高诉讼效率。

（三）加强人权保障，有助于提高案件质量

培根说过：“一次不公正的裁判，其恶果甚至超过好几次犯罪。因为犯罪

虽是无视法律，好比污染了水流；而不公正的审判却毁坏了法律，好比污染了水源。”由此可见，错案的出现严重损害了司法的公信和权威，使无辜者身陷囹圄，使真正的“犯罪嫌疑人”逍遥法外。最为严重的是，错案使司法正义长期无法伸张，使受害者、无辜被追究责任者对法律失去信心。通观考察近些年来见诸媒介的错案，其产生原因大致有以下几点：

第一，刑讯逼供现象的存在。在以往侦查手段相对落后的情况下，“由供到证”的侦查模式一直为侦查机关所广泛采用，在此模式下，“口供”是突破案件的关键，无疑是“证据之王”。也正是基于“口供”在定案中的特殊地位，在缺乏其他证据，无法取得有罪供述，而所谓的犯罪嫌疑人在侦查机关眼中又存在较大“嫌疑”的情况下，刑讯逼供便成为了错案发生的助推器。当然，任何事情都不是绝对的，不是所有的刑讯逼供行为都会产生错案，但大多数的错案都与刑讯逼供如影随形。

第二，有罪推定意识的影响。贝卡利亚在《论犯罪与刑罚》中指出：“在法官判决之前，一个人是不能被称为罪犯的。只要还不能断定他已经侵犯了给予他公共保护的契约，社会就不能取消对他的公共保护。”根据我国刑事诉讼法的规定，未经人民法院依法判决，不得确定任何人有罪。但是，部分司法实践者长期从事刑事工作，容易受到传统思维定势的影响，有罪推定、疑罪从轻的司法意识根深蒂固，在面对犯罪嫌疑人时，其所思考的不是罪与非罪的问题，而往往是如何定罪、定何罪的问题，背离了正常的司法逻辑规律，从而在一定程度上造成了错案的产生。

第三，程序意识的缺失。“正义不仅要实现，而且应当以看得见的方式实现。”司法正义是程序正义与实体正义的统一，程序正义通过架构合理的刑事诉讼程序及该程序的践行得以实现。有学者将程序与实体的关系形象地比喻为“程序好比铁轨，实体好比火车，铁轨正了火车未必不会发生事故，而铁轨扭曲火车必然倾覆”。但是基于打击犯罪的需要，有些司法人员依然存在“重实体、轻程序”的潜在意识，甚至认为只要结果正确，程序上有点瑕疵也没有问题。在有些案件中，正是因为犯罪嫌疑人、被告人的程序性权利比如辩护权等受到限制，才导致了错案的发生。

虽然错案产生的原因各不相同，但总有其共性。不论是刑讯逼供行为还是有罪推定等意识的存在，其本质上都是对人权的侵犯，最终导致了错案的发生。因此，在公诉工作中加强人权保障，如确保犯罪嫌疑人、被告人充分享有辩护权，依法讯问、认真听取其辩护人的意见等，可以有效降低错案的发生率，提高案件办理质量。

第二节　公诉工作中人权保障的范围和方式

人权保障贯穿于刑事诉讼全过程，涉及到所有当事人及其他诉讼参与人的权利，如犯罪嫌疑人、被告人、刑事被害人、律师、证人、鉴定人、诉讼代理人等，本书仅重点就犯罪嫌疑人和被告人、刑事被害人、律师三类人员的人权保障问题予以阐述。

一、犯罪嫌疑人、被告人的权利保障

司法程序应当体现"以人为本"的人文精神，即以维护人的自由权利、发挥人的创造本性、追求人的全面发展为价值追求。在刑事诉讼中保障人权不仅要保护犯罪嫌疑人、被告人的诉讼权利，同时也要保护其基本人权。犯罪嫌疑人、被告人因身陷囹圄，其诉讼权利和基本人权更容易受到国家公权力侵害。所以，刑事诉讼中人权受到尊重和保护的程度是判断一个社会文明程度的重要标准。[①] 以审判为中心诉讼制度改革的根本目的就是提高办案质量，避免冤假错案，实现司法公正。而防止冤假错案最根本的是要在司法办案中落实尊重和保障人权这一重要宪法原则，强化诉讼过程中当事人和其他诉讼参与人的知情权、陈述权、辩论权、申请权的制度保障。

（一）犯罪嫌疑人和被告人权利保障概述

"犯罪嫌疑人"这一概念有广义和狭义之分。广义上"犯罪嫌疑人"泛指所有涉嫌犯罪的人；狭义上的"犯罪嫌疑人"则仅指司机机关立案之后的侦查对象。这里所说的"犯罪嫌疑人"是指狭义上的"犯罪嫌疑人"。

犯罪嫌疑人和被告人都是在刑事诉讼中因涉嫌犯罪而受刑事追诉的人。从外延上讲，犯罪嫌疑人只存在于公诉案件的侦查阶段和审查起诉阶段，是指因涉嫌犯罪而被侦查机关立案侦查和被检察机关审查是否提起诉讼的人。被告人则既存在于公诉案件也存在于自诉案件并且都是存在于审判阶段中，是指因涉嫌犯罪被检察机关或自诉人正式向审判机关提起诉讼，要求审判机关依法追究其刑事责任的人。[②] 所谓犯罪嫌疑人人权是指具有犯罪嫌疑人身份的公民依法享有的权利和自由，包括未被法律剥夺或限制的公民权利以及法律专门赋予犯

---

① 周伟、万毅主编：《刑事被告人、被害人权利保障研究》，中国人民大学出版社2009年版，第5页。

② 樊崇义主编：《刑事诉讼法学》，法律出版社2004年版，第116页。

罪嫌疑人的权利。刑事被告人人权是指刑事案件的被告人在刑事诉讼过程中依法享有的权利和自由。

(二) 犯罪嫌疑人和被告人权利的基本内容

犯罪嫌疑人、被告人的权利可分为实体性权利与程序性权利。实体法中的权利即实体性权利，是指人们对某种实体利益所具有的受法律保护的资格和权能，这些利益包括生命、名誉、人格、自由和财产等。实体性权利反映的是权利的目的和结果要素，它表明的是主体对于社会中的资源的合法拥有状态。程序法中的权利即程序性权利，是指主体为了行使、主张或保障其实体权利而必须具有的实施一定行为的能力，如辩护权、上诉权等。无论是实体性权利还是程序性权利都应当受到法律保护，不受国家机关非法侵犯。这些权利一旦受到非法侵犯，犯罪嫌疑人、被告人有权依法得到相应救济。

1. 实体性权利

(1) 人身权。人身权是一种与人身不可分离的基本权利，是公民依法享有的涉及其生存和发展空间安全的自由度。人身权包括以下具体权利：①身体权。法律意义上的身体，专指自然人的身体，是指由自然人的生理组织所构成的整体，具有完整性和完全性的基本特征。②人身自由权。人身自由是指公民有人身的自主权，有举止行动的自由，公民的人身自由不受非法侵犯。人身自由在各项权利自由中是最基本的。主要包括：不受非法逮捕或拘禁权、住宅自由权、通信自由权。③人格尊严权。人格尊严权是指公民维护自己的人格尊严并保证其不受非法侵害的权利。④隐私权。隐私权是指自然人就自己的个人私事、个人信息等个人生活领域内的事情不为他人知悉、禁止他人干涉的权利。

(2) 财产权。财产权是指以财产利益为内容，直接体现财产利益的民事权利，既包括物权、债权、继承权，也包括知识产权中的财产权利。财产权是公民生存权、发展权的基本物质保障，为生命权、自由权、平等权等权利提供了物质前提。在宪法上，财产权属于公民的基本权利。因为财产权是人作为有尊严的个体存在的必要条件，没有财产权的人就不可能有独立的人格、自由和尊严。只有确认和保护私有财产权，个人的生存和发展才会有基本的物质保障，生命权、自由权和平等权等才会具有物质前提，整个人权才会有坚实的基础。

2. 程序性权利

(1) 辩护权。辩护权即法律赋予犯罪嫌疑人、被告人针对指控进行辩解，说明自己无罪、罪轻或者应当从轻、减轻或免除处罚的理由，以维护自己合法权益的一种诉讼权利。这是犯罪嫌疑人、被告人所享有的诉讼权利的核心。主要包括：①有权被告知享有辩护权，并且有权自行辩护和选任律师协助辩护；

②有与律师联络、会见的权利；③当无力聘请律师辩护而案件符合法律援助条件时，有权获得由国家提供的免费法律帮助。我国《刑事诉讼法》第11、14、32、34、37和43条对此进行了规范。

（2）知情权。知情权一般是指公民依法享有的知悉、获取、了解与法律赋予该主体权利相关的各种信息的自由和权利，是公民所享有的从行使公权力的国家机关或其他组织那里了解、获取、知悉信息的自由和权利。赋予犯罪嫌疑人充分的知情权，主要是为了确保其在诉讼中能够充分、有效地防御和准备。

（3）不受强迫自证其罪权。是指保障犯罪嫌疑人、被告人在刑事诉讼中有权自愿或自主地进行陈述，反对用刑讯逼供或其他非法的方法获取犯罪嫌疑人、被告人的口供和其他证据的权利。我国《刑事诉讼法》第50条对此进行了规范。

（4）申请回避权。是指办理案件的审判人员、检察人员、公安人员及其他法定人员与案件有某种利害关系而应当回避，不能参与办理本案件的一项诉讼制度。我国《刑事诉讼法》第28、29、30条对此进了规范。

（5）免受不合理拖延权。是指任何因刑事指控被逮捕或拘禁的人，应被迅速带见审判官或其他经法律授权行使司法权力的官员，以及等待审判的被告人应被迅速带到法庭接受审判，以便于司法官员对强制措施进行审查，法官对案件进行审判，这一过程不允许无故拖延。

（6）获得翻译和运用本民族的语言文字进行诉讼的权利。我国《刑事诉讼法》第9条规定，各民族公民都有使用本民族语言文字进行诉讼的权利。人民法院、人民检察院和公安机关对于不通晓当地通用语言文字的诉讼参与人，应为他们翻译；少数民族聚居或者多民族杂居的地区，应当用当地通用的语言进行审讯，用当地通用的文字发布判决书、布告和其他文件。

（7）要求“审判公开”的权利。我国《刑事诉讼法》第183条进一步明确规定：“人民法院审判第一审案件应当公开进行。但是涉及有关国家秘密或者个人隐私的案件，不公开审理；涉及商业秘密的案件，当事人申请不公开审理的，可以不公开审理。不公开审理的案件，应当当庭宣布不公开的理由。”

（8）获得司法救济的权利。司法救济权是指任何人当其宪法和法律赋予的权利受到侵害时，均享有向独立而无偏倚的法院提起诉讼并由法院经过正当程序作出公正裁判的权利。司法救济权在人权保障体系中占有重要地位，法庭成为解决权利冲突、利益纠纷的最有效、最重要和终极性场所。本书论及犯罪嫌疑人、被告人的司法救济，是指犯罪嫌疑人、被告人对司法机关作出的对其不利的行为、决定或裁判，要求另一专门机关予以审查并作出变更或撤销的诉讼权利。这类权利主要包括：上诉权、申诉权、刑事赔偿权等防御性权利。这些权利设置的主要目的是增强犯罪嫌疑人、被告人对非法侵害的抵制能力，对刑事诉讼中不可忽略、不可避免的错误进行事后救济，以求在客观上维护法律的公正，为犯罪嫌疑人的人权保障设置最后一道屏障。① 我国《宪法》第41条、《刑事诉讼法》第14、108、109、110条对此进行了规范。

（9）未经法院依法判决，任何人不得被确定有罪的权利。我国《刑事诉讼法》第12条规定："未经人民法院依法判决，对任何人都不得确定有罪。"第171条规定："对于二次补充侦查的案件，人民检察院仍然认为证据不足，不符合起诉条件的，应当作出不起诉的决定。"第195条第（三）项规定："证据不足，不能认定被告人有罪的，应当作出证据不足、指控的犯罪不能成立的无罪判决。"

（10）最后陈述的权利。是指在刑事诉讼开庭审理过程中，法庭辩论终结后，在审判人员的主持下，被告人就有关案件事实的认定、证据的使用、法律的适用、争议问题的处理以及法院的审理活动是否合法陈述自己最终的、综合性的意见。我国《刑事诉讼法》第193、195、213条对此进行了明确规定。

（三）犯罪嫌疑人和被告人权利的实现方式及保障机制

随着全面推进依法治国和司法体制改革的不断深化，针对司法实践中犯罪嫌疑人、被告人诉讼权利保障中的问题，我们应当尽快转变观念，加强对人权保障重要价值的认识，充分尊重和保障被追诉人的人权，紧密结合检察工作和公诉业务实践，积极推动以审判为中心的诉讼制度改革，有效防止冤假错案发生。

1. 转变司法理念，牢固树立疑罪从无的观念

通过反思近年来不断暴露出的冤假错案，如佘祥林杀妻案、赵作海杀人案、张氏叔侄强奸杀人案、呼格杀人案等，"疑罪从有、疑罪从轻""重口供、轻客观证据"等错误刑事司法观念无疑是主要根源。检察官的责任是追求公正，而不仅仅是控诉犯罪。公诉人不仅仅要做激情控诉的国家公诉人，更要做理性客观的公正守护神，冷静正确地应对司法过程中所遇到的各类复杂的问题，坚持做到实事求是，中立公允，达到以理性促公正的司法效果。在以审判为中心的诉讼制度改革进程中，公诉人更要牢固树立人权保障、程序公正优先、无罪推定、证据裁判、程序法治等司法理念，彻底抛弃有罪推定思想，认真对待被追诉人的陈述或辩解以及提交的证据材料，善于从审判的角度做好证

① 周伟、万毅主编：《刑事被告人、被害人权利保障研究》，中国人民大学出版社2009年版，第145页。

据审查工作，将保障无罪的人不受刑事追究确立为刑事诉讼不可逾越的一条红线，依法保护公民的正当权利，维护司法文明和理性的社会秩序，让全社会感受到疑罪从无带来的公平正义，感受到社会的安定有序。

2. 完善落实辩护制度，保障犯罪嫌疑人、被告人辩护权

在以审判为中心的刑事诉讼模式下，需要控辩平衡的诉讼结构作为支撑，需要改善被告人的诉讼地位，赋予其足以对抗追诉机关的诉讼权利，增强其防御力量，实现以权利制约权力的目的。刑事辩护能够帮助公安、司法机关把涉及当事人重大权利的侦查、批捕、起诉、定罪判刑等工作做准确、做公正，从而把“尊重和保障人权”宪法原则落到实处。[①] 修改后的刑事诉讼法进一步完善了辩护制度，赋予了辩护人更大的辩护权，而以审判为中心的诉讼制度改革则对创新公诉工作机制和提升公诉人员素质提出了新的更高的要求。

（1）树立全面审查案件的观念。在审查起诉工作中，要尽快改变过去那种过于偏重审查有罪、罪重证据，忽视审查无罪、罪轻证据的思维定势，把对于两种性质不同证据的审查放在同等重要的位置，从辩方的角度换位思考和反向思维，弱化对口供等言词证据的依赖，强化证据补正意识，重视对实物证据的审查和运用。

（2）提高全面分析、判断和运用证据的能力。在分析有罪证据时，既分析现有的指控证据能否形成完整的有罪证据链，分析每个证据的证明力，证据上的瑕疵和薄弱环节，也要审查分析辩方提出的无罪证据是否合理，分析无罪证据与有罪证据链的薄弱环节的冲突。在分析罪重证据时，既要分析罪重证据是属于证明法定从重、还是属于证明酌定从重的证据，也要分析辩方提出的或者客观存在的罪轻证据对罪重证据的冲击和影响。

（3）尽量避免受侦查机关《起诉意见书》的影响而先入为主，要在全面分析案情和证据的基础上，努力形成客观公正的审查意见，不能为了定罪“从重”而人为地拔高有罪证据的证明力。

（4）检察机关内部审查讨论和决定案件时，要把讨论和研究辩护律师的意见作为审查工作的一项必经程序和重要内容。

（5）加强与辩护律师的交流与沟通，畅通诉辩之间交流的渠道和平台。要积极主动地听取辩护律师的意见，全面了解辩护律师的调查取证情况，在作出决定时充分考虑辩护律师的意见，进一步增强公诉工作的预见性、前瞻性，提前做好应对法庭审理中可能出现问题的准备。

---

① 朱孝清：《刑事辩护与检察》，载《人民检察》2013 年第 3 期。

3. 加强对强制措施的监督，确保犯罪嫌疑人、被告人不被随意羁押

刑事强制措施直接关系到犯罪嫌疑人、被告人人身权利、财产权利等诸多宪法性权利，是否有必要采取强制措施、对其采取的强制措施与其人身危险程度是否相适应等，是决定适用强制措施时必须考量的因素。其中，逮捕作为最严厉的一种刑事强制措施，根据我国刑事诉讼法的规定，犯罪嫌疑人、被告人被逮捕后，人民检察院仍应当对羁押必要性进行审查。羁押必要性审查则是指根据被羁押的犯罪嫌疑人、被告人涉嫌犯罪的性质、情节以及证据的收集固定情况、犯罪嫌疑人、被告人悔罪态度等，审查其是否具有再次犯罪或者妨碍诉讼的危险性，以及对其取保候审、监视居住是否可以防止发生这种危险性。在此基础上，决定是否继续羁押该犯罪嫌疑人、被告人。[①] 这无疑是完善我国羁押制度，尊重和保障人权的重大举措。

（1）公诉部门要健全羁押必要性审查和监督约束机制，突出强化审查人的第一责任，并在审查报告中增加羁押必要性分析意见。公诉部门负责人和分管副检察长也要切实对羁押必要性审查负责，定期研究分析羁押必要性审查工作情况，及时发现存在的问题，提出解决的办法。对审判阶段羁押必要性发生变化的，要根据情况及时提出变更逮捕措施意见，跟踪实施监督，确保监督效果。上级院要加强对下级院这项工作的指导与研究，共同分析解决工作中遇到的问题，帮助下级院排除工作中遇到的困难与障碍，切实增强工作合力。

（2）强化侦查和审判过程中的监督。没有制约的权力必然导致腐败，强制措施的适用也同样如此。公诉部门在审查起诉和提起公诉过程中要强化侦查和审判监督，对于侦查和审判阶段被羁押人没有继续羁押必要的，应依法向相关部门提出审查建议，要求重点针对建议书的内容对羁押必要性进行全面审查，具体可以参照最高人民检察院 2014 年 1 月 21 日发布的《关于侦查监督部门实施刑事诉讼法若干问题的通知》，对公安机关和法院经口头纠正仍不反馈处理情况的，可以报检察长批准后向其发出纠正违法通知书。

4. 全面贯彻证据裁判规则，落实非法证据排除制度

证据裁判规则是指认定案件事实，必须以证据为根据。它要求证据必须合法取得，否则就没有可采性。比如，通过刑讯逼供取得的口供和通过暴力手段取得的证人证言，即使内容是真实的，也必须通过非法证据排除规则予以排除。刑事冤假错案是现代法治社会最不能容忍的司法错误，是对人权的严重践踏。刑讯逼供等非法取证行为是造成冤假错案的主要症结，所以强化证据审

① 孙谦、童建明：《修改后的刑事诉讼法理解与适用》，中国检察出版社 2012 年版，第 116 页。

查，排除非法证据对于保障人权、促进司法公正具有重大意义。在“刑讯逼供”成高频率翻供词、炒“非法证据”成被告人减轻罪责的“砝码”的严峻形势下，检察机关对非法证据必须进行全流程、全方位的“防微杜渐”。

（1）严格证据的合法性审查。认真审查、鉴别、分析证据，既要审查证据的内容是否真实客观、形式是否合法完备，也要审查证据收集过程是否合法；既要依法排除非法证据，也要做好瑕疵证据的审查补正和完善工作。第一，主动调取讯问同步录音录像。由于同步录音录像具有时效性，一般保存时间较短，所以一旦发现非法证据线索的，及时主动到看守所调取或者要求侦查机关提供，避免错失调取时机。第二，查阅监管场所、刑事执行检察部门记载的相关资料。调取犯罪嫌疑人入所时的体检表以及进所后的身体变化情况，调查犯罪嫌疑人羁押期间是否有出所登记。如为辨认犯罪现场等需要出所的，审查犯罪嫌疑人出所、回所时所做的人身检查记录，查看羁押场所的相关登记记载、视频资料和看守所干警、驻所检察人员与在押人员的谈话记录等材料。第三，审核非法取证线索和证据。对犯罪嫌疑人或辩护人提出非法证据排除的理由、线索或相关证据进行核实，有伤痕的及时进行证据固定和鉴定，有其他材料的及时提取、固定和保全，向同监室的人员询问犯罪嫌疑人有无受伤，对讯问场所进行实地调查。同时对全案证据进行复核，确保证据的合法性。

（2）做好证据合法性证明。对证据的合法性进行证明，是检察机关依法指控犯罪、强化诉讼监督、保证办案质量的一项重要工作。在提起公诉后，当事人及其辩护人、诉讼代理人提出非法取证证据或者线索的，应当要求侦查机关（部门）提供相关证明，必要时可以自行调查核实；庭审中，如提供相关证据或者线索的，法庭对合法性有疑问的，公诉人应当向法庭提供讯问笔录、出入看守所的健康检查笔录、看守所管教人员的谈话记录以及侦查机关（部门）对讯问过程合法性说明及讯问过程中的录音录像；如无法提供相关证据或者线索的，公诉人应当根据全案证据情况综合说明该证据的合法性。必要时，可以提请人民法院通知有关侦查人员或者其他人员出庭说明情况。对于被告人及其辩护人提出未到庭证人的书面证言、未到庭被害人的书面陈述是非法取得的，可以从证人或者被害人的作证资格、询问人员、询问过程和方式以及询问笔录的法定形式等方面对合法性作出说明；如原始询问经过录音录像或者其他证据能证明合法性的，可以在法庭上宣读或者出示。被告人及其辩护人提出明确的新证据或者线索，需要进一步调查核实的，应当依法建议法庭延期审理。

（3）进一步健全相关工作机制。加大对刑讯逼供、暴力取证等违法犯罪行为的查办力度，加强与侦查监督、反渎职侵权、刑事执行检察等部门的内部协作，完善情况通报、案件线索发现、证据移送、案件查办等各环节相互协调的工作机制，进一步提高对刑讯逼供、暴力取证等违法犯罪的发现能力和侦办水平，通过对违法犯罪的及时有效追究，切实遏制非法取证等违法行为。完善介入侦查引导取证工作机制和与侦查、审判机关的外部沟通与协调机制，通过联席会议、案件质量评查通报等形式，研究分析证据的收集、审查、判断、运用中发现的问题，与侦查机关（部门）、审判机关共同研究解决办法。

（4）完善证人、鉴定人出庭作证制度。公诉人要进一步提高对鉴定意见的审查能力，及时发现鉴定意见可能存在的瑕疵，同时还要对法庭上就鉴定意见可能提出的质疑做好充分准备，必要时申请有专门知识的人出庭就鉴定意见提出意见。对于证人出庭，公诉人要考虑到强制出庭的证人可能存在逆反心理，对公诉人或法庭的询问会采取消极方式不予配合的问题，强化庭审交叉询问方面的能力和训练，在询问技巧和应对法庭突发情况上，加强知识经验储备和岗位实践历练，切实做好应对各种情况的准备，保证良好的出庭效果。

二、刑事被害人的权利保障

“以审判为中心”带来的不仅是制度机制上的变革，更是要求司法人员强化人权司法保障和树立程序公正的现代刑事司法理念。随着国家治理能力现代化和权力运行法治化的横向发展，诉讼活动的人权保障理念在立法和司法实践中得到进一步加强。在人权保障的理念之下，全体诉讼参与人的正当性权利都应当得到宪法和法律的认可与维护。但是，从我国刑事法律在被害人权利保障方面情况来看，片面重视被告人诉讼中的弱势地位，而忽视被害人的受害性；单一强调国家利益的至高统一性，忽略被害人具体权益的现实性等问题还很突出。“无论是公法还是私法，其宗旨都不仅仅在于促进或保护某些公共的或个人的利益，而在于适当地平衡各方面的利益，创造正义和公正的局面。”① 作为犯罪行为的直接侵害人和刑事诉讼活动的重要参与者，刑事被害人的基本人权能否得到全面、合理和有效的保障，不仅是判断该种刑事诉讼模式设置是否科学、合理和人性的标准，而且是衡量一个国家或地区法治发展程度的重要指标，也是尊重和保障人权的重要内容。因此，在刑事诉讼活动中必须充分地保障刑事被害人的基本诉讼权利，这有利于刑事诉讼的顺利进行和保证刑事诉讼的公平正义。②

---

① ［德］卡尔·拉伦茨：《德国民法通论》（上），王晓晔等译，法律出版社2003年版。

② 杨帆：《司法实践中的刑事被害人权利保障问题刍议》，载《安徽商贸职业技术学院学报》2015年第3期。

（一）刑事被害人权利保障概述

1. 刑事被害人权利保障基本概念及内涵

（1）刑事被害人

我国《法学辞典》将被害人定义为“正当权利或合法权益遭受犯罪行为或不法行为侵害的人。这里的人不仅包括自然人，也包括法人和非法人团体。”从形态上来讲，被害人包括自然人、单位及国家。根据我国刑事诉讼法的规定，被害人有广义和狭义之分，广义的刑事被害人是指公诉案件的被害人、自诉案件作为自诉人的被害人，以及附带民事诉讼作为原告人的被害人。狭义的刑事被害人是指刑事公诉案件的被害人。[①] 本书所说的“被害人”专指在刑事公诉案件中以个人身份承担部分控诉职能的诉讼参与人。

（2）刑事被害人权利

所谓刑事被害人权利，就是指作为一个特定阶层被害人享有或应该享有的权利，是被害人在其法益遭受犯罪行为侵害后，为了实现被害人恢复和回归社会所必须享受的待遇，是被害人在刑事诉讼上的程序性权利。具体来说，就是被害人在参加刑事诉讼、指控犯罪、维护自身利益所享有的一系列权利的总称，是实体性权利和程序性权利的总称，是权利应然状态与实然状态的统一。实体性权利是程序性权利产生的基础，程序性权利是实体性权利的保障，二者相互适应、彼此协调，缺一不可。[②]

（3）刑事被害人权利保障

所谓刑事被害人权利保障，是指在刑事诉讼中，保障被害人的生命权、自由权、平等权、财产权等实体性权利，以及为保障这些实体性权利不受侵害而赋予被害人相应的程序性权利，同时保障被害人能有效行使这些程序性权利的实现方式。被害人权利保障是刑事诉讼人权保障这一直接目的不可分割的组成部分，与犯罪嫌疑人、被告人人权保障同等重要。被害人权利保障状况也是判断刑事诉讼程序正当性的重要根据之一。在刑事诉讼中，只有被害人的程序性权利和实体性权利都得到了有效保障，被害人权利保障的目标才能实现。被害人权利保障的核心是解决被害人被害后恢复和回归社会的问题，包括使其所遭受的物质损失和精神损害得到充分赔偿与补偿，心理创伤得以有效治疗，以及人身和财产安全得到合理保护，并以此为基础确立被害人在刑事诉讼中的地位。

① 刘作凌：《论公诉案件刑事被害人权利保障》，载《湖南商学院学报》2015年第1期。

② 兰跃军：《刑事被害人人权保障机制研究》，法律出版社2013年版，第39页。

2. 刑事被害人权利保障的发展过程及域外比较

人类对于犯罪被害的认识大致经历了三个阶段：由强调对个人的侵害到强调对国家的侵害，再到强调对国家和个人的双重侵害的演变过程。与此相对应，在对待被害人的态度和方法上也有三个过程：由“鼓励私仇报复、个人惩罚”到强调“公权至上、国家惩罚”再到“重保护个人权益，加强对被害人的赔偿和补偿”的发展变化。相应地，被害人对犯罪人的人身惩罚权逐渐演变为诉讼上的权利，并且越来越广泛和具体。作为人身惩罚权替代解决方式产生的经济求偿权则独立出来，越来越受到重视，全社会开始给予被害人越来越多的关注。而随着恢复性司法理念的产生和发展，在对话的基础上解决冲突、以和平的方式恢复秩序的做法，彰显了被害人的主体地位，在化解被害人与犯罪人之间矛盾的同时，获得精神和物质方面的补偿，增强了被害人的安全感，抚慰了被害人的精神痛苦，提升了被害人满意度。对被害人的权利保障达到前所未有的高度。①

被害人在世界各国刑事诉讼中的角色是不同的，英、美等国将其当作证人，但又不是普通的证人，其参与诉讼的权利要大于普通证人；在法、俄等国是将被害人规定为当事人，赋予其完整的诉权。以当代存在的三种诉讼模式为线索，就被害人的权益保障模式进行考察，得出以下启示：

（1）被害人的诉讼地位。在英美模式下，在刑事诉讼中被害人只享有与证人相同的权利，除了作为证人之外无权参加其他的刑事诉讼程序；大陆法系模式下被害人是诉讼的当事人，允许被害人在起诉、上诉以及程序参与中发挥重要作用；法国赋予被害人民事当事人的地位，德国赋予被害人刑事当事人的诉讼地位；采取混合模式的日本，并没有赋予被害人当事人的地位，仅以证人的身份参加诉讼。

（2）被害人程序参与权及对程序的影响权。在英美模式中，注重被害人的程序参与权，注意保障被害人参与程序的充分性，尊重被害人作为证人时的尊严，使其免受第二次伤害；大陆模式比较注重被害人对程序的影响，赋予被害人引起附带民事诉讼程序和上诉审判程序的权利。日本法律中，被害人的诉权只集中体现在被害人陈述意见权一个方面，在犯罪的控诉、法院判决上诉等关键问题上仍缺乏控制权。

（3）被害人的赔偿权。英美模式和大陆模式都允许在刑事程序中解决损害赔偿问题。日本则禁止在刑事程序中解决损害赔偿问题，只允许在刑事程序终结后，通过民事诉讼加以解决。允许刑事程序中解决损害赔偿问题的英美模

① 胡敬：《刑事被害人权益保障问题研究》，吉林人民出版社2014年版，第21页。

式和大陆模式在解决方式上又有所不同。在英美模式下，采用赔偿令的方式对被害人进行赔偿；大陆模式下，通过刑事附带民事诉讼的提起保障被害人的获得赔偿权，也允许单独提起民事诉讼。

（4）获得国家赔偿的权利。无论是英美国家还是大陆国家和日本都赋予了被害人在一定条件下获得国家补偿的权利，相比较而言，法国的补偿范围较为广泛。

（二）公诉工作中刑事被害人权利的基本内容

1. 控告权

在整个刑事诉讼中，被害人对于审判人员、检察人员和侦查人员侵犯其诉讼权利和人身侮辱的行为，有权提出控告。

2. 申请回避权

在刑事诉讼各个阶段，被害人及其法定代理人、诉讼代理人依法有权申请有关公安、司法人员回避。

3. 获得赔偿权

根据《刑法》第36条第1款和第37条的规定，由于犯罪行为而使被害人遭受经济损失的，对犯罪人除依法给予刑事处罚外，人民法院应当根据犯罪人的实际情况判处赔偿经济损失。

4. 附带民事起诉权

被害人由于被告人的犯罪行为而遭受的物质损失，在刑事诉讼过程中有权提起附带民事诉讼。

5. 委托代理权

公诉案件被害人及其法定代理人或者近亲属、附带民事诉讼的被害人及其法定代理人自案件移送审查起诉之日起，有权委托诉讼代理人。

6. 审查起诉阶段权利

具体包括：（1）听取意见权。人民检察院审查案件，应当听取被害人及其诉讼代理人意见。人民检察院对未成年犯罪嫌疑人作出附条件不起诉的决定以前，应当听取被害人的意见。（2）对不起诉的自诉救济权。被害人有权获得人民检察院的不起诉决定书；如果不服，既可以向上一级人民检察院申诉后再向人民法院起诉，也可以不经申诉而直接向人民法院起诉，将公诉转为自诉。

7. 审判阶段权利

具体包括：（1）获得开庭通知权。被害人及其诉讼代理人有权至迟在开庭3日前获得人民法院开庭的传票和通知。（2）保护隐私权。对于涉及个人隐私的案件和未成年人犯罪的案件，被害人有权要求不公开审理。（3）参加法庭调查权。被害人有权就起诉书指控的犯罪陈述意见，或提出诉讼请求；经审判长许可，被害人及其诉讼代理人可以向被告人、证人和鉴定人发问，对物证、未到庭的证人证言、鉴定意见和勘验笔录发表意见；被害人及其诉讼代理人还有权申请新的证人到庭，调取新的物证，申请重新鉴定、勘验。（4）参加法庭辩论权。经审判长许可，被害人及其诉讼代理人可以对证据和案件情况发表意见，并且参加辩论。（5）申请排除非法证据权。在法庭审理过程中，被害人及其诉讼代理人有权申请人民法院对以非法方法收集的证据依法予以排除。（6）庭审知情权。法庭笔录应当交给被害人阅读或者向他宣读；被害人认为记载有遗漏或者差错的，可以请求补充或者改正；被害人有权获得法院的裁判文书。（7）一审裁判的上诉权或申请抗诉权。自诉案件被害人及其法定代理人对一审裁判不服，有权依法上诉；附带民事诉讼的被害人及其法定代理人对一审裁判中附带民事诉讼部分不服，也有权依法上诉。但是，公诉案件被害人及其法定代理人不服一审判决，只能申请人民检察院抗诉，无权上诉。（8）二审调查讯问式审理听取意见权。二审法院采用调查讯问式审理上诉案件，应当听取被害人及其诉讼代理人意见。（9）返还财产请求权。判决确定后，被害人有权要求公安、司法机关及时返还其合法财产。

8. 作证保护权

根据《刑事诉讼法》第 62 条的规定，对于危害国家安全犯罪、恐怖活动犯罪、黑社会性质的组织犯罪、毒品犯罪等案件，被害人因在诉讼中作证，本人或者其近亲属的人身安全面临危险的，人民法院、人民检察院和公安机关应当采取保护措施。

9. 自愿和解权

《刑事诉讼法》第 277 条规定："下列公诉案件，犯罪嫌疑人、被告人真诚悔罪，通过向被害人赔偿损失、赔礼道歉等方式获得被害人谅解，被害人自愿和解的，双方当事人可以和解：（一）因民间纠纷引起，涉嫌刑法分则第四章、第五章规定的犯罪案件，可能判处三年有期徒刑以下刑罚的；（二）除渎职犯罪以外的可能判处七年有期徒刑以下刑罚的过失犯罪案件。"

（三）刑事被害人权利的实现方式及保障机制

"国家救济刑事被害人的态度，标志着国家的文明程度。"[①] 然而，保障刑事被害人的权利是一个综合性系统工程，其不仅关系审前与审判程序中的国家利益、被害人利益以及被告人（犯罪嫌疑人）利益的平衡，还需要审判完结

① 陈彬、薛竑：《刑事被害人国家补偿制度价值取向研究》，载《现代法学》2008 年第 5 期。

后的国家补偿制度和社会援助机制的同步构建。

1. 积极推进刑事和解制度

刑事和解是指在刑事诉讼程序进行中，加害人（即被告人或犯罪嫌疑人）与被害人及其近亲属在公安机关、检察机关或者人民法院的主持下以认罪、赔偿、道歉等方式经过自愿、平等协商达成谅解，司法机关对加害人予以从轻处罚或者免于处罚的一种案件处理模式。作为恢复性司法理念下的一种案件处理方法，可以灵活平衡被告人和被害人双方利益，对于化解社会矛盾、维护和谐稳定具有重要意义。

(1) 及时告知被害人诉讼权利。由于很多当事人法律知识欠缺，不了解刑事和解制度，因此，办案人员可以在向犯罪嫌疑人、被害人邮寄、送达的法律文书中加入刑事和解的相关内容，明确告知刑事和解的适用条件、范围和法律后果。

(2) 依托社会力量开展刑事和解。检察机关案多人少的情况还会在一定时间内存在，这就要求对有和解可能的案件，检察机关要加强与公安、法院以及基层政府、群众组织的沟通协调，积极将刑事和解工作纳入“大调解”工作体系中部署和推进，形成化解社会矛盾的合力。

(3) 结合其他方式，提升刑事和解效果。对于通过刑事和解犯罪嫌疑人已认罪悔改，人身危险性已降低，采取非羁押性措施不会妨碍诉讼顺利进行及危害被害人的，可以变更强制措施；对犯罪情节较轻，当事人之间达成和解的案件，可以作出不起诉决定；对刑事和解案件中的犯罪嫌疑人、被告人提出从宽处罚的量刑建议；对于和解案件较多的基层院可以明确专门办理刑事和解的机构和人员，提升刑事和解工作的效能。

(4) 在由公安机关或人民法院主持的刑事和解案件中，检察机关应当通过立案监督、侦查监督及审判监督来发挥法律监督职能，保证刑事和解依法公正适用，维护当事人权益。检察机关应重点监督案件是否符合刑事和解的适用范围，犯罪嫌疑人、被告人是否真诚悔罪，被害人是否谅解，和解过程是否有不合法的行为等。

2. 规范和完善酌定不起诉制度

酌定不起诉制度是起诉便宜主义的体现，符合宽严相济的刑事政策，但是司法工作中存在如办案人员一般只是根据法律规定及经验来决定是否不起诉，较少考虑被害人意见；被害人对不起诉决定大都是送达文书后才知悉，知情权不足；审查案件听取被害人意见不充分，未在决策过程中给予被害人充分表达意见的机会，导致被害人的参与权无法获得充分保障；被害人的救济途径不畅通等问题。为此，检察机关在作出酌定不起诉时，要从保护被害人权利和维护当事人权利平衡的角度出发，进一步规范酌定不起诉的标准和程序；建议增设询问被害人环节及告知制度，告知酌定不起诉的法律依据及后果，听取其对不起诉决定的意见，以便增强酌定不起诉的法律效果；在作出不起诉决定后，应当及时把不起诉决定书送达被害人，并加强不起诉决定书的释法说理，告知被害人不服不起诉决定的救济途径及期限。另外，要加大对酌定不起诉的监督力度，可以依托人民监督员制度和检务公开机制，增强不起诉工作的透明度。①

3. 完善量刑建议制度

法律法规对检察机关可以在起诉时提出量刑建议作出了相关规定，但是并未明确要听取被害人意见等保障被害人参与权的措施，而且司法实践中，办案人员提出的量刑建议在一些情况下难以充分体现被害人的意见，在一定程度上影响了案件的办理效果。为此，检察机关应当在定罪和量刑活动中加强对被害人参与权的保障。② 建议在审查起诉阶段及时告知被害人有权提出量刑意见，可以口头或者书面提出；询问被害人时充分考量、吸收“被害人影响陈述”理论③，不仅为定罪提供证据，也为检察人员量刑提供重要参考资料，也可极大地排解被害人及其亲属紧张、压抑、憎恨等情绪，有利于其对量刑建议的理解和认可；同时，检察机关应当加强量刑建议的说理性，对案件事实认定、证据采信、被害人量刑意见采纳等情况进行适当的说明，保证量刑建议的公开透明，使被害人心悦诚服地接受，减少事后息诉的工作量。

4. 完善刑事抗诉机制

抗诉，是指法律授予检察机关代表国家行使监督权，对认定有误的法院判决或裁定，在法定期限内依法定程序提请上级人民法院重新审理和裁判原案的一种诉讼活动。④ 抗诉请求权是刑事诉讼法在确定被害人诉讼当事人地位的同时赋予其一项重要的诉讼权利。然而，在司法实践中，抗诉率一直较低，由被害人请求而抗诉的案件更是少之又少，使得这一维护被害人诉讼权利的制度难以充分发挥作用。为此，实践中检察机关应在权利义务告知书中增加“有权请求人民检察院提出抗诉及抗诉期限”的有关内容，并对被害人作出相应提示和解释说明；被害人向人民检察院提请抗诉的，如原办案人员可能影响其对抗诉请求公正审查的，应更换办案人员或由专门部门统一审查，以保证审查人

① 孙学文、余响铃：《社会矛盾化解理念下酌定不起诉工作实践分析》，载《国家检察官学院学报》2011 年第 5 期。

② 何艳芳：《论被害人参与量刑活动的权利保障》，载《法律适用》2013 年第 10 期。

③ 英美法系国家量刑程序中的 项重要制度，它是指被害人就犯罪对其身体、精神、经济等方面造成的影响作出全面陈述，从而为法庭提供参考。

④ 樊崇义主编：《刑事诉讼法》，法律出版社 2009 年版，第 363 页。

员能够对是否抗诉提出正确意见，从而切实保障被害人的抗诉请求权[①]；改变追求抗诉改判的价值取向，树立抗诉不改判不一定是抗错的理念。在坚持抗诉标准的前提下，只要提出抗诉就是保障了被害人的抗诉请求权；同时，要加强对不抗诉决定的释法说理工作，向被害人详细说明原因并进行劝导，防止引发新的社会矛盾。

5. 积极探索有利于被害人权利保障的法律制度

（1）完善国家对刑事被害人的补偿制度

犯罪行为既是对个人权利的侵犯，亦是对国家管理制度、秩序的破坏。国家既负有打击犯罪的责任，也具有保护公民合法权益不受非法侵害的义务。因此，在被害人受到犯罪行为侵害后，由国家对被害人给予一定的补偿，具有理论依据。在有些刑事案件中，特别是一些暴力性侵财类案件，被告人的赔偿能力较差，往往造成法院作出判决后，被害人却得不到任何赔偿，尤其是有些被害人家庭经济状况较差，赔偿金对于其生活生产至关重要的情况下，可由国家给予被害人一定经济补偿，有利于刑事诉讼目的的实现。因此，在我国现有的法治环境下，国家应进一步完善被害人补偿制度，以期对被害人权利予以及时的救济。

（2）完善社会对刑事被害人的救济制度

被害人作为"社会人"，社会整体对于其权益受损的状态是否给予必要的帮助，是否建立了相应的救济机制，对被害人而言至关重要。尤其是针对受损害程度较重、各方面条件较差的被害人来说，社会救济更是不可或缺。现实中一些被害人受到犯罪行为的侵害后，因为社会冷落、未被重视等原因而在心理上再次受到伤害。但是，目前我国仍缺少专业的社会组织对被害人提供专业化的帮助，人们对被害人的救助带有很大的偶然性与不确定性，因此，应进一步完善能够为被害人提供医疗保障、心理救助等服务的机制，最大限度地平复被害人的心理创伤，帮助他们恢复正常生活，以维护良好的社会秩序。

（3）完善对刑事被害人的司法援助制度

"恢复性"司法理念为现代刑事司法理论及实践所倡导，"恢复性司法"力求被害人与加害人积极参与其中，旨在让被害人受损的权益得到修复、加害人得到改造。司法机关在修复被害人受损权益的过程中，亦起到至关重要的作用。我们应在现行的刑事司法体制中，配套相应的法律法规，进一步完善被害人法律援助制度，确定可以申请援助的被害人范围及援助的方式方法等相关内

---

① 陶保灿：《被害人刑事抗诉请求权需要从三方面完善》，载《检察日报》2006年3月7日，第3版。

容，最大限度地保障被害人权益。

6. 进一步完善刑事被害人的相关诉讼权利

（1）探讨赋予刑事被害人上诉权

我国《刑事诉讼法》第218条对被害人的抗诉请求权进行了规定，但并未规定独立的上诉权。而公诉一般倾向于社会秩序和公共利益的维护，被害人控诉则倾向于个人权益的恢复，二者侧重点不同，可能出现矛盾。且公诉部门在某些情形下，也难以全部反映出被害人的诉求。因此，赋予刑事被害人上诉权就尤为必要。况且在检察机关未采纳被害人抗诉意见的情况下，被害人则只能被迫接受，或通过其他非司法途径，甚至可能是一些不正当的途径表达自己的诉求，有可能产生新的社会矛盾，激化社会冲突，使得刑事诉讼的根本目的在实现过程中受阻，这无疑是与恢复性司法理念的要求相背离的。所以，在现有司法环境及司法资源可以承受的情况下，可以探索赋予被害人上诉权，以保障被害人的诉讼权利。

（2）保障刑事被害人最后陈述权

赋予被害人最后陈述权，是指在法庭审理过程中，被害人有权向法庭说明被告人的犯罪行为对于其个人以及家庭所造成的身体上、精神上的痛苦以及经济上的损失，并提出自己的相关诉求，请裁判机构予以充分考量的权利。该权利类似于英美法系国家的“被害人影响陈述制度”。“被害人影响陈述制度”是指被害人在量刑阶段向法官作出的，关于犯罪对其个人或家庭造成的身体上或精神上的伤害，或者对财产上造成的损失，或者产生的其他影响的表述，也允许被害人发表关于量刑的意见。① 因此，庭审过程中，在充分保障正常庭审进程的情况下，可以在被告人陈述后，加之被害人陈述程序，由被害人向法庭说明情况、提出请求。当然陈述也可以由被害人提交书面陈述意见的方式进行，充分给予被害人表达诉求的权利及机会，同时也为法官作出裁判给予必要的参考性意见。

（3）完善被害人委托诉讼代理人的权利

被害人作为刑事诉讼的当事人，具有参与诉讼、表达意志的需求。但是，被害人由于心理状态、知识架构等多方面的原因，难以较好地参与到刑事诉讼之中，其权益的保障便存在一定障碍。所以，为了充分维护被害人的合法权益，代理制度必不可少。但是，从我国现行的法律制度来看，委托代理制度规定不够细致，有可能导致诉讼代理人的权利落实和保障不到位，从而影响被害人合法权益的维护。鉴于此，应当从下述几个方面予以完善：第一，提前被害

① 张鸿巍主编：《刑事被害人保护问题研究》，人民法院出版社2007年版，第46页。

人委托代理人的时间，即允许被害人在侦查阶段委托代理人，与被告人聘请律师提供法律服务的时间相对应；第二，扩大委托代理人的阅卷权，如果委托代理人为律师的，应赋予委托代理人在审查起诉阶段与辩护律师享有同等的查阅、摘抄、复制本案所有犯罪事实材料的权利，这也是被害人和被告人权利平衡的体现；第三，明确被害人诉讼代理人的责任，法律应对被害人诉讼代理人的责任作出具体规定，即根据事实和法律，对被告人的定罪量刑提出指控意见，维护被害人的合法权益。

三、律师的执业权利保障

辩护制度的完善是衡量一个国家民主法制化程度的重要标准。辩护律师诉讼权利能否得到充分保障，直接关系到刑事诉讼中辩护职能作用的发挥。在以审判为中心的刑事诉讼模式中，庭审是整个诉讼的中心环节，法官直接听取控辩双方的意见，依据证据、裁判规则作出裁判。控辩平衡是以审判为中心的诉讼制度的关键环节之一，控辩平衡要求控辩双方的法律地位平等，权利义务对等。为了实现控辩平衡，必须保障刑事被告人的诉讼权利和辩护律师的执业权利。

党的十八届三中、四中全会从全面推进依法治国的战略高度，对改革完善律师制度提出了明确要求。2015 年 8 月，在全国律师工作会议上，中央政法委对依法保障律师执业权利、规范执业行为作出全面部署；2015 年 9 月，“两高三部”联合出台《关于依法保障律师执业权利的规定》，细化律师执业权利各项保障措施。从这些重要的会议和文件中可以看出，保障律师辩护权是建设法治中国的重大举措，也是保证公正司法、提高司法公信力的迫切需要。

保障辩护律师依法执业是检察机关义不容辞的法定职责，也是促进检察权依法正确行使、提高公正文明司法能力的重要途径。作为担负控诉犯罪与保障人权双重任务的公诉部门，必须严格落实各项法律规定和要求，切实增强包括律师在内的法律职业共同体的认同感，依法保障律师知情权、会见权、阅卷权、申请收集和调取证据权，认真听取辩护律师的意见，认真履行对其他执法、司法机关妨碍律师依法执业的法律监督，更好地保障和促进辩护律师依法执业。

（一）辩护律师的权利保障概述

1. 辩护律师及其权利

辩护律师是接受犯罪嫌疑人、被告人的委托或者法律援助机构的指派而参加到刑事诉讼活动中，协助犯罪嫌疑人、被告人共同行使辩护职能的法律职业工作者。辩护律师的权利是指在刑事诉讼中，担任犯罪嫌疑人、被告人的辩护律师，为了有效地进行辩护，在实质上维护犯罪嫌疑人、被告人的诉讼权利和其他合法权益，在履行律师基本诉讼职能时所应当享有的法律规定的权利。辩护律师是具有自主性的独立司法单元，并非当事人的利益代言人，而是基于当事人的辩护权而介入诉讼，并且具有独立诉讼地位的参与人。他们接受委托或者指派之后凭借自己的判断和专业技能，以自己名义进行辩护，不受犯罪嫌疑人、被告人意思表示的约束，当然，以不得有损于当事人的利益为限。同时，辩护律师还担负着维护社会公平正义的义务。所以，辩护律师的职责和任务是多元化和立体化的，既要维护人权，又要实现社会公平正义。

2. 检察机关加强辩护律师执业权利保障的必要性

党的十八届三中全会强调，完善律师执业权利保障机制，发挥律师在依法维护公民和法人合法权益方面的重要作用。面对人民群众对司法公正的殷切期待，加强检察环节律师执业权利保障，不仅是检察机关强化法律监督、维护公平正义的根本要求，更是适应以审判为中心诉讼制度改革的重要体现。

（1）加强律师执业权利保障是公正司法的必然要求

全面推进依法治国要求完善人权司法保障制度，通过公正司法实现公平正义。公正司法不仅体现在实体公正，更要保障程序公正。刑事诉讼中的控诉职能和审判职能都是由国家机关来承担，由国家强制力做保证，而犯罪嫌疑人、被告人由于处在被追诉的地位，刑事辩护能力较弱，所以，只有充分保障律师的权利，才能保证辩护职能的充分发挥，同控诉方形成有效的对抗，使审判机关客观地认定案件事实和适用法律，公正地处理案件。同时，保障律师的执业权利，充分发挥律师的力量来监督检察机关依法办案，有助于提高检察机关的办案质量，从而保障公平正义的实现。

（2）加强律师执业权利保障是保障人权的基本要求

保障人权是依法治国的一项重要内容。刑事诉讼中诉讼参与人的权利是保障人权的一个重要方面，其受保护的程度是衡量诉讼公正的一个重要标志。对于辩护律师来讲，他们与公诉人虽然承担的诉讼职能不同，但目的都在于保证客观公正的查明案件，确保法律正确实施。对于审判人员来讲，审判活动也离不开律师的帮助，律师公正履行辩护职责可以使审判人员全面了解案情，对有关法律问题的辩护观点也可以为审判人员正确适用法律提供参考，有助于刑事诉讼目的的实现。

（3）加强律师执业权利保障是适应以审判为中心诉讼制度改革的客观要求

一方面，有效保障律师执业权利不仅可以促进侦辩双方在侦查环节发挥应有的作用，及时发现侦查活动的漏洞和不足，从而使侦查工作经得起审判环节的检验；同时，还使得公诉方和辩护方成为侦查环节和审判环节之间的“防火墙”，最大限度地减少侦查机关“有罪推定”思维对审判环节的干扰，从而减少冤假错案的发生。另一方面，加强律师执业权利保障有利于诉辩双方在审前利用各自的优势完善证据，使案件事实更加清楚，证据链条更为完整，使法庭的中立裁判建立在准确、全面的证据基础上，从而保证裁判结果的公正；同时还有利于法官总结案件事实认定的疑点、适用法律的争议点，全面了解案情，使实质争议焦点更加突出，庭审更具效率，更好地保障当事人的合法权益。

（4）加强律师执业权利保障是促进检察机关规范化建设和提升公诉部门办案质量的有效途径

检察机关保障律师执业权利使得律师发挥主观能动性的空间得以扩展，律师就可以更多地发现和提出刑事案件和诉讼中存在的问题，可以有效监督检察机关公正司法，提高检察队伍的执法能力和办案水平，促进检察机关规范化建设。以审判为中心诉讼制度改革使得以庭审为核心的控辩对抗明显激烈，庭审中的各种不确定性大大增加，促使检察机关一方面应当依法加强律师权利的保障，维护诉讼当事人的合法权益，另一方面要大力提高自身素质和办案质量。

（二）律师执业权利的内容

为了使律师能正确履行辩护职能，充分维护犯罪嫌疑人、被告人的诉讼权利和其他合法权益，各国法律都赋予了律师相应的诉讼权利。在我国，有关律师权利的内容主要在《刑事诉讼法》、最高人民法院《关于适用〈中华人民共和国刑事诉讼法〉的解释》《人民检察院刑事诉讼规则（试行）》《公安机关办理刑事案件程序规定》《律师法》以及“两高三部”《关于依法保障律师执业权利的规定》中进行了详细和广泛的规定。

1. 申请回避和复议的权利

申请回避是指律师认为办理案件的侦查人员、检察人员、审判人员以及其他人员具有法律规定的应当回避的情形时，有权向司法机关提出申请，要求他们回避。对于犯罪嫌疑人、被告人来说，进入刑事诉讼程序一般都处于羁押状态，难以掌握或核实有关办案人员是否应当回避的有关事由。法律赋予了律师在刑事诉讼中申请回避、复议的权利，不仅可以防止实践中当事人由于缺少专业法律知识而放弃回避权利的情形，还可以有效避免司法人员因与本案有利害关系或其他关系而可能产生的弄虚作假、徇私舞弊、故意偏袒等不公正现象，从而使得案件得到客观、公正的处理。我国《刑事诉讼法》第 31 条第 2 款，最高人民法院《关于适用〈中华人民共和国刑事诉讼法〉的解释》第 34 条、

第194条,《人民检察院刑事诉讼规则(试行)》第33条第3款,《公安机关办理刑事案件程序规定》第39条,“两高三部”《关于依法保障律师执业权利的规定》第27条,对此项权利进行了规定。

2. 会见权和通信权

会见权和通信权是辩护律师的法定权利,是律师对案件进行调查的一种方式,是开展有效辩护必不可少的准备工作。通过会见与通信,听取犯罪嫌疑人、被告人对指控犯罪事实和罪名的意见,询问其有无证明无罪、罪轻或者减轻、免除刑事责任的证据材料和意见,从而了解有关案件情况,提供法律帮助,解释有关法律问题。我国《刑事诉讼法》第37条,最高人民法院《关于适用〈中华人民共和国刑事诉讼法〉的解释》第48条,《人民检察院刑事诉讼规则(试行)》第45条、第46条,《公安机关办理刑事案件程序规定》第48条至第52条,《律师法》第33条,最高人民检察院《关于依法保障律师执业权利的规定》第5条,“两高三部”《关于依法保障律师执业权利的规定》第9条至第13条,对此项权利进行了规定。

3. 阅卷权

阅卷是律师全面掌握证据、保障知情权、行使辩护权的前提和基础。律师承办诉讼案件,有权查阅案件卷宗和证据材料。查阅案件材料是辩护律师全面、详细了解案情的重要方式,可以解决律师自行调查取证不足带来的有关证据收集方面的问题。检察机关要及时受理并安排律师查阅、摘抄、复制案卷材料。确因工作原因,导致无法及时安排律师阅卷的,检察机关应向律师说明理由并作妥善处理。我国《刑事诉讼法》第38条,最高人民法院《关于适用〈中华人民共和国刑事诉讼法〉的解释》第47条、第59条、第66条第2款、第223条、第319条、第469条第2款,《人民检察院刑事诉讼规则(试行)》第47条、第49条、第265条第2款、第433条第3款,《律师法》第34条,最高人民检察院《关于依法保障律师执业权利的规定》第6条,“两高三部”《关于依法保障律师执业权利的规定》第14条、第15条,对此项权利进行了规定。

4. 申请收集、调取证据权

调查取证权是指律师在执业过程中享有的向证人、被害人以及有关单位和个人调查案件事实、收集与本案有关的材料的权利。律师办理法律事务需要做到以事实为根据、以法律为准绳,这要求律师有权调查、收集证据,以全面掌握案件事实。因此,调查取证权是律师基本的权利之一,也是律师顺利履行职责的保障。我国《刑事诉讼法》第39条至第41条,最高人民法院《关于适用〈中华人民共和国刑事诉讼法〉的解释》第49条至第53条、第224条,

《人民检察院刑事诉讼规则（试行）》第50条至第53条、第398条、第450条，《公安机关办理刑事案件程序规定》第57条至第62条，《律师法》第35条，最高人民检察院《关于依法保障律师执业权利的规定》第7条，“两高三部”《关于依法保障律师执业权利的规定》第16条至第20条，对此项权利进行了规定。

5. 发表意见权

律师发表辩护意见，是保障当事人诉权，确保案件质量、防范冤假错案的必然要求，有利于公诉人多角度思考案件，吃透案情，准确判断、有效防范诉讼风险，并及时掌握律师的辩护观点，有的放矢准备庭审预案。我国《刑事诉讼法》第86条第2款、第170条、第223条第2款、第240条第1款、第269条第1款，最高人民法院《关于适用〈中华人民共和国刑事诉讼法〉的解释》第324条、第356条、第474条、第496条第2款，《人民检察院刑事诉讼规则（试行）》第54条、第288条、第304条第1款、第309条、第364条、第365条、第490条第1款、第492条第2款，《公安机关办理刑事案件程序规定》第55条第1款，最高人民检察院《关于依法保障律师执业权利的规定》第8条，“两高三部”《关于依法保障律师执业权利的规定》第21条，对此项权利进行了规定。

6. 申请变更和解除强制措施权

律师有权向公安机关、检察机关和人民法院提出变更和解除强制措施的申请，该项权利有利于贯彻落实“涉及限制人身自由措施上应当采取审慎态度”的立法精神。我国《刑事诉讼法》第95条、第97条，最高人民法院《关于适用〈中华人民共和国刑事诉讼法〉的解释》第137条，《人民检察院刑事诉讼规则（试行）》第147条、第148条、第314条，《公安机关办理刑事案件程序规定》第157条、第158条，“两高三部”《关于依法保障律师执业权利的规定》第22条，对此项权利进行了规定。

7. 参加法庭调查和法庭辩论的权利

在法庭调查阶段，律师经审判长许可，可以向被告人、证人、鉴定人发问；有权向法庭出示物证，让当事人辨认；有权提出新的证据；对当庭宣读未到庭的证人证言、鉴定人的鉴定意见、勘验笔录以及其他作为证据的文书，可以提出自己的意见，并进行质证；在法庭审理中，有权申请新的证人到庭、调取新的物证、重新勘验或鉴定；在法庭辩论阶段，可以对证据和案件情况发表意见并可以同控方展开辩论。我国《刑事诉讼法》第186条第2款、第189条第1款、第190条、第192条、第193条、第212条，最高人民法院《关于适用〈中华人民共和国刑事诉讼法〉的解释》第198条第2款、第200条、第

202条第2款、第204条、第217条、第218条、第221条、第222条、第229条、第322条,《律师法》第36条,“两高三部”《关于依法保障律师执业权利的规定》第27条至第38条,对此项权利进行了规定。

8. 案件进程知情权

律师有些执业权利的保障在很大程度上依赖于公安司法机关送达的法律文书。只有通过法律文书的送达,律师才能够知道诉讼活动进展情况,并在此基础上有效地行使诉讼权利。如人民检察院的起诉书副本至迟在开庭10日以前送达辩护律师,使律师能够及时知道案件已由检察机关向法院提起公诉,了解检察机关对犯罪嫌疑人控诉的罪名,这样律师就能够及时为辩护做准备,从而更好地帮助犯罪嫌疑人、被告人行使辩护权。我国《刑事诉讼法》第160条、第182条第1款、第196条,最高人民法院《关于适用〈中华人民共和国刑事诉讼法〉的解释》第182条第1款、第247条,《人民检察院刑事诉讼规则(试行)》第288条第3款、第493条第1款,《公安机关办理刑事案件程序规定》第279条,最高人民检察院《关于依法保障律师执业权利的规定》第9条,“两高三部”《关于依法保障律师执业权利的规定》第37条,对此项权利进行了规定。

9. 对妨碍行使权利的救济权

权利救济是权利保障的重要方面。我国《刑事诉讼法》赋予了检察机关对阻碍律师依法执业行为的监督纠正权,体现了“无救济则无权利”,解决了律师执业权利被阻碍时“求告无门”的问题。我国《刑事诉讼法》第47条、第115条,《人民检察院刑事诉讼规则(试行)》第57条、第574、第575条,《公安机关办理刑事案件程序规定》第191条,最高人民检察院《关于依法保障律师执业权利的规定》第11条,“两高三部”《关于依法保障律师执业权利的规定》第41条至第45条,对此项权利进行了规定。

(三)律师执业权利的实现方式及保障

1. 转变司法理念,构建良性互动的新型诉辩关系

受辩护制度与我国传统思想文化冲突和权力本位的观念影响,我国诉辩关系一直处于相对紧张和对立状态。随着国家法治建设进程不断深入推进,律师的作用地位被重新认识和定位,保障律师的执业权利已成为社会各界的共识。以审判为中心的诉讼制度改革对调整诉辩关系提出了新的要求,检察机关要深入学习刑事诉讼法以及最高人民检察院《关于依法保障律师执业权利的规定》、“两高二部”《关于依法保障律师执业权利的规定》等法律法规和文件精神,引导检察人员从辩护方的角度换位思考和反向思维,强化检察官与律师同属法律职业共同体的理念,牢固树立控辩平等的司法理念。对于律师提出的合

理诉求，做到不推诿、不拖延、不刁难，始终保持客观公正的立场；尊重和保障律师会见、阅卷、申请调查证据等诉讼权利，做到不偏不倚、不枉不纵。通过为律师提供优质、高效、便捷的服务，让其全面掌握案情，在庭审中发挥应有的作用，促进庭审实质化，促进实现质证在法庭、辩论在法庭、公正裁判形成于法庭。

2. 优化接待和服务环境，创新律师执业权利保障模式

（1）完善制度规范

依据有关保障律师执业权利的法律法规和文件精神，结合检察工作实际，针对律师反映较普遍的执业保障问题，进一步健全检察机关保障律师执业的规章制度，规范律师接待管理、查询案件情况、阅卷和听取律师意见等工作，明确各项工作的流程环节及标准要求，并将这些规章制度及时发放至司法行政机关和律师手中，并在接待大厅显著位置上墙公示，使律师全面了解检察机关接待流程、工作要求及职责，增强检察工作透明度，从顶层设计上保障律师在检察阶段的执业权利。

（2）完善硬件设施

开设独立的律师接待窗口，专设律师阅卷室、资料打印复印室、听取律师意见会议室、律师休息接待室，创造良好的律师接待环境，实现从预约查询、阅卷、会见、取证到事项办理、资料获取的“一站式”服务，及时接收和转送有关申请、要求和相关材料，有效解决律师阅卷难、会见难、取证难等问题。配备自助查询机、专用电脑、高像素扫描仪、复印机，增设单导、刻录设备，在方便律师执业的同时充分保障接待工作规范进行。积极依托多媒体和信息化资源，开设律师接待预约微信号、律师接待专线、“两微一端”平台，推行电话预约、短信提示、网上查询、预约等服务，打造“自助式”交流平台，微信群、QQ 群、手机 APP 系统等互动平台，方便律师执业。

（3）创新服务方式

第一，在保障知情权方面。依托案件程序性信息查询平台、法律文书公开平台、重要案件信息发布平台，通过信息化媒介，及时主动将相关法律文书在检察院案件信息公开网发布，通过公开办案流程、推送检务公开信息，方便律师跟踪办案流程。承办人正式受理案件后，通过审查发现案件当事人有委托或者指定律师的，应当第一时间告知其案件受理情况及其依法享有的权利，同时积极同律师就案件事实、证据以及审查意见进行交流并真诚接受监督；如果律师在尚未进入检察环节或退回补充侦查期间咨询的，要及时同律师进行沟通，待案件移送至检察机关后，第一时间按照律师留存的联系方式告知其案件受理情况，为律师节约时间和精力。

第二，在保障阅卷权方面。随着案卷电子化建设的不断推进，案管部门在受理案件后，由专人负责将纸质卷宗制作成电子卷宗，律师凭借合法证件即可前往案管部门查阅所代理案件的电子文档，进一步解决律师阅卷“空等”“白跑”等突出问题；拓展预约阅卷的形式，探索实施网上自助平台、预约登记、集中阅卷等方式，为律师查询、阅卷提供便利；律师阅卷提前预约的，确保预约时间能够阅卷，没有预约的，只要承办人在岗，非特殊情形必须安排阅卷，而且应当全程予以协助；在确定每周固定时间为集中阅卷时间的同时，为外地律师、未成年人等特殊案件的阅卷开辟绿色通道，保证阅卷工作有序、高效。

第三，在申请、调取证据方面。对律师提交证据、申请调取证据的，受理后及时移送承办部门办理，并指定专人跟踪督办，限期办结，实行办理结果同步备案；案件移送审查起诉后，律师申请收集、调取证据的，经审查认为需要收集、调取证据，应当决定收集、调取证据并制作笔录附卷；经审查决定不予收集、调取证据的，应当及时向律师书面告知并说明理由。

3. 搭建对话交流平台，打造诉辩职业共同体

检察人员和律师虽然在司法程序中的角色定位、职责分工不同，但都秉承相同的法治理念、职业信仰和价值观念，肩负共同的历史使命。因此，应进一步加强诉辩沟通联系，共同提高检察人员和律师的办案水平，更好地维护司法公正，实现公平正义。

（1）认真听取律师意见

认真听取律师意见应成为检察官的一种职业习惯和品质，尤其是要认真听取律师提出的无罪、罪轻、非法证据排除、证据补正等意见。从制度上，检察机关在收案、延期、退补以及提起公诉各个环节应当及时告知律师有提出口头或书面意见的权利，告知情况装入检察内卷备查；主动约请律师就案件证据、定性以及量刑等方面进行交流；对律师提出听取意见要求的，依法及时安排办案人员参加并制作笔录，审查报告中应当对律师提出的意见进行分析，提出是否采纳的理由。对于律师提出不构成犯罪、罪轻或者减轻、免除刑事责任、无社会危险性、无羁押必要性等书面意见的，应当依法制作笔录附卷；对律师提出侦查中有刑讯逼供、程序违法等违法情形，以及证据真实性、合法性存在问题的情况，要认真调查核实、依法处理，对合理意见要及时采纳。

（2）建立定期联席会议制度

检察机关要主动加强与各级司法行政部门、律师协会和广大律师的沟通，通过座谈研讨、定期走访、举办开放日、观摩庭审等形式，建立多层次、经常性的联系制度，主动征求对律师权益保障工作的意见建议，定期就案件办理中

出现的问题进行沟通和探讨，共同就司法实践中出现的问题进行交流，建立常态化的沟通和协作机制，共同防范双方违法违纪问题的发生，切实履行好各自的职责。探索聘请律师担任检察机关专家咨询委员会委员，建立健全专业咨询制度，使律师有机会提供专业性法律意见以及必要的办案协助。

(3) 完善相互学习交流机制

发挥律师职能作用，充分保障刑事速裁案件犯罪嫌疑人的诉讼权利，帮助完善速裁程序；邀请律师观摩重大公开审理案件的庭审活动，并在庭审结束后与观摩律师开展座谈，从律师角度发现出庭公诉工作中存在的问题，提升出庭公诉工作水平；通过举办公诉人和律师论辩赛、法律热点问题研讨会、互相邀请对方参与业务培训和专题讲座、委托律师代表进行未成年人社会调查、邀请律师代表参与检察理论课题研究等方式，不断进行法律研讨交流；积极构建信息共享机制，双方的业务资料、刊物、信息等除依规定需要保密外，可以通过适当途径交流、共享。

(4) 促进法律职业共同体建设

法律职业共同体的灵魂是对法律的信仰和对法律价值的追求。虽然检察官和律师的身份不同、职责不同、观点可能是矛盾和对立的，但是他们在刑事诉讼中追求的最终目标是一致的，即实现法律维护社会的公平与正义。在推进“以审判为中心”的诉讼制度改革中，检察官要主动听取辩护意见，律师对收集的可能证明犯罪嫌疑人无罪或罪轻的证据要及时通知检察官，通过不断加强沟通协作，构建检察机关和律师互相信任、互相支持，“对抗而不对立、交锋而不交恶”的诉辩关系，切实加强在防范冤假错案、保障当事人合法权益、疏导化解社会矛盾等方面的合作，共同提升办案质量、维护司法公正、推动法治进程。

4. 完善监督机制，强化救济保障，促进律师规范执业

对检察机关来说，处理律师对检察机关及其工作人员的申诉、控告是自我监督以及内部惩戒机制的运用，对公安机关、人民法院及其工作人员的申诉、控告是检察机关法律监督权力的运用，检察机关应重视这一救济权利，并通过细化规定，提供明确、可操作性强的保障措施。

(1) 建立律师意见投诉反馈机制

开通律师投诉专用通道，畅通律师投诉渠道，引入律师对检察工作满意度测评机制，强化检察人员保障律师权益意识；全面评估司法办案人员在律师权利保障方面的整体情况，对侵犯律师合法权利的，依法运用检察建议、纠正违法通知、召开联席会议等手段进行督促纠正；引入律师评价制度，定期与律师协会召开座谈会，听取律师对检察机关办案的方式、方法、存在问题、律师权

利保障等方面意见和建议，规范检察机关办案行为，促进司法公信力的提高。

（2）严格规范诉辩交往

要严格落实最高人民检察院《关于规范检察人员和律师接触、交往行为的规定》，通过与律协加强联系，建立双向监督机制。律师在执业中一旦发现检察人员存在司法不规范、执法作风粗暴、无故不予会见、阅卷等情形的，可直接向纪检监察部门举报或向控申部门反映；严肃查处检察人员私下接触律师、向律师泄露案情、接受律师请托或收受其财物等违纪违法行为，防止不当交往和影响司法公正的情形发生，积极构建互相支持、互相信任、互相监督的新型诉辩关系。

（3）加强内部规范监督

不断完善律师会见、案件查询、安排阅卷、材料收转等工作规范，重点监督办案部门是否依法听取当事人和律师意见、对律师合法要求是否依法及时办理等情形，督促办案部门依法保障律师执业权利；通过案件评查、检务督查等方式，从程序上对当事人权利义务告知、律师会见、阅卷、收集调取证据、听取意见等权利保障情况进行审查，对发现的问题及时纠正整改；加强对公安机关、审判机关在律师执业权利保障方面的监督，对侵犯律师执业权利的行为督促整改，必要时邀请人民监督员参与调查；要建立完善妨碍律师执业行为的责任追究机制，建立健全对违法行使职权行为的记录、通报和责任追究制度。

第三节 公诉工作中人权保障存在的问题及建议

随着刑事诉讼法明确将人权保障作为我国刑事诉讼的任务之一，检察机关在行使公诉权的过程中，亦将人权保障作为公诉工作的首要问题予以重视，并在刑事诉讼参与人权利保障方面提出了许多可行性措施。可以说，检察机关在保障人权方面已有了长足的进步。但囿于司法理念、立法、司法实践等多方面的原因，公诉工作在人权保障方面仍存在一些短板，亟待补齐。

一、公诉工作中人权保障存在的问题

（一）司法理念上的问题

理念是行动的先导，理念上的错误终将导致行动上的偏颇。从目前的司法实践来看，一些有悖人权保障理念的错误司法观在部分办案人员的意识中仍然存在。

1. 对待犯罪嫌疑人、被告人的司法理念问题

（1）“重实体、轻程序”的传统观念依然存在。虽然近年来程序意识逐步增强，但在司法实务方面，人们对程序法重要地位的认知还远不及实体法。在审查起诉过程中，承办人关注的重点往往集中在对案件事实及行为性质的评价上。在汇报案件时，多数仅描述某一犯罪事实有哪些证据可以证实，某一行为符合或不符合刑法条款所规定的犯罪构成条件，而基本不去描述某一证据的取得是否合法以及犯罪嫌疑人、被告人、被害人、证人等诉讼参与人的权利是否得到了充分保障，也不会过多地关注侦查机关的侦查行为是否合法。此外，即便某一行为未被评价为犯罪，承办人所依据的往往也是实体事实，程序性事实基本不会成为推翻侦查机关所移送的犯罪事实的根据。

（2）对相关刑事政策的理解存在偏差。司法实践中，宽严相济的刑事政策被广泛应用于案件裁判之中，该刑事政策基于刑法谦抑原则产生，本意是引导案件承办人合理适用刑罚，在法定幅度和范围内恰当考量各种情节，实现刑罚的特殊预防与一般预防有机结合的目的。但有些承办人受“坦白从宽、抗拒从严”传统观念影响较深，认为只要犯罪嫌疑人、被告人不推翻有罪供述，就可以考虑从轻；反之，则必须从严处罚。这是对宽严相济刑事政策的误解。但正是这种认识上的错误，久而久之，便可能成为承办人办案的逻辑惯性，影响了案件质量和对犯罪嫌疑人、被告人的权利保障，无法真正实现人权保障的刑事诉讼目的。

（3）办案理念相对滞后。在审查起诉过程中，有些承办人仍然存在“有罪推定”等错误观念，对于能够直接证实犯罪嫌疑人、被告人有罪的证据材料，即便有些瑕疵①仍然不加怀疑地予以采信，而对于犯罪嫌疑人、被告人有利或不能直接印证犯罪事实的证据材料，总是被有意无意地“忽视”。

2. 对待刑事被害人的司法理念问题

对于被害人而言，传统的司法理念基于打击犯罪的需要，被害人的人权往往得不到足够的重视，“他们已经不是刑事诉讼过程的主体，而只是一个客体，一个用来对罪犯定罪的证据，检察官用来对付犯罪的工具。由此，被害人变成了刑事司法体系中被遗忘的人”。②“不仅公共决策者没有注意到犯罪被害人，刑事司法机关及其实务人员、媒体和普通大众没有注意到被害人，甚至连

① 当然，可以通过补充侦查手段予以补正的证据不在其列。

② 王玥：《论被害人法律地位的变迁》，载《国家检察官学院学报》1997年第2期。

犯罪学家们也没有对被害人给予必要的关注。”[①] 作为刑事案件的受害一方，刑事被害人作为刑事诉讼参与人的重要地位却被忽视，其权利没有得到应有的保障。

3. 对待律师的司法理念问题

公平、公正是法律职业者的永恒追求，而律师作为法律职业共同体的一员，是实现这一目标的重要环节。但在部分司法人员看来，律师非但不是“正义的演说者”，反而被贴上了“犯罪者代言人”的标签，在为社会的危险因素说话，时刻准备钻营取巧，帮助被告人逃避刑罚。也正是受上述思维意识的影响，代表公权力的追诉者往往对犯罪嫌疑人、被告人“请来”的“帮助者”不能正确对待，在司法实践中有意无意地忽视甚至阻碍律师执业权利的行使，并将此作为自己履行职责的要求。恰恰是这种陈旧观念的影响，潜移默化地破坏了刑事诉讼的平衡，影响了法律实践以及法律职业的良性发展。

（二）立法上的不足

随着社会发展及民主、法治、公平、正义等价值观念的影响，立法者越来越认识到人权保障在刑事诉讼中的重要性，并对此给予了极大的关注。2012年刑事诉讼法的全面修订，更使我国的人权保障工作在刑事诉讼领域取得了历史性突破。但我们也必须承认，目前我国的刑事立法在人权保障方面仍存在一定不足。

1. 刑事立法在保障犯罪嫌疑人、被告人人权方面的不足

（1）现行立法没有彻底确立无罪推定原则

我国《刑事诉讼法》第12条规定：“未经人民法院依法判决，对任何人都不得确定有罪。”该条款亦被认为是无罪推定原则的立法体现。但不得不提的是，该条款更为直接的意义是明确了审判权由人民法院行使。同时，“不得确定有罪”只是刑事诉讼中的一种较为模糊的状态，而不是确定性的结果，也就是说“不得确定有罪”但也不能认为“无罪”，这种似是而非的结论存在极大的缺陷。此外从当时的立法背景看，制定第12条是为了取消检察机关有定罪性质的免予起诉制度，从而将定罪权由人民法院统一行使。[②] 对此，全国人大常委会法制工作委员会刑法室编著的《中华人民共和国刑事诉讼法释义》这样解释第12条，“我们反对有罪推定，但也不是西

① ［英］詹姆斯·迪南：《解读被害人与恢复性司法》，刘仁文、林俊辉等译，中国人民公安大学出版社2009年版，第2页。

② 杨立琼：《犯罪嫌疑人、刑事被告人人权保障制度研究》，福建师范大学2013年硕士学位论文，第15—16页。

方国家的那种无罪推定，而是实事求是地侦查，客观地搜集有罪、罪轻或者罪重的各项证据，在人民法院作出有罪判决前，我们不称被告人为罪犯，但也不是说他没有罪或者假定他无罪，如果假定他无罪，那么侦查机关对他进行侦查、采取强制措施就没有根据了。”① 由此可见，无罪推定原则在立法中仍有值得商榷的地方。

（2）现行立法没有确立沉默权制度

沉默权是无罪推定原则的题中之义，但是目前我国刑事立法并未规定沉默权制度。我国《刑事诉讼法》第118条规定：“侦查人员在讯问犯罪嫌疑人的时候，应当首先讯问犯罪嫌疑人是否有犯罪行为，让他陈述有罪的情节或者无罪的辩解，然后向他提出问题。犯罪嫌疑人对侦查人员的提问，应当如实回答。但是对与本案无关的问题，有拒绝回答的权利。侦查人员在讯问犯罪嫌疑人的时候，应当告知犯罪嫌疑人如实供述自己罪行可以从宽处理的法律规定。”由此可见，在讯问时，首先要提的问题是“有无犯罪行为”，而不是“你是否与本案有关”，且在语句的表述上，将“有罪的情节”放在了“无罪的辩解”之前；对于司法机关的讯问，犯罪嫌疑人有“如实回答”的义务，而并非可以“一言不发”；虽然该条款有“对与本案无关的问题，有拒绝回答的权利”的规定，但司法人员往往很少会问一些“与本案无关的问题”。以上几点，导致该条款在保障犯罪嫌疑人的实质权利方面意义较小。另外，虽然规定如实供述罪行可以从宽处理，但是如实回答仍是一种法律义务，在犯罪嫌疑人最终被裁定有罪的情况下，其在侦查、起诉及开庭时的沉默会被视为没有认罪悔罪表现，而作为从重处罚的情节予以考量。

（3）现行立法在非法证据排除规则设计上存在缺陷

我国刑事诉讼法明确规定对非法言词证据要“绝对性”排除，而对有瑕疵的实物证据及通过非法言词证据得来的实物证据则“附条件”地排除，正因如此，使得刑讯逼供、逼证的现象仍有存在的“空间”。此外，刑事诉讼法规定非法证据排除的申请应当提供相关证据和线索，但客观上讲，对于犯罪嫌疑人、被告人及辩护人而言，要求他们提供相关证据和线索的难度很大。因此，刑事诉讼法有关条款虽然在防止犯罪嫌疑人、被告人、辩护人无故提出非法证据排除拖延诉讼方面具有一定意义，但从人权保障的层面来看，是值得深入探讨的。

① 蔡韵、郑素玉：《“无罪推定”原则与我国的刑事诉讼法》，载《辽宁公安司法管理干部学院学报》2011年第3期。

2. 刑事立法在保障被害人人权方面的不足

(1) 举证困难，自诉权行使难度较大

根据我国《刑事诉讼法》第204条的规定，对于被害人有证据证明的轻微刑事案件，以及被害人有证据证明对被告人侵犯自己人身、财产权利的行为应当依法追究刑事责任，而公安机关或者人民检察院不予追究被告人刑事责任的案件，可以直接向法院起诉。但自诉权的行使要求自诉人有能力承担相应的诉讼成本，具备相应的举证能力，这对于有些自诉人来讲，要求无疑很高。相当一部分被害人可能受到自身诸多条件的制约，而不得不放弃通过诉讼而谋求公正的权利。

(2) 救济途径较少，损害难以有效恢复

目前，被害人获得赔偿的来源基本上有三种，即被告人的赔偿、社会捐助、国家给予一定的资助。但从司法实践来看，在很多暴力犯罪案件中，来自被告人的补偿往往很少，社会捐助也带有一定的随机性，而国家救助制度目前仍不完善，难以完全平复被害人的损害。

(3) 法律救助制度不完备，权利保障失衡

我国《刑事诉讼法》第34条规定了对被告人的法律援助制度，但被害人作为犯罪行为的直接受害者，其人身、财产权利及精神都承受了较大的损失和压力，是刑事诉讼中的弱者，亦需要法律援助，而刑事立法在被害人法律援助方面还存在空白，容易造成被害人与被告人权利保护的失衡。

3. 刑事立法在保障律师执业权利方面的不足

(1) 申请回避权可操作性较差

回避制度的设立可以有效避免与案件有利害关系人员的不当介入而影响司法公正的情形，我国刑事立法及相关司法解释对此均予以明确，但在律师申请回避权方面仍然存在一定缺陷。例如，人民法院在决定开庭审理后便确定了合议庭组成人员，但都是在开庭的时候才宣布合议庭组成人员、书记员、公诉人、鉴定人和翻译人员的名单，对于二审案件，如果人民法院不决定开庭审理，律师更无从知晓参与案件承办的人员情况，对于一些需经检察委员会、审判委员会集体讨论的案件，对于参加讨论的人员情况，律师更是很难知晓。申请回避的前提是知道存在回避的因素、了解需要回避人员的情况，而根据现行相关规定，律师主动提出回避申请，并能得以采纳的可能性非常小。

(2) 调查取证权行使门槛较高

为充分维护犯罪嫌疑人和被告人的合法权益，进一步查明案件事实，法律赋予律师调查取证权。就目前而言，律师行使调查取证权仍存在一定障碍。律师的调查取证权不同于办案机关的侦查权，在取证对象不配合甚至设置障碍的

情况下，其权利无法得到保障。虽然律师可以申请人民法院、人民检察院调取证据，但检察机关在刑事诉讼中处于指控方位置，在辩方申请调取对其有利的证据时，可行性问题难免会使人生疑。而且，如果检、法机关不同意律师的调取证据请求，现行立法也缺乏有效的救济途径加以解决。

(3) 会见权行使存在一定障碍

同犯罪嫌疑人、被告人会见，当面了解案件情况，是律师尽快了解案件事实的有效途径，也是律师得以行使辩护权的前提条件之一，对此我国刑事立法给予了高度的关注和保障。尽管如此，现行立法在保障律师会见权方面并非尽善尽美。如法律规定，对于涉嫌贿赂犯罪数额在50万元以上，犯罪情节恶劣、有重大社会影响、涉及国家重大利益的特别重大贿赂犯罪的会见需经过批准。但究竟何为“情节恶劣、有重大社会影响、涉及国家重大利益”，实践中难以具体界定，对于案件是否达到了这一程度，律师更是无从知晓，这也造成有时律师的会见权得不到保障。

(三) 实践操作中存在的问题

1. 犯罪嫌疑人、被告人权利保障方面的问题

(1) 对侦查机关非法取证行为的监督力度较弱

检察机关在审查起诉时，应当对侦查机关（部门）的侦查活动是否合法进行监督。但是，从司法实践来看，这种监督大多只是停留在书面监督，难以真正发现侦查过程中的违法行为，尤其是对犯罪嫌疑人、被告人供述、证人证言等言词证据，除了对犯罪嫌疑人、被告人进行提审外，对其他言词证据一般不再重新询问调取，因此，对其取证过程以及证言的确定性无法准确判断。

(2) 对羁押必要性审查力度较小

我国刑事诉讼法规定了羁押性和非羁押性两大类强制措施。从目前的实践情况来看，案件在移送审查起诉后，公诉部门对羁押必要性的审查不够严格，基本上都会延续侦查部门的羁押性措施，容易导致一些本可以适用非羁押性措施的犯罪嫌疑人、被告人被长期羁押。

(3) 审查证据不全面，易忽视对犯罪嫌疑人、被告人有利的证据

我国《刑事诉讼法》第50条规定：“审判人员、检察人员、侦查人员必须依照法定程序，收集能够证实犯罪嫌疑人、被告人有罪或者无罪、犯罪情节轻重的各种证据。”而有些侦查人员只注重收集有罪证据，对被告人有利的从轻、减轻、无罪的证据不收集、不提供。在审查起诉阶段，承办人的关注点也都集中于定罪处罚方面，而容易忽视可能存在的对犯罪嫌疑人、被告人有利的证据材料，也很少向侦查机关（部门）询问此类证据的调取情况，从而致使部分对被告人有利的证据材料未能进入审判环节。

2. 刑事被害人权利保障方面存在的问题

（1）对刑事被害人权利保障的关注度不够

与犯罪嫌疑人、被告人的权利保障机制相比，刑事被害人的权益保障在很长一段时间内处于模糊状态。在审查起诉阶段，公诉部门的工作都是围绕犯罪嫌疑人、被告人的行为评价展开，承办人所关心的主要是被害人陈述的真实性以及对案件认定可能产生的影响，至于被害人的权利主张、个人诉求往往难以在审查起诉阶段得到真正的回应。同时，受“国家本位”“重刑轻民”等传统司法观念影响，在某种程度上，被害人在刑事诉讼中的地位更是被界定为“辅助性”的，主要是协助司法机关打击、震慑犯罪，稳定社会秩序。基于这些原因，导致刑事诉讼中对被害人权利保障关注度不够。

（2）未能充分保障刑事被害人的知情权

能够获取充分的诉讼信息是被害人有效参与刑事诉讼且行使相关法定权利的前提。我国刑事诉讼法也赋予了刑事被害人较多的知情权，但法律上的权利只有付诸实践才能得到落实。如上所述，在审查起诉过程中，案件承办人的主要精力都放在对犯罪嫌疑人、被告人及其行为的评价上，被害人往往不会对控诉被告人的刑事诉讼过程产生实质影响，其很难获得足够的关注，这导致刑事被害人的知情权总是被有意无意地忽略。

（3）对被害人参与刑事诉讼的重视不够

刑事被害人能否积极参与诉讼，是刑事诉讼能否取得较好司法效果和社会效果的重要因素之一。没有刑事被害人的参与，刑事诉讼的效果就是单方面的，只是实现了对被告人刑事责任的追诉，而没有实现被害人权益的恢复，这与恢复性司法理念相悖。从司法实践来看，案件承办人更注重公诉权在刑事诉讼中的运用及效果，较少主动引导刑事被害人参与刑事诉讼，这必然会对司法办案的效果产生影响。

3. 律师执业权利保障方面存在的问题

（1）与律师正常的沟通交流较少

适当沟通与交流是保持法律职业共同体健康发展的必然要求。律师作为诉讼中的重要一方，与检察机关、人民法院共同构成了控、辩、审三方的“等腰三角形”架构，缺少其中任何一方，刑事诉讼架构都是不完整的。但在实践中，一些办案人员对律师存在偏见，与律师的沟通交流不够，对律师的意见不重视、不分析、不采纳。

（2）对律师执业权利保障力度有待提高

律师执业权利受保障的程度，在宏观上关乎一个国家的民主法治程度，在微观上关系到犯罪嫌疑人、被告人在具体案件中的合法权利能否得以保护，案件事实是否通过正当程序予以查证。司法实践中，一些办案人员由于理念认识上的偏差以及权利保障意识的不足，往往怠于执行关于保障律师执业权利的有关规定，有的甚至与律师产生摩擦与矛盾，不利于案件办理的顺畅、规范，达不到高质量办案的要求。

二、公诉工作中加强人权保障的路径与措施

（一）树立正确的司法理念

1. 强化人权保障意识，坚持无罪推定原则

一要强化人权保障意识，树立保障人权与惩治犯罪并重、实体公正与程序公正并重的司法理念。保障人权与惩治犯罪是同一问题的两个方面，“防止把两者对立起来，既注意准确及时地惩罚犯罪，依法维护公民、社会和国家利益，又注意保障犯罪嫌疑人、被告人和其他诉讼参与人的合法权益，努力实现惩罚犯罪与保障人权相统一”。① 在公诉工作中，强调“并重”，不能因为重视控诉犯罪，而忽视对犯罪嫌疑人、被告人诉讼权利的保障；也不能片面、机械地对犯罪嫌疑人、被告人权利进行保障，而妨碍对犯罪行为的依法惩治。同时，程序公正是实体公正的实现路径，只有严格遵循法定程序的司法结果才是“无瑕疵的”，违反正当程序，既无益于犯罪嫌疑人、被告人的权益保障，也无益于司法公正的实现。二要坚持无罪推定原则。“在法官判决之前，一个人是不能被称为罪犯的。只要还不能断定他已经侵犯了给予他公共保护的契约，社会就不能取消对他的公共保护”。② 所以，只有将未被宣告有罪的犯罪嫌疑人、被告人真正视为“法律给予同样甚至是基于特殊的原因给予特殊保护的人”，才能在办案过程中尊重其法定权利，尊重案件事实，进而实质性地保障犯罪嫌疑人、被告人的合法权利。三要正确理解宽严相济的刑事政策。准确把握影响犯罪嫌疑人、被告人定罪量刑的各个情节，对从轻、减轻情节依法予以认定，防止过分强调惩治犯罪，而对犯罪嫌疑人、被告人有利的情节视而不见，做到“当宽则宽，当严则严”，依法维护被追诉人的合法权益。

2. 加强对刑事被害人权利的保障，提高刑事被害人的诉讼地位

传统刑事立法和司法以惩治犯罪为核心构建诉讼机制，刑事被害人利益未能引起足够重视。但是，刑事被害人毕竟是刑事诉讼中的重要主体性要素，“被害人在犯罪与预防犯罪的过程中，不只是一个被动的客体，而是一个积极

① 赵永林：《律师会见权的若干问题的研究》，载《法学杂志》2005 年第 5 期。

② 周光权：《法定刑研究——罪刑均衡的建构与实现》，中国方正出版社 2000 年版，第 480 页。

的主体。不能只强调罪犯的人权，而且要充分地肯定和坚决保护被害人的人权”。① 刑事被害人不应沦为实现惩治犯罪的“工具”，必须还原其在刑事诉讼中的重要地位。鉴于此，检察机关在行使公诉权的过程中，应当充分重视刑事被害人的权利保障。具体到审查起诉过程中，应该加强与刑事被害人的沟通、交流，及时了解其司法诉求，认真解答其对案件本身可能产生的疑问，主动为其提供相应的法律帮助，使刑事被害人充分地信任司法机关，发挥其对刑事诉讼顺利进行的促进作用。

3. 树立诉辩平等理念，构建和谐诉辩关系

控、辩、审三方是刑事诉讼的基本要素，虽然地位、职责、权能各不相同，但同为法律职业共同体的一员，总的目标和价值追求是一致的，即实现法律的公平正义。检察人员应当重视律师在刑事诉讼中的独特作用，尊重律师，尊重法律赋予律师的权利，逐渐形成与律师的良性互动。毕竟，“与律师建立合作与对抗并存的和谐关系有助于推动传统侦查、起诉、审判偏重于配合的线性办案流程，向制约与配合并存的三角结构转变，以利于强化检察机关法律监督职能和公诉职能，不断提高检察机关的工作效能”②，从而更好地适应以审判为中心诉讼制度改革的要求。

（二）完善人权保障方面的立法

1. 完善犯罪嫌疑人、被告人权利保障方面的立法

（1）赋予犯罪嫌疑人、被告人有限度的沉默权。沉默权制度的确立是贯彻无罪推定原则的重要途径，是防止刑讯逼供的有效手段。我国可以借鉴国外相对成熟的刑事立法经验，考虑在尊重刑事司法规律的基础上，结合我国的司法实践，赋予犯罪嫌疑人、被告人一定限度的沉默权。一是在司法机关已掌握大量证据且这些证据可以证实犯罪嫌疑人、被告人具有犯罪行为时，其应当“如实回答”司法机关的讯问，但司法机关在不影响案件办理的情况下，可以向犯罪嫌疑人、被告人开示一定的证据材料，以利于其作出合理的选择。二是在司法机关仅掌握少量证据，且这些证据指向多名犯罪嫌疑人时，犯罪嫌疑人具有“保持沉默”的权利。三是对沉默权必须作出限制性规定，以确保沉默权制度在充分发挥积极作用的同时能够适应一些特殊案件的办理。比如犯罪嫌疑人和被告人不应对其个人姓名、年龄、住址等基本信息“保持沉默”；在涉

① ［德］汉斯·约阿希姆·施奈德：《国际范围内的被害人》，许章润等译，中国人民公安大学出版社1992年版，第419页。

② 刘莉芬、郑剑：《论“以审判为中心”视角下和谐诉辩关系的构建》，载《第十一届国家高级检察官论坛论文集》，中国检察出版社2015年版，第690页。

及国家安全、公共安全的案件中，不得“保持沉默”；在贪污贿赂、渎职类犯罪中，如在行受贿案件中，往往行、受贿人之间是一对一的关系，如果允许其保持“沉默”，不利于促进国家廉政建设，而渎职类犯罪，因为侵害了国家及公共利益，如果完全赋予犯罪嫌疑人、被告人沉默权，无疑是对大多数人合法权益的侵害，因此也应限制其沉默权的行使。

（2）进一步完善非法证据排除规则，适当吸收“毒树之果”理论的有关内容。“毒树之果”理论源于美国，是指侦查机关通过非法手段获取了某项证据，然后由该项证据又“衍生”或“派生”出其他证据。“毒树之果”由“毒树”和“果实”两部分构成。在美国，“毒树”是指违反联邦宪法第四、五、六修正案的违法行为，“果实”可以是言词证据也可以是实物证据。判断“毒树之果”是否应予排除，采用违宪行为和“果实”之间是否具有必然因果联系的方法，判断过程需要考量一些相关因素，如违法行为的恶劣程度、违法行为与“果实”之间的时间间隔、违法行为与“果实”之间是否有其他因素的介入等。[①]“毒树之果”理论是非法证据排除规则的重要理论依据之一，但我国现行刑事立法并未明确采纳这一理论，由此对非法证据排除规则的适用效果会产生一定影响。

我国《刑事诉讼法》第54条规定：“收集物证、书证不符合法定程序，可能严重影响司法公正的，应当予以补正或者作出合理解释；不能补正或者作出合理解释的，对该证据应当予以排除。”因此，认定物证、书证属非法证据应具备收集程序违法、违法已达到严重影响司法公正的程度、违法行为无法补正或不能作出合理解释等条件。其中“收集物证、书证不符合法定程序”包括不符合法律对于取证主体、取证方式的规定。“取证方式不符合法律规定”通常是指在收集物证、书证的过程中，违规使用强制力、损害与案件无关的财物、对相关人员采取不恰当的方法等，但人们容易忽视对于物证、书证所在位置的信息来源是否合法进行评价，而信息来源是否合法是判断取证程序是否合法的重要方面，非法的信息来源是程序违法的一个方面。在我国刑事司法实践中，物证、书证很多是通过犯罪嫌疑人、被告人的供述获取的，而当犯罪嫌疑人、被告人拒绝提供物证、书证的具体信息时，便有可能出现司法机关以非法手段获取口供，再利用口供中的信息去调取相关物证、书证。而在这种情形下所取得的物证、书证，应被理解为“收集物证、书证不符合法定程序”。此外，以非法手段如刑讯逼供方法获取口供，严重影响司法公正，而且这种影响是“不可逆”的，办案机关基本上无法对使用刑讯逼供等非法方式获取口供

---

① 林国强：《论毒树之果在我国刑事诉讼中的适用空间》，载《河北法学》2013年第10期。

作出合理解释或说明。换言之，使用非法手段获取口供，进而收集到的物证、书证，是存在严重瑕疵的，是无法补正的，理应依法予以排除。

最高人民法院《关于适用〈中华人民共和国刑事诉讼法〉的解释》第106条规定："根据被告人的供述、指认提取到了隐蔽性很强的物证、书证，且被告人的供述与其他证明犯罪事实发生的证据相互印证，并排除串供、逼供、诱供等可能性的，可以认定被告人有罪。"该条款通常被理解为"定罪证据之间的相互印证以及对口供的补强"，[①] 但该条款同样为"毒树之果"理论的法律适用提供了条件。根据该规定，认定被告人有罪必须同时具备四个条件，即办案机关取得了被告人的有罪供述，通过有罪供述提取到了隐蔽性很强的物证、书证，被告人的供述与其他有罪证据互相印证，被告人有罪供述的取得不存在串供、逼供或诱供等可能性。[②] 对此分析不难发现，即使办案机关通过口供收集了能够证明犯罪事实发生且隐蔽性很强的物证、书证，但如果存在逼供、诱供的情况，仍然不能认定被告人有罪。也就是说，该条款使通过逼供、诱供行为获取的物证、书证失去了作为被告人有罪证据的效力，实际上肯定了"毒树之果"理论的效力，为该理论的适用留下了空间。

由此可以看出，虽然我国刑事立法没有明确适用"毒树之果"理论，但是仍为该理论的适用预留了空间，我们完全可以吸收、借鉴"毒树之果"的合理内容，并在立法上予以明确。当然，结合我国的司法实际，立法可以在确立该理论的同时作出一些限制性条件，如对非法取证的程度、获取"果实"与"毒树"之间因果关系的大小等方面予以规定，以防止因该理论的适用对惩治犯罪效果产生负面影响。

2. 刑事被害人权利保障的立法完善

（1）完善被害人的诉讼权利。如在公诉转自诉案件中，被害人可能在法律知识、经济能力等方面存在一定困难，导致其取证能力有限，难以支持其诉讼请求。因此，立法可以规定在公诉转自诉案件中，对于符合一定条件的被害人可以申请司法机关调取相关证据。司法实践中，被害人没有独立的上诉权，在其对审判机关的裁判结果不满的情况下，只能申请检察机关提出抗诉。但是有些案件并不符合抗诉条件，容易造成涉检访，个别检察机关因迫于上访压力而提出抗诉，不仅浪费有限的司法资源、增加诉讼成本，而且有损检察机关的公信力和法律的权威。如果赋予特定类型案件的被害人上诉权，有限度地赋予

① 吕广伦、罗国良等：《〈关于办理死刑案件审查判断证据若干问题〉的规定理解与适用》，载《人民检察》2010年第16期。

② 林国强：《论毒树之果在我国刑事诉讼中的适用空间》，载《河北法学》2013年第10期。

被害人上诉权，有利于保障其合法权益及诉求的实现。

（2）完善被害人国家救济制度。国家救济制度是国家对于受到犯罪行为侵害的公民或其一定范围的近亲属给予适当经济补偿的法律制度。从理论上看，国家对其公民具有保护义务，当公民权益受到不法侵害后，国家具有一定的补偿义务，以对未能有效保护的公民提供帮助。“被害人国家救济制度是对刑事政策的完善和对国家福利政策的扩充，其根本作用在于消除国民对法律制度整体的不信任感。”① 目前，我国的被害人救济制度仍存在补偿途径单一、补偿资金不足等短板，因此，我们可以参考相关领域业已成熟的救济补偿机制，借鉴其中针对性、可操作性强、效果显著的相关举措，进一步规范、完善国家对被害人的救济制度。

（3）完善被害人援助制度。被害人在刑事诉讼中具有独立的利益要求，但囿于种种原因，被害人自己往往难以有效地参与诉讼、表达诉求，因此由专业法律知识人员提供帮助就显得十分必要。但目前刑事立法仅规定了对于犯罪嫌疑人、被告人在符合特定情形时，由有关部门指定律师等为其提供法律援助，而对于被害人则未言及。我国的被害人援助制度尚未完备，且援助方式、范围较为单一，从我国国情及被害人与被告人权利保护的平衡出发，进一步完善被害人法律援助制度显得尤为必要。可以探索丰富对被害人援助的途径、方式，不仅包括法律援助，还可以提供心理、医疗等多方面的帮助。

3. 律师执业权利保障的立法完善

（1）完善申请回避制度。对检察机关而言，在确定案件承办人后，应当及时向辩护律师告知承办人的基本情况，告知其依法享有向检察机关提出回避申请的权利。如果某一案件的处理需要提请检察委员会讨论决定，应当告知该案的辩护律师参加检察委员会讨论的委员名单，并适时询问辩护律师是否对相关人员提出回避申请。对审判机关而言，也可以将合议庭组成人员、书记员等人员名单在作出开庭决定后，在庭前准备阶段告知出庭律师，征求其是否有申请回避的意见，给予其必要的准备时间。

（2）完善律师的调查取证权。可以考虑在立法上赋予律师在侦查阶段的调查取证权。我国《刑事诉讼法》第40条规定，辩护律师在收集到犯罪嫌疑人不在犯罪现场、未达到刑事责任年龄、属于依法不负刑事责任的精神病人的证据时，应当及时告知公安机关、人民检察院。律师如果不具有调查取证权，获得上述三种证据的权利就会受到限制，可能造成《刑事诉讼法》第36条与第40条在法律规定上出现矛盾。另外，应明确规定律师在提出调取证据的申

① 刘恒志等：《司法人权论》，河北大学出版社2013年版，第204页。

请时，检察机关在何种情形下应当接受，在何种情形下可以或者应当拒绝，但是在拒绝律师的调取证据申请时，必须书面说明理由。

（3）完善律师会见权。从检察机关的案件管辖范围来看，律师会见难主要集中在职务犯罪案件的侦查过程中。因此，为进一步规范“经许可才可以会见”的案件范围，依法保障律师的会见权利，建议出台司法解释进一步细化特别重大贿赂犯罪案件的范围，对何为“情节恶劣、有重大社会影响、涉及国家重大利益”作出更加明确的规定，便于司法实践中执行和监督。此外，“没有救济的权利将形同虚设”，应加强对律师会见权受阻的救济，明确规定无故阻碍律师会见犯罪嫌疑人、被告人可能产生的法律后果，为律师会见权提供制度保障。

（三）加强人权的司法保障

1. 加强犯罪嫌疑人、被告人人权的司法保障

（1）加大对非法取证行为的监督力度。在案件审查起诉过程中，检察人员对于侦查机关（部门）提供的同步录音录像应进行认真审核，尤其是对犯罪嫌疑人作出有罪供述的同步录音录像，对讯问的时间、地点、被讯问人的精神状态等细节进行重点审查。在提讯犯罪嫌疑人、被告人时，对其供述是否出于自愿，是否存在刑讯逼供、诱供等情况重点核实，发现问题及时依法处理。对于确有证据证实犯罪嫌疑人、被告人的有罪供述系非法取得，应坚决予以排除，并建议有关部门对参与非法取证的人员依法进行调查。在审查证人证言时，对于直接证实犯罪事实或否定犯罪事实的证言，应结合在案其他证据，重点审核，必要时检察人员应直接询问相关证人核实有关情况，以确定该证言的真实性，坚决将非法取得的证人证言予以排除。

（2）加强羁押必要性的审查力度。羁押措施直接限制了犯罪嫌疑人、被告人的人身自由，是严厉的刑事强制措施，必须严格限制其适用范围。在案件移送审查起诉后，检察人员应立即熟悉案情，依据刑事诉讼法等相关法律及司法解释的规定，评估犯罪嫌疑人、被告人的人身危险性，判断其是否符合拘留、逮捕条件，适用非羁押性强制措施是否能够保证刑事诉讼的顺利进行。对于一些情节较为轻微的刑事犯罪，犯罪嫌疑人、被告人的人身危险性较小，适用非羁押性措施如果能够保障案件办理，应依法适用非羁押性措施。这样，有利于犯罪嫌疑人、被告人的权利保障，使其不致于长期脱离社会，从而能够积极配合、参与刑事诉讼，确保案件的顺利进行。

（3）全面客观审查证据，注意对犯罪嫌疑人、被告人有利的证据。在案件审查过程中，检察人员应全面核实在卷证据材料，不仅要关注能够影响犯罪嫌疑人、被告人定罪、量刑的证据材料，更要注意可能证实犯罪嫌疑人、被告

人无罪、罪轻、自首、立功等相关情节的证据。对于缺少上述证据的案件，应及时向侦查机关（部门）进行核实，了解是否存在并收集了这些证据。对于犯罪嫌疑人、被告人及其辩护人提出具有从轻、减轻处罚或无罪的证据线索时，应及时通知侦查机关（部门）查证。如果情况属实，应立即调取相关证据，如果与事实不符，应予以说明。要将犯罪嫌疑人、被告人及其辩护人提出的问题尽量解决在审查起诉阶段，以便于庭审指控的顺利进行。

2. 加强刑事被害人人权的司法保障

（1）重视被害人在刑事诉讼中的地位和作用。在审查起诉过程中，检察人员对被害人的关注大多集中在其陈述对于案件事实的证明力上，具有一定的工具主义色彩。但被害人参与刑事诉讼的目的不仅是要控诉犯罪，也要在诉讼中表达一定的情感诉求。如果其诉讼地位没有得到应有的重视，甚至被有意无意地忽略，尽管最终的裁判结果实现了对被告人刑事责任的追究，却不一定会得到被害人或其亲属的认可。司法正义若只在打击刑事犯罪的层面得以实现，则意味着没有实现国家与个人的“双赢”。因此，检察人员在办案时，应转变工具主义的司法观，重视刑事被害人在诉讼中的角色地位，积极主动引导被害人参与到诉讼进程中来，给予其充分表达情感、控诉犯罪的机会，平复其因被犯罪行为侵害所产生的创伤。在司法实践中，有些被害人既希望参与诉讼表达自己对于犯罪的痛恨，又害怕可能会受到打击、报复等“二次”伤害，虽然现行刑事诉讼法规定了不公开个人信息、对其人身、住宅采取专门性保护措施等制度，但是有些被害人对于刑事诉讼法的相关规定并不十分了解，这就要求检察人员主动向被害人讲明相关的法律规定，积极履行保护义务，让被害人敢于出庭、敢于控诉犯罪，这样既可以有效地保障被害人的诉讼权利，又有利于查清案件事实，追究和惩治犯罪。

（2）充分保障刑事被害人的知情权。获取足够的信息是被害人有效参与诉讼的前提。但从实践来看，当公民受到犯罪行为侵害而成为刑事被害人后，其能够做的事情很少，大都处于“等待状态”，等待侦查机关侦破案件、等待检察机关提起诉讼、等待审判机关的裁判结果。尽管我国刑事诉讼法赋予被害人一定的知情权，但由于刑事案件不同于普通的民事、行政案件，具有一定的特殊性，被害人所能够获取的案件信息量是很少的。有些被害人甚至只是在被侵害很长一段时间后，才收到法院的裁判文书，除了被告人的判决结果外，对其他的案件信息知之甚少。由于信息的闭塞，导致一些被害人及其家属容易对办案机关产生误解，对司法公信力产生怀疑。所以，在审查起诉阶段，检察人员要严格遵守刑事诉讼法的规定，积极履行相关告知义务，使被害人能够最大限度地了解案件进展情况，让其能够感受到

“法律的温情”，感受司法的公平正义。

3. 加强律师执业权利的司法保障

法律职业共同体的有效合作是提高案件质量的重要保障。检察人员从控方的角度出发，对案件事实进行评价、定性；律师从辩方的视角出发，同样对案件事实进行审视、质评。控辩双方的出发点不同，但评析的对象却是一致的，不同的观点相互碰撞、相互交流，更有利于揭示事实真相、准确适用法律。因此，应当建立健全检察官与律师正常业务交流机制，搭建学术业务研讨平台，促进检察官与律师的共同发展进步，要着力培养检察官对律师的职业认同感，能够积极主动地听取律师意见，提升案件质量。在律师与检察机关发生业务联系的过程中，要尽可能为律师执业创造便捷的条件，如设立专门的律师阅卷室，配备打印机、扫描仪等硬件设施，方便律师查阅、复制案卷材料，利用现代科技搭建律师阅卷平台，提供电子卷宗材料，制定完善相关的规章制度，规范律师接待流程，切实保障律师能够依法行使执业权利。

第四节　加强对人权保障的诉讼监督

检察机关是国家的法律监督机关。在以审判为中心诉讼制度改革过程中，公诉工作应当通过强化诉讼监督职能切实保障人权。加强侦查活动监督，就是要严格审查侦查行为是否规范，是否存在刑讯逼供等侵犯人权的问题；加强审判活动监督，就是要在依照庭审规则依法出庭支持公诉的过程中，善于发现问题，监督法院依法规范定罪量刑，促进庭审活动依法有序开展，更好地实现司法公正。

一、公诉工作中加强人权保障诉讼监督概述

（一）公诉工作中加强人权保障诉讼监督的意义

在公诉环节积极、充分地履行好各项诉讼监督职能对于维护司法公正、保障人权有着重大的理论意义和现实意义。

1. 有利于促进公正执法，保障实体公正。检察机关在公诉环节积极履行纠正违法侦查活动、排除非法证据、纠正漏诉、抗诉等监督职能，既是保证刑事诉讼程序正义的有力举措，也是保障实体公正的必要之举，有利于正确适用法律，保障人权，防止冤假错案，实现司法公正。

2. 有利于纠正程序违法，实现程序正义。实现程序正义是保障人权的关键。当事人相对于办案机关处于弱势地位，而且同案件利益相关，开展监督的

能力不足。相比之下，检察机关代表国家履行职责，对整个诉讼过程的监督更为有力，更有利于保障人权。

3. 有利于维护当事人合法权益，提升司法文明程度。对诉讼参与人权益的保护状况是一国司法文明程度的重要标志。检察机关应当通过诉讼监督活动，纠正和制止侵害公民权利的违法行为，实现惩治犯罪和保障人权的协调统一。在公诉环节，检察机关应当通过开展强制措施监督、侦查活动监督、审判活动监督等，保障公民人身自由权不受非法限制、剥夺，保障公民的人身和住宅不被非法搜查、非法侵入，保障犯罪嫌疑人、被告人不受刑讯逼供，保障公民不受错误追究，保障被告人及时、有效地获得辩护。

（二）公诉工作中诉讼监督的内容和方式

1. 诉讼监督的内容

诉讼监督包括实体性监督和程序性监督两个方面。实体性监督是针对诉讼主体相关诉讼行为所形成的案件处理结果进行的监督；程序性监督是针对诉讼主体的诉讼行为本身进行的监督。一般认为，诉讼监督包括对侦查机关的立案、侦查活动是否合法，法院的判决、裁定是否正确，审判活动是否合法，以及监狱、看守所的刑罚执行和监管活动是否合法实行的监督。[①]《人民检察院刑事诉讼规则（试行）》第十四章将检察机关在刑事诉讼中的9个方面的监督工作纳入“刑事诉讼法律监督”的范围。公诉工作中的诉讼监督具体应当包括以下几个方面：侦查活动监督、漏诉监督、审判活动监督、审判结果监督以及对刑事特别程序的监督和强制措施、办案期限的监督。

（1）侦查活动监督。对侦查活动实施监督，对于保证侦查活动合法进行，保护诉讼参与人尤其是犯罪嫌疑人的合法权利，保障法律的统一、正确实施有着重要意义。对于审查起诉、审判环节发现的违反诉讼参与人人权保障的违法侦查行为，理应由公诉部门及时实施监督。《刑事诉讼法》第168条、《人民检察院刑事诉讼规则（试行）》第363条均规定了人民检察院在审查起诉阶段应当审查侦查活动的合法性，这是公诉部门开展侦查活动监督的必要前提。

（2）漏诉监督。严格地讲，“漏诉监督”也属侦查活动监督的范畴，是诉讼阶段一种特殊的表现形式。公诉部门对于侦查终结移送审查起诉的案件，发现有遗漏罪行和犯罪嫌疑人的（即“漏罪和漏犯”），根据具体情况可以退回侦查机关补充侦查或者自行补充侦查后提起公诉，如果犯罪事实清楚、证据确实充分的则可以直接起诉。《刑事诉讼法》第168条和《人民检察院刑事诉讼规则

① 邹开红：《诉讼监督工作研究》，载《国家检察官学院学报》2009年第3期。

（试行）》第363条第（七）项、第380条、第381条、第391条对此作出了规定。《人民检察院刑事诉讼规则（试行）》第565条第（四）项也涉及对漏犯的监督。

（3）审判活动监督。审判活动监督，是检察机关对人民法院刑事审判活动的合法性进行的监督。公诉环节对法院审判活动实施监督，对保障刑事诉讼活动依法进行，准确、及时地查明案件事实和对被告人处以刑罚，保障无罪的人不受刑事追究等具有重要意义。审判监督包括审判活动监督和审判结果监督。审判活动监督主要是对审判程序方面的监督，而审判结果监督主要是对审判实体的监督。《人民检察院刑事诉讼规则（试行）》第十四章第三节对审判活动监督专门作出了规定。

（4）对刑事特别程序的监督。根据我国刑事诉讼法的规定，未成年人刑事案件诉讼程序、当事人和解的公诉案件诉讼程序涉及侦查、审查逮捕、审查起诉、审判等多个诉讼环节，因此对这两类案件中涉及公诉环节的诉讼活动，公诉部门有监督职责。根据《人民检察院刑事诉讼规则（试行）》第524条和第540条规定，对违法所得没收程序案件的审查、监督，对强制医疗案件的审查和强制医疗决定的监督，都涉及公诉部门的监督负责。

（5）强制措施和办案期限的监督。强制措施直接涉及人身自由，关系人权保障机能的实现。《刑事诉讼法》第93条规定了人民检察院对逮捕的犯罪嫌疑人、被告人的羁押必要性进行审查，对无羁押必要的，应当建议予以释放或者变更强制措施。《人民检察院刑事诉讼规则（试行）》第363条第（十）项规定了公诉部门在审查起诉阶段对侦查机关采取的强制措施是否适当进行审查，第617条规定了审判阶段的羁押必要性审查由公诉部门负责。另外，根据《人民检察院刑事诉讼规则（试行）》第615条的规定，犯罪嫌疑人、被告人未被羁押的，对公安机关、人民法院办案期限的监督，由人民检察院侦查监督部门或者公诉部门负责。

2. 诉讼监督的方式

诉讼监督的方式是指检察机关发现有关国家机关及其工作人员在诉讼中存在违法或错误后，启动监督纠正程序的方式。主要有以下三种方式：

（1）纠正违法通知或意见。这是检察机关查明有关机关及其工作人员在诉讼中存在违法行为时所采取的监督方式。对于情节较轻的违法行为，检察人员可以采用口头纠正方式；而对于情节较重的违法行为，则应以《纠正违法通知书》或《纠正违法意见书》的方式进行监督。

（2）纠正错误通知或者意见。这是检察机关查明有关机关及其工作人员在诉讼中程序或实体存在错误时所用的监督方式。如对侦查机关遗漏移送起诉的情形，发送《补充移送起诉通知书》等。

(3) 检察建议书。检察机关在诉讼监督中发现有关执法、司法机关在制度、机制、管理等方面存在漏洞，或者执法过程中存在较多的不规范问题，需要提出改进意见，或者办案人员有违法行为，需要更换办案人员等情形时，可以采用检察建议的方式提出。

二、对侦查阶段人权保障的诉讼监督

(一) 监督内容

1. 管辖方面：侦查机关对本案是否有管辖权。

2. 回避方面：侦查人员是否存在应当回避的情形；对申请回避人员的决定是否符合法定程序。

3. 强制措施方面：(1) 强制措施的手续是否齐备；(2) 监视居住的对象、地点是否符合法律规定；(3) 指定居所监视居住的，是否在执行监视居住后24小时以内通知被监视居住人的家属；(4) 拘留后24小时内是否立即送看守所进行讯问和通知家属；(5) 逮捕后24小时内是否进行讯问和通知家属；(6) 对需要逮捕的犯罪嫌疑人，侦查机关拘留的期限是否合法；(7) 强制措施到期后是否及时解除；(8) 是否存在超期羁押的情形；(9) 在押犯罪嫌疑人是否有继续羁押的必要。

4. 辩护权保障审查方面：(1) 在第一次讯问时或者采取强制措施之日起，是否告知犯罪嫌疑人有权委托律师作为辩护人；(2) 是否为没有委托辩护人的特定犯罪嫌疑人提供法律帮助；(3) 案件侦查终结前，辩护人提出要求的，是否听取辩护人意见，辩护意见是否记录在案或者将书面意见附卷；(4) 移送审查起诉的同时，是否将案件移送情况告知犯罪嫌疑人及其辩护人。

5. 言词证据审查方面：(1) 是否有刑讯逼供、暴力取证等非法获取证据情况；(2) 讯问、询问是否两人进行；(3) 一组办案人员是否同时提审多人；(4) 讯问、询问少数民族人、聋哑人、外国人等是否有翻译；(5) 询问证人是否个别进行；(6) 询问证人是否告知法定权利、义务；(7) 侦查人员是否在笔录上签字；(8) 是否对可能判处无期徒刑、死刑的案件或者其他重大犯罪案件的讯问过程进行录音或者录像；(9) 录音或者录像是否全程进行，并保持完整性；(10) 笔录与同步录音录像是否有重大出入；(11) 提押证上注明的侦查人员与笔录中载明的侦查人员是否一致。

6. 物证、书证审查方面：(1) 物证、书证是否为原物、原件；复制品、复制件是否与原物、原件相符；(2) 复制品、复制件是否由二人以上制作，且是否有制作人关于制作过程的说明；(3) 有无原物、原件存放于何处的文字说明和签名；（4）提取、扣押的物证、书证，是否附有相关笔录、清单，是否有侦查人员、物品持有人、见证人签名；（5）物品的名称、特征、数量、质量等是否注明清楚；（6）物证、书证在收集、保管、鉴定过程中是否受损或改变。

7. 鉴定意见审查方面：（1）鉴定机构和鉴定人是否具有法定资质；（2）检材的来源、取得、保管、送检是否符合法律、有关规定；（3）鉴定意见的形式要件是否完备，且鉴定意见是否明确；（4）是否将鉴定意见依法及时告知相关人员，当事人对鉴定意见有无异议。

8. 勘验、搜查、检查、辨认笔录审查方面：（1）勘验、检查、搜查是否有见证人在场；（2）勘验、检查、搜查笔录制作是否规范；（3）是否出具相关文书；（4）辨认是否有见证人在场；（5）辨认活动是否个别进行；（6）辨认对象是否混在具有类似特征的其他对象中；（7）供辨认的对象数量是否符合规定；（8）辨认是否存在引诱、暗示。

9. 视听资料和电子数据审查方面：（1）视听资料是否附有提取过程的说明，来源是否合法，是否写明制作人、持有人的身份，制作的时间、地点、条件和方法，制作人、原视听资料持有人是否签名或者盖章；（2）视听资料是否为原件，有无复制及复制份数；（3）电子数据是否随原始存储介质移送；（4）提取、复制电子数据是否由二人以上进行；（5）提取、复制的电子数据是否完整，有无相关说明；（6）经勘验、检查、搜查等侦查活动收集的电子数据，是否附有笔录、清单，并经侦查人员、电子数据持有人、见证人签名；（7）没有持有人签名的，是否注明；（8）原电子数据的规格、类别、文件格式等注明是否清楚；（9）视听资料、电子数据是否真实，有无剪辑、增加、删改等情形。

10. 查封、扣押、冻结、发还程序审查方面：（1）案件重要物证是否被扣押；（2）与案件无关的财物，是否被扣押；（3）应当解除查封、扣押、冻结的，是否未解除；（4）查封、扣押、冻结款物是否履行法定程序并出具凭证；（5）扣押清单是否抄送物品持有人；（6）冻结存款、汇款后是否违法扣划；（7）被扣押款物保管是否规范；（8）款物查明与案件无关后是否及时发还。

11. 补充侦查方面：是否在一个月内补充侦查完毕。

12. 漏诉审查方面：（1）是否遗漏其他犯罪事实；（2）是否遗漏犯罪嫌疑人。

（二）实现方式

1. 强化公诉对侦查的引导和规制功能

以审判为中心的诉讼制度，要求从侦查环节开始就必须全面、规范地收集、固定证据，确保侦查、审查起诉的案件事实和证据经得起法庭调查、质证、辩论的检验，从源头上防止事实不清、证据不足的案件进入审判程序，确保案件裁判的质量，有效避免冤假错案。第一，检察机关应当发挥诉前主导作用。公诉人应根据庭审证明需要，以客观公正的视角，从应对法庭质疑和律师挑战的角度有针对性地引导侦查人员收集、补充证据，更加注重证据的真实性、合法性和证据链条的完整性，从整体上提高追诉质量，实现以审判为中心的诉讼制度改革对侦查权和公诉权关系的新调整。第二，引导侦查机关取证程序合法化。取证时要注重证据的客观性及关联性，注重对直接证据、原始证据的搜集，确保收集的证据能达到确实、充分和排除合理怀疑的刑事案件证明标准；促使侦查机关取证过程合法化，敦促侦查人员及时调取固定与揭露案件真相有关的物证、书证、视听资料等证据材料，防患于未然；促使侦查机关取证效力合法化，要全面贯彻证据裁判规则，健全落实非法证据排除等法律制度，加快实现从“由供到证”到“由证到供、以证促供、供证结合”的模式转变，突出客观性证据对案件侦查的决定性作用。

2. 纠正漏诉

追诉漏罪、漏犯是检察机关诉讼监督的重要内容，也是法律监督职能在刑事诉讼中的直接体现。就法律效果而言，既要强化审前过滤工作，又要加强追诉漏罪、漏犯工作，只有这样才能准确惩治刑事犯罪、有效保护公民人身和财产权益，有力维护社会稳定、维护国家法律的统一正确实施，实现公平正义。

（1）更新观念，加强学习，提升公诉人综合素质。实践中要正确处理好质量与数量的关系，努力克服“不敢追”“不愿追”的思想，树立“不追是失职、不善追诉就是不称职”的追诉工作理念，强化监督意识，明确监督责任。同时，要提高诉讼监督能力，加强内部管理，细化考核导向，建立科学完善的追诉工作考评体系。

（2）规范纠正漏诉的具体方式。通过审查案件，发现存在遗漏犯罪嫌疑人的，通过《补充移送起诉通知书》要求侦查机关移送起诉，也可以自行决定对漏犯提起公诉，增加被告人和被告单位。对于遗漏犯罪事实的，一般通过退回补充侦查的方式要求侦查机关重报或自行增加认定相关犯罪事实，对于遗漏罪名的，自行增加罪名提起公诉。

（3）完善内外协调机制，形成纠正漏诉合力。一方面，从信息共享入手，公诉部门与侦监、反贪、渎检、控申等内设部门建立内部沟通配合机制，及时交流线索，对确定追诉的漏犯需要采取逮捕措施时，同侦监部门联系；对于在审查案件中发现滥用职权、徇私枉法等线索的，要依法向相关侦查部门移送。另一方面，有必要加大提前介入的力度，对重大案件以及认为有必要介入的案件，公诉部门要适时介入，及时发现问题，提出建议。要完善退补工作，同侦查机关承办人员直接交流，规范退回补充侦查操作规程，并实施全程跟踪监督和及时的沟通交流，共同解决存在的问题，要与侦查机关建立信息互通机制，实现信息资源共享。另外，对于审判机关的适用法律不当导致处罚较轻的情况，检察机关要充分行使法律监督职能，确保漏罪漏犯追诉效果。

3. 纠正不当强制措施

目前检察机关的审查方式主要围绕卷宗展开，这种书面式的监督很难发现隐藏在案卷后面的问题。根据法律规定，除了逮捕以外，侦查机关几乎享有了对其他强制性侦查措施的完全决定权和适用权。由于缺乏监督，侦查机关在实践中采取强制性侦查措施存在裁量任意、变更随意、适用程序不规范等问题，极易侵犯公民人身自由和财产权利。滥用限制人身自由的刑事强制措施和侦查手段是刑讯逼供、非法取证的重要源头，显然是与以审判为中心的诉讼制度改革方向相悖的。为此，应当加强检察机关对非逮捕类强制措施的监督。建议明确规定，侦查机关凡拟采取拘留措施、延长拘留期限至 30 日的，须报请检察机关审查，侦查机关采取取保候审、监视居住、扣押、冻结等涉及人身自由和财产权利的强制性措施后，必须报检察机关审查，犯罪嫌疑人、律师有权向检察机关提出申诉，检察机关可以作出撤销有关强制措施的建议。

4. 加强羁押必要性审查

羁押必要性审查是指在刑事诉讼过程中，检察机关依照法定程序，充分运用法律赋予的监督手段，对犯罪嫌疑人、被告人是否有必要羁押进行审查、调查、综合研判，对没有必要羁押的，依法向相关部门发出检察建议或纠正违法意见，并督促其变更强制措施的一种检察活动。任何人在审判之前都不能被确定有罪，这是无罪推定原则的重要内容之一。羁押必要性审查能够减少羁押，使犯罪嫌疑人在不被羁押的状态下接受审判，有利于无罪推定原则的贯彻，是刑事诉讼中“尊重和保障人权”的重要体现。我国《刑事诉讼法》第 93 条和《人民检察院刑事诉讼规则（试行）》第 616 条至第 621 条只是粗线条地勾勒了捕后羁押必要性审查制度，该制度功能的有效发挥还需要检察机关从办案工作需要出发，从保障犯罪嫌疑人合法权益的实际出发，积极探索有利于保障人权和符合诉讼规律的运行机制，采取切实有效的措施防止以及纠正审前侵犯被羁押人权利的问题，以达到既惩治违法犯罪活动又保障人权的目的，实现国家刑罚权与人权保障的有机统一。

5. 加强非法证据排除与瑕疵证据补正工作

我国《刑事诉讼法》第 54 条对非法证据排除和瑕疵证据补正进行了规范。在审前对非法证据进行审查排除和瑕疵证据的补正，有利于阻断非法证据进入审判程序，及时对侦查机关的违法行为进行监督和纠正，这对于保障犯罪嫌疑人的人权和履行诉讼监督职能都具有十分重要的意义。前面对此已作详细论述，此处不再重复。

三、对审判阶段人权保障的诉讼监督

（一）监督内容

1. 管辖方面：审判机关对本案是否有管辖权。

2. 审理期限方面：（1）适用简易程序审理，是否在受理后20日内宣判；（2）适用普通程序审理，是否在规定时间内宣判；（3）二审上诉、抗诉案件，是否在规定期限内审结；（4）审判监督程序案件，是否在6个月内审结。

3. 送达期限方面：（1）是否在开庭前10日将起诉书副本送达被告人；（2）是否在确定开庭日期后，开庭3日前将开庭的时间、地点通知人民检察院，传唤当事人，通知辩护人、诉讼代理人、证人、鉴定人和翻译人员；（3）是否在开庭3日前，将传票和通知书送达诉讼参与人；（4）是否在规定期限内将抗诉书、上诉状及相关材料送达相关部门和当事人。

4. 法庭组成人员方面：除简易程序案件外，是否组成合议庭宣判，合议庭组成人员是否符合法律规定。

5. 回避方面：（1）审判人员是否存在应当回避的情形；（2）对申请回避人员的决定是否符合法定程序。

6. 强制措施方面：（1）适用或变更强制措施的决定是否违法；（2）是否及时退还取保候审金；（3）对被告人指定居所监视居住的决定是否违法；（4）是否有故意毁弃、篡改、隐匿、伪造、偷换证据或者其他诉讼材料的行为；（5）是否有未经法定程序调查、质证的证据定案；（6）是否有依法应当调查收集相关证据而不收集；（7）是否徇私枉法，故意违背事实和法律做枉法裁判；（8）是否收受、索取当事人及其近亲属或者其委托的律师等人财物或者其他利益；（9）是否对于案件无关的财物采取查封、扣押、冻结措施，或者应当解除查封、扣押、冻结而不解除；（10）是否贪污、挪用、私分、调换、违反规定使用查封、扣押、冻结的财物及其孳息；（11）是否具备应当中止审理的情形而作出有罪判决；（12）是否剥夺或限制当事人法定诉讼权利；（13）当庭宣判的案件，合议庭是否不经过评议直接宣判。

7. 判决书审查方面：（1）是否认定事实不清、证据不足；（2）是否有确实、充分证据证明有罪而判无罪，或者无罪判有罪；（3）是否重罪轻判、轻罪重判、适用刑罚明显不当；（4）是否认定罪名不正确，一罪判数罪、数罪判一罪，影响量刑或者造成严重社会影响；（5）是否免除刑事处罚或者适用缓刑、禁止令、限制减刑错误。

（二）实现方式

刑事审判监督是检察机关法律监督体系的重要组成部分，是人民检察院依法对人民法院的刑事审判活动是否违反法律规定的诉讼程序所进行的专门法律监督。[①] 以审判为中心的诉讼制度改革要求强化合议庭、主审法官的作用，强调办案责任制，真正实现让审理者裁判、由裁判者负责，这将切实改变法院审理案件层层审批的行政化处理方式，法官将拥有更大的庭审控制权和自由裁量权。为了更好地履行法律监督职责和保障人权，弥补法院内部监督的弱化，检察机关应当加大对审判活动的监督，以有效规范审判权的运行。

1. 强化庭外诉审交流

以审判为中心的诉讼制度改革，目的是为了避免暗箱操作，避免未经质证的证据影响案件裁判结果。通过庭前诉审交流，可以有效解决案件的程序性问题、证据交换、非法证据排除、瑕疵证据补正等问题；通过庭上和庭后的诉审交流，即通过召开检法联席会议、发布典型监督案（事）例、开展一类问题专项监督等方式，重点就完善庭前会议制度、强化涉案财物管理、提高庭审突发情况应对能力、加强刑事审限管理等问题进行监督，确保审判在保护诉权、公正裁判方面发挥决定性作用。

2. 强化庭审程序监督

以审判为中心的诉讼制度改革不仅要求在形式上突出审判活动的地位，更重要的是实现审判活动的实质化。检察机关要加强对庭审实质化的监督，重点监督庭审是否经过充分的交叉询问、辩论，是否真正发挥举证、质证和认证环节的作用，是否贯彻直接言词原则、非法证据排除规则，以及是否在排除庭前预断的情况下公开审理、公正审理。《刑事诉讼法》第184、210、224、225条对出席法庭履行审判监督活动进行了规范。司法实践中，检察人员发现审判程序严重违法，可能侵害当事人合法权益影响公正判决的，应当及时以口头方式向法庭指出违法问题，依法提出纠正意见，要求法庭予以纠正，而不能明知违法却等到庭审结束后再提出。如果法庭对公诉人当庭提出的纠正意见不予采纳，应建议法庭休庭，以便及时向本院检察长汇报后，决定是否制作法律文书，以书面意见的形式正式向法院提出。这样，既及时行使了庭审监督权，也有利于及时纠正违反诉讼程序的审判活动，确保诉讼程序的顺利进行。

① 梁国庆：《中国检察业务教程》，中国检察出版社2002年版，第236页。

3. 强化对裁判文书的审查

对刑事裁判文书的审查是人民检察院发现和纠正审判违法行为的重要途径,《人民检察院刑事诉讼规则（试行)》第585条对此有明确规定。但在司法实践中，人民检察院对法院裁判文书的审查仍存在着“重实体、轻程序”的现象，检察人员往往在填写人民法院刑事判决、裁定审查表时，只审查定性量刑，只要案件定性未被改变、刑期在量刑建议幅度内就行，往往对法院审判活动是否违反法定程序重视和审查不够。为此，审查法院裁判文书时，不仅应将起诉书与判决书予以对照比较，还应当对案件从受理到判决的各个时间节点是否符合法律规定、是否存在超期羁押、法院变更强制措施是否适当、判决书送达期限是否合法、判决书文书及条款是否存在技术性失误等内容进行审查。

4. 强化抗诉审查

在审查发现程序严重违法或事实认定有重大错误的基础上，着重审查刑事判决中认定的自首、立功、累犯等法定量刑情节及既遂、未遂或中止等犯罪形态是否准确等问题，若适用错误，进而考虑是否存在导致量刑不当的情况；判定的事实与所适用的法律条款是否配套吻合；对共同犯罪中的主犯、从犯及胁从犯等角色认定是否正确；对于诉审意见分歧大、具有一定争议性的抗诉案件，公诉人员应当在掌握审判机关判决意见的情况下，制作抗点突出、理由全面且依据充分的抗诉文书，避免抗诉依据过于单薄而影响抗诉效果；推进提请上级审核制度，公诉部门的抗诉案件，应当向上一级检察机关汇报请示，经审核把关后再行抗诉，以增强可抗应抗案件的抗诉成功率。

5. 探索不开庭案件的监督机制

根据我国刑事诉讼法的规定，刑事第二审阶段除了三类情形的案件必须开庭审理，其他的上诉案件可以不开庭审理。由于是否开庭审理的决定权在人民法院，而没有规定上诉状要送达上一级检察机关，因此上级检察机关对于不开庭审理的案件无法监督，甚至连案件是否上诉都无从掌握，使得此类案件成为监督的盲点。为加强抗诉工作的监督，可以探索要求一审人民法院的同级人民检察院在收到上诉状副本之后，针对上诉理由提出意见，连同上诉状副本与检察内卷报送上一级人民检察院，以使上级检察院及时掌握上诉案件情况，增强监督的主动性。另外，对于二审人民法院拟不开庭审理的上诉案件，如果同级人民检察院认为确有必要，可以要求调阅案卷材料进行审查，并对案件处理提出意见，以书面形式送达二审人民法院，通过书面审查的方式对不开庭审理的上诉案件进行监督，消除监督盲点。

四、检察机关的自身监督

近年来，检察机关越来越重视司法办案的内部监督。[①] 检察机关司法办案内部监督是指人民检察院对自身办案活动和检察人员在履行办案职责时遵守法律、纪律和规章制度情况实施的监督。[②] 总体上看，检察机关已建立起覆盖检察权运行全过程、集对人和对事监督于一体的内部监督机制。但近年来冤假错案的出现，以及检察人员在诉讼过程中侵害诉讼参与人权利致使违法违纪行为的时有发生，暴露出一些内部监督制度未能实现设计初衷、内部监督工作尚需改进等问题。

检察机关的司法办案权属于国家公权力的重要组成部分。为了防止检察人员因违法违规办案而侵犯诉讼参与人的诉讼权利，检察机关及检察人员应当增强监督者必须接受监督的意识。一方面，不断坚持和完善检察机关办案活动接受人大、政协、社会各界、新闻媒体、网络的监督；另一方面，还要坚持和完善检察机关司法办案活动接受内部纪检监察监督、各业务部门相互监督等内部监督机制，使检察权的整体运行置于广泛监督之下，促进检察机关严格司法，提升办案质量，杜绝司法腐败行为。

（一）强化检务公开，提高检察公信力

公开才能保证公正，公开才能取得公信。以审判为中心的诉讼制度改革要求整个诉讼活动要置于开放、透明的司法环境中，审查和审判过程以及裁判文书都要公之于众，用司法公开倒逼司法公正。为此，检察机关要更新司法观念，破除司法办案“神秘主义”，积极推进检务公开，这不仅是强化内部监督制约的客观需要，也是保障诉讼参与人和实现人民群众知情权、参与权、表达权和监督权的必然要求。

1. 突出案件信息公开，着力拓展检务公开的范围

检察机关要严格落实《人民检察院案件信息公开工作规定（试行）》，遵循司法权力运行的规律，以“能公开的一律公开”为原则，实行全面对外公开。对案件程序性信息，着重公开刑事案件、刑事申诉和国家赔偿案件、民事和行政诉讼案件的案由、受理时间、办案期限、办案部门、办案进程、处理结

① 最高人民检察院继2008年下发《人民检察院执法办案内部监督暂行规定》以来，始终强调加强执法办案内部监督，并提出要把强化内部监督放在与强化法律监督同等重要的位置。2011年又下发《关于加强检察机关内部监督工作的意见》，对今后更好地开展执法办案内部监督工作具有非常重要的指导意义。

② 参见最高人民检察院《关于加强检察机关内部监督工作的意见》。

果、强制措施等程序性信息；对法律文书，着重公开已生效的刑事案件起诉书、抗诉书、不起诉决定书、刑事申诉复查决定书，各级检察机关作出的撤销案件、不批准逮捕决定的法律文书等；对综合性信息，着重公开检察机关的职能、检察工作重大部署、创新举措、重大活动安排等。

2. 搭建窗口平台，丰富检务公开的途径和方式

积极利用“检察开放日”和新媒体时代信息手段，搭建起涵盖检察门户网站、微博、微信、客户端等在内的“检察网阵”，通过“一键式”链接，整合检务公开网络资源，在线提供案件答疑、案件信息查询预约、举报投诉、律师预约及检察信息推送服务。把案件管理中心和控告申诉接待窗口作为深化检务公开的重要平台，设置电子显示屏等自助服务平台，让群众可以通过这些平台详细了解办事程序，开展案件进度查询、法律文书查询以及提交举报、控告线索等，保障人民群众的知情权和监督权。

3. 变被动为主动，合理引导媒体报道

检察机关要通过新闻发言人、舆情监测与应对等多样化措施来引导社会舆论，争夺涉检舆情话语权，引导各类媒体参与人以法律视角，公正平和地看待各类司法事件，避免出现“舆论绑架司法”和公众通过网络媒体对司法裁判进行任意评判甚至对司法人员进行恶意中伤的情况。

（二）加强检察机关内部机构协作配合，形成监督合力

围绕办案质量和保障人权加强内部监督，是检察机关增强司法公信力、适应以审判为中心诉讼制度改革的重要保证。实践中，同一检察机关内部监督力量“分段割据”，信息流转程序不够顺畅导致案件流失和监督空档；上下级检察机关之间，上级院不能全面掌握下级院的诉讼监督工作，下级院对于诉讼监督工作中遇到的问题和困难有时得不到上级院的支持和指导，致使检察机关内部无法形成监督合力。为进一步强化监督效果，应当在检察机关内部建立有关职能部门负责人定期举行联席会议的机制，通过定期召开联席会议，加强对诉讼监督中存在问题的理解与沟通，全面掌握在办案件信息，适时提出监督意见。公诉部门要与检察机关内设的侦监、反贪、反渎、控申等部门保持密切联系，相互配合，及时通报诉讼过程中人权保障方面的线索和信息，形成信息共享的常态化机制。如公诉部门与控申、侦监部门可以对于来信来访和办案中发现的案件监督线索进行研究，审查决定是否进行立案监督；公诉部门与刑事执行检察部门可以对发现的超期羁押、违法取证、刑讯逼供等线索进行汇总，分析是否构成非法证据排除；公诉部门与侦监部门可以对捕后撤案、捕后不诉以及捕后变更强制措施问题进行沟通与联系，衔接逮捕与移送起诉之间的侦查活动监督；公诉部门与反贪、反渎部门可以对在工作中发现的职务犯罪线索进行

研判，分析相关侦查人员的违法侦查行为是否构成犯罪。同时，应进一步建立上下级检察机关诉讼监督工作联动机制，发挥好检察一体化作用，加强上下级检察机关的纵向协作，建立刑事诉讼监督工作向上级院备案，上级院对下级院重大监督线索的统一管理、跟踪监督制度，加强对下级院诉讼监督工作的指导和支持，共同保护刑事诉讼过程中各个诉讼参与人的合法权利。

（三）进一步拓展人民群众参与监督的渠道

继续做好人大代表、政协委员听庭评议工作，推进司法办案的社会评价工作，积极发挥检察机关廉政监督员、人民监督员、特邀检察员的重要作用。特别是要探索完善人民监督员制度，在检察改革背景下可适当拓展人民监督员的监督范围：时机上，在审查起诉阶段第一次讯问犯罪嫌疑人时，对于重要证人的询问，对未成年人刑事案件拟不起诉或附条件不起诉以及刑事和解案件时；内容上，重点监督检察人员的侦查行为是否依法文明规范，有无徇私舞弊、贪赃枉法、刑讯逼供、暴力取证等违法行为，是否存在强制措施违法的情形；程序上，重点监督应当立案而不立案或不应当立案而立案的，超期羁押或检察机关延长羁押期限决定不正确的，违法搜查、扣押、冻结或违法处理扣押冻结款物的；权利保障上，重点监督采取技术侦查措施是否合法，同步录音录像规定是否落实到位，有无不全程、不同步、选择性录制的问题，有无阻碍律师或其他诉讼参与人依法行使诉讼权利等问题。检察机关也要与司法行政部门、律师协会建立良好的沟通协调机制，定期开展业务交流，相互征求意见或建议，就有关法律问题或典型案件进行研讨。

第六章　综合保障

“刑事诉讼制度之变革，亦必有赖于与刑事司法相关的制度、观念及社会条件的整体性改进。推进以审判为中心的诉讼制度改革，绝不仅仅限于刑事程序法律层面的完善，但凡对审判中心地位及司法公正产生足够影响的因素，都应纳入改革之考量。”① 为保障以审判为中心诉讼制度改革的顺利有序推进，必须加快建立健全相关配套机制的步伐，在机制建设、队伍保障等各方面构建科学合理、完善健全的工作制度，促进各项改革措施的落实和有效运行，以增进政法干警和民众对司法体制改革的“认同感”，为改革的深入开展创造良好的社会环境、政治环境和法治环境。

第一节　机制保障

一、建立完善司法责任制

完善司法责任制是党的十八届三中、四中全会部署的重要任务，是全面推进依法治国的必然要求，在司法改革中居于基础性地位，是必须紧紧牵住的司法改革的“牛鼻子”。进一步建立完善司法责任制，对于检察机关遵循司法规律，增强检察官司法办案的责任心，促进检察人员依法履职，确保公正司法具有重大意义，对于保障检察机关依法独立行使检察权，完善具有中国特色的社会主义司法制度，努力让人民群众在每一个司法案件中感受到公平正义，树立司法权威也具有深远意义。同时，完善人民检察院司法责任制也是提升检察机关司法公信力的有效措施，是促进检察人员提高自身素质，推进检察队伍正规化、专业化、职业化建设的迫切需要。最高人民检察院在总结各地试点的实践经验和深入调研论证基础上，于2015年9月28日正式发布了《关于完善人民

① 王敏远等：《重构诉讼体制——以审判为中心的诉讼制度改革》，中国政法大学出版社2016年版，第258页。

检察院司法责任制的若干意见》（高检发〔2015〕10号），该意见作为第一批改革性文件颁布实施，也充分表明了完善司法责任制在检察机关司法改革中所处于的基础性地位和核心意义。

（一）司法责任制的基本内涵

司法责任制由司法与责任两大基本要素构成。其中，司法的内涵包括独立性、中立性、被动性、专业性、职业性等五大要素。

（1）独立性，是指司法机关依法独立行使职权，不受其他任何机关、团体及个人的干涉。首先，从国家权力的结构分配上，司法权的独立行使是宪法及法律赋予的权力，是保证公正司法，维护司法公信力的制度保障。其次，从国家政治制度设计上，体现为司法机关与行政机关、立法机关相互独立、相互分离。最后，从国家依法治国基本原则上，司法权的独立行使是保障公正裁决，正确运用和实施法律的必要条件。

（2）中立性，被认为是司法的核心特性。司法的中立性要求司法应当对各方当事人保持一视同仁、不偏不倚的超然、居中立场，具体表现为三个方面：一是司法权的中立，指司法权在公权与私权，国家与社会，集体与个人之间应当始终保持中立；二是司法组织的中立，指司法机关依法中立于其他国家权力机关；三是司法人员的中立，要求司法人员不应介入纠纷当事人任何一方，应以中立的立场和角度，依据事实及法律进行裁判。

（3）被动性，是司法区别于主动性行政权的重要特征，又被概括为“不告不理”。司法的被动性一方面体现在司法程序的启动方面，只有在当事人提出控告或者侦查机关提出指控后，司法机关方能进行受理。另一方面，体现为司法裁判的范围必须局限于起诉书所明确载明的被告人和被控告的事实，而绝不能超出起诉的范围而去主动审理未经指控的人或者事实。①

（4）专业性，是指司法人员必须经过严格、系统、专业化学习及训练，形成一定的法律意识和法律思维，并且达到国家认可的业务素质标准。首先，专业化是司法人员从业的前提条件，在我国成为法官或者检察官必须具备系统的专业学习并且经过一定期限的实务训练，通过国家统一司法考试并取得《法律职业资格证书》。十八届四中全会《中共中央关于全面推进依法治国若干重大问题的决定》对法治专门队伍正规化、专业化提出了更高要求。根据2015年12月20日，中共中央办公厅、国务院办公厅印发的《关于完善国家统一法律职业资格制度的意见》，取得法律职业资格要求具备全日制普通高等

① 陈瑞华：《看得见的正义》，北京大学出版社2013年版，第101页。

学校法学类本科学历并获得学士及以上学位，或者全日制普通高等学校非法学类本科及以上学历并获得法律硕士、法学硕士及以上学位或获得其他相应学位从事法律工作3年以上。其次，专业化是实现司法公正的重要保障，司法活动具有专业性和程序性特点，司法人员作为公平正义的维护者、社会纠纷的裁判者，只有具备系统的专业知识，方能正确理解和运用法律，才能发挥其评判是非曲直的功能和作用，实现化解社会矛盾、构建和谐社会的最终目标。

（5）职业性，指司法人员以行使国家司法权为专门职业，并具备独特的职业意识、职业技能、职业道德和职业地位。首先，应当完善司法人员职业选任、准入制度，目前我国尚未实行有别于普通公务员考试的司法人员考试制度，但是，可以借鉴个别省份和地区在公务员考试之外加试专业笔试或者专业面试的做法。其次，应当完善和落实司法人员分类管理制度，即建立法官、检察官专业职务序列的职业保障制度，落实省以下地方检察院人财物统一管理，探索法官、检察官逐级遴选机制，增强司法人员职业认同感，提高职业待遇。最后，应当建立和完善司法人员监督制约制度，即充分发挥人大、纪检、监察部门对司法机关的有效监督，加大上级司法机关对下级司法机关的指导监督，主动邀请社会各界参与监督，以确保司法人员依法、有序、高效履行化解社会矛盾、维护公平正义的法律职能。

责任通常包含两方面内涵：一是分内应做的事，如尽责任；二是没有做好分内应做的事，因而应当承担的后果，如追究责任。[①] 所以，司法责任既包括应当履行的司法职责，又包括不适当履行司法职责后应承担的不利法律后果。党的十八届三中全会提出，深化司法体制改革，加快建设公正高效权威的社会主义司法制度，确保依法独立公正行使审判权、检察权，健全司法权力运行机制。《关于完善人民检察院司法责任制的若干意见》进一步规定了司法办案组织及运行机制、检察委员会运行机制、检察人员职责权限、检察管理与监督机制以及司法责任认定和追究方面的内容，构成了较完整的司法责任制体系。这里的“司法责任制”概念至少包含了权限、问责、保障三方面内容，[②] 还包含了检察管理和监督。各地检察机关结合工作实际，已经制定出台了检察官、检察辅助人员岗位职责规范等相关权限文件。2016年7月22日，中央全面深化改革领导小组第二十六次会议审议通过了《关于建立法官、检察官惩戒制度的意见（试行）》，建立了法官、检察官问责惩戒制度，对落实法官、检察官办案责任制，促进法官、检察官依法行使职权，维护社会公平正义具有重要意

① 《现代汉语词典》（第5版），商务印书馆2005年版，第1702页。

② 傅郁林：《司法责任制的重心是职责界分》，载《中国法律评论》2015年第4期。

义。同时，中共中央办公厅和国务院办公厅下发了《保护司法人员依法履行法定职责规定》，进一步建立健全了保障人民法院、人民检察院依法独立公正行使审判权、检察权的制度，该规定明确非因法定事由，非经法定程序，不得将法官、检察官调离、免职、辞退或者作出降级、撤职等处分，保障法官、检察官依法履行法定职责。

综上，司法责任制是指基于司法机关的法定职权，明确司法责任范围和追责条件、方式等内容的制度。考察司法责任制的内涵，需要从司法责任制、错案责任倒查问责制、办案组织形式、检察官的注意义务、司法瑕疵、司法责任豁免等概念入手，逐一理解，综合判断。

（二）司法责任制的内在要求

1. 依法独立行使检察权

曹建明检察长2015年7月在云南昆明大检察官研讨班开班仪式上指出，“检察权既有司法属性，又有行政属性，还有监督属性。既要遵循司法活动一般规律，又要体现检察权运行的特殊规律；检察职能既具有司法职能的基本属性，又与审判职能相区别。既要有别于法院改革，又要区别于域外检察改革，突出中国检察制度的特色”。我国的检察权独立行使具有以下特点：（1）与审判权的依法独立行使一样，检察机关依法独立行使检察权，是我国宪法和法律所赋予的权力，不受行政机关、社会团体和个人的干涉。（2）我国法律侧重于检察机关的集体独立，检察系统有别于法院系统的监督指导关系，更强调上级检察院对下级检察院的领导体制，注重全国各级检察机关之间互相支持、互相配合、互相协调的检察一体化的工作机制，以确保依法独立高效行使检察权。（3）司法责任的应有之义即“谁办案谁负责，谁决定谁负责”，就是突出检察官主体地位，由办案者和决定者对案件事实证据的真实性负责，对法律适用的正确性负责，对检察办案程序的合法性负责和对结果的公正性负责。因违法行为发生冤假错案的，由办案者、决定者独立承担法律责任，使司法责任的承担由集体负责、无人负责到个人负责、有人负责。我国司法权力的行使由集体依法独立行使检察权转向了检察官相对依法独立行使检察权。

新一轮司法体制改革立足我国的基本国情，提出了司法与行政适当分离的司法管理制度。党的十八届三中全会指出要“确保依法独立公正行使审判权检察权”。十八届四中全会《中共中央关于全面推进依法治国若干重大问题的决定》更明确指出，“完善确保依法独立公正行使审判权和检察权的制度”。最高人民检察院《关于完善人民检察院司法责任制的若干意见》也规定，推行独任检察官和检察官办案组两种基本办案组织形式，明确检察人员在职责范围内对办案质量终身负责。上述规定遵循了司法规律，强调了检察官司法亲历性、裁量性，力求真正解决“办者无权”“定者不办”“办案责任虚置”等问题。当然，我国的检察官办案主体地位还要坚持《宪法》《人民检察院组织法》确定的上级领导下级、检察长领导检察工作的基本原则。对于公诉工作，既有其独立性的一面，也有需要反映国家意志，服从上级指导监督，从而正确行使公诉权的一面。

2. 完善检察人员分类管理

检察人员是指各级检察机关检察长、副检察长、检察委员会专职委员、检察委员会委员、检察官、检察官助理、书记员、司法警察、检察技术人员、检察行政人员以及其他依法履行检察职责的人员。目前检察机关队伍管理存在行政化、大众化、非专职化、非终身化等问题，普遍存在不同身份人员混同管理的现象。

（1）检察机关组织机构、运行机制、人员管理行政化。检察机关的性质决定了其有别于一般行政执法机关，检察人员也必然有别于普通行政公务员。但是，长期以来所形成的制度惯性，使得检察机关的管理体制过多地吸收行政机关的管理方式，检察权的行使过度地依附地方行政权力系统，检察人员的职级、工资、福利等待遇也往往取决于自身行政级别。以近期开展的检察官职务套改工作为例，各地普遍依据现任综合管理类公务员职务层级确定新的检察官等级，尚未彻底摆脱检察人员管理行政化、官僚化特征。

（2）检察人员管理大众化。大众化管理使得检察群体内部缺乏职业认同感，外部缺乏职业辨识度，甚至有的基层院安排检察官参与当地征地拆迁、安保维稳等行政事务性工作，不仅冲淡了检察人员自身的职业坚守，而且冲击了社会公众对法律的尊重和对法治秩序的遵守。因此，应当建立彰显检察工作规律及检察职业特点的检察官单独职务序列，落实以检察官为核心的检察人员分类管理体系。

（3）检察人员管理非专职化、非终身化。司法责任制的初衷是确立法官、检察官办案主体地位，依法履职尽责。目前，各级检察机关已基本完成首批员额检察官入额选拔，基本落实检察人员分类管理，为实现业务骨干回归办案一线打下基础。但是，此轮改革过程中，部分地区尚遗留入额检察官跨岗、兼职情况，个别入额人员仍然兼任行政领导职务，仍存在部分辅助人员以员额检察官名义办案、案件由领导审批等现象，有重走“行政化”老路之嫌。此外，取消了助理检察员这一角色，将未入额检察员、助理检察员以及新入职检察人员统一纳入检察辅助人员序列进行管理，一方面是由于其能力、资历、经验等尚未达到独立办案条件，另一方面则是落实员额制分类管理大势所趋。但是，当前检察人员分类管理制度中缺少一种各类检察人员准入考核的规则设计，也缺少一种由检察官（检察员、助理检察员）向员额检察官过渡晋升的职业设计，在改革中应逐步完善。

责任制是“牛鼻子”，员额制是前提，科学的人员分类管理方法是推动司法改革的有效途径。根据最高人民检察院有关改革文件，全面推行检察人员分类管理，逐步落实检察官员额制。第一，应当以建设高素质、专业化的检察队伍为目标，按照具有中国特色、符合检察工作规律、体现检察职业特点的要求，建立分类科学、结构合理、职责明晰、管理规范的人员分类管理制度。第二，在实行检察人员分类管理、落实检察官员额制的基础上，根据履行职能需要、案件类型及复杂难易程度，实行检察官、检察官办案组等办案组织形式。检察官是人民检察院办案组织的基本形式，应当为检察官配备必要的检察辅助人员。根据业务需要，可以设置常设检察官办案组和临时检察官办案组，或者根据案件类别设置专业办案组和普通办案组，由若干检察官和检察辅助人员组成。主任检察官作为办案组负责人承担案件的组织、指挥、协调以及对办案组成员的管理等工作，在职权范围内对办案事项作出处理决定或提出处理意见，其他检察官在主任检察官的组织、指挥下从事具体的办案活动。第三，通过员额制从下级检察院的检察官或同级检察院的检察官助理中择优选拔，遴选出足够优秀、能够独立办案并承担责任的检察官，将他们配置到一线办案岗位上去，再辅之以相应的薪酬待遇，才能有利于实现权责利统一。通过上述改革，推动检察队伍正规化、专业化、职业化建设，规范检察机关司法办案行为，增强检察人员责任心，保证案件质量，从而使社会公众对检察机关和检察活动的认可和信任度得以提升。

3. 坚持权责明晰与权责相当

首先，在突出检察官办案主体地位的前提下，明确各类检察人员的职责权限，确定办案组织形式，科学划分检察机关内部执法办案权限，制定相应的权力清单，明确权力归属，实现“让审理者裁判，由裁判者负责”。其次，权责相当要注重确权和归责两者的统一。“权”是“责”的逻辑前提，有“权”必有“责”。“责”是“权”的制约和保障，有“责”必担当。检察亲历性事项，必须由检察官亲自办理，不仅要“办案”，还要“定案”。只有让办案检察官申明自己的法律主张，按照自己的法律思维和判断审定案件，才能责令其对所办案件负责。只有明确办案人主体资格，才能摒弃现有的检察系统运行模式被行政“格式化”的异化现象。只有科学合理地配置符合规律的司法权力，才能真正构建“权责一致”的司法责任体系。在权限划分上，坚持依法改革、合理放权与加强领导相统一的原则，根据批捕、公诉、职务犯罪侦查及预防、刑事执行检察等不同特点和要求，在法律规定的框架内，合理下放权限，明确相应责任，实现检察官权责一致。

4. 落实终身负责与过错追究

十八届四中全会提出，推进严格司法，实行办案质量终身负责制和错案责任倒查问责制。办案质量终身负责制意味着，只要检察人员对承办的案件应当承担司法责任，无论是在职还是退休，是在检察机关还是调到其他部门工作，无论经过多长时间，都要按照规定启动问责程序，客观公正地进行调查处理。这样可以增强检察人员司法办案的责任心，促进检察人员依法公正履行职责，提高司法办案的质量和效率。[①] 过错追究包括错案责任追究和违法行为责任追究，前者强调的是结果责任，后者强调的是行为责任。[②]

（1）《关于完善人民检察院司法责任制的若干意见》明确了司法责任的类型和标准。根据检察官主观上是否存在故意或重大过失，客观上是否造成严重后果或恶劣影响，将司法责任分为故意违反法律法规责任、重大过失责任和监督管理责任三类，分别列举了各类司法责任的具体情形，以及免除司法责任的情形，增强了司法责任追究的可操作性。

（2）《关于完善人民检察院司法责任制的若干意见》科学划分了司法责任。使办案的检察官对自己的办案行为负责，作出案件处理决定的检察官对自己的决定负责，把司法责任具体落实到人。

（3）《关于完善人民检察院司法责任制的若干意见》完善了责任追究程序。从司法责任的发现途径、调查核实程序、责任追究程序、追责方式、终身追责等几个方面完善了司法责任的认定和追究机制。对检察人员承办的案件发生被告人被宣告无罪，国家承担赔偿责任，确认发生冤假错案，犯罪嫌疑人、被告人逃跑或死亡、伤残等情形的，一律启动问责机制，核查检察人员是否存在应予追究司法责任的情形。此外，最高人民检察院正在探索建立检察人员职务保障和依法履职免责制度，依法保障检察人员的人身、财产和住所安全，健全检察人员履行职务受到侵害保障救济机制和不实举报澄清机制等，建立完备的检察职业保障体系。总之，只有通过构建科学合理的司法责任认定、追究、保障及免责机制，才能达到落实司法责任制的核心目的。

（三）司法责任的保障机制

1. 明确检察人员职责与权限

此次司法改革明确了各类检察人员职责权限：（1）完善了检察长职责权

---

① 《最高检司改办负责人就〈关于完善人民检察院司法责任制的若干意见〉答记者问》，载《检察日报》2015年9月29日，第3版。

② 金泽刚：《司法改革背景下的司法责任制》，载《东方法学》2015年第6期。

限。《关于完善人民检察院司法责任制的若干意见》主要明确了检察长对案件的处理决定权和行政管理职能，包括对案件的审核、决定、监督管理及签发法律文书权。《关于完善人民检察院司法责任制的若干意见》一方面体现了检察长司法办案工作领导权，另一方面还规范了领导权的行使要受到职务范围、程序、方式的严格限制，并且界定了相应的司法责任。（2）规定了检察官职责权限。检察官依照法律规定和检察长委托履行职责，同时，要求省级检察院结合本地实际，根据检察业务类别、办案组织形式，制定辖区内各级检察院检察官权力清单。检察长委托检察官行使的司法办案职权的具体内容，由检察官权力清单确定。（3）界定了主任检察官职责权限。主任检察官除履行检察官职责外，作为办案组负责人还负责办案组承办案件的组织、指挥、协调以及对办案组成员的管理工作；在职权范围内对办案事项作出处理决定或提出处理意见。（4）改革了业务部门负责人职责权限，明确业务部门负责人应当作为检察官在司法一线办案，同时，规范了业务部门负责人的司法行政事务管理权。（5）明确了检察官助理（新设检察辅助人员岗位）在检察官指导下协助办理案件的职责。

2. 健全检察委员会运行与决策

为提高检察委员会工作的法治化、民主化、科学化水平，发挥检察委员会对重大案件和其他重大问题的决策、指导和监督功能，《关于完善人民检察院司法责任制的若干意见》提出五项改革措施：（1）规范检察委员会讨论决定具体案件的范围，划分检察委员会与检察官、检察长在司法办案中的界限。强调检察委员会讨论决定的案件，主要是本院办理的重大、疑难、复杂案件，涉及国家安全、外交、社会稳定的案件，下一级检察院提请复议的案件。（2）明确检察委员会由检察长、副检察长、专职委员、委员和部分资深检察员组成，强化了检察委员会委员的专业化、职业化建设。（3）赋予检察官可以就所承办案件提出提请检察委员会讨论的请求权，完善了提请检察委员会讨论案件的程序，目的是突出检察官办案主体地位。当然，执行中要注意防止检察官提交讨论案件的随意性或者规避个人责任的目的性，一方面可通过建立过滤机制严格把握检察委员会讨论案件范围，另一方面对于是否将案件提交检察委员会讨论仍需检察长决定。（4）完善检察委员会讨论决定案件的机制，提高了案件决策的科学化水平。检察委员会表决前应充分讨论，确保委员充分发表自己的意见，降低作出错误决定的可能性。表决实行主持人末位表态制，防止职务最高的检察官作为主持人影响其他委员表态。（5）提出建立健全检察委员会决策咨询机制等措施。建立健全专家咨询委员会、专业研究小组等检察委员会决策辅助机构。检察委员会讨论案件，可以邀请有关专家到场发表咨询意见。

3. 严格司法责任认定与追究

《关于完善人民检察院司法责任制的若干意见》从发现途径、调查核实程序、责任追究程序、追责方式、终身追责等方面严格规定了司法责任的认定和追究机制。首先，由纪检监察机构受理对检察人员在司法办案中违纪违法行为和司法过错行为的检举控告，并进行调查核实；其次，对确认发生冤假错案等情形的，应当启动追责程序；再次，经审查后认为应当追究检察官责任的，报请检察长决定后，移送省级检察官惩戒委员会审议；最后，对经调查属实应当承担司法责任的人员，根据《检察官法》《检察人员纪律处分条例（试行）》《检察人员执法过错追究条例》等规定进行处理。《关于完善人民检察院司法责任制的若干意见》明确了应当承担司法责任的人员将面临的三种追责方式，分别为：（1）由组织人事部门按照干部管理权限和程序办理的停职、延期晋升、调离司法办案工作岗位以及免职、责令辞职、辞退等处理；（2）由纪检监察机构按规定和程序办理的应当给予纪律处分；（3）涉及犯罪的移交司法机关处理。此外，在省一级设立外部化、社会化、中立化的检察官惩戒委员会是一项重要的改革举措，有利于提高追究检察官司法责任的公信力，也有利于保障检察官的合法权益。《关于建立法官、检察官惩戒制度的意见（试行）》，强调了惩戒需要坚持实事求是、客观公正，坚持责任和过错相结合，坚持惩戒和教育相结合，并进一步规范了法官、检察官惩戒的范围、组织机构、工作程序、权利保障等内容，发挥惩戒委员会在审查认定方面的作用。

实践中，需要进一步处理好惩戒委员会与现有纪检监察机构的关系，合理界定两者之间的职能权限，做好衔接和配套机制建设工作，注意与现行法律、规定相衔接。《保护司法人员依法履行法定职责规定》就充分表明了党中央坚持依法改革立场，该规定在《公务员法》《法官法》《检察官法》《行政监察法》《中国共产党纪律处分条例》以及各系统工作人员处分条例等法律、规定的基础上，细化了履职保护措施，特别是把司法人员履行司法职责的错案责任追究与党纪责任、一般性违反司法纪律责任追究作了区分，增设了惩戒委员会审议提供专业参考意见的环节，没有改变现行纪检监察工作体制，不影响依纪依法处理法官、检察官违反党纪政纪、触犯法律的行为。《保护司法人员依法履行法定职责规定》注意与《关于完善人民检察院司法责任制的若干意见》等改革文件在制度措施上互相衔接、补充、配套，构筑完善的保护依法履行法定职责制度。

二、完善诉侦协作机制

在全国检察机关第五次公诉工作会议上，曹建明检察长指出，要正确把握和处理诉、侦、审、辩关系，推动构建新型诉侦、诉审、诉辩关系。这些要求是对完善现代刑事诉讼制度的宏观设计和重要部署。而检察机关要适应以审判为中心的诉讼制度改革，应着力构建以公诉为主导、以庭审为中心的刑事指控体系。为此，需要强化侦查的基础性作用，突出审查逮捕的关键性作用，确立公诉的主导性作用，发挥诉讼监督的保障性作用。[①]

（一）诉侦关系的基本内涵

侦查是审查起诉和法庭审判的前提和基础，构建新型诉侦关系，就是要建立诉侦协作的大起诉格局。“诉侦协作”是指侦查机关（部门）和公诉部门为了更好地履行指控犯罪职能，而在侦查和起诉过程中相互配合、紧密衔接而形成的诉讼关系。2004 年 6 月，最高人民检察院出台《关于人民检察院办理直接受理立案侦查案件实行内部制约的若干规定》（高检发〔2004〕12 号），首次明确提出应当建立诉侦协作机制，规定检察机关办理的“重大复杂案件侦查终结前，可以报经检察长批准，通知公诉部门派员提前介入侦查。公诉部门介入侦查后，应当对案件证据进行审查，并就证据收集和法律适用等问题向侦查部门提出意见”。2005 年 6 月，最高人民检察院在《关于进一步加强公诉工作强化法律监督的意见》中再次提出，“建立检察机关内部诉侦协作机制，坚决查处司法不公背后的职务犯罪”。曹建明检察长在全国检察机关第五次公诉工作会议上明确指出，“检察机关公诉部门加强与侦查机关的衔接，既引导全面收集证据，又加强对刑讯逼供、非法取证的源头预防，严格依法认定证据，对于提升刑事案件质量有着十分重要的作用”。这是对改革过程中诉侦协作关系的进一步阐释。按照我国现行法律规定，诉侦协作的基本形式包括：（1）公诉部门对于公安机关侦查活动的协作机制；（2）公诉部门对于检察机关管辖的职务犯罪侦查活动的协作机制；（3）公诉部门对于国家安全机关、军队保卫部门、监狱、海关缉私部门负责办理的刑事案件侦查活动的协作机制。

（二）诉侦关系的基本内容

强化诉侦协作，检察机关需要通过完善工作机制，规范侦查中证据的收集和固定方法，进一步加强对侦查取证的指引和监督，提高侦诉工作质量，化解矛盾和冲突，减少侦查、公诉部门之间诉讼程序反复“倒流”，使侦查机关和公诉部门形成打击犯罪的合力，从而提高诉讼效率，实现对犯罪的有力追诉。

1. 强化引导。注意以下几个方面：（1）侦查和起诉工作具有共同的诉讼

① 北京市人民检察院副检察长苗生明在 2015 年 6 月 26 日“以审判为中心视野下的审前关系和刑事检察工作模式转型”专题研讨会上的发言。

目的，即有效地指控犯罪。我国长期以来形成的是“分工负责、互相配合、互相制约”的诉侦关系，公诉部门和侦查机关（部门）之间往往暗存着一种相斥力，造成双方追诉职能的现实阻碍。而以审判为中心的诉讼制度改革正是要转变“以侦查为中心”的办案现状，在诉讼中充分调动各方面司法资源，通过不断完善沟通、协调、合作机制，在诉侦双方共同的追诉职能基础上，形成一种检察机关对侦查活动监督下的诉侦合力，以增强在追诉犯罪方面的能力。目前，无论实行“侦诉分立”模式的英美法系国家，还是实行“侦诉合一”模式的大陆法系国家，对检察官提前介入侦查方面的认识已趋于一致。如大陆法系的德国、英美法系的美国，普遍认为侦查人员、检察官是分别在侦查技术领域、审查判断证据能力方面各占优势的，检察官对侦查的介入，能够更全面地履行法律监督职能，有效控制刑事诉讼的合法进行，提高办案质量和效率，最终实现控诉职能作用的有效发挥。当然，公诉部门更要加强对职务犯罪侦查取证工作的引导，对检察机关自己侦查的案件更应该高标准、严监督。（2）检察机关对侦查的引导，既不是亲自侦查，也不是替代侦查，而是指引侦查。居于审前程序主导地位的公诉部门应做到“引导不是领导，引导不能代替，参与而不干预，讨论而不定论”[①]。在保证侦查机关（部门）侦查活动独立的前提下，公诉部门应从审查起诉角度对案件证据进行把握，从收集、固定证据、取证方向、完善证据体系、适用法律等方面提出具体的引导侦查意见，指导侦查机关（部门）在证据的收集、固定上按照庭审的标准来进行，使侦、诉工作共同围绕指控犯罪的目的展开，确保犯罪分子受到应有惩罚，实现有效打击犯罪。（3）检察机关应在现有法律框架下，对引导、介入侦查的范围、条件、程序、效力等方面进行更合理解释和规范，建立系统的符合以审判为中心诉讼制度改革目标要求的工作机制，扭转公诉部门对侦查工作指引的“口号式”现状，使引导侦查工作落到实处。

2. 强化监督。检察机关依法对侦查活动的合法性进行审视和指正，对侦查活动的程序进行审查与规范，对侦查活动中的违法行为提出纠正意见，这是现行法律的明确规定。如《刑事诉讼法》第 121 条规定的同步录音录像制度，就极大规范了侦查人员的审讯活动。再如，检察机关对侦查机关发送纠正违法通知、退回补充侦查、落实非法证据排除规则等，都是对侦查活动监督的体现，是坚决防止事实不清、证据不足或者违反法定程序的案件“带病”进入审判程序的重要保障。当然，公诉部门对侦查活动的监督还需从严格证据标准

① 柴春元、张安平：《以改革推动“严打” 在“严打”中深化改革——全国刑事检察工作会议综述》，载《人民检察》2002 年第 6 期。

入手，在制度层面加以规范和建设，通过不断强化对侦查活动的法律监督，确保公诉案件质量，以达到以审判为中心诉讼制度改革目标的实现。

3. 正确处理配合与制约的关系。建立健全诉前、诉中、诉后的引导、沟通、听审、研讨等工作机制，保证公诉案件证据质量，确保立得住、诉得出、判得了。通过引导，使侦查机关（部门）更好地甄别和收集证据；通过沟通，使侦查人员能够迅速领会公诉环节承办人的意图，有的放矢地进行补查；通过听审，使办案人员从法庭调查、法庭辩论的焦点问题中领会侦查和取证应把握的重点，从法庭对证据的采信中准确理解并掌握取证标准、要求；通过研讨，在公诉部门和侦查机关（部门）之间建立一种案件总结机制，特别对于被告人翻供、证据发生变化的典型案件，两部门在开庭后共同做一次“回头看”，进行全面分析“诊断”，对侦查和公诉过程中存在的问题互相指正，减少在证据问题上出现的分歧，增强双方的质量意识、证据意识。总之，公诉部门和侦查机关（部门）之间，要在“文来文往”的基础上，加强“人来人往”，公诉人和侦查人员都要树立全局意识和责任意识，使相互间的制约与配合形成一种良性协作、互动衔接关系，使所办理的每一起案件都成为经得住法律检验的铁案。

（三）诉侦协作的机制建设

1. 重大、疑难案件引导侦查制度

早在 2000 年 8 月最高人民检察院召开全国检察机关公诉改革会议时，就提出建立与公安机关加强工作联系新机制的改革措施。2002 年 5 月，最高人民检察院在全国刑事检察工作会议上，又进一步讨论修改了《人民检察院引导侦查取证试行办法》，标志着“检察引导侦查”新机制的规范与完善。2015 年 3 月 12 日《最高人民检察院工作报告》中提出“推动建立重大、疑难案件侦查机关听取检察机关意见建议制度”。2015 年 6 月，全国检察机关第五次公诉工作会议也明确提出公诉部门要发挥“诉前主导”作用。事实上，我国检察提前介入侦查、引导侦查取证制度已经具备了一定的制度基础和实践经验。如《刑事诉讼法》第 132 条规定，人民检察院审查案件的时候，对公安机关的勘验、检查，认为需要复验、复查时，可以要求公安机关复验、复查，并且可以派检察人员参加。2013 年中央政法委发布的《关于切实防止冤假错案的规定》第 4 条指出，人民检察院依法对侦查活动是否合法进行监督，及时提出收集、固定和完善证据的意见和建议，必要时指派检察官参加侦查机关对重大案件的讨论和对犯罪有关的场所、物品、人身、尸体的复验、复查。同年，最高人民检察院在《关于切实履行检察职能防止和纠正冤假错案的若干意见》第 18 条中也要求，对命案等重大复杂案件、突发性恶性案件、争议较大的疑难案件、有重大社会影响的案件，应当与侦查机关协商，通过介入现场勘查、参加案件谈论等方式，引导侦查机关依法全面收集、固定和完善证据。在本轮司法改革中，全国各地已经纷纷探索建立相关机制，取得了较好效果。如2014年11月17日，重庆市人民检察院与重庆市公安局联合制定了《关于检察机关提前介入引导取证工作办法（试行)》，对提前介入侦查引导取证的案件范围予以规定，对提前介入侦查的检察官应当履行的职责、遵守的纪律原则作出规范，加强检察机关和公安机关的配合制约，提高办理刑事案件的质量和效率。河北省保定市人民检察院围绕审判需求贯彻证据裁判原则，于2016年3月3日联合该市公安局制定下发了《重大疑难案件侦查机关听取检察机关意见和建议工作办法（试行)》，建立了检察机关向前传导证据要求的工作机制，为庭审指控赢得先机。但是，由于最高人民检察院目前尚未出台相关的具体规定。为避免各地对公诉部门引导、介入侦查的范围、条件、程序、效力等方面的工作机制不统一和执行中走过场现象，建议尽快出台与诉讼制度改革配套的统一规范办法，加强检察机关公诉部门与侦查机关的衔接，提升刑事案件侦查质量。

2. 联席会议、信息通报制度

定期或不定期地召开联席会议，研究解决办案中遇到的情况和问题，在侦查机关或检察机关自侦部门研究案件时，邀请公诉部门列席会议，对侦查行为的合法性、证据收集程序的合法性、适用法律的合法性提出意见，对是否可以移诉等问题提出意见和建议，同时履行对侦查活动合法性、规范性进行监督的职能。公诉部门讨论案件时，可商请侦查机关（部门）派员参加，发表意见，形成侦、诉之间的合作交流机制。还要建立信息通报制度，共同掌握案件发展的整体动态，使出庭公诉过程中因案件事实或证据发生重大变化而导致公诉不利的局面有效避免。当发现案件事实证据发生重大变化时，公诉部门可在第一时间主动与侦查机关（部门）联系，及时进行补充侦查活动。

3. 派驻检察室制度

可以成立专门机构，设立专职检察人员，使检察机关依法介入侦查更加制度化、具体化、日常化，并且使检察机关对侦查机关（部门）的侦查监督、引导取证前移到侦查之初。如北京市门头沟区人民检察院于2007年8月挂牌成立了“驻警引导侦查取证办公室”，根据职责规定，驻警办公室的检察人员可以在案件立案侦查阶段的第一时间介入，就案件的取证方向、注意事项等，从检察机关诉讼的角度提出意见和建议。这有利于提高案件在提请逮捕、移送审查起诉时的成功率，减少不批准逮捕、补充侦查等情况出现，降低退捕率，提高审结率，在提高办案质量的同时降低诉讼成本。[①]

4. 侦查失误通报制度

针对侦查机关不服从公诉部门引导侦查取证而导致案件出现重大诉讼风险的，应当实行侦查失误通报制度，以实现公诉部门对侦查的事后监督。通报的内容应该包括基本案情、侦查失误的情况、原因以及改正的建议等。公诉部门也可以在日常办案中对侦查失误情况进行收集和分析，并形成书面意见，在定期的联席会议上向侦查机关负责人反映相关情况，促使侦查人员改正其不良的工作方法、工作作风。[②]

三、完善捕诉衔接机制

审查逮捕和审查起诉作为检察机关两项重要职权，经历了由统一到分离的改革过程，形成了彼此的监督制约，也产生了相互的衔接和配合问题。检察机关内部在部门设置和工作机制层面对于侦查监督职能和公诉职能关系的规定及相关制度构成了相应的捕诉关系，而如何构建合理的捕诉衔接关系已成为当前司法体制及检察机制改革的重要内容。

（一）捕诉关系的基本内涵

捕诉衔接，是指检察机关的侦查监督部门与公诉部门之间就提前介入、引导侦查取证、重大疑难复杂案件会商、刑事法律监督、案件信息通报、办案风险预警、刑事和解对接、业务信息共享等工作建立的一系列联系沟通机制，以达到提高侦查监督职能和公诉职能的协同配合之能力。捕诉衔接的基本形式包括：（1）内部的衔接，即本院侦监部门与公诉部门之间的衔接；（2）横向的衔接，指上级检察机关指定或改变管辖的案件，可能出现下级检察院作出批准逮捕决定之后，由上级检察机关指定其他检察机关提起公诉，涉及同级检察机关之间侦监部门与公诉部门的衔接；（3）纵向的衔接，指上级检察机关作出批准逮捕决定之后，交由下级检察机关提起公诉的案件，或者可能判处无期徒刑、死刑的案件，或者涉及共同犯罪和其他需要并案审理的案件，下级检察机关批准逮捕后，全案由上级人民检察院审查起诉。

---

① 张鑫磊：《论检察机关介入侦查、引导取证制度》，载 http://www.qqwwr.com/staticpages/20100423/qqwwr4bd11232－488494.shtml，访问时间：2016年6月18日。

② 郭志平：《公诉引导侦查制度研究——检警关系重塑视野下的建构和完善》，兰州大学2011年硕士学位论文，第24页。

（二）捕诉关系的基本内容

1. 捕诉关系的历史沿革

1979年检察制度恢复重建，根据《人民检察院组织法》第20条的规定，最高人民检察院设立了刑事检察厅，负责刑事案件的批捕和起诉工作，但对需要具体办理刑事案件的地方市、县两级人民检察院如何设立内部机构以行使批捕、起诉职能，高检院此时并没有统一的要求，而是允许各地根据自身情况和条件自行设立。于是这个时期出现了不同的工作模式混合：一些人员编制少、案件数量少、类型单一的较小城市基层人民检察院设立了刑事检察科，实行捕诉一体；而一些人员编制较多、案件数量大、类型复杂的北京、上海等较大城市的基层人民检察院从一开始就设立独立的批捕科和审查起诉科，实行捕诉分立。1996年在大连召开的全国检察机关批捕起诉工作会议上，最高人民检察院在听取专家学者意见和总结经验的基础上，从加强检察机关的内部制约、自我监督角度出发，传达了"批捕、起诉分设机构"的精神。1999年，最高人民检察院正式将刑事检察厅分设为审查批捕厅和审查起诉厅①。地方各级检察机关随之陆续分设批捕、起诉部门并沿用至今。

2. 捕诉关系的现实状况

检察机关实行捕诉分立模式十多年来，侦查监督职能和公诉职能都得到了极大发展和完善。当然，目前对确立捕诉关系工作机制仍然存在不同观点，持捕诉合一主张者认为，该模式在构筑侦查监督合力、提高审前办案效率、降低司法成本等方面是呈现一定优势的。笔者认为，这种效率的提高与成本的降低在某种意义上是以牺牲案件质量为代价的，是与逮捕程序的限权功能相背离的，很容易导致滥用或不正确使用逮捕权，导致内部监督的不力。而捕诉分立制度可以最大避免权力过分集中导致的监督失衡状况，也可以防止办案人员受先入为主的思维定式影响而在审查起诉阶段失去正确判断情形的发生。通过在审前设置批捕、起诉两道相对独立的程序，对全案进行两次独立审查，构筑了双重防线避免错案发生。实行捕诉分立模式以来，逮捕措施的适用标准逐步严格，审前羁押率逐年降低，共同推动了公诉案件质量的提高和无罪判决案件的逐年降低，进一步强化了立案监督、侦查活动监督和审判监督力度。同时，监督立案、纠正违法、检察建议量也呈逐年上升趋势，检察机关刑事检察监督的职能作用得到了充分发挥，犯罪嫌疑人、被告人的合法权益也得到了较好的保障。当然，捕诉分立制度在实践中也存在不少问题，比如，侦监部门作出批准

① 随着刑事诉讼法的修改，后更名为侦查监督厅与公诉厅。

或不批准逮捕决定之后，或者由于业务量大力不从心，或者由于诉讼程序的进展造成监督工作的衔接不畅，对侦查机关的后续执行情况往往难以掌握。再如，审查逮捕由于处在侦查初期，案件证据以及办案期限相对有限，与起诉阶段证据标准存在一定差异，易造成批捕阶段与起诉阶段承办人对案件事实证据的认识不统一，有可能造成部分案件捕后不诉甚至撤诉，还可能存在批捕、起诉阶段对同一案件重复审查阅卷、讯问并核实证据、制作法律文书等司法资源浪费问题。但是，总体来看，这些问题还是和效率、成本的降低和案件质量的提高息息相关的，可以通过加强侦查监督部门和公诉部门的衔接配合来完善。因此，捕诉分立制度符合我国刑事诉讼的要求，我们在推进以审判为中心的诉讼制度改革中，应不断完善检察机关捕诉衔接机制建设，提高检察机关刑事检察工作的质量和效率。

3. 捕诉关系的改革方向

最高人民检察院在《关于深化检察改革的意见（2013—2017 年工作规划)》中提出了“围绕全面推进依法治国的总目标和建设公正高效权威的社会主义司法制度，进一步完善检察体制，优化检察职权配置”的指导思想，为基层检察机关内设机构改革和机制完善作出了总体布局和战略引导。各地在落实大部制机构改革中采取了不同的捕诉关系模式：个别地区实行捕诉合一，如吉林省、上海市静安区等检察机关将批捕、起诉部门合并为“刑事检察部”，但全国大部分检察机关仍实行捕诉分立，分设侦查监督部和公诉部。笔者认为，在推进以审判为中心的诉讼制度改革中，我国检察机关依然应当坚持捕诉分立的大方向，而不应该开历史的倒车，走捕诉合一的“回头路”。

首先，实行捕诉分立模式符合法律规定精神。根据刑事诉讼法的规定，侦查机关行使的侦查权和检察机关公诉部门行使的起诉权均属于控诉职能范畴，而检察机关的侦查监督部门担负的是法律监督职能而非控诉职能，其侦查监督的对象是侦查行为，其目的是监督控诉职能的正确行使。公诉职能是通过追诉犯罪的方式来体现检察权的法律监督属性，其职能目的和性质在控诉方面是与侦查机关一致的，容易造成公诉部门和侦查机关之间更偏重配合关系而不是制约。这种价值取向上的矛盾和冲突，在捕诉合一模式下容易造成办案人员失去客观判断能力，使两项职能的实现落空。而捕诉分立完全符合现代刑事诉讼所强调的制衡、平等和人权保障发展方向，符合侦查监督部门和公诉部门不同的权力属性和客观运行规律，更有利于保证侦查监督职能和公诉职能的全面实现。其次，经过长时间实践，目前两部门已各自具备了相对完善的规章制度和成熟高效的人员队伍，完全可以通过加强部门间的协调、合作关系来整合侦查监督与公诉部门的办案资源，提高案件质量、办案效率及监督能力。如果重新选择捕诉合一模式则需要重新制定工作制度规范，办案人员要重新适应不同的办案操作流程，反而会增加工作负累。另外，最高人民检察院在《关于深化检察改革的意见（2013—2017年工作规划）》中提出“检察权运行机制和自身监督制约机制更加健全”的总体目标，强调的是进一步加强检察机关自身监督制约机制，这为捕诉关系科学发展指明了方向，而捕诉合一模式与加强检察机关内部监督的总体目标是相悖的。

当然，为适应新形势下刑事检察工作的需要，检察机关可以针对特定主体，或针对特定案件而设立未检、金融、知识产权等专门机构，这些机构集审查批捕、审查起诉、法律监督、犯罪预防等多项职能于一体，在捕诉工作机制上作出有益尝试。如北京市海淀区人民检察院于2011年4月25日成立的知识产权检察处，负责审查批捕、起诉、法律监督、职务犯罪预防等多项职能，五年来共计办理审查逮捕案件491件738人，审查起诉案件541件856人，其中办理侵犯知识产权类审查逮捕案件225件373人，审查起诉案件175件348人，办理的霍某等6人侵犯著作权案，被评选为2015年度北京市知识产权司法保护十大典型案例。该部门的成立和工作的开展提升了做好此类工作的专业性，也提高了工作效率，也使检察机关参与社会管理创新的效能得以积极发挥。

（三）捕诉衔接的制度建设

建立和完善捕诉衔接工作机制，首先要通过侦查监督部门和公诉部门及时交流、信息共享，达到对侦查活动全方位覆盖，使侦查监督部门及时发现侦查机关的违法行为，并进行有效监督，有助于提升检察机关侦查监督的能力；其次要在侦查监督部门的协助下，使公诉部门更早地介入侦查，并可以通过审查批捕程序提前向侦查机关提出关于证据要求、案件性质等方面的引导意见，提高侦查机关取证的质量和效率，从而保证公诉案件质量的提高，增强检察机关提前介入、引导侦查取证的能力；最后要通过侦查监督部门和公诉部门之间统一法律文书标准，建立内勤协调沟通机制，从而有效减少两部门的重复劳动和无效工作，大大提高两部门的工作效率，实现有限司法资源的合理使用。

1. 审查逮捕会商机制

审查逮捕会商机制，是指在审查批捕阶段就某一类型或重大、疑难、复杂案件，侦监部门与公诉部门共同进行案件分析研讨，由侦监部门负责人召集、主持，侦监部门承办人具体介绍基本案情，阐明争议焦点，就事实证据、定性分析、社会危险性、逮捕必要性等问题综合分析，提出意见，侦监部门全体及公诉部门负责人全程参与讨论，内勤人员负责记录。案件承办人在综合本人、本部门及公诉部门意见后，依法作出批准逮捕或不批准逮捕的意见，并根据《刑事诉讼法》《人民检察院刑事诉讼规则（试行）》及其他有关规定，结合审查逮捕具体情况，以《逮捕案件继续侦查取证意见书》《不批准逮捕案件补充侦查提纲》或《提供法庭审判所必需证据材料意见书》等书面形式通报公诉部门，并就侦查机关补查情况及时沟通。对于移送审查起诉的已逮捕案件，公诉部门根据侦监部门意见内容进行重点审查，与侦监部门共同引导，督促侦查机关取证。

2. 立案监督通报机制

侦监部门在监督侦查机关立案或撤案前，应当听取公诉部门意见，在向侦查机关发出《通知立案书》或《通知撤销案件书》的同时，应当抄送公诉部门并及时跟踪掌握案件起诉、判决情况。案件移送审查起诉之后，公诉部门应当重点审查立案监督案件是否报捕、适用强制措施是否正确等情况，对于法院判决结果应及时向侦监部门抄送、通报。河北省保定市检察机关，依托“两法衔接”信息共享平台，实现了涉嫌犯罪案件网上移送、网上受理、网上监督、执法动态交流和业务探讨、执法信息资源共享、互联互通等。对于涉及民生领域重大、疑难、复杂的案件，侦监部门应当与公诉部门共同提前介入，指导行政机关勘查取证，必要时可以抽调侦监、公诉部门业务骨干协同行政执法单位共同就某一重点领域开展专项整治工作。对于行政执法单位移送涉嫌犯罪的案件，侦监部门应当积极向公诉部门通报案件进展情况。

3. 风险预警联动机制

2011 年 7 月最高人民检察院《关于加强检察机关执法办案风险评估预警工作的意见》指出，执法办案风险评估预警是指检察机关业务部门和案件承办人员在执法办案过程中，对检察执法行为是否存在引发不稳定因素、激化社会矛盾等执法办案风险，进行分析研判、论证评估；对有可能发生执法办案风险的案件，提出处理意见，积极采取应对措施，及时向有关部门发出预警通报，主动做好释法说理、心理疏导、司法救助、教育稳控、协调联络等风险防范和矛盾化解工作，有效预防和减少执法办案风险发生。针对拟作出批捕或不批捕决定的案件，侦监部门承办人应事前进行风险评估，对于可能引发涉检风险的事项，确定风险等级、提出处置建议、填写和制定《执法办案风险预警工作预案》《执法办案风险评估预警表》，并通报公诉部门。同时，侦监部门承办人应将侦查活动违法或者不规范等方面的《检察建议书》、口头或书面《纠正违法通知书》以及可能存在违法证据排除风险的情况及时书面通报公诉部门。公诉部门接收相关材料后，同步跟踪案件进展，有针对性地进行分析研判，做到风险事项主动了解、逐条分解、及时化解，防患于未然。

4. 刑事和解对接机制

所谓刑事和解，是指当事人双方就赔偿损失、恢复原状、赔礼道歉、精神抚慰等民事责任事项进行的和解，并且就被害人及其法定代理人或者近亲属是否要求或者同意公安、司法机关对犯罪嫌疑人、被告人依法从宽处理达成一致。根据2015年全国检察机关侦查监督工作座谈会“严格把握社会危险性条件，坚持少捕慎捕”的精神，侦监部门对于符合条件的轻微刑事案件，应及时审查并启动和解程序，根据当事人和解事项，依法作出处理意见，并将案件基本情况及和解内容抄送公诉部门。公诉部门在审查起诉阶段就逮捕案件开展的刑事和解工作，也应及时反馈侦监部门。

5. 业务信息共享机制

侦监部门依托全国检察机关统一业务应用系统，及时将办结的审查逮捕案件电子卷宗、法律文书与公诉部门进行共享，以节约司法资源、提高工作效率。公诉部门根据最高人民检察院年度工作要求，将捕后撤案、不起诉、法院判决无罪或者其他轻刑判决案件的处理结果及相关案件信息，及时向侦监部门进行反馈。

四、完善诉审沟通机制

曹建明检察长在全国检察机关第五次公诉工作会议上指出，以审判为中心实质是以庭审为中心，庭审将成为审判过程的决定性环节，检察机关既要尊重和支持法官在审判活动中的主导地位和权威，又要依法全面履行法律监督职能，推动公诉工作和刑事审判工作既相互配合又相互制约，共同促进庭审实质化，共同维护司法公正和权威。这段讲话强调了检察机关刑事审判监督的职能不变，诉审关系中互相配合、互相制约的宪法定位不变。随着我国的刑事诉讼重心从侦查阶段回归审判阶段，要求检察司法理念的相应转型，检察人员要适应办案模式由流水线式的相对封闭模式向三角结构（侦查辩护检察、辩护控诉审判）互动模式转变。[①] 因此，检察机关一定要厘清公诉与审判的关系，从提高公诉案件质量入手，加强与法院的沟通协调，进一步完善审判监督工作机制，着力构建新型诉审关系。

（一）诉审关系的基本内涵

党的十八届四中全会《中共中央关于全面推进依法治国若干重大问题的

① 秦国文、董邦俊：《论“以审判为中心”视野下新型检律关系之构建》，载《浙江工商大学学报》2015年第3期。

决定》明确提出，推进以审判为中心的诉讼制度改革，确保审查起诉的案件事实证据经得起法律的检验。这是党从全面推进依法治国，加快建设社会主义法治国家，坚持严格司法，确保刑事司法公正的现实需要和长远考虑所作出的重大改革部署。以审判为中心新形势下诉审关系的基本内涵包括：(1) 侦查、起诉应当围绕审判活动展开，既包括一审程序，又包括二审等整个诉讼程序。(2) 以审判为中心不等于以法院或法官为中心，而应当围绕法庭调查、法庭辩论、法律适用展开。(3) 以审判为中心要求庭审实质化，即改变以往以卷宗或口供主义为中心的证据审查模式，强调的是以证据为核心，未经法庭质证的证据不得作为定案证据使用。

（二）诉审关系的基本内容

曹建明检察长指出，以审判为中心，并没有改变公检法在办理刑事案件中分工负责、互相配合、互相制约的宪法原则；以审判为中心，并非弱化检察监督；并非弱化审前程序；也并非弱化庭审指控职能。这是将诉审关系置于诉讼活动中予以理解的，而不是改变司法机关现有的体制架构。具体如下：(1) 分工负责。控审分离是现代刑事诉讼制度中的一项重要原则，它要求控诉职能和审判职能分别由两个不同的国家机关行使，不能集中在同一机构或个人手中。根据我国法律规定，侦查、公诉部门从维护其追诉效力及责任的角度承担控诉职能，不能越权实施带有裁判性质的诉讼行为；审判机关应从维护其中立及被动的角度承担裁判职能，尽力避免实施任何带有追诉性质和后果的诉讼行为。分工负责主要强调的就是诉、审机构的分立和建立完备成熟的公诉制度。(2) 互相配合。刑事诉讼活动中，公诉部门要注意加强与审判机关的沟通协调，解决法律适用、政策把握以及证据采信等方面的认识分歧，统一司法尺度。例如，在指定管辖、庭前会议、证人、鉴定人、侦查人员出庭、撤回起诉等方面进一步完善有关原则、依据和程序方面的工作机制。(3) 互相制约。检察机关、审判机关各司其职，检察权与审判权既相互配合又相互制约，主要体现为检察机关作为法律监督机关所行使的审判监督权，这是宪法赋予的应有权力，并未取消或弱化，应继续发挥其重要作用，进一步加强对审判活动及对判决、裁定的监督。

（三）诉审沟通的机制建设

1. 细化庭前会议工作机制

庭前会议程序，德国称之为中间程序，法国称之为预审程序，美国称之为庭前会议，日本、我国台湾地区称之为庭前整理程序。不同国家、不同地区关于此程序的规定略有差异，但总体而言，在庭前会议中，对回避人员、出庭证人的名单予以确定，对非法证据予以排除，从而确定庭审的重点，是庭前会议程序的主要内容。目前庭前会议主要解决的是程序性的问题，而不是案件的实质审查，不是对证据的质证。仍然存在着适用范围过宽、未体现庭前会议繁简分流原则、解决内容不明确，违背庭前会议立法目的、被告人是否参与庭前会议未区别规定、庭前会议达成合意的法律效力不明确，以及对于非法证据排除申请等非程序性争议，是否可以由庭前会议作出排除决定的实践做法不统一等等诸多问题，需要进一步通过立法予以完善。检察机关应充分利用庭前会议制度，进一步细化工作规范，把一些不需要或者不宜在法庭上浪费时间、耗费精力的问题过滤、解决，包括被告人的思想动向、回避问题、瑕疵问题、律师提出的意见和建议，以及被告人认罪案件的分流等，保证公诉质量和效率。

2. 建立案件质量保障机制

以审判为中心要实现庭审的实质化，就是要贯彻直接言词原则，真正由庭审法官通过开庭审理这种特殊场景和活动来审查判断证据，认定案件事实，独立适用法律，确定被告人刑事责任，做到事实调查在法庭，证据质证在法庭，控辩对抗在法庭，定罪量刑在法庭，裁判说理在法庭，保证庭审在查明事实、认定证据、保护诉权、公正裁判中发挥决定性作用。这就对检察机关认真把好事实关、证据关、程序关和适用法律关提出了更高的要求，确保对达不到起诉标准的案件在审前依法分流，防止事实不清、证据不足或者违反法定程序的案件进入审判程序，防止把矛盾推向审判环节。检察机关必须把提高公诉质量放在最核心的位置来抓。实践中可以通过采取法检联席会议制度、案件质量定期通报制度等方法措施，确保公诉程序的办案标准符合审判程序的法定定案标准。

3. 完善证人、鉴定人、侦查人员出庭机制

以审判为中心应全面贯彻证据裁判原则，进一步完善和落实证人、鉴定人、侦查人员出庭机制，使之常态化、制度化。与之相应的对证人、鉴定人、侦查人员的询问规则也凸显其重要性，应逐步建立交叉询问制度。在交叉询问中允许提诱导性问题，但通常只能限于主询问中涉及的事项以及证人的可信性问题。[①] 该制度已初步在有条件的地方进行了实践，如河北省保定市人民检察院会同该市中级人民法院探索并建立了刑事案件证人、鉴定人出庭作证的工作制度，规定了出庭作证人员范围、程序、证人的保护、出庭作证的保障等内容，细化了刑事诉讼法对证人、鉴定人出庭的规定，使相关工作更具可操作性。以该市顺平县人民检察院办理的刘某某污染环境案为例，2015 年 3 月 20 日该院公诉部门在出庭支持公诉期间，针对该案被告人及辩护人提出的关于侦

① 薛波主编：《元照英美法词典》，北京大学出版社 2013 年版，第 354 页。

查机关扣押医疗废物状态的质疑，检察机关依法申请参与现场勘验检查及扣押医疗废物的侦查人员出庭作证，多角度对扣押的医疗废物处于分拣状态进行说明和论证；针对被告人和辩护人提出的关于顺平县质量技术监督检验所出具的鉴定证据效力问题，检察机关依法申请该县质量技术监督检验所计量人员出庭作证，从计量人员的身份、资质、计量手段、计量方式等多方面进行论证说明。通过相关侦查人员和计量人员出庭作证，既有效巩固了相关证据的合法性和客观性，又有力地反驳和回应了被告人及辩护人的内心质疑。最终，主审法官决定对该案公诉意见予以全面采信和认定，使被告人得到应有惩罚。

4. 强化对审判的监督工作机制

曹建明检察长在全国检察机关第五次公诉工作会议上要求，适应改革的要求，认真研究进一步完善检察长列席审委会制度，加强对法院指令异地再审案件的监督，强化对庭审中程序违法情况的监督，把握好监督时机、分寸和效果，确保庭审公开、公正。为此，公诉部门应加强与审判机关沟通与协调，在法律不明确的情况下，结合本地实际就如何开展法律监督达成共识并制定相关监督内容文件，逐步将公诉部门法律监督推向深入。立法机关也应对公诉部门对审判法律监督的具体实施上进一步加强对立法的修改和补充，如明确法律文书的送达方式、改革和完善发回重审制度、补充和修改刑事审判监督的有关规定等。各地还可积极探索和改进检察长列席审委会制度。根据《人民法院组织法》和最高人民检察院关于刑事抗诉工作的有关文件规定，对哪些案件应当列席、哪些案件可以列席以及列席人员范围等问题，检、法两家在进行充分沟通的基础上，联合制定规范性文件。

五、完善诉辩互动机制

（一）诉辩关系的基本内涵

诉辩关系是指公诉部门（诉方）与辩护律师（辩方）之间的关系。我国诉辩关系从 2008 年 6 月《律师法》的修订实施、2012 年 3 月《刑事诉讼法》的修改、2015 年《关于依法保障律师执业权利的规定》的出台这一历程来看，是逐渐向对抗与合作并存的状态发展。十八届四中全会以来，诉辩关系处于以审判为中心的诉讼制度改革背景之下，这一改革必将颠覆以往司法实践中以侦查为中心的诉讼模式和以案卷为中心的审理模式，庭审活动由形式走向实质，增强了控辩双方的对抗性。因此，充分保障律师执业权利，构建新型诉辩关系，对更好地查明案件事实及保障人权发挥着积极作用。应当说，检察机关已经充分认识到了构建新型诉辩关系的重要性、迫切性。在全国检察机关第五次公诉工作会议上，曹建明检察长着重提出了“尊重律师执业权利，加强律师权益保障，着力构建新型诉辩关系”的重要性。随后下发的最高人民检察院《关于加强出庭公诉工作的意见》（高检发诉字〔2015〕5号）中也要求，公诉人应强化理性平和文明规范出庭理念，与辩护人理性平和抗辩，做到“对抗而不对立、交锋而不交恶”。在以审判为中心的诉讼模式下，法官更加趋于中立，辩护律师在刑事诉讼过程中地位更高，对案件的把控更深，对证据的调取力度更大，表达辩护意见更充分，与之对应的是，在以往的司法实践中与辩护律师处于“对立面”的公诉人则面临更大的压力。再如，为使法官形成内心确信，诉、辩双方在证据的合法性和证明力上将加大对抗力度，公诉人对“非法证据”的解释说明更困难。此外，随着律师诉讼权利的加强，公诉人需对律师意见、建议足够重视，否则庭审中就要承担被控诉讼程序违法的风险，给裁判结果带来负面影响。因此，在构建新型诉辩关系中，公诉人与辩护人在价值目标上是共同的、一致的，都是为了实现实体正义和程序正义，公诉人与辩护人之间应积极推动形成彼此尊重、平等相待、相互促进、良性互动的新型诉辩关系。

（二）诉辩关系的基本内容

作为构成中国特色社会主义司法制度的重要组成部分，检察制度和律师制度是相辅相成的，共同推动着中国法治建设的进程。诉辩关系的基本内容包括：（1）作为公诉人的检察官和作为辩护人的律师，也都是法律职业共同体的重要组成部分。二者在许多方面具有共同点，比如具有相同的法学教育背景，入职门槛是同一的，职业思维特点、技术素能有较大的相似性。这些都决定了二者具有共同的价值目标和履职要求，即必须忠于法律，必须把依法保障诉讼当事人基本权利，实现最大限度的司法公正，维护国家法制的统一、尊严、权威作为最终的价值取向与追求。（2）从哲学角度理解，诉辩之间是对立统一关系。虽然诉讼制度对二者的职责任务、诉讼角色上法律强制性的安排不同，但是两者间对抗的制度性设计，正是追求司法正义过程当中的相互配合关系，立法者的意图就是要有意通过两者间激烈的博弈实现法庭上定罪量刑的大体相对衡平。[①] 律师职业的政治价值就在于平衡公权与私权的博弈，其法律价值就在于为社会提供高度专业化、职业化的法律产品。[②] 诉、辩双方在法庭上的对立关系恰恰是为了一个统一的目标，公诉人和律师之间通过在刑事诉讼

---

① 秦国文、董邦俊：《论“以审判为中心”视野下新型检律关系之构建》，载《浙江工商大学学报》2015年第3期。

② 吕良彪：《律师价值的再回味》，载《中国律师》2010年第1期。

中完成各自的法律角色任务，通过相互协作、依法竞争、合理对抗、相互依存，以达到诉辩双方维护社会公平正义、切实保障人权的共同价值目标和法律效果。(3) 对于检察机关而言，律师职能依法有效发挥是对检察权正确行使的一种有效监督制约。公诉人认真听取辩护人意见是提高公诉案件质量、防范冤假错案的一项重要措施，在促进检察人员严格规范公正文明执法、有效防止司法腐败的发生、提升检察官的形象、提高检察公信力等多方面具有十分重要的意义。同时可以提高人民群众对司法的认同感，以公众认同赢得司法权威，促进和谐司法的实现，进而达到维护整个社会之和谐稳定的政治效果、社会效果和法律效果。

（三）诉辩互动的机制建设

公诉人应积极应对以审判为中心的诉讼制度改革带来的诉辩关系变化，及时转换办案思维，更新司法理念，加强与律师的沟通协作。根据全国检察机关第五次公诉工作会议精神，要从落实律师执业权利的保障制度、完善听取律师意见制度、探索建立被告人认罪案件控辩量刑协商制度、完善庭前会议制度等多方面入手，研究构建新型诉辩关系的保障机制。

1. 把握好新型诉辩关系的基本原则

一要彼此尊重，这是构建新型诉辩关系的重要前提，更是建设社会主义法治文明的重要标志。二要平等相待，这是构建新型诉辩关系的重要遵循。法律职业共同体没有谁高谁低，更不是谁能凌驾于谁之上。三要相互支持，这是建立新型诉辩关系的基本工作要求。四要相互监督，这是确保新型诉辩关系健康发展的有力保障。要不断完善诉辩关系的保障和监督机制，在执业中相互监督，共同促进司法文明和公正。[①]

2. 落实律师执业权利保障机制

加强对律师执业权利的保障，是落实党的十八届四中全会的重要内容。2014 年 12 月 16 日，最高人民检察院第十二届检察委员会第三十二次会议审议通过了《关于依法保障律师执业权利的规定》，对检察机关正确认识律师在诉讼活动中的地位和作用、依法保障律师各项执业权利、建立健全对侵犯律师执业权利的救济机制、对检察人员阻碍律师依法执业的行为予以追责提出了明确具体的要求，对促进检察人员严格公正文明执法、规范司法行为、提高司法公信力，具有十分重要的意义。随后，最高人民法院、最高人民检察院、公安部、国家安全部、司法部于 2015 年 9 月 16 日印发《关于依法保障律师执业权

---

① 于世平：《积极构建新型检律关系　实现良性互动》，载《检察日报》2016 年 6 月 8 日，第 3 版。

利的规定》，该规定强调人民法院、人民检察院、公安机关、国家安全机关、司法行政机关应当尊重律师，健全律师执业权利保障制度，依照有关法律规定，在各自职责范围内依法保障律师的执业权利。当然，上述规范性文件还存在位阶较低的问题，未上升到法律层面，实践中也不乏检察人员对保障律师权利的法律规定演绎、变形、懈怠执行等现象，为解决这些影响诉辩关系良性发展的羁绊，笔者建议进一步修改完善律师权利保障的有关法律，并制定确保司法人员严格遵守落实的配套机制。

3. 完善听取律师意见机制

在审查起诉阶段听取辩护律师的意见方面，应改进控辩双方庭审前交流机制，可以从以下两个方面考虑：（1）建立控辩双方证据庭前开示制度。庭前证据开示是指公诉案件在法庭正式开庭审理前，为防止控辩双方在庭审中证据突袭、盲目辩论，最大限度地保障控辩双方诉讼地位的平等，控辩双方依法相互展示所掌握和了解的证据的一种活动，以期达到保证准确、及时地查明案件事实，正确适用法律的目的，使案件得以更好地顺利审理。该制度是英美法系国家实行的一个专门制度，在对抗制诉讼模式中处于核心地位。而我国仅在《最高人民法院关于民事诉讼证据的若干规定》中吸收了国外类似经验。在2012 年刑事诉讼法修改后的庭审中也引入了对抗式的辩论，是中国司法进程的重大改革。然而，由于没有同时引入与抗辩式庭审相配套的机制，这一改革在实践中还存在“穿新鞋走老路”的现状。早在 2000 年 8 月，最高人民检察院在上海举行的公诉工作会议上，要求有条件的地方试行庭前证据开示制度。但是，由于多方面的原因，导致证据开示缺乏可操作性及制度约束力。2012 年修改后的刑事诉讼法规定辩护律师在审查起诉阶段的阅卷范围由“诉讼文书、技术性鉴定材料”扩展到“案卷材料”，阅卷制度一定程度上承担了证据开示的一些功能，但事实上阅卷制度本身存在的制度局限性，导致仅仅依靠阅卷制度无法与现在刑事诉讼程序最大程度的契合①。《律师法》第 35 条规定，律师根据案情的需要自行调查取证的，凭律师执业证书和律师事务所证明，可以向有关单位或个人调查与承办法律事务有关的情况。从上述条文可以看出，现行法已大大地扩充了律师在庭审前参与诉讼和了解案情的渠道，比如，律师阅卷权的修改实际上相当于建立了一种控方向辩方单向开示证据的制度，它使得控辩双方在掌握侦查机关获取的证据材料方面权利同等，同时使公诉人所掌握的证据材料对于辩护律师来说已经全部处于公开状态。再如，律师调查取证

① 贾柱：《刑事证据开示制度研究新探索》，载华律网 http：//www.66law.cn/lawarticle/11492.aspx，访问时间：2016 年 6 月 13 日。

权的完善使得律师相对于公诉人而言，在案件证据的掌握上更具优势，律师自行调查所获取的证据往往会成为辩方在法庭上拿出的“秘密武器”。虽然控辩双方存在职业对抗性，但是更应当保障平等的权利，以求达到公平、公正的诉讼目的。因此，建议进一步制定并完善控辩双方证据庭前开示等制度的相应法律法规。(2) 建立规范有效的听取辩护律师意见及反馈机制。公诉部门可以用统一制作的法律文书书面通知辩护律师在适当的期限内对案件提出书面意见；公诉案件承办人通过审查案件和审阅律师书面意见或审查律师提供的证据后，可以有针对性地与律师交流，听取辩护律师的意见，使控辩双方的对抗提前进行，随时纠正和调整不正确的观点；对律师意见采纳情况，检察机关以书面形式将经内部审批后形成的结论性意见回复律师，更加有利于律师配合证据开示和在审查起诉阶段主动提出意见。①

4. 建立诉辩协商机制

诉辩协商，一般被称为诉辩交易或辩诉协议，发端于19世纪美国资本主义经济蓬勃发展时期，是为解决高频的刑事犯罪和有限的诉讼资源之间的尖锐矛盾而确立的一项刑事司法制度。所谓诉辩协商，是指在刑事诉讼中，检察官与被告人进行谈判，说服被告人作有罪答辩，以换取检察官的指控或法院判决上的让步。如果被告人承认犯有某一较轻的罪行，或者承认控方多项指控中的一项罪行，检察官可以对被告人降格指控，或者撤回对其他罪项的指控，或者建议法庭对被告人减轻处罚。② 当控辩双方达成协议后，法官若同意该协议则不再对案件进行实质性审理，但要对被告人认罪请求是否出于自愿、被告人对指控性质和范围是否理解、被告人对放弃部分的程序权利是否理解等加以确认。③ 我国法律虽没有明确规定该项制度，但在刑法、刑事诉讼法及多部司法解释中有类似规定。比如，有关对如实供述罪行者从宽处理的规定；检察机关变更强制措施、决定是否起诉、建议适用简易程序、量刑建议、撤回起诉、终结刑事案件等；相对不起诉制度；简易程序的适用；刑事案件和解程序等，都体现了诉辩双方协商的一种形式。当前我国正处于进一步深化司法改革的关键时期，在吸收借鉴域外诉辩交易制度优势、整合国内现有法律的基础上，构建中国特色诉辩协商制度将成为这次改革的重要里程碑。检察机关公诉部门将深入研究完善公诉环节认罪认罚从宽处理制度，探索建立检察环节辩护律师参与

① 杨矿生：《如何完善审查起诉阶段听取辩护律师意见制度》，载《检察日报》2009年11月13日，第3版。

② 薛波主编：《元照英美法词典》，北京大学出版社2013年版，第1057页。

③ 万今：《论诉辩协商制度在我国的构建》，载《湖北警官学院学报》2014年第12期。

下的认罪、量刑协商制度，探索被告人认罪与不认罪案件相区别的出庭支持公诉模式。各地检察机关正在纷纷探索“认罪协商”相关机制并进行了实践尝试。

六、完善公诉部门与其他检察业务部门的协作配合机制

（一）公诉部门与案管部门的协作配合

案件管理部门的主要职责体现为管理、服务、参谋、监督，具体包括：统一负责案件受理、流转；统一负责办案流程监控；统一负责扣押、冻结款物的监管；统一对以本院名义制发的案件文书的监管；统一负责组织办案质量评查和检察业务考评；统一负责业务统计、分析；负责本单位全国检察机关统一业务应用系统的日常管理和完善等工作。应从以下几个方面进一步完善公诉部门与案管部门的协作配合：（1）案件统一流转。对于移送审查起诉的案件，案管部门首先要负责案件“进口”把关与“出口”审核，重点审查依据移送的法律文书载明的内容确定案件是否属于本院管辖（是否符合受理登记条件）、案卷材料是否齐备、规范、符合有关规定的要求、移送的款项或者物品与移送清单是否相符、犯罪嫌疑人是否在案以及采取强制措施的情况等；另外还要在分配案件时做好需要公诉部门特别关注事项的提示工作。（2）案件程序审查。案管部门在案件受理环节的程序审查重点做好“八看”：看管辖、看文书、看款物、看强制措施、看年龄、看期限、看事项、看卷宗；公诉部门在此基础上可以集中精力对案件进行实体审查。（3）案件质量把关。案管部门与公诉部门严格“会诊”：在受理审查公诉案件过程中对把握不准、发现问题等特殊情况案件，借鉴医院对病人疑难病症实行多科医生会诊的做法，案管部门受理审查时要立即协调公诉部门人员来共同“会诊把脉”，确保案件得到正确处理，守住防止“带病”“瑕疵”案件流入检察机关的第一道“关卡”。（4）案件信息管理。公诉部门接受分配案件后，应当按照统一业务应用系统制作法律文书、出具法律手续，严格按照办案流程、期限进行操作，及时对应公开案件信息进行统一业务系统导入，保证案管部门及时对外发布案件公开信息。（5）案件质量评查。公诉部门按照标准相关要求填写相应案件信息，办结的案件应当及时整理、归档，保证案管部门定期对办理终结的公诉案件进行质量评查及相关数据统计分析。

（二）公诉部门与刑事执行检察部门的协作配合

刑事执行检察部门负责人民检察院依法对刑罚执行、刑事强制措施执行、刑事处分措施执行等刑事执行活动的法律监督。2014 年 7 月，最高人民检察

院为适应新的任务要求，决定将原“监所检察机构”更名为“刑事执行检察机构”，用以适应原“监所检察”已难以涵盖的职能变化。刑事执行检察的内容贯穿刑事诉讼活动的始终，从犯罪嫌疑人、被告人被采取强制措施，到判决、裁定的生效执行，从刑罚的交付、监管、变更到刑罚的执行终止。既承担对监禁刑的检察监督，也承担对非监禁刑的检察监督；既承担对刑罚执行检察的职责，也承担对刑事强制措施、刑事处分措施执行检察的职责；既承担对刑罚执行活动合法性的监督，也承担审查逮捕、审查起诉和出庭公诉，刑事立案监督、侦查活动监督、审判监督的职责。应从以下几个方面进一步完善公诉部门与刑事执行检察部门的协作配合：（1）案件信息共享。审查起诉过程中公诉部门应主动与刑事执行检察部门共享法律文书、案情信息，刑事执行检察部门应及时向公诉部门提供犯罪嫌疑人或者被告人的羁押表现、悔罪表现等影响其羁押必要性情况的信息。（2）羁押必要性审查。根据《人民检察院刑事诉讼规则（试行）》第617条规定，审判阶段的羁押必要性审查由公诉部门负责，刑事执行检察部门可以提出释放或者变更强制措施的建议。《人民检察院办理羁押必要性审查案件规定（试行）》第3条规定，羁押必要性审查案件由刑事执行检察部门统一办理，公诉等部门予以配合。可以理解为刑事执行检察部门原则上对羁押必要性进行全程监督，但是对于涉及变更强制措施的，应当听取公诉部门的意见。（3）审判活动监督。检察机关对于法院作出的判决、裁定，认为确有错误时，公诉部门可以协同刑事执行检察部门联合调查，在调查分析的基础上作出是否抗诉的决定。（4）死刑执行监督。应当变目前“谁起诉谁监督”为主办检察官与刑事执行检察部门专职人员共同临场监督。以保定市检察机关为例，结合死刑执行临场监督部门职责转变，总结死刑执行临场监督的经验，率先于2013年3月20日制定了《保定市人民检察院关于死刑执行临场监督工作办法》，规范了公诉部门和市（县）两级刑事执行检察人员分工协作，关键环节监督规程，确保执行法律文书齐全，切实解决刑事执行干警没有办案、没有出庭，却负责验明正身的问题，保障被执行罪犯准确无误，对死刑执行临场监督具有重要的指导意义。

（三）公诉部门与控申部门的协作配合

控申部门的职责为受理、接待报案、控告和举报，受理不服人民检察院不批准逮捕、不起诉、撤销案件及其他处理决定的申诉；受理不服人民法院已经发生法律效力的刑事判决、裁定的申诉；受理人民检察院负有赔偿义务的刑事赔偿案件等工作。应从以下两个方面进一步完善公诉部门与控申部门的协作配合：（1）延伸诉讼监督领域，积极推行信访风险评估制度。把化解矛盾纠纷工作贯穿于执法办案全过程，在检察机关作出不起诉、不抗诉以及撤案等决定前，全方位收集当事人的信息和思想动态，在综合各方因素的基础上进行风险评估，对有信访可能的，有针对性地制定工作预案，落实工作措施，最大限度地维护社会和谐，减少社会对抗。（2）建立健全诉讼监督内部衔接配合机制。控申部门作为信访领导小组的办事机构，必须充分发挥组织协调作用，在各业务部门设置兼职联络员，建立内部情况通报、信息共享、线索移送、结果反馈制度，定期召开联席会议，互通情况、分析形势、研究解决问题。特别对涉及多部门的案件处理、职能管辖交叉的协调、衔接以及信访案件的答复及善后处理等方面要协商达成共识，发挥检察机关诉讼监督的整体效能。[①]

（四）公诉部门与法警部门的协作配合

司法警察是检察机关司法办案的重要力量，在保证审判、检察场所安全、提押犯罪嫌疑人以及强制执行等行为中履行的是对司法机关（法院、检察院）司法行为的辅助性职能，是警察权在司法程序中的体现。司法警察在检察机关履行法律监督职能中发挥着重要作用。最高人民检察院曾于2004年8月24日下发《关于进一步加强检察机关办案安全防范工作的意见》（高检发政字〔2004〕37号），对加强检察机关办案安全防范工作、切实防止发生办案安全事故等方面起到了一定指导作用。随着我国法治进程的不断深入与发展，检察机关司法警察在服务办案上的作用日益突出，责任也更加重大，面临的考验不断增多。但是法警部门除了全面履行好执行层面的职能外，还需要不断拓展履职渠道，积极探索参与办案的途径与方式。在与公诉部门的协作配合方面应更加细化和规范以下几项工作：（1）做好安全防范预案。对重大、敏感案件开庭可能出现的情况，法警部门应事先与公诉部门共同研究，制定应急处置方案。必要时指派法警护送出庭公诉人员，随时准备应对突发事件，遇有紧急情况及时调警、出警。（2）加强对公诉人出庭安全的保护。凡是公诉人遇有重大涉黑案件以及出庭支持公诉的检察官人身安全可能受到威胁的案件，法警队应派司法警察到庭保护公诉人员的安全。如广西壮族自治区大化县检察院结合工作实际制定了《大化县检察院司法警察保护公诉人出庭制度（试行）》，为确保检察官人身安全，顺利完成公诉任务，提供了重要保障。（3）协助公诉部门做好提审、讯问工作。公诉部门在对犯罪嫌疑人、被告人提审、讯问时，法警部门负责做好安全检查及防范工作，确保讯问过程中检察人员和犯罪嫌疑人、被告人的人身安全。

---

① 王念峰：《关于控申检察部门参与诉讼监督的思考》，载《中国刑事法杂志》2011年第7期。

第二节　队伍保障

一、政治素质建设

（一）政治素质建设的重要意义

党的领导是中国特色社会主义最本质的特征，是社会主义法治最根本的保证。坚持中国共产党的领导，是全面推进依法治国必须遵循的首要原则，必须加强和改进党对法治工作的领导，把党的领导贯彻到依法治国全过程和各方面，这是我国社会主义法治建设的一条基本经验。[①] 坚持党的领导，是社会主义法治的根本要求，是党和国家的根本所在、命脉所在，是全国各族人民的利益所系、幸福所系，是全面推进依法治国的题中应有之义。政治素质建设的出发点和最终落脚点，就是要始终在党的领导下，坚定不移走中国特色社会主义法治道路，在这个根本问题上，必须旗帜鲜明、立场坚定，决不能含糊。必须明确，在我们国家，治国理政的根本，就是中国共产党的领导和社会主义制度。

政治素质建设是公诉工作的政治使命。检察机关作为国家政权机关的重要组成部分，担负着法律监督职责，属于上层建筑，具有极强的政治属性。[②] 检察机关作为党领导下的司法机关，是人民民主专政国家机器的重要组成部分，检察队伍是维护社会大局稳定、促进社会公平正义、保障人民安居乐业的重要力量。公诉队伍是检察队伍的重要组成部分，处在核心检察业务部门，承担着重要的工作使命，必须始终保持政治清醒和政治自觉，必须坚定不移地在党的领导下做社会主义制度的捍卫者、建设者，坚定不移地与党中央保持高度一致。最高人民检察院副检察长孙谦在全国检察机关第五次公诉工作会议上强调指出，坚持把思想政治建设放在首位，始终把坚定理想信念作为政治灵魂，大力弘扬和践行社会主义核心价值观，以深入开展“三严三实”等教育为抓手，着力解决公诉人员党性党风等方面的突出问题，切实打牢忠诚使命的思想基础，在思想上、政治上、行动上始终与党中央保持一致。笔者在2015年河北省公诉工作会议上指出，检察工作是政治

---

① 《党的十八届四中全会〈决定〉学习辅导百问》，党建读物出版社、学习出版社2014年版，第62页。

② 徐安：《充分发挥检察政治工作的生命线作用》，载《检察日报》2009年1月23日，第3版。

性、人民性和法律性的有机统一，公诉工作是检察工作的重要组成部分，必须坚持正确的政治方向和政治立场，切实增强政治敏锐性和政治鉴别力，严守党性原则和政治纪律，在任何时候任何情况下，都要与党中央保持高度一致。

政治素质建设是独立行使检察权的根本保障。坚持党的领导是我国检察制度的根本特征和政治优势，是检察权依法独立行使的根本保证。党的十八届四中全会指出，党的领导和社会主义法治是一致的，社会主义法治必须坚持党的领导。只有在党的领导下依法治国、厉行法治，人民当家做主才能充分实现，国家和社会生活法制化才能有序推进。我国宪法确定的人民检察院依法独立行使检察权，是建立在党的领导和人民代表大会统一行使国家权力基础上的，与西方国家的司法独立具有本质的不同。做好新形势下的检察工作，就是既要完善检察机关接受党的领导的制度机制，又要立足法律监督工作的司法属性，真正把坚持中国特色社会主义政治发展和法治建设道路落实到检察工作中。[①] 把检察工作始终置于党的领导之下，坚持和服从党在政治、思想和组织等方面的领导，通过依法独立行使检察权，充分履行宪法职责来贯彻落实党的路线方针政策，确保国家安全，捍卫党的领导，捍卫社会主义政权，捍卫中国特色社会主义制度，这是中国检察制度的基本政治原则。检察工作要始终坚持党的领导，归根结底是我国社会主义制度的本质要求所决定的，党的领导是社会主义事业兴旺发达和实现依法治国、建设社会主义法治国家的根本保证。人民检察制度建设和发展的历史表明，坚持和加强党的领导，自觉将检察工作融入党和国家大局，维护人民的根本利益，是我国社会主义检察制度的本质要求，也是检察工作健康发展的根本。[②]

（二）政治素质建设的基本要求

最高人民检察院《关于加强和改进新形势下检察队伍建设的意见》（高检发政字〔2013〕48 号）提出了政治建检的基本要求，即“坚持政治建检。坚持理论引领、育人优先，始终不渝地做中国特色社会主义事业的建设者、捍卫者。把人民群众是否满意作为评判工作的根本标准，努力让人民群众在每一个司法案件中都感受到公平正义。坚持党的领导，维护宪法和法律权威，确保党的路线方针政策贯彻落实到检察工作和队伍建设各个方面”。

加强思想政治建设，就是要坚定公诉队伍建设正确的政治方向。一是要加

---

① 曹建明：《认真学习贯彻习近平总书记关于政法工作重要指示　坚定不移地坚持和完善中国特色社会主义检察制度》，载《人民检察》2013 年第 14 期。

② 孙谦：《深刻认识中国检察制度的特色》，载《求是》2009 年第 23 期。

强科学理论武装。持续开展争创学习型公诉部门、学习型公诉人活动，深入推进思想理论建设，坚定对中国特色社会主义的共同信念，坚定对中国特色社会主义道路自信、理论自信和制度自信。坚持端正学风、学以致用，在增强思想理论素质上下功夫，在解决思想和实践中的突出问题上见实效，发挥科学理论武装头脑、指导实践、解决问题、推动发展的作用。二是要开展主题教育实践活动。紧密结合公诉工作实践和公诉队伍建设实际，认真开展以为民务实清廉为主要内容的党的群众路线教育实践活动，大力践行立检为公、执法为民宗旨，深入解决思想不纯、执法不公、为检不廉、作风不正、损害群众利益的突出问题。创新教育实践活动载体、方式，增强针对性、实效性，坚决防止走形式、走过场。深化社会主义核心价值观、社会主义法治理念、政法干警核心价值观主题教育实践活动，牢固树立正确的发展理念和执法理念，自觉践行“六观”“六个有机统一”“四个必须”。完善公诉队伍思想动态定期分析、通报制度，建立和落实思想教育主题化长效机制，巩固和深化主题教育实践活动成果。三是要强化职业道德培育。把职业道德教育作为经常性思想教育的重要内容，深入学习、践行检察官职业道德基本准则、职业行为基本规范。开展职业精神、职业信仰教育，强化职业素质培育，建立和完善公诉部门树立良好执法形象和加强执法公信力建设的措施制度。完善检察职业道德教育培训、监督制约、考核评价等长效机制，推动检察职业道德建设制度化、常态化、实效化。四是要发展繁荣公诉文化。认真贯彻加强文化建设的决定，充分发挥文化引领、渗透、融合、凝聚作用，不断提升公诉人员的精神境界。以树立正确的法律信仰和价值取向为核心，探索公诉文化发展繁荣有效途径，坚持与理论武装、能力建设、业务工作相结合，充分发挥公诉文化对法律监督工作服务保障作用。创新文化建设载体，繁荣文艺作品创作，丰富公诉文体活动，培育文明风尚，促进全体公诉人员自觉做社会主义道德的示范者、诚信风尚的引领者、公平正义的守护者。

（三）政治素质建设的实践经验

2014 年年初，河北省人民检察院提出了“政治建检、业务立检、公信树检、素质兴检、科技强检”的检察工作总体工作布局。[①]“五检”总体工作布局是根据河北检察工作在全局工作中的地位和作用，统筹河北检察工作全面协调发展，统筹强化法律监督和强化自身监督，统筹河北检察机关政治、业务、公信、队伍、保障建设的战略性布局。其中，政治建检被放在“五检”总体

---

① 童建明：《以五检总体布局为统领　推动检察工作科学发展》，载《人民检察》2014 年第 24 期。

之首，具有方向引领作用，是检察工作在党的领导下实现科学发展的根本保证。政治建检的要求就是要把讲政治作为检察工作的灵魂，教育引导检察人员始终高举旗帜、听党指挥、忠诚使命，永葆忠于党、忠于国家、忠于人民、忠于法律的政治本色，这一工作部署当然也成为了公诉队伍政治素质建设遵循的纲领。

几年来，河北省检察机关坚持以坚定理想信念为核心，大力加强思想政治建设，涌现出了全国“最美检察官”张秉文、全国模范检察官彭少勇等一批典型模范人物。

1. 强化科学理论武装。健全落实集中学习与个人自学相结合的制度，深入学习贯彻习近平总书记系列重要讲话精神，牢固树立为实现中国梦而奋斗的远大理想，坚定走中国特色社会主义道路的信念。建立思想动态定期分析制度，健全意识形态工作长效机制，加强经常性思想政治工作，坚持运用马克思主义立场观点方法分析问题、指导实践，增强政治定力，增进“三个自信”。组织开展理论素养提升系列活动，促进公诉人员对中国特色社会主义理论体系的真学、真信、真用。

2. 践行党的群众路线。扎实开展以为民务实清廉为主要内容的党的群众路线教育实践活动，着力解决群众反映强烈的“四风”突出问题。建立经常性征求群众意见制度，健全人民群众评判公诉工作机制。广泛开展进社区、进农村、进学校、进机关、进企业活动，组织公诉人员走基层接地气，察民情访民意解民忧，增强做好新形势下群众工作的能力。推进综合服务平台、民生服务窗口建设，完善联合接访、下访巡访等制度，畅通和规范群众诉求表达、利益协调、权益保障渠道。

3. 服务党的中心工作。坚持胸怀大局、把握大势、着眼大事，找准围绕中心服务大局的切入点、着力点，善于运用法治思维和法律手段为经济社会发展提供有力司法保障。主动适应全面深化改革新要求，健全围绕中心服务大局工作体系，及时调整和深化服务工作措施，延伸法律监督触角，坚持把围绕中心服务大局的实际成效作为检验公诉工作成果的重要标尺。

4. 加强基层党组织建设。完善业务部门和办案组基层党组织设置，推动基层党组织和党员干部履职尽责创先进、立足岗位争优秀。清醒认识“四大风险”“四大考验”，坚持中心组学习、民主评议党员、“三会一课”等制度，建立学习遵守贯彻维护党章长效机制，严格党内组织生活，教育广大党员加强党性修养，坚持党性原则，自觉抵制西方错误政治观点、法学观点。

二、职业能力建设

（一）职业能力建设的基本要求

最高人民检察院研究制定了《检察机关岗位素能基本标准技术指导意见》，该意见指出，岗位素能基本标准就是对检察机关各业务岗位所应具备的素质能力进行提炼、概括和归纳，以可观察、可测量、可评价的行为描述，呈现出来的科学准确、完整规范的岗位素质能力标准体系。全国检察机关岗位素能基本标准由岗位素能通用标准和岗位素能专业标准两部分内容构成。通用标准是检察人员职业素养、核心能力的整体归纳和集中提炼，适用于全体检察人员；专业标准是履行业务岗位职责所必须具备的素质能力要求，适用于相应业务岗位的各级检察人员。通用标准包括专业通用素养和专业通用能力，其为全体检察人员提供统一的行为指引、价值导向和内驱动力，是检察人员明显区别于其他职业群体的标志。专业标准是履行具体工作职责的行为标尺，为相应业务岗位的检察人员提供明确的职业发展路径，是辨识检察机关各类业务岗位职责内容和专业特点的主要依据。从事业务岗位工作的检察人员，需同时符合通用标准和相应专业标准的素质能力要求。基本标准结构如图 1 所示。

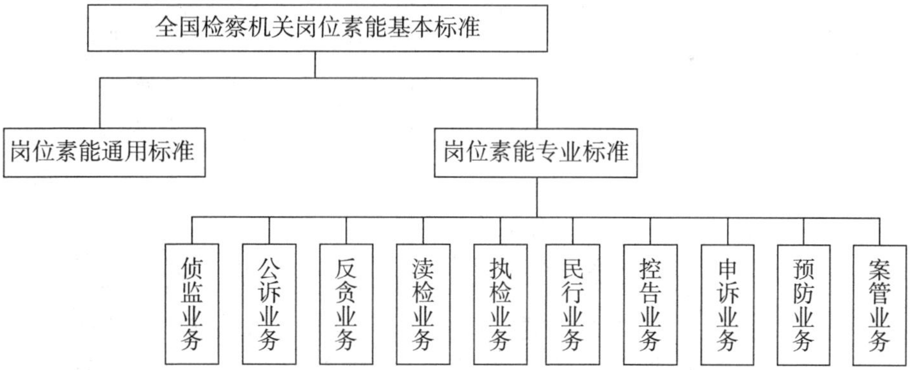

图 1　基本标准结构图

2016 年 4 月 21 日，最高人民检察院印发了《检察机关岗位素能基本标准（试行）》，这意味着今后检察人员能否胜任某一检察业务岗位，将有相应的岗位素能基本标准进行测量判断。公诉岗位素能专业标准主要由通用专业素养、各岗位专业能力、通用专业能力三大部分组成，其中通用专业素养包括公诉伦理、法律思维、专业认知；通用专业能力包括依法裁量能力、定分止争能力、语言表达能力；各岗位专业能力细分为管理指导岗、案件承办岗、办案辅助岗、综合事务岗四个岗位共计 16 项能力，具体为管理指导岗的业务管理、综合指导、组织统筹、梯队建设能力，案件承办岗的案件审查、罪责认定、出庭公诉、诉讼监督能力，办案辅助岗的协助办案、草拟文书、进度管理、联系接待能力，综合事务岗的文书管理、文字记录、案卷归档、日常保障能力。其中，最为核心的是案件承办岗，该岗位的各项能力均是公诉业务核心能力。

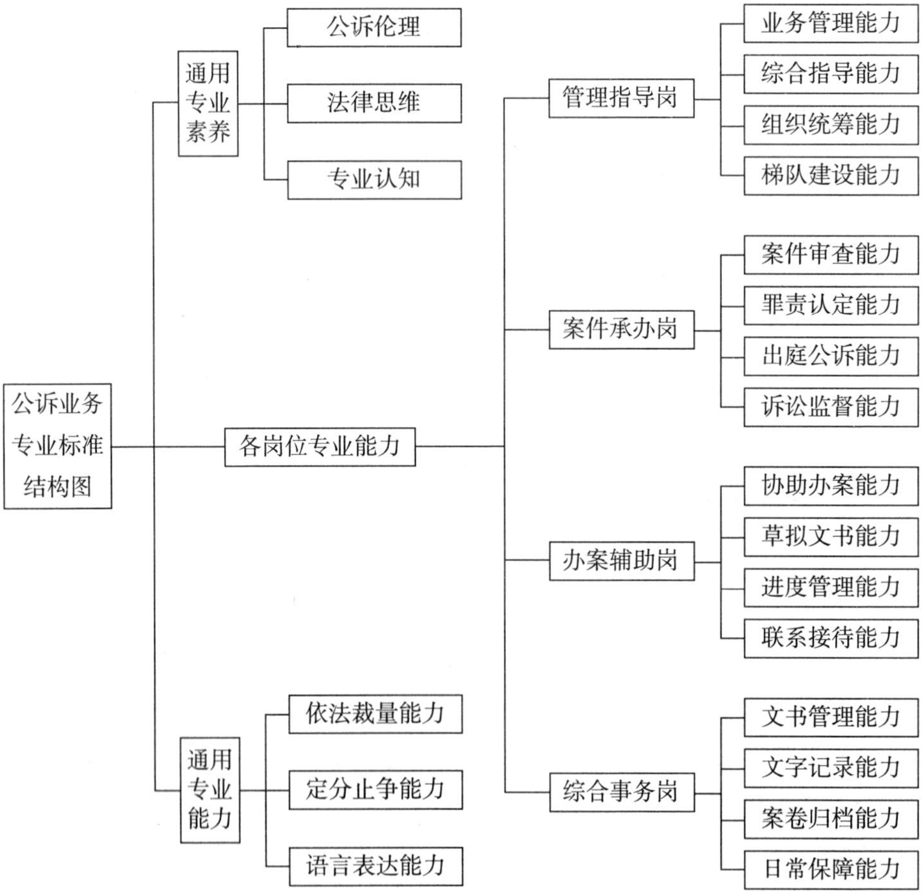

图 2　公诉业务专业标准结构图①

① 图片来源于网址 http：//www. shedejie. com/weixinwz－48025463－1－1. html，访问时间：2016 年 4 月 26 日。

由此可见，公诉队伍职业能力建设的内容，就是要在岗位素能基本标准中实现全员达标，这是公诉人员胜任检察工作和公诉工作最基本的能力，是公诉队伍专业化、职业化的基础。与此同时，职业能力建设的另一项核心内容是大力培养拔尖人才，在精英化上下功夫，着力打造专家型公诉人才。

（二）职业能力建设的基本内容

1. 提高整体素质和法律监督能力

以提高审查判断证据、运用法律政策、出庭指控犯罪、开展诉讼监督、做好群众工作、化解矛盾纠纷等能力为主要内容，全面提高公诉人依法履行职责的能力。

（1）提高证据审查判断能力。坚持全面客观审查、甄别、判断证据材料，提高对重大复杂疑难案件的审查能力，正确审查、判断涉及罪与非罪、轻罪与重罪、此罪与彼罪的各种证据；提高对新类型案件的审查能力，善于综合运用新知识、新成果审查判断证据；提高对物证、书证、鉴定意见、视听资料等证据的审查能力，尤其要提高对专业性、技术性较强的证据的审查能力；提高引导侦查机关（部门）根据出庭公诉的要求，依法收集、固定和完善证据的能力，对侦查活动中存在的违法取证行为，及时提出纠正意见；提高对非法证据的审查能力，依法排除非法证据。

（2）提高法律适用和政策运用的能力。正确理解法律和司法解释，准确认定犯罪性质和情节。善于从犯罪的本质特征即行为社会危害性方面把握行为性质，正确区分罪与非罪的界限；善于科学把握犯罪构成要件，按照主客观相统一的原则，正确区分罪与非罪，此罪与彼罪，准确适用法律；善于研究司法实践中出现的新情况、新问题，准确把握行为性质，既依法准确打击犯罪，又保障无辜的人不受刑事追究；善于正确把握执行法律与贯彻刑事政策的关系，全面理解宽严相济刑事政策的内涵，对不同的犯罪行为和犯罪分子，对严重犯罪中的从宽情节和轻微犯罪中的从严情节，对实体处理和程序适用，都充分体现宽严相济的要求，做到宽中有严、严中有宽、严惩有据、宽处有理、宽严适度、不枉不纵。

（3）提高出庭公诉指控犯罪能力。提高庭前预测能力，针对案件的重点和争议焦点，制定周密的出庭预案，对于重大复杂敏感案件要制定临庭处置预案；提高庭上指控犯罪能力，做到讯问犯罪嫌疑人重点突出、针对性强，示证质证组织编排证据合理明晰，增强指控犯罪的效果；提高庭上辩驳能力，做到条理清楚、说理充分、论证严谨、讲究策略；提高庭上应变能力，善于运用事实证据、法律规定和刑事政策，妥善应对被告人当庭翻供、证人翻证等情况；提高语言表达能力，做到用语规范、表述准确，增强语言的感染力和说服力，增强社会公众的认同感，树立公诉人可亲、可信、可敬的执法形象；提高出庭的综合效果，善于结合案件事实揭露犯罪，开展法制宣传，促使被告人认罪、悔罪。上级检察机关要加强对出庭工作的指导、协调，充分发挥检察一体化优势，凡在什么范围有影响的案件，就要在什么范围调配优秀公诉人审查案件并出庭支持公诉，确保出庭指控犯罪效果。

（4）提高诉讼监督能力。强化监督意识，突出监督重点，坚持将刑讯逼供、暴力取证、有罪判无罪、无罪判有罪、量刑畸轻畸重，特别是人民群众反映强烈的问题和司法不公背后的职务犯罪作为监督的重点。坚持监督原则，讲究监督方法，既要敢于监督、敢于碰硬、秉公执法，忠实履行宪法和法律赋予的职责，又要善于监督、规范监督、理性监督，积极营造与侦查、审判机关的和谐关系。提高监督质量，坚持以事实为依据、以法律为准绳，依法正确行使权力，注重监督效果。拓宽监督思路，综合运用抗诉、纠正违法通知书、纠正违法审理意见书、检察建议等多种形式进行监督，既重视对错误轻判的监督，又重视对错误重判的监督，既重视对实体问题的监督，又重视对程序问题的监督。

（5）提高应对突发敏感事件、化解社会矛盾和做群众工作的能力。建立突发敏感事件预警机制，进一步规范处置程序，提高公诉人应对突发敏感事件的预见性、主动性、针对性和时效性，做到处置快速有力，应对妥善有效，程序公开透明，方式慎重稳妥。注重公诉职能向修复社会关系延伸，坚持把化解矛盾纠纷贯穿于公诉工作始终，在审查起诉、出庭公诉、抗诉等各个环节采取多种方式化解矛盾，解决合理诉求，做到案结事了。努力提高做群众工作的能力，善于运用心理疏导等方式缓解当事人因案件产生的心理压力，善于运用通俗语言和群众易于接受的方式释法说理，善于引导群众采取理性合法的方式表达诉求，善于在依法办案过程中积极为当事人和解创造条件。

2. 构建专业化检察教育培训体系

努力建设一支能够担负法律监督职责、具有与之相适应的专业学历层次、专业能力水平，以法律专业为主体，以其他专业为补充，专业齐备、结构合理、数量充足的高素质专业化公诉队伍。到2020年，本科以上学历人员努力达到95%以上，全日制法律专业本科学历以上人员努力达到70%左右。[①]

（1）形成分层分类专业化培训体系。按照岗位素能基本标准，突出专业化要求，以领导干部、业务一线和基层检察人员为重点，分层分类开展领导素

① 参见《关于加强和改进新形势下检察队伍建设的意见》，最高人民检察院党组第十二届第五次会议2013年5月8日讨论通过。

能、任职资格、专项业务、岗位技能培训，以完善的专业化培训体系保证检察人员专业化程度的提高。依托国家检察官学院及其分院等培训基地，积极推进公诉业务技能实训基地建设试点工作。讲究教育培训的方式方法，坚持理论与实践相结合、讲授式培训与研讨式培训相结合、面授教学与网络教学相结合，切实提高培训的实际效果。

（2）建立公诉常态化轮训机制。着眼增强司法能力素质，以做好群众工作、维护社会公平正义、新媒体时代社会沟通、科技信息化应用、拒腐防变五个能力建设为抓手，以法律监督能力为核心，开展全员专业化培训。建立公诉人全员轮训机制，抓好公诉人的常规培训，确保每名公诉人每年脱岗参加业务培训的时间不少于15天。①

（3）建立专家型公诉人培训机制。通过举办公诉检察官研修班、优秀公诉人高级研修班等形式，加大对专家型公诉人才在法治理念、刑事政策、理论前沿、公诉疑难问题研究等方面的培训力度。通过定期举办公诉人论坛、公诉人沙龙等方式，为专家型公诉人才提供相互学习交流的平台，全面提升综合素质和解决疑难复杂问题的能力。

（4）建立专门型公诉人培养机制。根据不同犯罪类型，建立专业化培训机制，并对公诉人进行证据审查、文书制作、多媒体示证、出庭公诉等方面的专业化培训。

（5）开展岗位培训、岗位练兵、岗位竞赛，提高专业素养和岗位技能。积极开展以观摩庭为主要形式的岗位练兵活动，促进相互学习借鉴。建立公诉人出庭抽查和考核制度，促使公诉人能够随时接受出庭检验，不断提高出庭水平。构建符合执法办案专业要求的组织机构体系和办案组织模式，促进检察人员专业化、检察官专业化和检察执法办案组织专业化。

（6）进一步完善公诉理论研究机制，大力倡导公诉人加强理论研究，积极参与国内法学研究，加强与境外检察机关的交流，注重理论联系实际，努力提高理论研究的水平和研究成果的质量。重点加强对公诉基础理论、公诉应用理论、公诉政策理论、公诉前沿理论和公诉疑难问题的研究，进一步阐述中国特色社会主义公诉制度的必然性、合理性和优越性，推动公诉工作科学发展。

3. 提高队伍管理科学化水平

一是完善落实检察人员分类管理制度，推进检察人员分类管理改革，完善实施检察官单独职务序列和司法警察单独职务序列，科学设置员额比例，制定检察辅助人员职务设置等配套规定。二是建立完善检察人员职业准入制度，完

---

① 彭东：《关于贯彻〈加强公诉人建设的决定〉》，载《人民检察》2010年第10期。

善职业准入标准，提高任职学历资格条件。三是健全遴选招录和基层检察院定向招录机制，完善新进人员先培训后上岗制度。四是推行面向社会公开选拔初任检察官，拓宽社会优秀人才进入检察公诉队伍渠道。五是深化干部人事制度改革，完善选人用人机制，探索考核干部的科学评价指标体系。六是改革和完善人民检察院内设机构设置，建立科学的组织管理体系。

4. 强化检察队伍职业化保障

推动完善与检察职业特点相适应的职业保障制度，健全落实检察人员任用、职务晋升、奖惩、薪酬待遇与德才表现、工作业绩、能力素质挂钩的制度。完善绩效考核和激励机制，推动建立和完善牺牲、伤残、特困干警资助资金制度，建立完善解决干部实际困难常态化机制。严格执行检察官不得强制提前离岗和退休制度，建立和完善检察人员履行职务受到侵害保障救济机制和不实举报澄清机制。

5. 推进高层次人才铸才工程和急需紧缺专门人才引才工程

随着经济社会的发展，金融、知识产权、网络信息等领域的新型犯罪日益增多，办理这些案件的难度大、专业化要求高，而公诉队伍中办理这些案件的专门人才相对缺乏，严重影响了公诉工作的长远发展，因此，加强公诉人队伍专业化建设势在必行，十分紧迫。

一是以精英化的思路培养一批具有较高政治素质和政策水平、深厚法学理论特别是刑事法学理论功底、丰富公诉经验，在公诉系统内外有较高声望、较大影响的专家型公诉人，充分发挥专家型公诉人才在办理大案要案、疑难复杂案件和研究重大业务问题中的重要作用。

二是根据工作需要有计划地培养一批擅长办理职务犯罪、有组织犯罪、毒品犯罪、证券犯罪、网络信息犯罪、知识产权犯罪、涉众型犯罪等案件的专门型公诉人，实现公诉工作的专业化分工。专门型公诉人既要具有刑事法律专业素养，又要具有相关领域的专门知识和办理专门领域犯罪案件的实践经验。

三是大力推进公诉人才库建设。建立各种层级的公诉人才库。对各层级人才要进行高起点选拔、高强度培养、高标准考核，充分发挥他们的骨干和示范作用。对纳入人才库的公诉人，所在检察院要充分发挥其人才优势和在办案实践中的作用。公诉人才库要实行开放式动态管理，通过考核定期调整人员，切实保证公诉人才库的质量。

四是通过建立公诉人业务竞赛制度，突出打造品牌公诉人。以开展全国优秀公诉人业务竞赛活动为龙头，带动全国公诉人业务竞赛广泛开展。通过组织业务竞赛等活动，打造一批品牌公诉人。积极开展优秀公诉人巡讲和社会宣讲活动，加大对典型事例和先进人物的宣传力度。

五是积极把公诉人才的培养纳入最高人民检察院检察人才队伍建设规划和总体部署中，按照教育部、中央政法委联合下发的《关于实施卓越法律人才教育培养计划的若干意见》和最高人民检察院《卓越检察人才培养计划实施意见》，到2017年，培养和引进急需紧缺专门人才3万名，培养和引进硕士研究生1万名，培养和引进博士研究生200名，全国检察业务专家达到300名。

六是完善检察官遴选办法，健全检察官逐级遴选制度。探索建立来自基层一线检察人才培养选拔渠道，上级院要拿出一定比例的内设机构领导职位定向从下级院选拔，推动实现优秀人才到基层去、优秀人才从基层来的良性互动。探索建立跨层级、跨单位编制动态调整机制，编制上提一级管理等制度，努力把基层检察院空编率控制在2%以下，把有限编制使用到基层急需岗位。

三、职业操守建设

（一）职业操守建设的重要意义

1. 公诉部门是检察系统违法违纪易发领域

2008年至今，全国检察机关公诉干警因违纪违法被查处的人数在检察业务条线中排在前列。有的受人之托打探案情，请托说情，泄露办案秘密；有的搞花钱免罪、收钱捞人，违法出具立功、自首等材料，把重罪变成轻罪；有的通过反复退回补充侦查、不起诉等方式，帮助犯罪分子逃避处罚，谋取不正当利益；有的违法办理取保候审手续，甚至盗用印章、制造虚假法律文书、私放犯罪嫌疑人。从互联网上搜集的材料显示，在最高人民检察院关于检察人员违法违纪案件的公开通报中，经常涉及公诉部门人员。如2014年最高人民检察院通报的12起检察系统违法违纪案件，包括山东省某基层人民检察院公诉科原助理检察员裴某某徇私枉法案，裴某某已被开除党籍和公职，被判处有期徒刑1年；2015年最高人民检察院通报的21起案件中，包括新疆维吾尔自治区某县检察院公诉干警因犯受贿罪被判处有期徒刑5年，没收非法所得人民币6.75万元；2016年最高人民检察院通报的12起案件中，包括山东省某市检察院公诉一处原干部王某某贩毒案，河南省某市检察院公诉二处原副处长王某某违反办案纪律案，湖南省某区检察院公诉科原科长周某某、副科长李某某徇私枉法案，广东省某市检察院公诉科原科长韦某某受贿、违规从事营利活动、巨额财产来源不明案，新疆维吾尔自治区某县检察院公诉科原干部受贿案。随着检察官司法责任制改革、办案组织向扁平化发展，检察官自主决定案件的权限将会更大。习近平总书记在中央政治局第21次集体学习时强调，法官、检察官要有审案判案的权力，也要加强对他们的监督制约，把对司法权的法律监督、社会监督、舆论监督等落实到位，保证法官、检察官做到“以至公无私之心，行正大光明之事”，把司法权关进制度的笼子。

2. 职业操守建设攸关检察公信

公诉是我国检察机关核心的标志性职能之一，是法律监督的重要组成部分。公诉人是依法行使公诉和诉讼监督权的检察官，担负着指控犯罪、诉讼监督、社会治理的职能，既处在同犯罪做斗争的第一线，又处于诉讼监督的第一线，既是侦查活动的监督者，又是审判程序的启动者和诉讼活动的纠错匡正者，对于打击犯罪、保障人权、维护社会和谐稳定、实现公平正义发挥着重要作用。最高人民检察院原副检察长朱孝清指出，加强公诉人建设，是直接关系到检察机关形象的一项战略工程。因此，加强公诉人建设，是检察机关依法正确履行指控犯罪职能和依法进行诉讼监督的需要，是提高办案质量和公诉工作整体水平的需要，是提高司法公信力和树立检察机关良好形象的需要。“刑罚者，国家之所器重，百姓之所悬命。”毫不讳言，公诉权的行使直接关系到公民权利的保障和公平正义的实现，公诉人能否做到不为金钱所惑、不为人情所动、不为权势所屈，攸关检察机关的司法公信和司法权威。

3. 职业操守建设可以产生巨大的号召力

一个人要有良心，有良心才有力量。在一个单位，人们往往最看重的就是手脚干净不干净，处事清廉不清廉，为人厚道不厚道。只有深入开展职业操守建设，从领导干部到一般干警，人人都坚决杜绝吃、拿、卡、要歪风，坚决抵制形形色色的诱惑，才能使检察机关在社会上的满意度越来越高，才能与时俱进开创工作新局面。实践证明，职业操守建设确实是一种不可忽视的力量，运用好了，既可产生巨大的影响力，又可产生不可估量的凝聚力和号召力。一起起触目惊心的案例昭示我们，一些党员干部正是由于放松了自己的思想修养，忘记了党的宗旨，淡薄了法治观念，在个人欲望的驱使下伸出罪恶的黑手，最终成为人民的罪人。前事不忘，后事之师。让我们在自己的工作岗位上牢牢地把好职业操守这一关。国家发改委原副主任、国家能源局原局长刘某某在庭审时痛哭流涕说，“我每每看到起诉书，都在反问我自己，这是我吗？怎么会到今天？每天早上醒来的时候，这是哪里呀？我怎么会堕落成这样呢……”① 早知今时之果，何种当日之因？拒腐防变的思想堤坝一旦坍塌，贪欲就会像洪水般一发而不可收拾，而一切悔恨都终将太晚。相反，首届全国最美检察官浙江

① 引自中共中央纪律检查委员会、中华人民共和国监察部网站，《坍塌的思想堤坝：刘铁男案件警示录》，网址 http://www.ccdi.gov.cn/xwtt/201412/t20141211_46735.html，访问时间：2016 年 6 月 13 日。

省杭州市西湖区人民检察院公诉科副科长许航婉拒案件当事人的送礼，她说，“作为一名共产党员，心中要始终装着老百姓。作为一名检察官，更要公正无私地执法办案才能对得起这个称号”。[①] 山东省“人民满意的公务员”诸城市人民检察院公诉科副科长尹丽玮一直告诫自己“‘民不畏吾严，而畏吾廉’，廉洁是司法公正的底线”。[②]

（二）职业操守建设的基本要求

职业操守是职业共同体的道德基础、履职行为的底线和职业发展的保障。检察官因其负有不同程度的控权功能和人权保障职责，常常被视为法律守护人的角色，不仅应当具备法律职业共同体的基本要求，还要具有一系列特殊的职业操守。[③] 具体而言，职业操守建设应当包括职业道德建设和职业纪律建设。

1. 职业道德建设

2009 年 9 月 29 日，最高人民检察院在《检察官职业道德规范》基础上颁布了《检察官职业道德基本准则（试行）》，将“忠诚、公正、清廉、文明”作为检察官正确履行职责的八字箴言，这也是公诉人应当具备的基本职业道德要求。

一是忠诚。忠于党、忠于国家、忠于人民、忠于宪法和法律，牢固树立依法治国、执法为民、公平正义、服务大局、党的领导的社会主义法治理念，做中国特色社会主义事业的建设者、捍卫者和社会公平正义的守护者。尊崇宪法和法律，严格执行宪法和法律的规定，自觉维护宪法和法律的统一、尊严和权威。坚持立检为公、执法为民的宗旨，维护最广大人民群众的根本利益，保障民生，服务群众，亲民、为民、利民、便民。热爱人民检察事业，珍惜检察官荣誉，忠实履行法律监督职责，自觉接受监督制约，维护检察机关的形象和检察权的公信力。坚持“强化法律监督，维护公平正义”的检察工作主题，坚持检察工作政治性、人民性、法律性的统一，努力实现办案法律效果、社会效果和政治效果的有机统一。维护国家安全、荣誉和利益，维护国家统一和民族团结，严守国家秘密和检察工作秘密。保持高度的政治警觉，严守政治纪律，不参加危害国家安全、带有封建迷信、邪教性质等非法组织及其活动。勤勉敬

① 引自中共中央纪律检查委员会、中华人民共和国监察部网站，《美德如许　阳光起航——记浙江省杭州市西湖区人民检察院公诉科副科长许航》，网址 http://www.ccdi.gov.cn/xcjy/qlkm/201404/t20140418_48292.html，访问时间：2016 年 6 月 13 日。

② 引自中共中央纪律检查委员会、中华人民共和国监察部网站，《巾帼风华耀检徽——记山东省诸城市人民检察院公诉科副科长尹丽玮》，网址 http://www.ccdi.gov.cn/xcjy/qlkm/201404/t20140424_48294.html，访问时间：2016 年 6 月 13 日。

③ 参见孙谦：《深刻认识中国检察制度的特色》，载《求是》2009 年第 23 期。

业，尽心竭力，不因个人事务及其他非公事由而影响职责的正常履行。

二是公正。树立忠于职守、秉公办案的观念，坚守惩恶扬善、伸张正义的良知，保持客观公正、维护人权的立场，养成正直善良、谦抑平和的品格，培育刚正不阿、严谨细致的作风。依法履行检察职责，不受行政机关、社会团体和个人的干涉，敢于监督，善于监督，不为金钱所诱惑，不为人情所动摇，不为权势所屈服。自觉遵守法定回避制度，对法定回避事由以外可能引起公众对办案公正产生合理怀疑的，应当主动请求回避。以事实为根据、以法律为准绳，不偏不倚，不滥用职权和漠视法律，正确行使检察裁量权。树立证据意识，依法客观全面地收集、审查证据，不伪造、隐瞒、毁损证据，不先入为主、主观臆断，严格把好事实关、证据关。树立程序意识，坚持程序公正与实体公正并重，严格遵循法定程序，维护程序正义。树立人权保护意识，尊重诉讼当事人、参与人及其他有关人员的人格，保障和维护其合法权益。尊重律师的职业尊严，支持律师履行法定职责，依法保障和维护律师参与诉讼活动的权利。出席法庭审理活动，尊重庭审法官，遵守法庭规则，维护法庭审判的严肃性和权威性。严格遵守检察纪律，不违反规定过问、干预其他检察官、其他人民检察院或者其他司法机关正在办理的案件，不私自探询其他检察官、其他人民检察院或者其他司法机关正在办理的案件情况和有关信息，不泄露案件的办理情况及案件承办人的有关信息，不违反规定会见案件当事人、诉讼代理人、辩护人及其他与案件有利害关系的人员。努力提高案件质量和办案水平，严守法定办案时限，提高办案效率，节约司法资源。严格执行检察人员执法过错责任追究制度，对于执法过错行为，要实事求是，敢于及时纠正，勇于承担责任。

三是清廉。以社会主义核心价值观为根本的职业价值取向，遵纪守法，严格自律，并教育近亲属或者其他关系密切的人员模范执行有关廉政规定，秉持清正廉洁的情操。不以权谋私、以案谋利、借办案插手经济纠纷。不利用职务便利或者检察官的身份、声誉及影响，为自己、家人或者他人谋取不正当利益；不从事、参与经商办企业、违法违规营利活动，以及其他可能有损检察官廉洁形象的商业、经营活动；不参加营利性或者可能借检察官影响力营利的社团组织。不收受案件当事人及其亲友、案件利害关系人或者单位及其所委托的人以任何名义馈赠的礼品礼金、有价证券、购物凭证以及干股等；不参加其安排的宴请、娱乐休闲、旅游度假等可能影响公正办案的活动；不接受其提供的各种费用报销、出借的钱款、交通通讯工具、贵重物品及其他利益。不兼任律师、法律顾问等职务，不私下为所办案件的当事人介绍辩护人或者诉讼代理人。在职务外活动中，不披露或者使用未公开的检察工作信息，以及在履职过程中获得的商业秘密、个人隐私等非公开的信息。妥善处理个人事务，按照有关规定报告个人有关事项，如实申报收入；保持与合法收入、财产相当的生活水平和健康的生活情趣。

四是文明。注重学习，精研法律，精通检察业务，培养良好的政治素质、业务素质和文化素养，增强法律监督能力和做群众工作的本领。坚持打击与保护并重、惩罚与教育并重、惩治与预防并重，宽严相济，以人为本。弘扬人文精神，体现人文关怀。做到司法理念文明，司法行为文明，司法作风文明，司法语言文明。遵守各项检察礼仪规范，注重职业礼仪约束，仪表庄重、举止大方、态度公允、用语文明，保持良好的职业操守和风范，维护检察官的良好形象。执行公务、参加政务活动时，按照检察人员着装规定穿着检察制服，佩戴检察标识徽章，严格守时，遵守活动纪律。在公共场合及新闻媒体上，不发表有损法律严肃性、权威性，有损检察机关形象的言论。未经批准，不对正在办理的案件发表个人意见或者进行评论。热爱集体，团结协作，相互支持、相互配合、相互监督，力戒独断专行，共同营造健康、有序、和谐的工作环境。明礼诚信，在社会交往中尊重、理解、关心他人，讲诚实、守信用、践承诺，树立良好社会形象。牢固树立社会主义荣辱观，恪守社会公德、家庭美德，慎独慎微，行为检点，培养高尚的道德操守。不穿着检察正装、佩戴检察标识到营业性娱乐场所进行娱乐、休闲活动或者在公共场所饮酒，不参与赌博、色情、封建迷信活动。不耍特权、逞威风、蛮横无理。本人或者亲属与他人发生矛盾、冲突，应当通过正当合法的途径解决，不应以检察官身份寻求特殊照顾，不要恶化事态酿成事端。在职务外活动中应当约束言行，避免公众对检察官公正司法和清正廉洁产生合理怀疑，避免对履行职责产生负面作用，避免对检察机关的公信力产生不良影响。

2. 职业纪律建设

公诉人职业纪律建设的目标，是违纪违法案件显著下降，纪律作风明显改进，司法形象明显改善。公诉队伍违纪违法人员数占公诉队伍总人数的比例低于检察人员违纪违法数占检察人员总人数的比例。[①] 具体就是，要严格执行《中国共产党廉洁自律准则》《检察机关党风廉政建设责任制实施办法》和八

① 最高人民检察院《关于加强公诉人建设的决定》。

项检察纪律、中央政法委员会四条禁令、《公诉人员六条纪律规定》[1] 等有关纪律规定，落实好中共中央办公厅、国务院办公厅印发的《领导干部干预司法活动、插手具体案件处理的记录、通报和责任追究规定》（中办发〔2015〕23号）、中央政法委印发的《司法机关内部人员过问案件的记录和责任追究规定》（中政委〔2015〕10号）以及最高人民检察院《关于检察机关贯彻执行〈领导干部干预司法活动、插手具体案件处理的记录、通报和责任追究规定〉和〈司法机关内部人员过问案件的记录和责任追究规定〉的实施办法（试行）》。

一是要开展以遵守办案纪律为内容的专项检查。对突出的违规问题进行专项整治，切实改进作风，自觉规范自身行为，进一步增强公诉人纪律观念，筑牢拒腐防变的思想防线，确保公正廉洁执法。严格落实一岗双责制度、诫勉谈话制度和违纪违法通报制度，保证公诉人的职业纪律要求得到贯彻落实。

二是要建立公诉人岗位风险防范机制。突出重点、分类指导、综合治理，抓住司法办案中容易产生风险的重点岗位、关键环节和特殊时段，加大防范力度，建立具有针对性、科学性、系统性和前瞻性的风险防范机制，确保公诉人在办案纪律、办案质量、办案安全、办案效果等方面的风险得到有效防范。提倡在公诉部门设立专职或兼职廉政监督员，加强对公诉人纪律作风的督察，对可能发生违法违纪的苗头性、倾向性问题，及早提示及时防范。

三是要落实内部监督制约机制。把强化自身监督放在与强化法律监督同等重要的位置来抓，认真执行党风廉政建设责任制，完善廉政谈话和廉政教育制度；配合纪检监察部门深入开展检务督察工作，进一步加大整改工作力度；建立执法档案制度，促使公诉人依法正确行使职权。自觉接受检察机关职务犯罪侦查、侦查监督、控告申诉检察、纪检监察等部门对公诉人执法办案的事前、事中与事后监督制约。

四是要自觉接受外部监督制约。始终把公诉工作置于党的领导和人大的监督之下，自觉接受政协民主监督、人民群众监督和新闻舆论监督，依法接受公

---

① 2005年6月21日最高人民检察院公诉厅印发《公诉人员六条纪律规定》（〔2005〕高检诉发第74号），内容主要是：严禁贪污受贿，私分罚没款物；严禁玩忽职守、徇私枉法、泄露办案机密以及其他失职渎职行为；严禁私放犯罪嫌疑人、帮助串供、毁灭或者伪造证据；严禁在办案中刑讯逼供、暴力取证以及其他严重侵犯诉讼参与人诉讼权利的行为；严禁私自办案或者违法干预下级检察院办案；严禁私自会见案件当事人及其辩护人、代理人、申诉人、亲友或者接受上述人员提供的财物、宴请、娱乐活动。公诉人员违反上述六条纪律规定的，一律先停职离岗，再区分性质和情节轻重，依照检察纪律严肃处理，构成犯罪的依法追究刑事责任。

安、法院等机关的制约，广泛听取人大代表、政协委员、专家学者、律师和基层群众的意见和建议。最高人民检察院检察长曹建明在2016年工作报告中提出，检察机关将完善检察人员违纪违法行为举报机制，建立检察官惩戒制度，对违纪违法行为敢于亮剑、敢于亮丑，坚决整治以权谋私、以权压法、徇私枉法，坚定不移惩治腐败，绝不姑息。

五是要严肃查处违纪违法行为。坚持从严治检，对滥用公诉权，以案谋私、贪赃枉法，严重损害人民群众利益的行为，要发现一起、查处一起，绝不姑息迁就，更不能袒护包庇。完善重大违纪违法案件剖析和通报制度，加大预防公诉人员违纪违法工作力度。

六是要建立健全违纪违法情况通报制度。建立健全违纪违法情况上报与定期通报制度，公诉人发生违纪违法行为的，所在检察院公诉部门要层报上级检察院公诉部门，上级检察院公诉部门要定期对违纪违法情况进行通报，加大指导力度。

第三节　检务保障

一、技术保障

（一）技术保障的重要意义

随着科学技术的不断发展和进步，电子计算机已经逐渐走进了人们生活和工作之中，而电子计算机和通信技术为主要手段的信息技术革命也广泛影响了人们的生产生活。面对新时代的要求，我国的检察机关也要进行相应的改革和创新发展，与时俱进。首先就是对先进的科学技术的应用，无论是从电子计算机技术和通信化技术的高效应用，还是对各项制度的不断完善和加强等方面都有了显著的提高，检察机关正在积极进行着信息化的发展和进步。公诉部门也要紧紧围绕检察“大数据”系统建设，将信息化深度融合于公诉业务、服务于自身监督之中，实现办案、办公和管理的便捷优质高效。

所谓信息化，主要是指以开发利用计算机技术为主的智能化软件及系统，促进信息在不同部门的流通与共享，以此提高生产效率，促进社会生产力的发展。信息化是一个逐步开展的过程，信息的采集、处理、传递以及信息的再生和有效利用都是围绕信息所服务的系统开展的，因此信息化过程也是实现信息转化为生产力的过程。信息化同时也是智能化的标志，信息系统工具的智能化主要体现在，信息系统的建立是一个有组织、有体系、系统庞大的网络体系。

这种网络体系能够发挥自身的优势对人们的生活、学习、劳动甚至对人的思维模式产生重要的影响，因此信息化能够促进人类社会的发展，能够改变社会分工与提高生产效率。

技术保障是科技强检的重要组成，更是以审判为中心诉讼制度改革背景下提升公诉工作水平的保障。第一，技术信息化建设能够有效地提高办公办案效率。通过电子计算机和通信技术的应用会大大缩短公诉工作的时间，节约司法成本，提高司法效率，降低办案风险，如远程视频提审、远程视频接访、远程视频庭审。第二，技术信息化建设能够便捷地搭建资源共享平台。通过数据连接，可以整合公诉与系统内和系统外的协调联动网络，在系统内形成捕诉衔接平台、诉管监督平台，在系统外建立诉侦、诉审、诉辩联系平台，使公诉与内外部各部门之间的数据实现资源共享，提高工作的效率。第三，技术信息化建设可以有效采集和分析数据实现科学管理。高科技的使用会进一步加强信息的采集和分析能力，有效地形成一体化的工作流程管理，甚至能够更好地应对突发事故，如办案数据统计分析等。第四，技术信息化建设能够构建独特的检察宣传平台。增加一定的宣传模式让更多的人对检察机关的具体工作内容进行一定的初步了解，如“两微一端”建设。第五，技术信息化建设可以为办案提供有力的后台保障。通过数字检务体系的检察网，利用 Internet 技术、多媒体技术，出庭公诉人员可以进行多媒体示证，即使相关证人不在当地，也可以出庭作证，改变以往单调的作证模式，切实保障直接言词原则和庭审中心主义的落实。

可以说，在大数据背景下和信息爆炸的社会环境中，检察机关有责任做好“互联网 + 检察”工作，公诉工作更要搭上“互联网 +”这趟“高铁”，向科技要检力、向信息化要战斗力，才能有效适应以审判为中心的诉讼制度改革的各项要求。

（二）技术保障的基本要求

技术保障的内容包括：一是办案现代化和办公自动化，其中包括公诉办案科技装备的配备及现代化办公办案设备的运用；二是办公办案信息化建设；三是执法办案车辆的保障（暂将车辆保障放入技术保障中予以略述，技术与信息是本节讨论的重点话题）。

最高人民检察院《2014—2018 年基层人民检察院建设规划》（高检发〔2013〕14 号）中对基层检察院技术保障提出了具体明确的要求。一是要全面运行统一业务应用系统。落实“统一入轨、统一管理、统一应用、统一改进”要求，实现执法信息网上录入、执法业务网上审批、执法流程网上管理、执法活动网上监督，确保“全员、全面、全程、规范”应用。二是要加强基层业务装备配备。坚持量力而行、尽力而为，认真落实基本业务装备配备指导标准。以提高侦查工作科技含量为重点，加强侦查指挥、证据收集、安全防范、检验鉴定等装备建设，完善执法办案科技手段和设施体系，加快执法办案科技装备更新升级。加强执法值勤用车配备，满足基层办案工作需要。三是要落实科技建设重点任务。以统一业务应用系统为重点实施电子检务工程，建设网上举报、远程视频讯问、案卷材料传输及视频接访等系统，建成检察专线网、局域网等基础网络，实现基层检察工作数字化目标。完善检察技术融入执法办案工作机制，促进技术取证、技术鉴定、技术审查等检察技术手段有效利用。组织开展技术信息应用年系列活动，提升技术信息应用水平，建设一批科技强检示范院。这些技术强检举措同样适合公诉业务部门提升信息化建设水平。

最高人民检察院《检察机关计划财务装备工作基本规范》（高检发装字〔2014〕1号）要求，严格按照以业务建设为中心、队伍建设为根本、信息化建设为保障的要求，结合检察机关实际工作需要，制定科技装备发展规划和实施方案，逐步实现办案现代化和办公自动化。系统性、高投入的装备应以省、市两级检察院配备为重点，小型、便捷、实用和投入较小的装备由县级检察院侧重配备。突出抓好查办和预防职务犯罪装备、公诉和民行装备、侦查监督装备、执行监督装备、控告申诉装备、案件管理装备、办案工作区装备、检验鉴定设备、检察通讯设备、视频会议系统、信息网络设备、交通设备、档案管理设备和司法警察装备的配备。因此，各院计财装备部门应当重点保障公诉部门办案装备和办公装备的配给。

最高人民检察院《检察机关计划财务装备工作基本规范》还对公诉等部门业务用车作出了规定，执法执勤用车是指各级检察院用于依法履行执法办案职能的专用机动车辆。执法执勤用车分为一般执法执勤用车和特种专业技术用车两类。一般执法执勤用车是指各级人民检察院用于一般调查取证、提讯审讯、诉讼监督、控告申诉等执法办案任务的普通机动车辆和用于重大案件侦查取证、通讯指挥、刑事诉讼等执法办案任务的、性能或者配置较高的机动车辆，包括警车、赃物车、警务保障车和普通办案用车等。执法执勤用车的管理要坚持保障检察业务工作的原则，编制核定应坚持向执法办案一线倾斜、服务检察业务。除执行特殊任务用车外，执法执勤用车应当集中管理，统一调度，提高使用效益。

综合上述文件精神，检察技术保障对公诉部门而言，要着重做好以下五点：

一是全员、全面、全程运用统一业务应用系统办理案件。根据最高人民检察院《全国检察机关统一业务应用系统使用管理办法（试行）》（高检发案管字〔2013〕5号）的要求，公诉部门开展的所有业务办理、审核、审批、监督管理等职责都必须通过业务应用系统开展。任何公诉办案人都不得违反要求，脱离统一业务应用系统办理有关业务事项。通过使用统一业务应用系统实现业务信息网上录入、业务流程网上管理、业务活动网上监督、业务质量网上考评，以加强对执法办案的全面、实时、动态监督管理，加强信息共享和协作配合，规范执法行为，增强法律监督能力，提高检察工作质量和效率，推动检察工作科学发展。公诉部门要把能够熟练运用统一业务应用系统办理案件作为最基本的职业技能，凡是不能胜任的，应当调离公诉岗位。要把业务应用系统与阳光公诉结合起来，对于统一业务应用系统中生成的可以公开的信息，应当依照法律规定和检务公开的要求，接受案件当事人及其法定代理人、近亲属、辩护人、诉讼代理人等相关人员和其他相关单位的查询。

二是构建开放、动态、透明、便民的阳光公诉机制。积极参与到新媒体公开平台建设中扩大公诉影响力。根据最高人民检察院《关于全面推进检务公开工作的意见》（高检发〔2015〕1号）的要求，公诉部门要坚持以人民检察院案件信息公开系统为主平台，积极利用已开通的检察门户网站、微博、微信、微视、新闻客户端、手机短信彩信、APP手机应用软件等一系列互联互动平台，增强信息发布、案件信息查询、在线交流、咨询服务、法律解读等功能，着力构建多层次、多角度、全覆盖的检务公开网络。根据最高人民检察院《关于深化检察改革的意见（2013—2017年工作规划）》（2015年修订版）要求，进一步深化检务公开。依托现代信息技术手段，进一步完善公开机制，创新公开方式，畅通公开渠道。建立对在案件事实、适用法律方面存在较大争议或在当地有较大社会影响的拟作不起诉决定的案件，主动或依申请公开审查制度。

三是规范检察权运行管理平台。如上海市浦东区检察院研发了规范检察权运行管理平台，包括检察官员额制下的办案权限与放权依据，每个办案节点操作的责任追究依据，以及检察官、独任检察官、主任检察官晋升考评依据等各项检务工作，实现大数据管理。综合管理信息平台以实时、准确、全面的大数据，按照检察权的权力清单，刚性引导检察官在司法办案中形成正确的权力思维、规则思维、监督思维与底线思维，成为浦东区检察院进一步深化司法体制改革的有力抓手。通过该院综合管理信息平台演示，全院126名员额制检察官的办案等情况均可适时动态地展示。平台将海量的数据资源整合为44项核心指标和31项辅助指标，从案件、时间、人员、绩效四个维度对检察官办案活动进行实时统计、分析和管理，且基本实现自动抓取、自动分析、直接展示。

检察官办案评价指标由办案数量、案件质量、职业操守、研修成果四块内容构成。把办案数量、质量、效率、规范司法、工作作风和工作态度、违法违纪等方面内容纳入考核中，体现出激励作用和正确的工作导向。点击某个检察官姓名进入子栏目，可进一步查询其所办理的每个案件的基本情况及案管部门督导员的案件评查结果。如果输入命令对全院检察官的办案情况进行面上统计分析，屏幕会即时显示全院检察官办案业绩的排名，并以直柱图和曲线图形象显示，也可根据需要开展相应的检察官办案具体情况统计分析。该院检察长、副检察长与检委会专职委员作为员额制检察官序列一员，全部列入平台的管理序列中。各司法办案场所办案情况，以及风险预警和社会评价"一键"切入。在平台的远程讯问室全程视频显示栏中看到，每周都有检察长领导层直接办案的记载。根据权限，可以观摩提审视频的全程录像。目前检察长直接办案已形成新常态。他们所有办案"规定动作"与"自选动作"，全部纳入平台的数据管理。检察长办案，通过平台"晒"的功能也走进了普通干警的视野。①

四是电子卷宗助推全程网上办案。"电了卷宗"是检察机关在案件受理前或者受理中，将纸质案卷材料制作成具有特定格式的电子文档和相关电子数据。2014 年 1 月，经最高人民检察院批准，四川、贵州两省检察院先行研发使用"电子卷宗综合管理系统"，在统一业务应用系统内实现电子卷宗的制作和使用，受到办案人员和律师的欢迎。2015 年 7 月，曹建明检察长在大检察官研讨班讲话中强调，积极开展电子卷宗综合管理系统试点工作，力争年底前部署应用。2016 年 1 月 1 日，最高人民检察院印发的《人民检察院制作使用电子卷宗工作规定（试行）》开始实施。电子卷宗的价值体现在四个方面：其一，用于检察机关内部的案件办理，提高案件流转效率。电子卷宗便于办案人查阅、摘抄、引用卷宗信息，能够明显提高办案效率。实现检察机关各部门之间和上下级检察院之间信息共享，节约人力物力。其二，用于案件审核审批、监督管理，顺应检察改革的需要。通过电子卷宗系统，可以呈现"原始"卷宗上的证据和法律文书，实现案件办理和监督管理同步，为案件流程监控和质量评查提供平台和保障。其三，用于律师阅卷，保障律师执业权利。既可以缓解检察人员与辩护律师在阅卷时间安排上的冲突，又可大大缩短律师复制案卷材料的时间，一张光盘就刻录下来，非常方便。其四，用于法院、侦查机关的办案需要，实现政法信息资源共享。因审查起诉案件使用电子卷宗的场合多，不仅可用于制作审查起诉报告、起诉书、不起诉决定书，而且可用于出庭示

① 参见杨积林、夏林杰：《检察权大数据"解决方案"》，载《检察风云》2016 年第 2 期。

证、质证以及律师阅卷等。另外，审查起诉的办案时间相对较长，为制作电子卷宗提供了条件。因此最高人民检察院案件管理部门要求审查起诉案件应当制作电子卷宗，这也是提高公诉信息化水平的举措之一。

五是刑事诉讼庭审信息化。庭审信息化是指在进行刑事审判活动的过程中，充分利用网络、通信、多媒体等先进技术和软硬件产品，扩展和延伸审判法庭的功能，以保证庭审活动合法、有序、高效地进行，促进司法的公开、公正与效率的系统建设过程。它涉及庭审中的审判公开方式、举证方式、作证方式、审判方式等各个方面，是司法信息化的重要组成部分。比如庭审网络视频直播、多媒体示证、视听技术作证、远程审判，这些庭审中信息化技术的运用都是实现以审判为中心的有效保障。

（三）刑事诉讼庭审信息化的几种类型

1. 多媒体示证

这是公诉人必备的技能之一。早在1997年，上海、江苏、四川、福建等地检察机关就在最高人民检察院技术局的指导下开始尝试多媒体示证。近些年随着公诉改革的不断深入和“科技强检”的提出，多媒体示证开始被越来越多地应用到了公诉活动中。多媒体示证就是公诉人在庭审前把公诉方所需证据，如文字、声音、视频资料等通过外部设备输入电脑中，经过编辑、组织，按照示证顺序制成示证演示文件，在庭审的举证阶段，通过投影或电子屏幕把证据逐项展示给审判人员、当事人、其他诉讼参与人和旁听群众的一种新型举证方式。这样的多媒体示证分为三个部分：资料收集部分、编排制作部分、法庭演示部分。相对于传统的举证方式，这种方式有不少优点，比如更加清晰直观、展示范围扩大、方便展示视听资料、有利于审判公开、提高诉讼效率。随着信息技术的发展，多媒体示证软件也出现了很多新功能，比如案件材料播放特技功能、案件生成向导功能、慧笔功能、模拟犯罪现场示意图功能、支持局域网络示证材料的搜寻和存储以及电子案卷的流动功能等。尤其是在数字法庭建成后，配备了可以展示不同形式、不同来源证据的各种设备，比如实物展台、LED屏、音视频VGA输入接口和互联网接口等。多媒体示证这种刑事诉讼庭审信息化的典型表现也必将继续发展。

2. 视听技术作证

证人出庭作证作为刑事诉讼程序公正最基本的要求，已经被世界各国所普遍确认，英美法系的传闻证据规则或大陆法系的直接言词原则都是对其的强调。证人的出庭不仅有利于实现控辩双方的质证权，而且有利于确认证人证言的可采性，并最终有利于还原案件的真相，使案件获得公正的裁判。在刑事诉讼法及相关司法解释关于证人保护的条文中，我们看到了这样的表述“采取不暴露外貌、真实声音等出庭作证措施”，“具有前款规定情形的，可以通过视频等方式作证”，这些表述其实就是我国法律和司法解释对视听技术作证这种证人出庭作证新方式的正式确认。视听技术作证，是刑事诉讼庭审信息化的又一个典型表现。视听技术作证就是依靠各种信息技术制造出一个位于真实法庭之外的虚拟法庭，证人在虚拟法庭中依靠音视频双向传输技术实现与真实法庭之间的连接，接受来自真实法庭中控辩双方的交叉讯问，以达到与在真实法庭中一样的作证效果。视听技术作证根据不同的标准可以分为不同的类型。根据所用视听技术的不同，可以分为电话会议作证、电视会议作证与网络视频会议作证；根据是否对输出信息进行技术处理，可以分为原声原像的作证和变声变像的作证，这里的变声变像的作证也就是学界常讨论的利用科技手段的屏蔽作证；根据证人与法庭的距离，可以分为近距作证和远程作证，前者指证人在开庭法院的作证室中作证，后者又分为域内的远程作证和域外的远程作证，而域外的远程作证就涉及了国际远程视像合作的问题。利用视听技术作证可以有效地解决我国证人出庭难的问题。因为屏蔽作证更彻底地实现了对证人的保护，使证人不再害怕打击报复；而远程作证则解决了外地证人作证花费大的问题，没有了花费的担忧，自然也不再需要经济补偿。另外，远程作证还解决了证人有客观原因不能作证的问题。在我国的司法实践中，虽然视听技术作证的应用并不算广泛，但在南昌、北京、宁波、上海等地也出现了一些案例。这些案例表明我国证人出庭作证方式的信息化程度正在逐步加深。

3. 远程提审和远程开庭

随着信息技术的发展，提审和法庭审判已经可以不再局限于物理空间，而可以向虚拟空间扩展，也就是我们所说的远程提审、远程开庭。远程提审和远程开庭，是指利用音视频双向传输技术实现办案人员与当事人及其他诉讼参与人在不同的地理位置能够同时参加提审或庭审活动的新的办案形式。这些年来，我国也出现了不少远程提审、远程开庭的司法实践。浙江省杭州市西湖区在 2008 年率先试行了网络远程庭审。从 2007 年 1 月至 2009 年 6 月，上海市第二中级人民法院远程审理刑事二审案件 27 件，宣判 13 件，审理民事案件 13 件，行政案件 4 件。2007 年至 2008 年底，上海市第一中级人民法院远程审理刑事案件 85 起。而广州市越秀区人民法院自 2012 年 5 月开始使用远程审判系统起，已经对近六成刑事案件进行了远程审理。2015 年 12 月，保定市人民检察院落实河北省检察院的要求，大胆尝试远程庭审，望都、竞秀区、涞水等基层院实现刑事案件远程庭审常态化，通过远程庭审集中审理犯罪事实清楚、证据确实充分，且被告人自愿认罪的案件，最大限度地节约了从看守所提解、还押被告人、公诉人到庭参加诉讼以及二次开庭宣判的时间，大大提高了庭审效率，节约了办案成本和资源，收到了明显的效果。为了促进远程庭审规范化建设，保定市人民检察院牵头起草了《刑事案件远程庭审规则（试行）》，规定了远程庭审适用的案件范围、技术要求、庭前准备、开庭审理等一系列操作性要求，该规则印发市县两级公检法司相关部门遵照执行，取得了良好效果。

二、安全保障

（一）安全保障的重要意义

保障司法人员履职安全是捍卫法治的底线。党的十八大提出，法律的生命力在于实施，法律的权威也在于实施。而作为保障法律得到正确实施的司法者，若连司法人员的安全都无法得到保障，还谈何法治？针对司法人员的暴力、侮辱、诽谤等行为伤害的不仅是法官、检察官本人，更是整个司法工作人员群体，是法律的权威与公信力，是我国正在努力推进的法治建设。我国司法本身就面临着案多人少的难题，一线司法人员加班的情况非常普遍，工作压力大、长时间超负荷劳动是司法职业的现实状况。而在这种情况下，法官、检察官还要面临针对本人与家人的安全威胁，依法履职谈何容易。司法人员如果正在遭受很大的安全风险，其判断的客观性、履职的公正性必然会受到或多或少的影响，从而危及司法的公正中立。党的十八届四中全会明确指出，要建立健全司法人员履行法定职责保护机制。我国的社会主义法治建设事业依然任重而道远，而在法治并不十分完善的当下，给予司法人员特殊的保护显得尤为重要。司法体制改革涉及司法体制的各个领域，但这些具体制度的改革又“牵一发而动全身”，直接影响到司法体制改革的成败。必须认识到，保障司法人员的履职安全是司法改革的一项基础性举措，刻不容缓。出台相关保障措施，对司法体制改革的顺利进行有着举足轻重的意义。

当我们从理性层面分析了安全保障的意义的同时，让我们分享一下网友对马彩云法官身亡事件的评论：“将枪口对准马法官实际上是对准所有的法律界人士，枪击是对法律秩序的绝大破坏，因此，马法官的遭遇是在威胁所有司法体系内的警察、检察官、法官及律师的人身安全。”“我辈中人，从不敢忘廉洁为民、公正司法的法治信念，始终战斗在审判事业的第一线。我愿职业保障不断健全，免除法官群体的后顾之忧；更期待社会大众对法官职业多一份理解与尊重，一起携手向前，共建法治中国！”“我们要用也只能用继续前进的步伐悼念战友！路漫漫其修远！”“我们要求保护司法从业人员的人身安全，因为我们知道，如果有一天子弹打中了我们，也可以让我们安心死去!”①

（二）安全保障的基本要求

检察官职业安全保障是指检察官在职权范围内，依法履行职务，不应该因此而受到任何辱骂、诬陷、陷害等安全威胁。应把检察官的安全放在第一位。《检察官法》第9条规定，检察官的人身、财产和住所安全受法律保护。法律对司法人员的安全保护作出的特别规定，表明国家十分重视司法人员的安全保障工作。

对于出庭安全保障问题。最高人民检察院公诉厅2009年印发《人民检察院公诉工作操作规程》，其中第285条至第291条，专门以“出庭人员的人身安全保护”为题，列明了7条安全保障条款，分别规定了出庭履职人数、出庭履职用车、临庭处置预案、司法警察安保、安全事件协查、案件保密规定、安全防范意识等方面的内容，要求公诉人出庭履职不得少于二人，应当保障公诉人出庭所需公务用车，公诉人应当根据案情充分预测可能发生的妨碍司法行为，提前制定临庭处置预案，并视情况通报公安机关，经单位领导指派司法警察可依照有关规定携带、使用警械具，且必要时司法警察护送出庭和返回。对已发生的人身安全事件，公诉人应当协助调查，严禁案件泄密，增强安全意识、自我保护意识和安全防范技能以及预测能力。最高人民检察院正在对2009年版《人民检察院公诉工作操作规程》进行修订，该规程征求意见稿中，将第六节“出庭人员的人身安全保护”进行了充实，其中修订一条增加两条，分别是修订新增了“对于重大、敏感、复杂，可能发生公诉人员被攻击情况的案件，应积极与法院、公安沟通信息，在开庭前制定庭审应急处置预案，研究制定安全防范措施，提高解决突发事件的能力”，增加了两条：“公诉部门可商请法院加强法庭安全设施建设，将审判区域与旁听区域严格分离，为公诉人员设立专用通道”和“人民检察院应会同有关部门依法加大对哄闹法庭、殴打公诉人员等违法犯罪行为的惩治力度。在庭审中出现被告人家属哄闹法庭或殴打公诉人员行为的，应当要求人民法院依法及时采取制止、训诫、强行带出法庭、罚款、拘留等措施；国家工作人员哄闹法庭或殴打公诉人员的，应当建议有关部门给予党纪、政纪处分；哄闹法庭或殴打公诉人员构成犯罪的，应当配合公安机关、人民法院依法追究刑事责任”。

（三）安全保障的现状

侵犯检察官的行为会对检察官的职务履行、日常生活以及考核评价等造成

---

① 参见《昌平女法官马彩云被枪杀，法律界怒——为马彩云法官默哀》，网址 http：//tieba.baidu.com/p/4380578299，访问时间：2016年4月8日。

很大影响，甚至直接威胁到检察官及家人的生命安全。但是，我国尚未建立健全司法人员职业安全保障的完善体系。《检察官法》虽然规定了安全保障的原则，但这些法条缺乏对司法人员职业安全的特殊保护及具体措施的明确规定，也没有对侵犯司法人员人身财产安全行为的具体处理办法，这都不利于司法人员的安全保障。当前，我国正处于社会转型时期，社会利益面临着结构性调整，而司法正处于这种利益重构的核心当中。大量的社会纠纷造成的利益冲突，最终都是由司法进行调和与裁断，司法人员作为司法权力的执行者，将不得不卷入社会矛盾与冲突的漩涡之中。我国公民的法治素养仍然不高，不少当事人法律意识淡薄，对司法活动的内容与规则缺乏了解，由于律师服务费用的昂贵、律师本身素质的良莠不齐以及法律援助制度的不完善，大量的当事人没有委托律师进行案件代理，这从客观上使法律知识欠缺造成的沟壑无法弥补。对一个不信仰法律的人，司法行为容易使其产生反抗心理，而这种反抗无法针对法律，只能针对具象化的司法人员。近年来暴力袭击、侮辱、诽谤司法人员的事件屡见不鲜，少数案件当事人以各种形式对司法人员进行无端侮辱谩骂、诽谤名誉，对司法人员及其近亲属的人身、财产和住所安全进行威胁侵害，甚至发生残害司法人员的极端事件。可以说，司法工作环境不容乐观，司法人员安全保障措施的粗劣与司法人员面临的现实职业风险之间所存在的不相适应在当代社会背景下尤显突出。

2016 年 2 月 26 日晚 21 时 30 分许发生的北京昌平区法院法官马彩云遭枪击殉职的事件，将保障司法人员履职安全推到了刻不容缓的地步。该事件的发生，正值全国两会前夕，有关司法人员履职安全的议题引起了代表委员的重视和热议，也引起了法学界和实务界的高度关注。2016 年 3 月 13 日，最高人民法院院长周强和最高人民检察院检察长曹建明分别向十二届全国人大四次会议作工作报告。两高报告提出，“加强法官职业保障”“检察官依法履职受法律保护”。中国长安网 2 月 29 日头条发表了题为《中政委：保护司法人员依法履行职责规定加紧制定中》一文，据称，该文件是落实十八届四中全会关于“建立健全司法人员履行法定职责保护机制”要求的一项具体举措，也是司法体制改革的重要任务。文件明确规定，人民法院、人民检察院、公安机关对侮辱诽谤、殴打威胁、报复陷害法官、检察官及其亲属，干扰阻碍司法活动的，应当及时制止、依法惩处；对办理恐怖活动犯罪、黑社会性质组织犯罪等危险性高的案件的法官、检察官及其近亲属采取身份隐匿、出庭保护、禁止特定人接触以及其他必要的保护措施，必要时可以通知公安机关予以协助；完善医疗保障制度和抚恤优待办法，为法官、检察官的人身、财产、医疗等权益提供与其职业风险相匹配的保障。江苏省高级人民法院率先成立全国首个法官权益保障自治组织——江苏省法官协会法官权益保障委员会，并将北京法官马彩云因公殉职的2月26日确定为“法官权益保障日”。上海也拟建立市级层面的法官检察官权益保障委员会，保障法官、检察官更有尊严地履行职务。公安部有关方面表示，各级公安机关将继续加大对这类违法犯罪行为的打击力度，对报复伤害司法人员及其家人的案件接报一起、侦办一起，迅速出警、从快侦破，依法采取强制措施，打击违法犯罪分子的嚣张气焰，坚决维护司法人员及其家人的人身安全和合法权益，坚决维护法治的尊严。2016年4月18日，中央全面深化改革领导小组第二十三次会议正式审议通过了《保护司法人员依法履行法定职责规定》，会议指出，保护司法人员履行法定职责，是加强司法人员职业保障，确保依法独立公正行使审判权和检察权的重要举措。要严格保护措施，任何单位或者个人不得要求法官、检察官从事超出法定职责范围的事务，非因法定事由、非经法定程序，不得将法官、检察官调离、免职、辞退或者作出降级、撤职等处分。对干扰阻碍司法活动、暴力伤害司法人员及其近亲属的行为，要依法从严惩处。①

（四）安全保障的建议

针对司法机关工作人员伤害的事件并非中国所独有，而是世界各国共同面对的问题。参考国外的成功经验，我们应当从以下几个方面着手进行改进。

一是从立法层面重视司法工作人员的安全保障工作。美国最初几年对“冒头”的法官侵害事件未给予足够的重视，其直接结果就是法官侵害事件持续增加。马彩云法官的悲剧若无法得到重视，将很可能起到负面的示范作用，甚至激发更多的伤害事件。一方面应当通过修改法律或出台司法解释，加大对妨碍司法人员履职、危害司法人员安全的行为的处罚力度。在英美法系国家，藐视法庭等妨害司法的犯罪被视为重罪，但在我国，法律对藐视法庭、侵犯司法人员行为的处罚显得格外宽容，一般都是以批评教育为主，严重的才会处以拘留。违法成本太低，使得行为人敢于对抗司法。这不利于司法权威性的建立，也不利于保障司法人员的安全。另一方面应当健全司法人员安全保障制度，进一步制定具体措施，如在司法人员住所安装监控、报警装置，给司法人员配备必要的防卫装备，安排班车接送司法人员上下班等等。对于在庭外发生的针对司法人员及其家属的伤害、恐吓、骚扰等行为，有关部门应当依法予以及时、有效的惩处。

---

① 《习近平主持召开中央全面深化改革领导小组第二十三次会议 强调改革既要往增添发展新动力方向前进也要往维护社会公平正义方向前进》，载中国法院网 http：//www.chinacourt.org/article/detail/2016/04/id/1842128.shtml，访问时间：2016年4月18日。

二是全面提升司法人员的安全防患意识。目前，我国司法机关工作人员自我安全保护的意识还较为薄弱。如何识别当事人的行为表现，避免让本人及家人陷入危险的境地，在陷入危险境地时如何充分自救，这些关键知识需要专门的培训，如美国专门设立了国家司法安全中心负责相关知识的传授就很值得借鉴。

三是逐步增加司法安全保障的财政投入。物理阻碍是保障司法工作人员安全的重要手段。在司法经费可承担的基础之上，逐步扩大有关司法安全保障的投入，升级安保设备、增加安保人员是长远上需要逐步解决的问题。

四是尝试推出伤害风险评估系统。科学的伤害风险评估系统能够根据当事人的过往表现和近期行为，精确定位“施害者”，从而有效避免法官伤害事件的发生。不过这套评估系统需要丰富的经验积累，贸然移植可能无法获得预期的效果。可以考虑在条件允许时尝试若干试点、总结经验，并最终推广。

五是需要加强法治宣传与法治教育。提高公众的法律认识，使其知法、懂法、守法、用法，进而使其正确理解司法机关的行为，自觉履行司法机关的要求，并引导通过法律途径和方式维护自身的合法权益。只有通过普遍的法律实施与不断的法治教育，才能逐渐使人民群众形成对法律的信仰，才能使司法机关、司法人员得到真正的尊重，从根本上杜绝冲突。

只有对司法人员的安全保障采用“标本兼治”的举措，才能彻底消除安全隐患，减轻司法人员的工作、生活压力。

三、职业保障

（一）职业保障的重要意义

司法人员履行法定职责需要得到相应的保护，这是早已形成的共识。从司法人员职业保障最基本的意义来看，司法人员履行法定职责，只有得到充分而有效的保护，才能敢于担当、不徇私情，才可能做到严格、公正司法。

第一，建立健全司法人员履行法定职责保护机制，可以使司法人员免受来自社会的各种压力和干扰，依法履行职责。司法涉及的范围广泛，包括民事、刑事和行政诉讼，司法活动及其结果不仅关系到当事人的权利、义务的界分和利益的归属，关系到罪与非罪的确定和刑事责任的轻重，而且关系到行政机关与相对人的种种矛盾纠纷，因而使司法人员总是处在矛盾和利害关系的焦点，时时面对社会中的各种压力和干扰。因此，司法人员特别需要得到相应的保护，以使其能够正常履行法定职责。

第二，建立健全司法人员履行法定职责保护机制，可以使司法人员免受来自体制内的各种压力和干扰，依法公正、独立行使司法权。司法人员履行职责会受到来自体制内的各种压力和干扰，既包括来自司法体制内的，也包括来自司法体制外的。从以往的一些情况来看，一些地方党政机关和领导干部利用其掌管人财物的便利干预司法活动，对“不听话”、没有按照其意思办理案件的检察官免职，将其调离检察院。在检察院内部，也存在对按照法定职责独立公正办案，不看领导眼色、不听招呼的检察官，违反法定事由和程序调离检察业务岗位的现象。这些都使检察官无法恪尽职守、公正独立履行职责。因此，司法人员特别需要得到相应的保护，以使其能够依法公正、独立行使司法权。

第三，建立健全司法人员履行法定职责保护机制，可以使司法人员维持高素质的要求。现代司法作为一种特殊的职能，不仅需要司法的职业化，而且对司法人员的素质要求非常高。从法治发达国家的情况来看，司法人员应该是精英中的精英。我国司法人员的收入没有进入高收入阶层行列，大多处在与公务员持平的状态。这是司法机关难以吸引优秀人才和留住优秀人才的原因所在。所以，从长远考虑，走司法人员精英化之路，必须大幅度提高薪酬待遇，使其能够拥有维持体面的生活水平和生活方式所必需的基本物质条件。这也是司法人员公正司法的重要且不应缺乏的基础。

建立健全司法人员履行法定职责保护机制的意义，除了上述三个方面，还应当关注两个问题。一是司法的特殊职责所需要的对司法人员的特殊保护；二是司法人员的特殊责任所要求的特殊保护。应当注意到，习近平总书记指出，“司法是维护社会公平正义的最后一道防线”。司法具有如此重大的意义，说明坚守这道防线的司法人员所承担的职责之重大。显然，司法人员的职责越重，就更加需要切实有效的保护，否则将使其难以承担，并因此会使社会公平正义的最后一道防线难以坚守。还应当注意到，我们现在是在新一轮司法改革的背景下讨论建立健全司法人员履行法定职责保护机制的问题，而这次司法改革的一个重要特点，是在促进和保障司法机关、司法人员依法独立、公正行使司法权的同时，强调了对错案的责任追究，即“办案质量终身负责制”，这是十分必要的。然而，对这个问题，应当特别注意解决的顺序。显而易见，只有建立健全司法人员履行法定职责保护机制，使司法人员依法独立、公正行使司法权得到充分保障，追究其错案责任才有相应的根据。[①]

（二）职业保障的基本要求

检察官职业保障是指能对检察官从事检察工作起保护作用的一系列制度，

① 参见王敏远：《加强检察官职业保障制度建设》，载《检察日报》2014年12月30日，第3版。

包括职业权利保障、职业身份保障、职业安全保障、职业经济保障、职业教育保障、职业监督保障等多方面的内容。职业权利保障，是指保障检察官获得履行职责应具备的职权和工作条件的权利，依法履行检察职责不受行政机关、社会团体和个人的干涉。职业身份保障，也有学者认为职业保障就是专指职业身份保障①，是指检察官非因法定事由和法定程序，不得被随意撤销职务或变更工作条件，不受罢免、撤职、调任、停职或降职、辞退、降薪等处分。职业安全保障，即检察官的人身、财产和住所安全受法律保护。职业经济保障，是指检察官的物质方面的保障应与其他普通公务员区分开来，应达到符合对检察官高标准、高要求的水准，根据检察工作特点，由国家规定。职业教育保障，是指让检察官受到专业的培训，使之专业化，享有继续接受教育的机会。职业监督保障，是指为了保障检察官依法行使法律监督职能，国家制定符合司法规律和权力监督与制约规律的法治监督制约机制。笔者认为，检察官职业保障应当作广义的理解，丰富其内涵，实现立体构建，而不应偏狭于某一侧面，应当理解为凡是对检察官履行法定职责具有外部推动作用的机制、制度都可以纳入职业保障范畴进行研究。因安全保障将有专节论述，此处不再赘述。

（三）职业保障的现状

十八届三中全会审议通过的《中共中央关于全面深化改革若干重大问题的决定》，对深化司法体制改革作了全面部署。党的十八届四中全会通过的《中共中央关于全面推进依法治国若干重大问题的决定》提出了建立健全司法人员履行法定职责保护机制。中央全面深化改革领导小组第三次会议审议通过的《关于司法体制改革试点若干问题的框架意见》，主要针对下列问题提出了政策导向：一是对法官、检察官实行有别于普通公务员的管理制度；二是建立法官、检察官员额制，把高素质人才充实到办案一线；三是完善法官、检察官选任条件和程序，坚持党管干部原则，尊重司法规律，确保队伍政治素质和专业能力；四是完善办案责任制，加大司法公开力度，强化监督制约机制；五是健全与法官、检察官司法责任相适应的职业保障制度；六是推动省以下地方法院、检察院人财物统一管理；七是完善人民警察警官、警员、警务技术人员分类管理制度。

上述文件成为本轮司法改革所遵循的指南。中央已经将健全与司法责任制相适应的职业保障制度提上了议事日程。但是，职业保障制度在我国提出的时间并不是很长，有关这一制度的系统论述不是很多。当前，各地区检察改革的

① 参见金文彤：《中国检察官制度研究》，中国政法大学2005年博士学位论文，第158—159页。

试点、推广工作正在如火如荼地开展，但比较而言，在检察官职业保障方面的改革明显滞后于人员分类管理、司法责任制以及检察权运行机制的改革。

客观来讲，关于我国检察官职业保障的相关规定，已有法律、法规和政策性文件在检察官职业保障的主要方面有所覆盖。如对于职业权利保障机制，《检察官法》第4条规定“检察官依法履行职责，受法律保护”，从总体上规定了检察官依法履职的权利。对于职业身份保障机制，《检察官法》第9条第（三）项规定，检察官“非因法定事由、非经法定程序，不被免职、降职、辞退或者处分”；第十五章规定了检察官的申诉控告权利及方式途径，能够保障检察官身份的相对稳定，不因履职行为而受到不应有的威胁。对于职业收入保障机制，《检察官法》第9条第（四）项规定，检察官有权“获得劳动报酬，享受保险、福利待遇”；第十二章“工资保险福利”对检察官职业收入保障机制作了规定，保障了检察官基本的生活水平，免除了其履职的后顾之忧。对于职业安全保障机制，《检察官法》第9条第（五）项规定，检察官“人身、财产和住所安全受法律保护”，从而使得检察官履职时能够不再担忧各种打击报复，减少履职顾虑，提高履职能力。对于职业培训保障机制，《检察官法》第九章规定了检察官培训的内容、原则、主体、作用，为检察官教育培训机制的建立与完善提供了立法依据。由此可见，现行关于检察官职务保障制度的立法规定主要体现在《检察官法》的相关章节中，且较为分散、不成体系。[①]

虽然有一定的法律保障，但是现实中仍然存在很多问题。一是职业权力行政化。检察官的任免由地方人大或其常委会决定，检察院的经费更多依赖于地方政府财政提供保障，严重的“地方化”导致地方政府习惯将本地检察院作为其下属部门看待，地方党政、权力机关对案件办理施加影响的情况时有发生。就检察机关内部而言，则存在严重的“行政化”倾向，检察官办案要经过科长、主管副检察长、检察长的层层审批，当检察官的意见和领导意见不一致时，检察官只能依照领导的意图进行办理。二是职业身份不稳固。检察官的任免权受制于地方，地方也可以随意调动或者撤换检察官。例如，有些地方领导常常为了工作方便，随意抽调检察人员参与政府拆迁、招商引资、维稳等工作，随便一个上级命令就改变了检察官的身份，检察官得不到身份保障。此外，我国还缺少检察官权益受侵害的救济制度。三是职业经济保障水平低。《检察官法》虽然专设了“工资保险福利”一章，但事实上，由于种种原因，法律关于检察官经济保障仍未得到彻底落实，也没有制定专门针对检察官工资

---

① 参见左仰东：《人民检察院组织法修改视野下健全检察官职业保障制度之思考》，载《新一轮检察改革与检察制度的发展完善——第四届中国检察基础理论论坛文集》，2015年8月。

制度和工资标准的规定。检察官的工资待遇与他们的社会地位及所承担的责任不相称。四是职业培训保障未到位。随着依法治国的深入推进，人民群众对检察工作的要求越来越高，检察官迫切需要提高自身的综合素质。目前，检察官队伍职业素能尚不能完全满足检察官职业的高标准、严要求，因此，需要通过加强职业教育培训，承载起重构、优化检察官队伍职业素能的重要使命。但现有的职业培训远远不能满足需要，普遍存在培训观念陈旧并相对滞后、培训内容陈旧、培训方法内容缺乏针对性、培训资源分配不均、培训机构和师资力量相对薄弱、经费保障不足等问题，培训的效率与效能不佳，检察官提升能力的要求得不到切实满足。五是职业监督保障力度不够。当前，我国检察官的整体素质已经有了大幅提高，但还存在自律性不足的情况，加之缺乏有效的外部约束机制，导致一些检察官在案件办理过程中出现吃拿卡要等腐败行为。近年来，检察官涉嫌贪腐的新闻时常见诸报端，成为影响检察机关形象的重要问题之一。

（四）职务保障的建议

1. 健全职业权力保障，确保检察官有职有权

一是建立检察官权力清单。要保障检察官依法独立、公正行使职权，最基本的前提是明确检察官的职权，因为在职权不明确的情况下，职权保障无从谈起。因此，有必要根据检察官履行检察职责的需要，确定不同职务检察官的职责分工，赋予检察官与其地位、能力相适应的职权。如深圳市检察机关在改革中便为检察官列出706项“权力清单”，并为之分级授权，不失为一种有益探索。二是去除行政化、地方化管理，保证检察官办案免受干预。将检察官与行政职务彻底脱钩，畅通检察官级别的晋升渠道。三是规范外部监督机制。规范和界定党委、人大对检察机关施加影响的方式，党对检察机关的领导主要是政治领导、思想领导和组织领导，人大对检察机关的监督主要是通过听取和审议专项工作报告、检查法律法规的实施情况以及询问和质询等法定途径来进行监督，二者均不能采用个人打招呼、签意见的方式就个案建议或要求检察机关如何处理。

2. 完善职业身份保障，促进检察官地位稳固

一是严格检察官职务免职、辞退的标准和程序，确保检察官不因非法定事由被免除职务。同时，限制检察长、检察官的非自愿性跨行业调动，即尽可能不以行政命令的方式强行要求检察长、检察官到其他机关任职，以保证其检察官身份、地位不被人为地剥夺。二是除免职或退休外，应实行检察官职务终身制。由于司法活动对人才要求的特殊性，可根据我国的实际情况适当延长检察官的退休年龄。同时规定达到一定服务期限后，检察官可根据自身情况决定是

否申请提前退休。三是完善检察官处分制度。应突出处分范围的限定性，检察官是社会法律精英，没有必要在现有法律体系之外再设宽大无边的纪律之网进行约束，以免检察官履职时处于惶恐之中。应建立检察官履行职责豁免制度，即非因故意或重大过失，非因法定事由，非经法定程序，检察官履行职责时享有免受责任追究的“特权”。同时，为保障检察官控告申诉权的实现，使之能抵制不当干预，应考虑救济的外部制度构造，如诉讼救济。

3. 改善职业经济保障，实现检察官“衣食无忧”

一是实行检察机关所需办案经费省级划拨制度。可参照国外成功的做法，即将司法经费统一纳入国家预算，在国家尚处于经济发展阶段，且各地区经济发展严重不平衡的现状下，折中选择省级统一司法预算的做法似乎更为可行。应根据国民经济发展和财政状况及物价变动情况，适当提高各级办公经费保障标准，保障检察人员履行职业所应当具有的工作条件。二是提高整体薪金水平，实行专门的检察官工资制度与工资标准。应建立与检察官等级制度相配套的单独的检察官工资序列，按一定的幅度提高检察官工资标准，使其适当高于公务员工资水平。需要注意的是，不同地区的检察官之间、不同等级检察院的检察官之间的工作差距不能太大。三是建立健全检察官福利、退休制度。检察官退休时，如果未曾因违法行为受处分，国家在保障其退休后继续享受全额工资的同时，可按其服务期间工资总额的一定比例支付退休金。同时，检察官津贴应终身足额发放。

4. 改进职业培训保障，提高检察官能力素质

目前，检察官培训已从学历教育为主向以岗位为主，从知识教育转向能力型、素质型教育，业务技能培训已经成为检察官培训的重点。应改革现行的以法律知识教育为主的检察官教育培训内容，根据理论与实践相统一的原则设计检察官职业教育课程，培训一批高素质的专兼职检察师资队伍，提升教学效果。

就公诉部门而言，《公诉工作规程（征求意见稿）》以较大篇幅对公诉部门业务培训和岗位练兵进行了规定，要求各级人民检察院公诉部门应建立业务培训和岗位练兵长效机制，制定三年业务培训和岗位练兵的目标以及每年业务培训和岗位练兵的计划报上级人民检察院备案。

第一，关于公诉业务培训的要求。根据上述文件，公诉部门每年年终应就当年培训计划落实情况写出报告，要对培训取得的成果进行科学、客观的评估。在对公诉部门全员业务培训的基础上，根据检察长、检察员、助理检察员、书记员工作职责的不同，分别设置培训内容。每次业务培训都应突出专业化，要有明确的培训主题，如法学基础理论培训、新的刑事法律和司法解释学

习培训、证据审查判断能力培训、举证技巧培训、质证技巧培训、答辩技巧培训、证据展示技巧培训等。要保证公诉人每年脱岗培训不少于15天，促进业务知识的更新和出庭水平和技能的提高。

第二，关于公诉岗位练兵的要求。根据文件规定，公诉部门的岗位练兵活动，要坚持理论联系实际原则，立足公诉业务，贴近公诉实践，要注重抓基层、抓基础，强化公诉人尤其是基层、一线公诉人的业务能力建设。要针对公诉队伍存在的薄弱环节、突出问题采取有效措施，确保岗位练兵取得实效。岗位练兵以专业化建设为方向，以全面提升公诉人依法指控犯罪和强化诉讼监督能力为目标，紧紧围绕依法正确履行公诉职能，重点提高公诉人介入侦查引导取证能力、审查判断证据能力、法律适用和政策运用能力、出庭支持公诉能力以及开展诉讼监督、做好群众工作、化解矛盾纠纷的能力，使公诉办案质量和司法水平得到明显提升。岗位练兵要围绕公诉业务重点内容，并根据各地公诉工作需要，有计划地培养一批具有较高业务素质和政策水平、深厚法学理论特别是刑事法学理论功底的专家型公诉人，以及擅长办理职务犯罪、有组织犯罪、毒品犯罪、金融犯罪、网络信息犯罪、知识产权犯罪、涉众型犯罪等案件的专门型公诉人，促进公诉队伍专业化建设。岗位练兵要广开思路，灵活多样，全方位、多层次进行。注意理论与实践相结合、讲授与研讨相结合、模拟与实战相结合、考核与考查相结合，针对不同的具体练兵任务和对象，采取不同的练兵方式，并注重运用网络等科技手段不断创新和丰富练兵形式，提高练兵效率，增强练兵效果。注重运用网络等科技手段，不断提升岗位练兵的科技含量。要充分利用专线网、局域网、视频会议系统、信息软件等现代科技载体，构建岗位练兵的网络平台，努力扩大公诉人参与度，拓宽岗位练兵活动的效果。

第三，关于其他培养方式。主要有以下几点：其一，各省级检察院和地市级检察院要建立公诉人出庭考核和抽查制度，坚持定期考核和不定期抽查相结合，量化考核指标，细化评分标准，促使公诉人能够随时接受出庭检验，不断提高出庭水平。有条件的地方，可以建立公诉人出庭社会考核制度，组织人大代表、政协委员、人民监督员等社会各界人士旁听庭审，并在庭后进行评议。高检院公诉厅也要根据不同地区公诉队伍的实际情况，采取不定期抽查、考核的方式，促进各地出庭公诉水平的提高。公诉部门负责人每年对本部门每位出庭人员至少跟庭考核一次，对出庭人员出庭活动进行公正评析，肯定亮点，指出不足。其二，庭审观摩是以案代训、实现业务培训和岗位练兵相结合的有效方式。广泛组织观摩示范庭，将庭前讨论论证出庭预案、当庭观摩和庭后评议相结合，相互学习、取长补短，共同提高，不断积累办案实践经验，提高出庭水平。省级检察院每年至少要组织一次全省范围的观摩庭，地市级检察院每年至少要组织两次全市范围的观摩庭，县级检察院每年至少要组织三次本院范围的观摩庭（案件少的地区可以组织模拟观摩庭）。其三，组织案例研讨、论文竞赛、专题调研、法庭论辩赛、办案业务竞赛，以及诉讼文书、案件审查报告和出庭预案等评比活动，提高公诉人员的法律素质和理论功底。省级、地市级检察院要根据实际，定期组织公诉业务文书评选活动，不断促进公诉业务文书的规范化建设和提高公诉人公诉业务文书的制作水平。另外，以开展“优秀公诉人”业务竞赛活动为龙头，带动全国公诉人业务竞赛广泛开展，达到以赛促学、以赛促练的目的。通过评选活动推选出品牌公诉人，扩大优秀公诉人的知名度，树立检察机关的良好形象。其四，各级人民检察院应加强对专家型和专门型公诉人的培养和管理，充分发挥专家型和专门型公诉人在推动公诉工作科学发展中的作用。各级人民检察院公诉部门应当根据《关于加强公诉人建设的决定》规定的目标要求，建立专家型和专门型公诉人培养机制和长远规划，重点围绕类别需求确定培养方向，通过业务培训、岗位练兵、交流锻炼、理论研究等多种方式培养专家型和专门型公诉人。专家型和专门型公诉人除认真履行岗位职责外，应当积极发挥示范引领作用，根据组织安排和工作需要，承担重大案件办理、重大课题研究、业务培训教学、相关立法活动的调研论证以及其他相关工作任务。高检院公诉厅、省级院公诉部门和地市级院公诉部门应当分别建立专家型和专门型公诉人才库，根据高检院公诉厅制定的《关于调配优秀公诉人出庭支持公诉的规定》，调配使用专家型和专门型公诉人，并根据下级院的需求，协调专家型和专门型公诉人的跨地区调配使用。省级院公诉部门和专家型、专门型公诉人所在院公诉部门应加强对专家型和专门型公诉人的培养和管理，及时上报工作变动、岗位调整、违纪违法等事项。

5. 强化职业监督保障，促使检察官清正廉洁

一是不断创新检务督察工作运行机制。逐步建立“党务、政务、业务、队伍、警务”五位一体的检务督察大格局，不断整合力量，完善机制，突出重点，整体覆盖，使检务督察走上科学化、常态化、规范化轨道，保证党令、政令、检令、警令上下畅通，实现管党、管案、管事、管人整体推进。二是发挥案件管理部门作用，加强办案流程动态监督。按照司法规范化的要求，进一步规范案管部门在办案环节的流程管理。充分利用统一业务应用系统，探索新机制、新途径，实现对执法办案活动的全程、统一、实时、动态管理和监督，将司法规范化建设不断引向深入。加强案件评查的作用发挥，通过有效的案后

评查机制，及时发现和监督业务部门纠正违法违规办案的情形。[①]

鉴于检察官职业保障应当有健全的法律制度体系作为支撑，当务之急是尽快修订《人民检察院组织法》《检察官法》中关于检察官职业保障不完善、不配套的内容，从根本上完善检察官履行法定职责的保障机制。通过中央顶层设计与基层改革探索有机结合、相互促进，中国特色的检察官职业保障制度一定能够早日建立，进而为检察官独立公正履行职能打造良好的司法环境。目前，十二届全国人大常委会将修改《人民检察院组织法》列入立法规划。2015 年 9 月，中央全面深化改革领导小组会议通过了《法官、检察官单独职务序列改革试点方案》与《法官、检察官工资制度改革试点方案》。两个方案突出了法官、检察官职业特点，是促进法官、检察官队伍专业化、职业化建设的重要举措。最高人民检察院《关于贯彻落实〈中共中央关于全面推进依法治国若干重大问题的决定〉的意见》（高检发〔2015〕4 号）也对完善公正司法的保障机制作出规定，即推动建立各级党政机关和领导干部支持检察院依法独立公正行使职权的制度机制。认真落实最高人民检察院《关于加强执法办案活动内部监督防止说情等干扰的若干规定》，完善检察机关内部人员过问案件的记录制度和责任追究制度，坚决防止违反规定干预办案。建立健全检察人员履行法定职责保护机制，建立健全检察官惩戒委员会制度，完善检察人员控告申诉制度，建立和完善检察人员合法权益因履行职务受到侵害的保障救济机制和不实举报澄清机制，确保检察人员非因法定事由、非经法定程序不被调离、辞退或者作出免职、降级等处分。相信不久的将来，我国司法官职业保障机制会更完善、更科学、更合理，将更加有效地保障司法职业化建设。

---

① 参见邴志凯、张永会：《检察官职业保障的现实问题及改进》，载《中国检察官》2016 年第 1 期。

附　　录

典型案例

诉前主导案例：张某某等人故意杀人、诈骗案

【基本案情】

2011 年 10 月至 2012 年 8 月，被告人张某某、徐某某等 21 人在邯郸西部矿山组成一个犯罪团伙，以介绍工作为名，将他人骗至矿点干活，趁机在矿井下杀害姜某某等 4 人，然后伪造矿难假象，冒用死者家属身份与矿主谈判私了，骗赔约 185 万元。该案由河北省邯郸市公安局侦查终结，以被告人张某某等 15 人涉嫌故意杀人罪，以被告人向某等 6 人涉嫌诈骗罪移送审查起诉。2013 年 12 月 23 日由邯郸市检察院向邯郸市中级人民法院提起公诉，最终法院判处张某某等 5 名主要成员死刑立即执行。

【主要做法】

本案案发后，邯郸市检察院选派经验丰富的检察官提前介入，引导公安机关侦查取证。既引导侦查人员拓宽侦查取证思路，明确侦查取证重点，又注意加强对侦查人员司法理念的引导，引导侦查人员自觉从有效证明犯罪的高度确立侦查方向、构建证据体系。共提出引导侦查意见 217 条，帮助侦查人员解决了两个突出的难点问题，在较短的时间内弥补了证据瑕疵，完善了证据体系，查明了全部案件事实，确保了诉讼顺利进行。

一是解决了被害人身份难以确定的问题。本案除第四起杀人犯罪有被害人尸体外，其他三起的被害人均已火化，没有尸体，且犯罪嫌疑人是让被害人冒充他人在铁矿打工。因此，确定被害人的身份成为本案的第一大难点，侦查工作曾因此一度陷入困境。公诉部门办案人员通过审查材料深入剖析案情，引导公安侦查人员采取外围包抄、重点突破的方法展开调查。首先，通过询问被害人的亲属、朋友、同乡等，了解被害人最后一次回家或者离开家的时间及同行

人员，看是否在案发时间上与犯罪嫌疑人作案时间相吻合；同时，通过让同行人员、犯罪嫌疑人和同在矿上打工的证人辨认被害人照片，确定被害人的真实身份。然后，通过调取犯罪嫌疑人来往邯郸的火车票、手机通话记录、银行往来汇款凭证及明细等方式确定作案时间和参与人员；通过国内旅客住宿信息查询，调取案发期间犯罪嫌疑人的住宿信息。接着，引导侦查人员从殡葬管理处调取被害人的相关信息，查明被害人骨灰的去向，让犯罪嫌疑人指认处理骨灰的地点等一系列工作，最终将被冒名的被害人一一查实。

二是解决了收集、固定证据难的问题。本案自2011年10月始至2012年8月案发，作案时间跨度达10个月，且时过境迁，收集、固定证据难度很大。另外，由于被害人身份不明，并且尸体已经火化，作案现场已经消失，没有物证；在案犯罪嫌疑人的供述无论是犯罪时间还是犯罪情节都矛盾重重，互不统一，增加了案件的侦查难度。针对以上难点，检察人员及时调整查证理念和思路，引导侦查人员采取“内部分化、外部固定”的方法完善证据。首先是加强刑事司法政策的教育与运用，分化各犯罪嫌疑人，尤其是对罪行相对较轻的犯罪嫌疑人，通过释法说理，宣讲政策，促其主动坦白，积极检举他人的罪行，从而收到了很好的效果。本案的最终突破即是源于犯罪嫌疑人之间的内讧，其中一人首先检举揭发，连带引出其他三起犯罪事实。其次是让各犯罪嫌疑人亲笔书写“悔过书”“亲笔供词”，并通过看守所管教转交办案机关，对讯问过程全程录音录像，及时固定了证据。最后在犯罪嫌疑人供述的基础上，通过外围取证对所取供述加以印证补强。

【点评】

本案作案手段特殊，情节恶劣，侦查取证困难，在矿区具有一定典型性，在国内引起很大震动与反响，中央电视台等媒体予以关注和报道。邯郸市检察院诉前主导的做法，成为国内办理此类案件的成功范例。本案中，来自四川省通江县的被告人张某某等人由于多年在河北邯郸西部矿山做工，对矿业的生产、管理及运行规则等情况较为熟悉，是当地有名的四川籍工头。为了谋取私利，组织亲属及老乡，精心策划，重点寻找四川老家无钱娶妻、心智不高的男青年，通过利诱、色诱等方式骗至邯郸西部矿山一起打工，从招黑工、冒名顶替、矿井踩点，到杀害、索赔，每个环节都有专人负责，专人实施。被告人采取这种手段故意杀人作案4起，杀害矿工4名，骗取死亡赔偿金约185万元。此类案件在我国矿产丰富地区时有发生，但案件普遍存在被害人尸体已被火化、现场已被破坏等情况，客观证据较少，主要靠犯罪嫌疑人供述来证明，能够顺利破获的案件很少，也没有判决的先例。邯郸市检察院通过提前介入，严查细审，充分发挥了诉前主导作用，尤其是面对客观性证据缺失的现实，根据案情把握共同犯罪特点，打牢证据体系。一是不盲目排斥口供，肯定其应有的证据作用；二是注意对衍生证据的审视应用，以衍生证据反证供述的真实性；三是重视供述的连结作用。为确保及时固定证据，公诉人员在取证方法上进行了有效引导，引导侦查人员运用科技手段予以固定、保全证据，使证据由原来的不稳定性向稳定化、定型化转变。重视发挥视听资料在证明犯罪中的独特作用，对犯罪嫌疑人真实客观的供述、辨认的过程进行全程录音录像，堵死庭审翻供的可能。对容易发生变化的物证、书证，引导公安机关及时采取拍照、录像、制图、复制等方法予以保全，确保证据的稳定性。

审前过滤案例：何某危险驾驶案

【基本案情】

2015年2月14日21时40分，何某驾驶一辆现代牌轿车，沿着沧州市任丘市会战道由北向南行驶，当行至采油一厂门前南侧时，与道路中心护栏相撞，造成车辆及护栏受损。经鉴定：何某静脉血液乙醇含量为328.57mg/100ml。

本案由冀中公安局渤海分局侦查终结，以犯罪嫌疑人何某涉嫌危险驾驶罪，于2015年4月16日移送任丘市检察院审查起诉；经两次退回公安机关补充侦查，同年10月30日经任丘市检察院检察委员会研究决定存疑不起诉。

【主要做法】

检察机关受理本案后，依法审查核实证据情况，承办检察官发现关于犯罪嫌疑人何某静脉血液乙醇含量的鉴定程序不符合法定程序，客观性存疑，要求公安机关补充侦查。经补充侦查，证据仍未排除合理怀疑，可能影响司法公正，不能作为定案依据，案件事实不清，证据不足，不符合起诉条件，建议作存疑不起诉。经任丘市检察院检察委员会决定作存疑不起诉。

根据《公安机关办理醉酒驾驶刑事案件程序规定（试行）》第10条第2款规定，抽取血样应由专业人员按要求进行，交通警察应告知抽血人员抽取两份血样，且不应采用醇类药品对皮肤进行消毒。抽取的血样中应添加抗凝剂，分别使用洁净、干燥的容器封装。而该案取证过程中，血液提取登记表证明：为何某采血时使用了含醇类的消毒液对皮肤进行消毒，并且封装在促凝管中。上述行为均违反了相关强制性规定，可能影响到鉴定意见的客观性。在发现该问题后，公诉办案人员迅速将案件退回公安机关补充侦查，要求公安机关进行侦查试验。侦查机关共组织了两组、八次侦查试验，第一组是饮酒后的同一个体，将其静脉血液在四种不同的采血过程下进行鉴定，即使用含醇类消毒液消毒，封装在促凝剂试管中；使用不含醇类消毒液消毒，封装在促凝剂试管中；使用含醇类消毒液消毒，封装在抗凝剂试管中；使用不含醇类消毒液消毒，封装在抗凝剂试管中。第二组是未饮酒后的同一个体，将其静脉血液在四种不同的采血过程下进行鉴定，即使用含醇类消毒液消毒，封装在促凝剂试管中；使用不含醇类消毒液消毒，封装在促凝剂试管中；使用含醇类消毒液消毒，封装在抗凝剂试管中；使用不含醇类消毒液消毒，封装在抗凝剂试管中。侦查实验结果证明，采血过程的差异对血液乙醇含量存在影响。案件中鉴定意见的作出违反了相关法定程序，可能影响司法公正，在补正后亦无法排除合理怀疑。

【点评】

存疑不起诉是检察机关对经过补充侦查的案件，仍然认为证据不足、不符合起诉条件的，作出的不起诉决定。本案由于侦查机关对于检材的提取、保存不符合法律及相关规定，鉴定的过程和方法不符合相关专业的规范要求，鉴定意见客观性存疑，不能作为定案根据。虽然经过补充侦查，由于侦查活动程序违法，导致定罪关键证据的合法性不能确定，使本案事实不清，因此检察机关依法作出不起诉决定，有效阻止了案件带“病”起诉，既减轻了公诉的风险，又节约了司法资源，同时减少了当事人的讼累，使审前过滤功能得以充分发挥。

庭审指控案例一：刘某某绑架上诉案

【基本案情】

2007年3月12日公安机关接报案人称，其女儿走失，多方寻找无果，其手机上多次收到手机号为130××××××××发来的敲诈短信，称其女儿已被绑架，索要20万元。公安机关随即展开调查，通过确定130××××××××手机售卡地点，进一步确定了售卡人、买卡人，锁定刘某某为本案的犯罪嫌疑人。将刘某某抓获后，其供认了绑架犯罪的事实。2007年3月11日下午，刘某某驾驶借来的面包车，将正在本村一门市附近玩耍的王某某（殁年2岁）带上车，将王某某捆绑并堵上嘴后塞入一塑料编织袋内，藏匿于西关村建材街煤厂南侧一闲置的倒扣的水泥瓮下。当晚8点多至次日中午期间，刘某某多次用新购买的手机号给王某某父亲的手机发短信，索要人民币20万元（未果）。公安机关根据其供述找到了被害人的尸体。经鉴定：王某某系被较柔软物体捂堵口鼻致机械性窒息死亡。

石家庄市中级人民法院经开庭审理，于2007年11月7日作出一审判决：被告人刘某某犯绑架罪，判处死刑，剥夺政治权利终身，并处没收个人全部财产；赔偿附带民事诉讼原告人9594.50元。宣判后被告人两次上诉，河北省高级人民法院两次发回重审。石家庄市中级人民法院于2013年6月28日就该案作出第三次判决：判处刘某某死刑，剥夺政治权利终身。刘某某仍然不服，以一审判决认定的事实不清，本案非其一人所为，而是受另一在逃同案犯“二磊”胁迫才参与此案，以及认定其绑架并致被害人死亡的证据不足为由，第三次提出上诉。开庭审理过程中，法院采纳了检察机关的出庭意见，最终以绑架罪判处刘某某死刑，缓期二年执行。

【主要做法】

（一）围绕案件矛盾焦点，周密制定庭审预案，确保庭审质量

1. 立足客观实际，确立庭审战略

由于本案程序上存在的某些瑕疵问题已无法补正，某些关键证据也无法调取，这给检察员出庭带来了巨大风险和挑战。要取得好的出庭效果，尽可能查明案情，就必须在依靠现有证据，通过庭审进一步解决本案的诸多瑕疵证据，确立证据的合法性，结合侦查人员当庭证言及鉴定人对鉴定意见的解释来合理举证质证，形成一个客观完整的证明体系，使本案在庭审中达到事实清楚、证据确实充分。几经研究，最终确立了“确证合法、组证确点、多点立案”的庭审战略。首先，确证合法是确定案件证据的合法性，对其客观性和关联性在示证阶段再予阐述和说明。本案的大多证据都存在不同程度的瑕疵，需要侦查人员出庭作证来解决，如果分组出示证据时再分别通知侦查人员出庭，会造成证据合法性确认显得杂乱无章，形不成合力，且与证据的关联性、客观性的调查交织在一起，对证据的证明体系造成破坏，导致证实犯罪不力。其次，组证确点是要科学编排举证顺序，确定案件关键情节。在认真审查案卷材料，做好阅卷笔录的基础上，对全案证据进行认真分析和仔细研究，决定将新证据与卷中原有证据合并分组出示，以证明本案犯罪关键情节为主、以证据种类为辅，结合有关人员出庭举证的方式向法庭示证。为体现司法公正理念，对证明上诉人有罪、罪轻的案件证据全面调取和出示，将证明方向一致且证据之间关联性较强的证据归纳连结和指向同一待证事实的相反证据划为一组，综合出示。最后，多点立案是指在案件关键情节确定的基础上，充分发表质证意见，再出示本案的综合证据，充分证明案件其他待证事实，结合发表出庭意见，使本案形成一个完整的证据体系，证明刘某某的犯罪事实。

2. 围绕庭审重点，做好庭前沟通

针对法庭调查重点，庭前检察员申请了多名侦查人员和鉴定人出庭作证，对侦查活动合法性和证据瑕疵进行说明解释。为保证法庭调查顺利进行，确保出庭作证效果，检察人员主要做到以下两点：第一，通过庭前会议确定庭审重点和步骤。为证实侦查人员在整个侦查活动中对刘某某无违法讯问情形的目的，申请通知了9名侦查人员出庭作证，反映侦查活动全貌，以实现对侦查活动证明的全履盖，证明侦查活动合法。再由侦查人员对瑕疵证据作出合理的解

释和说明，使法庭采信。考虑到刘某某经历了多次庭审，曾作过多次虚假供述，且供述内容各不相同，为防止侦查人员在对所参与的侦查活动向法庭作证后，刘某某再次作虚假指认和辩解，通过庭前会议向法院建议打破询问常规，变更询问方式，将侦查人员编号，先让被告人对侦查人员进行辨认，确定该侦查人员是否对其存在刑讯逼供等违法讯问情形，然后再由法庭查明侦查人员身份，并由其当庭作证，上述询问方式取得了良好的庭审效果。第二，结合案件实际，依法做好庭前交流。庭审时，本案侦查活动已过去7年多时间，客观上侦查人员有些情况已记不起来，案卷材料中又有一些侦查人员单凭自己回忆盲目出具的情况说明或证明，而这些材料又与本案其他证据相矛盾，庭审中甚至还得先解决这些错误的证明。而侦查人员在庭审中不慎或不假思索的某些回答一旦掉入他人设计好的陷阱，肯定会被利用，不但对查明案件事实无益，甚至会产生新的矛盾点，加剧本案证据间的矛盾。鉴于上述情况，与侦查人员在庭前进行沟通交流就显得尤其重要。在庭前，检察员依法与出庭侦查员、证人进行了沟通，了解证人情况，告知证明重点，并确定了具体方式和内容：单独进行沟通，解决侦查人员出庭作证的抵触情绪和心理障碍；告知侦查员出庭作证程序及可能会面临的情况；向侦查员全面介绍本案存在的问题，告知侦查员出庭作证的目的；了解侦查员能证明的侦查活动和案件事实，告知他们庭审中会重点询问的情节；告知侦查员回答问题应注意的事项，尤其是避免被诱导，用词要准确。通过与侦查人员的沟通交流，尽可能使侦查人员回答问题有的放矢，完整准确。同时也使检察员对侦查人员证明内容有了清楚认识，科学合理地安排侦查人员出庭顺序。

3. 针对案件关键事实，制定示证质证方案

本案历经七次开庭审理，绝大多数证据已多次出示，但部分事实仍未查清，矛盾仍未解决。在制定预案时，检察人员抓住案件关键事实和矛盾焦点，有针对性地进行证据的重新组合，对各关键点逐一进行证明。将全部证据分为十组，分别证明审讯合法、被害人身份，以及手机卡开通、出售、U盘等物证移送和内容说明、发破案情况，对刘某某能够驾驶汽车的事实和单独作案的事实以及“二磊”并不存在的事实也分别组织证据予以证实。为证明刘某某能够一人掀起水泥瓮这一事实，检察人员在合理组合证据的基础上，运用物理学知识，即物体重心不变，力矩不变，阐述了掀起倒扣于地上的水泥瓮，起始力只为物体重量的1/2，并随着瓮的抬高，外力会越来越小这一科学定律，证明了刘某某能够一人掀起水泥瓮单独作案的事实。在证明刘某某翻供和辩解虚假不合常理的示证质证中，检察员将其前后全部翻供的供述按时间顺序和变化情况分成四小组出示，对其翻供内容从无辜到受陷害再到受蒙蔽最后到受胁迫参

与不断变化的过程展示给法庭，分析阐述其供述矛盾点和反常之处，有力揭露了刘某某不断编造谎言、抵赖罪行、逃避法律制裁的企图。

（二）发挥主观能动性，把控庭审方向，确保庭审效果

1. 控制庭审气氛，巧妙展开庭审讯问，排除合理怀疑

在法庭调查讯问阶段，主要围绕是否存在刑讯逼供问题展开。面对刘某某的狡辩，出庭检察员首先阐明二审检察机关的立场，指出司法机关是本着“重证据、重事实”的原则来认定犯罪事实，再次开庭审理是因为司法机关调取了一些新证据，并通知侦查员、鉴定人、相关证人出庭作证，而非其他因素，此举很好地控制了庭审氛围，为庭审调查顺利进行做好了铺垫。之后，检察员针对刘某某声称遭受刑讯逼供的时间、地点、人员、方式及结果展开详细讯问，面对检察员的追问，刘某某从辩称遭多名侦查人员殴打，到最后称仅有一名叫祁某某的刑警队长对其刑讯逼供，但仍声称因无法忍受逼供而从位于二楼的讯问室跳下，造成脚部摔伤。对此辩解，检察员向其出示了刘某某第一次有罪供述笔录，看守所入所体检表和其指认现场照片，指出刘某某第一次作有罪供述时的讯问人员并非祁某某，并让其解释为何自称有轻微心脏病的情况都记录在案而无外伤记载，指认照片又显示其行动自如无明显外伤。对此，刘某某沉默不语。

2. 围绕案件矛盾焦点，组织证人出庭作证，还原事实真相

在对刘某某进行全面讯问，暴露其辩解自相矛盾的基础上，检察员依法提请法庭按编号顺序传唤侦查人员出庭作证。刘某某面对按编号出庭作证的侦查人员，除仍然指认出庭作证的侦查员祁某某外，对其他侦查员要么称没有见过，要么承认没有对其刑讯逼供。至此，非法证据调查结果一目了然。同时，检察人员又通过询问每名侦查人员，让其讲述各自参与的侦查活动，还原了侦查全过程，合理解释了证据瑕疵。其中，针对如何发现藏匿被害人地点问题，多名侦查员证明经审讯刘某某，口头获知藏匿位置后，鉴于刘某某之前对藏匿地点有虚假供述，且并没有证据证明被害人已经死亡，而采取了根据其口头供述先行派员查找解救的办法，在发现被害人尸体后又即刻展开了现场走访和现场勘查，造成现场指认记录缺失，讯问笔录记载时间与询问相关证人笔录记载时间重叠的情况。又因为侦查员在发现被害人后对其进行了必要的抢救，造成现场物品状态与刘某某供述不一致的情形。出庭侦查人员对其讯（询）问制作笔录程序也进行了解释，并未违反法律规定。通过侦查人员出庭作证，有效地排除了怀疑，较好地弥补了证据瑕疵。

3. 紧扣案件关键情节，分组示证，全面发表质证意见

在出示证据环节，检察员在全面构建证据体系的基础上紧扣案件关键情

节，分组示证，先驳后立，全面发表质证意见，掌握了全局的主动，确立了检察员在法庭质证和论辩中的优势地位。比如非法证据排除程序结束前，检察员针对刘某某是否受到刑讯逼供作了以下质证总结。其一，利用证据体系，全面分析阐述。刘某某指认侦查员祁某某对其刑讯逼供，其他侦查人员没有对其刑讯逼供。需要强调的是，刘某某在灵寿县公安局2007年5月12日所作的有罪供述，祁某某本人没有参与讯问，也就是说刘某某2007年5月12日所作有罪供述是合法取得；祁某某否认其对刘某某进行了刑讯逼供，其他9名侦查人员的当庭证言，也证明祁某某不存在刑讯逼供情形，他们的证言覆盖了刘某某在灵寿县公安局接受讯问期间的整个过程，足以证明侦查活动是合法的，侦查机关对刘某某不存在刑讯逼供、诱供等违法讯问情形。指认现场照片中刘某某的神情及体表情况、入所体检表及健康检查笔录均证明其体表无外伤，而刘某某自述有轻微心脏病的陈述也在健康检查笔录上记载，从另一方面证明了无极县看守所的健康检查是认真负责的，同时也进一步证明了刘某某所称其从二楼跳下，脚部受伤的情节是不存在的；检察机关的讯问笔录也能证明侦查机关没有违法讯问情形。上述证据相互印证，足以证实刘某某虚构了自己受到刑讯逼供的情节。其二，立足侦查活动整体，确认刘某某辩解的不合理性和侦查活动的合法性。灵寿县公安局的侦查活动是全面展开的，是为了全面掌握案件事实，尽快解救人质。通过侦查人员的当庭证言可知，当时与刘某某有密切电话来往的苏某一开始都是作为犯罪嫌疑人出现的，侦查人员也是本着重证据、重客观事实的原则来侦查本案的，参与侦查的人员很多，而且是在局长的领导下开展讯问工作，侦查人员不可能偏听偏信，更不可能盲目否定刘某某关于伙同他人作案的供述；本案被告人刘某某与侦查人员无任何利害关系，与所谓的“二磊”更无任何联系，侦查人员不可能在刘某某交代伙同“二磊”作案的情形下，非要认定成刘某某一人作案，侦查人员没有这样做的动机和必要，少数侦查人员也不可能在多人团队作战配合破案时捏造虚假事实。而本案卷宗材料也能够证明，侦查人员是公正办案的，是全面搜集并移送证据的，包括证明刘某某无罪和罪轻的证据也装订在卷，这在随后的法庭出示证据阶段可以充分证明。综上，刘某某“关于自己受到刑讯逼供”的辩解不能成立。

4. 敏锐抓住辩护漏洞，充分运用答辩技巧，占据庭审优势

在辩论阶段，检察员抓住辩护人逻辑错误，直击要害。辩护人提出侦查员根据手机移动硬盘所下载信息内容与移动硬盘内所存信息内容互相矛盾，不能采信。检察员答辩：第一，二者系纳括关系，而非矛盾关系；第二，侦查员证明他们认为与案件有关的信息才予下载，认为无关的没有下载，二者存在差异的结果与辩护人所提观点是一致的；第三，公安机关下载的信息移动硬盘上都

有，而移动硬盘上有的信息公安机关下载信息中却不完全有，证明公安机关下载信息是客观的。综上，手机移动硬盘所下载信息内容与移动硬盘内所存信息内容可以相互印证，应当作为定案的依据。

（三）依法列席审委会讨论，充分发表意见，保障判决质量

休庭后，检察人员没有消极等待判决结果，而是持续关注案件审理进展，保持与二审审判人员的联系，及时沟通情况。公诉三处处长及出庭检察员依法列席了省法院审判委员会对此案的讨论，在合议庭对案件审理情况进行汇报后，出庭检察员又适时对本案证据进行了分析解释，回答了部分委员的疑问，多数委员认为现有证据足以认定刘某某构成绑架罪。最终，审委会研究决定以绑架罪判处刘某某死刑，缓期二年执行。通过列席审委会，二审检察机关实现了出庭履行职务的进一步延伸，很好地保障了审判质量，为今后办理此类案件提供了可借鉴的经验。

庭审指控案例二：李某某、梁某某故意杀人案

【基本案情】

李某某，系衡水市某基层人民法院原院长；梁某某，系衡水市某投资公司职工。

李某某与被害人靳某某于2010年期间曾保持过一段不正当男女关系。为摆脱靳某某，2013年11月左右，李某某找到梁某某，让梁某某杀死靳某某，并将20万元现金作为酬劳送给梁某某。后李某某将梁某某以律师的身份介绍给正在办理离婚的靳某某。2014年2月20日中午，梁某某将靳某某骗至事先准备好的作案车辆上，用座椅将靳某某压住，右手扼压其颈部，致靳某某死亡。后梁某某驾车拉着靳某某的尸体沿高速公路行驶至山西省吕梁市临县段，将靳某某的尸体弃于山西太原高速约161公里处的一座高架桥下，驾车驶往汉中。抛尸前，梁某某曾给李某某打电话，告知其事情已经办完。经鉴定，靳某某为扼压颈部致窒息死亡。

本案由衡水市公安局立案侦查，于2014年7月18日向衡水市人民检察院移送审查起诉。经河北省人民检察院指定管辖，衡水市人民检察院于2014年8月27日移交沧州市人民检察院审查起诉，期间延长审查起诉期限15日，2014年9月28日向沧州市中级人民法院提起公诉。

法院认为，李某某身为国家工作人员与他人发生不正当男女关系，为防止事情败露，又雇凶将被害人杀死，且庭审中避重就轻，无悔罪表现；梁某某为贪图钱财以及为依靠李某某而获得更大利益，接受雇佣杀死被害人。二人犯罪

性质恶劣，手段残忍，主观恶性深，社会危害性大，情节、后果严重。以故意杀人罪判处李某某、梁某某死刑，剥夺政治权利终身。

【主要做法】

（一）做好出庭作证人员心理疏导，确保作证效果

根据案件情况和被告人、公诉人的申请，合议庭同意部分侦查人员和有专门知识的人出庭作证。如何确保出庭作证效果，是公诉人需要解决的一个难题。虽然侦查人员在整个刑事诉讼过程中扮演着非常重要的角色，但是对法庭审理程序了解、参与较少。特别是要在法庭审理过程中接受询问，心里难免紧张，怕说错话，有畏难情绪。所以，在得知要出庭作证时，公安侦查人员均表现出了不同程度的担忧，生怕自己的哪句话不注意，会使公诉人员在整个庭审过程中陷入被动，同时也担心自己不能用法律语言准确表述有关情况，对于在庭上接受辩护人的询问也或多或少存有抵触情绪。针对这些问题，公诉承办人首先向侦查人员讲明出庭的证明目的，告知他们无须使用法言法语，只需要用平实的语言介绍侦查过程，从而化解了侦查人员的担忧和抵触情绪。案件承办人还提前带领侦查人员到审判庭实地体验，并就发问程序与侦查人员进行现场模拟，最终消除了侦查人员的紧张心理。

（二）开好庭前会议，提高庭审效率

由于案件证据较为庞杂，李某某拒不认罪，且以被刑讯逼供为由要求法庭进行非法证据排除，需要出庭作证的人员较多。为了提高庭审效率，案件承办人建议法庭召开庭前会议，以明确诉辩双方对侦查人员、鉴定人以及具有专门知识的人发问的焦点，划定发问范围，减少与案件无关的发问，提高庭审效率。特别是对确定上述人员主体身份以及相关资质的问题，在庭前会议中予以解决，对发问顺序、排非程序、是否提交新证据等问题作出明确约定，防范辩护人就出庭人员主体身份进行过多纠缠。合议庭经征求被告方意见并合议后，采纳公诉人意见，决定召开庭前会议，并确定围绕管辖权问题、申请回避问题、申请不公开审理问题、申请调取证据问题、提供新证据问题、法庭调查的安排、证据材料异议问题、非法证据排除问题等会议重点。经过紧张激烈地示证、辩论，控辩双方达成了一致意见，为节约诉讼成本、提高庭审效率打下了良好基础。

（三）多层次证明取证程序的合法性

李某某、梁某某故意杀人案的庭审焦点主要有两个：一是公安机关是否对李某某刑讯逼供；二是被害人的死亡是否系梁某某所致。针对第一个焦点，法庭根据庭前会议的安排，启动了非法证据排除程序，由侦查人员出庭与示证、

质证两个部分组成。第二个焦点的重要证明程序就是鉴定人员和有专门知识人员出庭。首先，由侦查人员出庭说明情况，接受控辩双方的询问，以证明其证据收集的合法性，这是法律明确规定的非法证据排除的方式之一。其次，由公诉人出示在案件审查起诉阶段获取的证明公安机关取证程序合法的证据，包括公诉人取得的出庭侦查人员的询问笔录，更多的是非侦查人员的证人证言，如李某某被抓获地点目击证人的证言，证明抓获过程合法；被监视居住地点负责人的证言，证明监视居住期间李某某的生活状态正常；李某某被羁押时的体检报告，证明李某某体表无伤痕；李某某被羁押时同监所人员的证言，证明李某某在被羁押期间的体表状况和精神状况良好；李某某被羁押地点出具的证明，证明李某某未被外提。公诉人还当庭播放李某某在被监视居住期间接受讯问的录音录像。从录音录像来看，李某某接受讯问时，面带微笑，精神放松，神态自然。上述证明材料综合证明了公安机关在对李某某监视居住期间和羁押期间均无刑讯逼供等违法行为，李某某的供述合法有效。通过公诉人对上述证据的综合出示，证明了侦查机关取证的合法性，法庭当庭予以确认。

（四）对侦查人员发问简明、直接

在侦查人员出庭说明情况过程中，为了缓解侦查人员在庭审过程中的紧张情绪，公诉人设置了一些与其工作履历有关的问题，比如“介绍一下你的工作职责”“你从事刑侦工作多少年了”“办理过多少案件”等侦查人员最为熟悉的问题，这些问题的设置一是为了给侦查人员一个适应庭审的时间，二是从侦查人员的回答中，说明其办案经验。另外，对实质问题的发问，多采取简单直接的问话方式。首先询问案件的侦破过程，通过侦查人员的回答，让其对案件的侦查经过进行再熟悉。然后用“是否”发问确定问题，如“你们是否保障了被告人的合法权益”“你们是否保障了被告人的饮食以及正常的休息时间”。之后用“如何”发问解释问题，如“你们是如何保障被告人合法权益的”，通过这样的问答方式，使侦查人员阐明了取证的合法性。

（五）及时提请法庭制止辩护人的诱导式发问

庭审中，公诉人对侦查人员的发问完毕后，认真听取被告人特别是辩护人对侦查人员的发问，尤其注意发问是否与案件有关，是否存在诱导发问，并及时提请法庭制止。李某某的辩护人在庭审中对每一个出庭的侦查人员都或多或少地使用了诱导式的发问，如“你们是不是对李某某进行了刑讯逼供”“你们是不是用棍子打了李某某的腿”“你们不让李某某睡觉，对吗”这种发问，不但带有诱导性，而且具有明显质问色彩。这种质问的方式，不一定能得到辩护人想要的答案，但是却容易刺激侦查人员的情绪，不利于庭审的顺利进行。公诉人及时提请法庭予以制止，对稳定出庭人员的情绪起到了很大的帮助作用。

（六）申请鉴定人、有专门知识的人出庭

与侦查人员出庭不同，鉴定人出庭的目的主要是对其出具的鉴定意见制作过程以及鉴定内容进行说明。鉴定人出庭有利于将专业性术语转化为庭审参与人所能理解的语言，也有利于对鉴定的过程作出说明，从而利于法庭对鉴定意见的采信。特别是在对暴力型犯罪的认定过程中，鉴定人对鉴定意见的解释说明，可以将鉴定意见的证明力以及行为与结果之间的因果关系更为直观地反映出来，增强庭审效果。该案中，沧州市人民检察院主要采取了以下做法：

1. 就鉴定意见中专业术语的理解加强与鉴定人的沟通

对鉴定意见这一客观证据的审查，如果只注重最后结论，而不关心结论得出的过程和理由，有时就很难明白其中的因果关系，有些阐述，在鉴定意见中所体现出来的就是一个专业术语。对专业术语的解释说明，直接关系到指控的力度和效果。李某某、梁某某故意杀人案中，涉及被害人死亡时间确定的问题，如果死亡时间不能确定，将直接影响案件的定性，这也是整个庭审焦点之一。辩护人认为尸体检验报告中没有出现对死亡时间的描述，所以仅凭尸体检验报告，公诉人无法直观得出被害人的死亡时间，而根据梁某某的供述，被害人在被抛尸之前，并没有死亡，故不能认定被害人系被梁某某杀死。但是，公诉人却在其中发现了几个专业术语，即“急死”和“胃内容有100毫升糜状物”。通过与鉴定人的沟通，这几个专业术语基本确定了死者的死亡时间段，即靳某某是在最后一次进餐五六个小时内死亡。据此，公诉人在答辩时根据现有证据作出了逻辑严密的分析判断，通过对鉴定人员以及具有专业知识的人的发问，可以确定，如果被害人是在最后一次进餐五六小时以上死亡，胃内不可能出现糜状物。但是经检测，靳某某“胃内容有100毫升糜状物”。也就是说靳某某是在最后一次进餐五六个小时内死亡。那么通过梁某某本人的供述以及通话记录，可以得知，二人的最后一次通话是案发当日的13点56分。从涉案车辆在高速的行车轨迹可以得出，梁某某在衡水市上高速的时间为14时23分，也就是说，在14时23分之前，梁某某已经完成了对靳某某的实际控制并且实施了杀人行为。结合梁某某的供述、证人潘某某的证言以及靳某某手机给潘某某发送短信的时间，可以得出，18时51分梁某某的位置在山西盂县。至此，按照最晚的时间计算，也已经经过了4小时28分。而其抛尸的地点在山西临县。盂县和临县两个地方的距离为259.9公里。行车大约需要2到3个小时的时间。涉案车辆在高速的行车轨迹证明21时58分在临县兔坂站下高速，和梁某某供述的在临县抛尸的情形相吻合。也就是说，从梁某某杀害靳某某到抛尸已经经过了至少7个小时的时间。这7个小时内，靳某某不可能进食，只有在和梁某某见面前才有可能进食，那么她最后一次进餐的时间到被抛尸的时间，应该比7个小时还要长。如果按照梁某某的当庭供述，抛尸时靳某某没有死亡，那么在原地不动、无法进食的靳某某不可能检测出“胃内容有100毫升糜状物”。所以，综合各方证据，可以证明靳某某死于被梁某某实际控制期间，系被梁某某杀害。鉴定意见中的专业术语建立起了行为与结果之间的医学因果关系，有力驳斥了辩护人的观点。

2. 综合案件找出鉴定意见中关键点、关键词，对鉴定人有针对性发问

在一些暴力犯罪案件中，除了尸体检验报告外，往往还有一些其他的鉴定文书，如病理检验报告等。需将这些鉴定意见综合起来，才能起到证据证明指向唯一的效果。公诉人必须融会贯通，找出其中的关键点、关键词，以及控辩双方争议点，对鉴定人进行简明扼要、有的放矢地发问，坚决摒弃那种让鉴定人通盘解释的问话方式。李某某、梁某某故意杀人案中，被害人的死亡时间是最大的争议点，辩护人认为由于死亡时间无法确定，无法得出鉴定意见所描述的“扼压颈部致窒息死亡”这一结论。针对这一情形，公诉人在问题的设置上，同样延续了对侦查员的询问方式，首先由鉴定人简单说明自己的工作资历，让鉴定人适应一下庭审的环境。然后直奔主题，找出鉴定意见中能够排除辩护人所谓“疑点”的关键词，结合“急死”“胃内容有100毫升糜状物”等关键词，对鉴定人发问，由其从法医学的角度，进一步说明了被害人死亡时间的区间范围，解释了鉴定意见的客观性，有力驳斥了辩护人的观点。

3. 把握重点、适时跟进，充分发挥有专门知识的人说理补强性

对于具有专门知识的人出庭这一方面，关注点在于辩方提供给“专家证人”的材料是否齐全以及对专业术语的解释是否一致。如果辩方提供的材料不全面，就会导致意见不准确的情况出现。面对相同的材料和相同的术语，客观上，虽然人员不同，但结论应该是一致的。李某某、梁某某故意杀人案中，公诉人首先对己方申请的人员就需要解释的问题和相关专业术语做既定发问，以加强鉴定意见的合法性和正确性。而后，在对辩方申请的人员进行发问时，首先列举几份案卷材料，询问其是否看到过，发现其对有些材料并未看到，进而追问“如果看到的材料不全面，你得出的结论是否准确”。对方坦言“不能保证准确”。此时，辩方已经陷入被动局面。随后，公诉人就鉴定意见中的专业术语进行发问，得到的答案与公诉人申请的有专门知识的人给出的结论一致，从而进一步证明了鉴定意见的合法性与准确性，申请鉴定人、有专门知识的人出庭作证取得了预期效果。

综合性案例：刘某某受贿案

【基本案情】

刘某某，系国家发展和改革委员会（以下简称国家发改委）原副主任、国家能源局原局长，曾任国家发展计划委员会（以下简称国家计委）产业发展司司长、国家发改委工业司司长。

2002 年至 2012 年，被告人刘某某在担任国家计委产业发展司司长、国家发改委工业司司长、副主任期间，利用职务上的便利，为南山集团有限公司（以下简称南山集团）、宁波中金石化有限公司（以下简称中金石化公司）、广州汽车集团有限公司（以下简称广汽集团）、浙江恒逸集团有限公司（以下简称恒逸集团）等公司及张某某个人谋取利益，直接或通过其子收受上述公司或个人给予的财物共计价值人民币 3558.3592 万元。

该案于 2013 年 8 月 6 日由最高人民检察院立案，2013 年 12 月 31 日由最高人民检察院指定河北省人民检察院交由廊坊市人民检察院审查起诉，其间两次退回补充侦查，2014 年 6 月 23 日向廊坊市中级人民法院提起公诉。2014 年 12 月 10 日，廊坊市中级人民法院以被告人刘某某犯受贿罪，判处其无期徒刑，剥夺政治权利终身，并处没收个人全部财产。

【主要做法】

一、庭前会议情况

因案件涉及犯罪事实多，证据繁杂，案情重大、敏感，庭审时间紧、任务重。为提高庭审效率，实现充分指控犯罪，切实保障被告人的合法权益，2014 年 9 月 12 日，廊坊市中级人民法院组织控辩双方及被告人刘某某召开了庭前会议。召开庭前会议之前，公诉人与法院审判人员进行沟通，就会议的形式、内容、组织等事项提出建议，并形成共识。与辩护律师进行了联系，就案件可能出现的争议进行了探讨，了解主要辩护意见，并制定了详细的庭前会议预案。通过庭前会议，公诉人充分地出示了相关证据，对被告人和辩护人对证据的合法性、客观性、关联性提出的异议，公诉人给予了必要的解释和回应，控辩双方基本形成了共识。公诉人就证据的展示方式、重点宣读证据和打包出示相结合的方式提出建议，在征得被告人和辩护人的意见后，审判人员予以确认。通过庭前会议，控辩审三方就证据合法性问题、同步录音录像、法庭示证质证方式等 7 个程序性问题达成了一致意见。同时，通过庭前会议，公诉人基本上掌握了被告人的心理变化，同时掌握了辩护律师一些新的辩护意见，对程序性问题和被告人心理状态做到了心中有底，对预测的辩护观点做到了心中有底，对实现庭审指控目的做到了心中有底，为庭审顺利进行打下了良好基础。

二、证据审查情况

刘某某案件中的受贿方式多是“老子办事，儿子收钱”。案件的一个显著特点是：正常的市场经营行为与权钱交易的受贿行为相互交织，罪与非罪、个人犯罪与共同犯罪相互交织，刘某某在主观故意上明知和不明知、具体明知和概括明知相互交织。为确保办案质量，公诉人严格按照修改后刑诉法的要求，全面、细致审查证据，对案件的受贿形式、共同犯罪、办案程序等问题进行深入研究，对相对薄弱的证据材料及时补强，目标是把此案办成铁案，经得起法律检验。

（一）迅速熟悉案情，加快办案节奏

在侦查期间，公诉人员即提前介入引导侦查，较早掌握案件的基本背景、侦查细节、侦查方向和证据调取情况等关键信息，为公诉工作的开展奠定了坚实基础。2013 年 12 月 31 日，案件移送审查起诉当日，河北省检察院公诉处指导人员及廊坊市检察院公诉人员即正式全面展开审查起诉工作，对侦查部门移送审查起诉的 65 册案卷材料、2000 余份证据，逐页进行梳理，共形成阅卷笔录 700 多页。在对全案充分阅卷的基础上，根据案情和公诉人的自身特点，又做了详细分工，每人专门负责 2 至 3 起事实着重审查，在熟悉案情、掌握全案证据的同时，重点对在案证据的瑕疵、证明力及证据体系间的矛盾点逐一排查，逐条研究，较短时间内便完成初步审查意见和补充退补提纲。然后，经高检院、省、市三级公诉部门集中会审后，与侦查部门及时予以沟通，力争将一切问题解决在提起公诉之前。

（二）专题专项论证，夯实证据基础

经审查，公诉人员梳理出同步录音录像审查、个起定罪理由、刘某某主观故意等若干个专题，在每个专题下又细化为若干项，再按照类别分给专人进行论证，最后进行集体讨论，确保在法律适用上站稳脚跟。如对讯问刘某某的同步录音录像资料，指派专人进行审查，对关键事实的同录与对应的讯问笔录逐句进行比对，针对同录与讯问笔录不一致的地方，反复论证笔录的真实性与合法性，将与被告人意思表示不一致的讯问笔录予以排除，将存有瑕疵的笔录进行补强。再如对存有较大争议的 1549 万元犯罪数额的认定和挂名领薪问题，重点从案件证据、法律规定、法理理论等方面加以论证，并提出倾向性意见，做到既有理有据打击犯罪，又客观公正、不枉不纵。

（三）汇总多方意见，层层加固证据

案件移送审查起诉后，公诉部门就证据采信、事实认定、补查事项、法律适用等问题听取各方意见，汇总梳理，查漏补缺，共理出 40 多项问题。然后分门别类，再按照具体犯罪事实证据、全案综合证据，以及需补充调取的证据和需完善的瑕疵证据等进一步修订和完善补查提纲。在退回补充侦查期间，针对认定刘某某主观故意的证据主要是言词证据，具有不稳定性，要求侦查部门提取刘某某及其儿子相关的亲笔供词，并拟定了提审其儿子的讯问提纲，明确补查重点。侦查部门按照拟定的讯问提纲，对关键人员又重新制作了更加详细的讯问笔录，并通过同步录音录像加以固定。这些补充侦查的证据成为法庭上认定刘某某主观犯罪故意的关键性证据。为了确保补查工作实效，公诉人员与侦查人员及时面对面沟通，尽量减少文来文往，真正形成"全案一盘棋"。经过两次退补，全面补强了证据，案件顺利诉至法院。

三、庭审指控情况

刘某某作为十八大后首个因网络反腐被查处的省部级官员，引起全国公众的高度关注。公诉人在庭审中，尤其是在举证、质证、发表公诉意见、法庭辩论方面发挥的作用与表现，得到观摩庭审和参加旁听的部分省、市和河北省检察机关公诉部门同仁们的高度评价。被告人刘某某当庭在最后陈述阶段对公诉人连说三个感谢。

（一）做好示证质证，突出公诉人指控犯罪的主动地位

在刘某某受贿案的庭审中，公诉人如何完成法庭调查阶段的举证责任，如何兼顾庭审质量和庭审效率，显得尤为重要。在法庭调查中，公诉人紧紧把握案件特点，抓住证据关键环节，示证质证繁简得当、重点突出，并有效运用多媒体技术，将被告人犯罪事实用证据完整、清晰地展现在法庭上，始终把握庭审中指控犯罪、揭露犯罪的主动权，收到了良好的指控效果。

1. 证据组合：编排合理有序，出示详略得当

鉴于案件涉及犯罪事实及相关证据较多，公诉人紧紧围绕起诉书指控的犯罪事实，对证据进行了合理归纳和组合。采取按犯罪构成和一事一证相结合的方案，分为主体证据、具体受贿犯罪事实客观证据、综合证据三大部分，对每起犯罪事实又按照请托事项、谋利方式、收钱过程分为若干小组出示，证据组合逻辑严密，各组证据之间顺理成章，全案证据清晰有序。通过将众多的证据进行科学分类，制定合理的举证顺序，确保了举证过程层次分明、规范有序、目的明确，使人对复杂的案情一目了然。公诉人在坚持出示关键证据的前提下，对证据进行恰当组合，而且在每组证据出示之前，采用说明的形式对该组证据进行高度概括，然后再宣读证据节录，在关键证据出示之后，还进行简要归纳、总结，既强化了法庭对证据的认识，也提高了庭审效率。

根据案件证据情况及被告人刘某某认罪态度较好的特点，公诉人合理安排举证内容，对涉及定罪量刑的关键证据重点出示，详细宣读，加大对关键性、

重点性证据的举证力度。对没有争议的证据出示前先向法庭声明，然后只宣读证据的名称，扼要说明证明目的，对具体内容不再赘述。比如，被告人及其辩护人对检察机关指控的具体犯罪事实没有异议时，公诉人不再详细宣读被告人在侦查阶段的有罪供述，而是重点宣读行贿人的证言，对其他证人证言及相关书证根据证明内容“打包”作为一组证据出示，不再宣读这些证言节录和书证具体内容，有层次、有条理、有顺序地向法庭展示了证明被告人有罪的完整的证据体系，大大提高了庭审效率，节约了司法成本。

2. 示证质证：抓住关键环节，突出证据重点

示证质证是法庭辩论的基础，是指控犯罪能否成立的关键。公诉人注意讲究质证技巧和讯问策略，根据被告人既想包庇儿子、又想减轻罪责、还想争取好的认罪态度等多重因素，不去纠缠枝节问题，而是抓住要害，突出重点，围绕起诉书指控犯罪的主要事实和主要情节进行，突出证据的合法性、客观性和关联性，把对定案有重要甚至是关键影响的事实作为讯问的重点。如围绕刘某某主观故意的认定问题，运用法律和事实依据，充分证明本案“老子办事，儿子收钱”的犯罪方式和刘某某的“鸵鸟”心态，将事实和法律有机地结合起来，将质疑一一厘清。

公诉人高度注意庭审讯问与庭审示证的协调统一，讯问方式灵活多样，把握层次，抓住关键，适当从简。只要被告人能够将犯罪与定罪量刑有关的事实供述清楚，与相关的证据相互印证，就适可而止，保证讯问条理清晰，简明扼要，也为法庭辩论的成功打下良好基础。如法庭在调查被告人收受张某某1000万元贿赂款的犯罪事实中，公诉人紧紧围绕刘某某明知其子和张某某合伙经营4S店既未出资也未实际参与经营管理、其子却在退出股份时得到了1000万元的事实进行讯问，以揭露、证实刘某某在主观上具有明确的受贿故意为目标，紧紧围绕关键情节进行发问，收到了理想的效果。

3. 举证形式：注意灵活多样，增强指控效果

刘某某受贿案涉及证人多、证据多，庭审中如果按照常规性出庭方式进行举证示证，不仅延缓庭审进程而且也难以取得理想的庭审效果。公诉组针对其认罪态度较好的特点，在法庭调查中充分利用多媒体示证技术。

公诉方将2000多份证据材料逐一扫描录入电脑，对庭审中需要宣读的内容逐行划红线做标记，并设计制作了动画演示，由专人负责播放，充分运用视频技术对涉案书证、口供、被告人实施犯罪行为的录像资料等证据进行直观展示，而且在画面切换中，始终保持与公诉人证据宣读的速度同步，使整个举证活动有条不紊。将多媒体示证技术用于公诉庭审当中，不仅有效地增强了举证质证的透明度，加快了案件的审理进程，增强了庭审视觉效果，而且使法庭和

旁听庭审的群众对案件有了直观的了解，更强化了庭审的公开和公正。比如，在证明被告人收受邱某某1549万余元的犯罪事实时，因为受贿过程复杂，资金流转公司账号较多、流转次数密集，为了使法庭及旁听人员对整个犯罪过程能有清晰的认识，公诉人对1549万余元的收受过程制作了资金流转示意图，通过多媒体示证系统以动画的形式向法庭展示并同步解说，形象地说明了行受贿过程，使整个犯罪活动清晰地展现在法庭上。再如，为了增强举证效果，公诉人对控辩双方争议较大的1549万余元受贿事实中600万元炒股收益能否认定为犯罪数额进行举证时，以当庭播放行贿人邱某某作证时同步录音录像的方式向法庭展示，有效增强了举证效果。

（二）公诉意见真正触及被告人灵魂深处

在庭审活动中，公诉人发表公诉意见的环节是整个庭审过程的高潮部分和亮点之一，对促使被告人刘某某认罪服法、提升指控效果起到了十分重要的作用，充分展示了检察机关的良好形象。这份公诉意见书具有非常鲜明的特点。

1. 布局上：结构严谨，层次分明，重点突出

一般而言，公诉意见书的内容主要包括：对证据状况的总结和分析、对法律适用的论证和解释、对犯罪情节和危害后果的阐述、提出量刑建议、对被告人犯罪原因的剖析、对案件警示教育意义的阐述等。然而由于个案不同，每份公诉意见书应根据案情、庭审情况有所侧重，而不是面面俱到。刘某某案的公诉意见书，可以看出在谋篇布局上下了很大功夫，不仅逻辑结构严密，而且每个部分表达的观点丝丝入扣，十分清楚。

公诉意见书的主体包括三个部分：第一部分紧紧围绕案件特点和证据之间的逻辑关系，从犯罪构成和受贿罪成立要件上展开论述，分别从被告人利用职务便利为他人谋利、收受他人财物方式和主观故意三个方面进行论证，证明被告人犯罪事实清楚，证据确实充分。第二部分简明扼要地分析了被告人依法从重情节（数额特别巨大）和酌定从轻情节（主动交代、积极退缴赃款赃物、认罪态度较好），对被告人的犯罪情节、应承担的法律责任等作出实事求是的评价，给法庭以充分的参考，显示了检察机关的客观公正以及理性、平和、文明、规范的司法理念。第三部分是公诉意见书的特色和亮点所在。由于刘某某是十八大后因“网络反腐”被查出的第一只“大老虎”，社会关注度高，对落马省部级干部的开庭审理具有示范意义。因此，公诉意见书将刘某某犯罪行为的社会危害性分析和警示教育作为重点，把其犯罪原因分析得十分透彻，警示教育触及人的灵魂深处，避免以往公诉意见法制宣传部分的泛泛而谈，充分体现了检察机关的人文关怀和责任担当，也为今后类似案件庭审提供了可参考的模式。

2. 论证上：观点明确，论据充分，逻辑严密

公诉意见书突出了对犯罪构成的论证，紧紧把握住案件定性这一主要矛盾，将注意力集中在刘某某受贿方式和主观故意的认定上，对可能引起控辩双方争议的证据和理论问题进行充分阐述，确定法庭辩论的方向，提升公诉效果。如在起诉书的基础上将刘某某的受贿方式细化为三种：本人直接收受、谋利后由其子收受、得知其子收受而予以默认，并以相应的犯罪事实予以支持，突出了该案“老子办事，儿子收钱”的作案特点。针对认定被告人主观故意的证据主要是言词证据，相对不稳定，可能会成为法庭辩论阶段律师的主要辩护方向，公诉意见书用了较大篇幅来论证被告人受贿的主观故意。在论证方法上，一方面强调被告人明知他人是想通过自己手中的权力来获取利益。另一方面用邱某某等人的证言证实，刘某某要求“安全”“不要出事”。用刘某某自己的话讲，就是“我帮你企业发展，你则帮我带孩子”的“鸵鸟政策”，既想收受好处，又想撇清自己。公诉意见书在得出结论时用一句话概括：“不论刘某某对于其子收受钱物在认识上是概括的还是具体的，都不影响其构成共同受贿犯罪。”这部分论证将事实、证据和法律有机地结合，紧扣案件特点，论理充分，逻辑严密，有效深入地揭露了犯罪。

公诉意见书的警示教育部分，先从犯罪的主观、客观和特点三个方面深刻剖析了被告人走上犯罪道路的原因，在深入细致调查的基础上进行客观公正的分析，并恰到好处地引用了被告人自己的一句话：“我的权力是国家给的、人民给的，作为国家公职人员应该心无旁骛。我放松了对自己的要求，对财富贪欲没有控制，最后一发不可控制，突破了道德法律底线。”一语中的地道出了犯罪原因，刻画了其蜕变的轨迹，同时在法庭上宣读这句话，也强化了对被告人犯罪主观故意的认定，提醒其在法庭上要有一个好的认罪态度，这样的庭审效果比单纯去分析、去挖掘相关信息要好很多。

公诉意见书的论证方式给人的感觉是立足事理、严守法理、善用情理，不仅逻辑严谨，条理清晰，详略得当，更有情感上的激发，能引起被告人、庭审人员和旁听人员的共鸣。

3. 语言上：准确严肃，形象生动，感染力强

公诉意见书的质量如何，与语言的组织和运用关系很大。从某种程度上讲，公诉意见是公诉人在法庭上的演讲词，恰当地运用语言技巧，不仅能充分地阐释公诉观点，而且能使公诉意见更容易被法庭理解和接受。

公诉意见书运用了多种语言方法，准确生动地反映出案情的发展变化过程。在犯罪认定和法律责任部分的用词既准确、熟练，又通顺、精当，呈现出严肃而规范的语言风格，将被告人犯了什么罪、以什么方式犯罪等法律问题用

最容易明白的语言、最容易接受的方式表达出来，让人听得清、听得懂。

公诉意见书的警示教育部分在讲究规范用语的同时，更加注意讲究语言修辞手法的运用，避免了公诉意见书空洞乏味的说教式语言，极富感染力。一是用词上使用了“断裂”“真空”“制度的笼子”“高压线”“直通车”等紧扣主题和极富特色的词语，意思表达得干脆利索。二是语言组织上声情并茂、循序渐进、让人叹服，具有很强的说服力和教育力。比如，谈到刘某某犯罪的客观因素时，这样表述：“须知，在依法治国的今天，谁要触动‘高压线’，谁要挑战法律底线，最终只有接受法律的审判。”一句话使警示教育意义跃然纸上，让人为之一颤。三是讲究语法技巧，恰到好处地使用了句式句法，义正词严，深入浅出，显得态度鲜明、感情充沛。比如，讲述被告人的犯罪轨迹，从一个请客不到、送礼不要的“冷面人”，蜕变为理想信念的叛逆者；从一个令人羡慕、受人尊重的部领导，跌落为人们所不屑的“阶下囚”；从一个对孩子近乎苛刻的严父，发展为把儿子引向犯罪深渊的“推手”。语言生动形象，论证入情入理，言有尽而意无穷，深深触动刘某某的痛处，使其在感动中懊悔，使在场人员听来唏嘘不已。这种语言上的感染力不仅极大地增强了庭审效果，而且更有效地宣传了法制、警示了旁听者。

公诉意见书写得好也需要公诉人在法庭上声情并茂的表达。本案的公诉人在宣读公诉意见时，声音中气十足，洪亮悦耳，吐字清晰，速度适中，富有节奏，使公诉意见的表达更加立体化，充分展示了检察官的风采。

4. 效果上：感化被告人，促其悔罪，作用明显

一篇好的公诉意见书，可以使被告人受到教育，深深忏悔，放弃无理狡辩，认罪服法，保证庭审的顺利进行。该案的公诉意见，准确把握了被告人的心理特点，击中其思想上的软肋。清晰的法律证据论证和对犯罪故意的归纳分析，粉碎了被告人为自己辩护的信心，而对其犯罪原因的剖析和警示教育，更是让其心服口服。客观地讲，公诉意见发表后，被告人的认罪态度较法庭调查阶段有了更为积极的变化，彻底认罪，以致在最后陈述时被告人刘某某当庭痛哭流涕，对自己所犯罪行进行了深刻的忏悔和反省，表示“我没有脸面也不应该再为自己做辩护，愿意接受神圣的法律给我的任何制裁”。说明公诉意见确确实实触及到了被告人的灵魂深处，达到了以理服人、以法服人、以情动人的效果。

庭审观摩人员也对公诉意见给予了很高评价，认为准备充分，有理有据，兼顾全面又重点突出，语言斟酌到位，恰如其分，言简意赅，感染力强，是一份高质量的公诉意见书。

（三）把握庭审辩论节奏，发挥公诉人的主导作用

在法庭辩论中，公诉人在法庭上凭借严密的逻辑思维、灵活的现场应变和较强的语言组织能力，沉着、冷静，以确凿的事实和充分的证据，揭露犯罪，证实犯罪，把控辩中的“主角”作用发挥得淋漓尽致。被告人在公诉人的凌厉攻势下，心悦诚服，低头认罪，法庭辩论圆满收官。

1. 辩点：准确预测，把握主动

法庭辩论因控辩双方激烈交锋，庭审局势瞬息万变，成为这个“战场”上最高潮的部分，也是出庭公诉的难点。公诉人能否把握主动，灵活应对，直接决定着庭审效果的好坏，影响着检察机关的形象和威信。在法庭辩论阶段，辩护人发表完辩护意见后，公诉人迅速归纳辩点，并发表了长达5000余字的答辩，而且答辩内容既完整全面又简要精炼，论辩主张环环相扣、无懈可击，对法律的运用纯熟，达到了准确、及时、完整的程度。通过法庭上公诉人的胸有成竹、沉着自信，可以看出庭前他们进行了大量的准备工作，对证据间的链条体系、证明力以及证据体系间的矛盾点能够吃透、吃细，从多角度精心准备了答辩提纲并经过了反复推敲、演练。

公诉人在法庭上的判断和预测能力，同样让人印象深刻，根据辩护人在法庭调查阶段对被告人的发问内容和质证意见，快速整合相关信息，准确预测辩护人的辩护重点：一是收受行贿人孙某某天籁轿车的过程中，在刘某某受贿的主观故意和客观行为上进行辩护；二是在张某某4S店一事上的行贿主体和数额问题上进行辩护；三是在收受行贿人邱某某1549万余元中的炒股收益应否计入受贿数额上进行辩护；四是对刘某某之子挂名领取广州骏威企业发展有限公司薪金的121万余元能否认定为刘某某的受贿问题进行辩护。由于提前判断出辩护人的主攻方向和重点，及时调整了庭前预测的答辩角度和内容，做到有的放矢，对症下药，因此，在法庭辩论中，公诉人头脑清醒、沉着冷静，思维敏捷、反应迅速，针对辩护人提出的各种问题，公诉人答辩有理、有据、有节，辩论方式灵活、丰富、针对性强，牢牢掌握了辩论主动权，把这场“攻坚战”推向高潮，最终收到了预期效果。

2. 答辩：于法有据，合情合理

公诉人出庭支持公诉，首要任务是指控犯罪。因此，公诉人在法庭上应更多地运用法律规定的程序，运用丰富的逻辑知识，用证据展示案情，用法理论证指控。在法庭辩论过程中，不管是针对辩护人提出的罪与非罪的辩护意见，还是犯罪数额不一致的意见，或是行贿人主体身份不符的意见，公诉人始终坚持围绕在案的证据展开答辩意见，用铁的客观证据反驳辩护人的观点，并且据实论理，使答辩于法有据，以理服人。比如，针对其子和张某某

所谓合开4S店受贿数额，辩护人认为应当以张某某出资注册4S店注册资金数额的30%认定。公诉人答辩，1000万元受贿数额的最终确定，与最初的注册资金数额无关，与约定的刘某某儿子所占股份比例无关，是张某某与刘某某儿子最终协商的结果，是张某某为得到4S店指标而实际支付的好处费。公诉人紧紧围绕刘某某儿子、张某某、陆某某的证言及被告人的供述等在案证据加以证明，供证相互吻合，同时指出辩护人的辩点没有任何证据予以支持，从而使答辩十分有力，令人信服。从法院判决结果上看，法庭认定了公诉人的意见。再如，辩护人提出，刘某某的行为没有给国家造成损失，应当从轻处罚。公诉人答辩：受贿罪侵犯的客体是国家工作人员的职务廉洁性，是否实际为他人谋取了非法利益、是否给国家造成其他损失，不是受贿犯罪需要具备的构成要件。受贿后正常履职、未给国家和社会利益造成进一步损害的，并不影响受贿犯罪的成立，相反，一旦给国家造成了其他损失，则是作为受贿罪的严重情节，依法从重处罚。因此，被告人及其辩护人不能将被告人不具备法定的从重处罚情节，作为从轻或者无罪的辩护理由。这不仅从法律上驳斥了辩护人的观点，又通过这段法理解释，宣传了法律，解答了旁听群众可能产生的疑惑。

3. 论辩：注重技巧，掌控时机

法庭辩论是一项错综复杂的工作，辩论时运用一定的策略和技巧，效果要比平铺直叙好得多。一个好的论辩方式是掌握法庭辩论的主动权和主导性，取得圆满答辩效果的“法宝”。公诉人根据庭前会议控辩双方交换的意见情况及举证、质证环节中辩护人的观点，将辩护人的辩护策略划分为：罪与非罪的辩护、证据证明力的辩护、主体身份的辩护、法律事实的辩护。然后根据不同辩护角度运用不同的论辩方法一一反驳辩护人的观点。比如，辩护人提出的挂名领薪不构成犯罪的观点，公诉人主要从刘某某对其子领取薪酬接受的主观故意，刘某某对其子是否实际到岗上班的明知，其子的实际工作情况，运用综合答辩的方法证实被告人对其子“挂名”是知情的。其中，引用了刘某某的一段供述：“他回北京后，基本上没上过班，在那儿白拿工资。有时候我给他打电话，他不是在家就是在别的地方，都没有上班。”这里运用了借言答辩的方法，充分辩驳了辩护人的观点。再如，对收受浙江恒逸集团有限公司董事长邱某某1549万余元的认定，公诉人针对辩护人提出的925万元受贿款在受贿既遂后发生了转移、炒股获利600多万元属于受贿款产生的孳息这一辩点，主要从炒股获利的事实过程，炒股的实际操作，贿赂款的实际占有时间及刘某某明知等方面予以反驳，这里运用了分析答辩的方法。辩论技巧的灵活运用使答辩更具有针对性和说服力，答辩过程更加厚重有层次。

在法庭辩论过程中，公诉人善于抓住双方所持观点的主要分歧，选择灵活多样的答辩方法，主动出击，先发制人，围绕证据“三性”，结合案件特点，突出重点，环环相扣，综合运用论证技巧，在控辩的交锋中，使法律事实更加明朗，从而为法庭依法判决奠定了坚实基础。

4. 释法：抓住核心，突出说理

一人之辩，重于九鼎之宝；三寸之舌，强于雄兵百万。公诉人在答辩用语的组织上字斟句酌，用词准确；语句的调配上，画龙点睛，简明扼要；结构布局上，合理衔接，条理清楚，详略恰当，体现了公诉人深厚的业务素养、渊博的知识、敏锐的洞察力和雄辩的口才。如针对辩护人提出的炒股获利部分不应计入犯罪数额的观点，公诉人用了精炼的语言进行反驳，结尾处讲道：“我们都知道，通常的‘炒股’有风险，有赚有赔，而邱某某代其子的炒股是‘只赚不赔’，由此可见，本起犯罪中的炒股行为依然是邱某某向刘氏父子行贿的手段。”一语中的，直接揭示了所谓炒股的本质，即以合法手段掩盖非法目的的事实。

运用好法庭语言的同时，在答辩时紧紧围绕案件事实、法律适用、量刑情节等关键问题发表意见，无论是针对事实部分的答辩还是针对量刑情节的答辩，抑或是主观故意是否明知、罪与非罪的论述上，公诉人始终将答辩的重心放在释法说理上，放在证据展示、证据链条的相互呼应及证据的证明力上，放在排除矛盾点和合理怀疑上，做到庭审论证和答辩既全面客观又重点突出，既揭露犯罪，又教育群众警示社会。公诉人根据论辩对方的发言情况而相应地对自己事先准备的提纲灵活调整。在论辩中，对对方的论点迅速作出精确的概括和筛选，明确答辩范围，抓住要害、突出重点，当答则答、当略则略，通过语言、态势、情感等吸引观众，展示了公诉风采。比如，针对刘某某儿子的挂名领薪问题，辩护人提出驻京办的工作性质对上下班要求不严格，刘某某儿子参与过接待任务，履行了相关职责的辩护理由，公诉人在关键处的一句话起到了“点睛之笔”的效果，“不否认驻京办的工作性质对员工出勤率要求不严格，但是再不严格的企业也不会无缘无故地允许其员工在长达近六年的时间里，不实际到岗上班工作，每月却领取近 2 万元的薪金”。巧妙运用欲扬先抑的策略，达到鞭辟入里的效果，让人信服。

规章制度

参考一：诉前主导制度

邢台市人民检察院、邢台市公安局
关于开展诉前主导工作的指导意见（试行）

为积极适应以审判为中心的诉讼制度改革，构建新型诉侦关系，推动公诉工作创新发展，确保案件质量，维护当事人合法权益，根据《中华人民共和国刑事诉讼法》、《人民检察院刑事诉讼规则（试行）》和《公安机关办理刑事案件程序规定》等有关规定，结合工作实际，制定本意见。

1. 检察机关诉前主导是指为从源头上保证案件质量，公诉部门加强介入侦查，引导取证工作，通过出席现场勘查、参加讯问和案件讨论等方式，对收集证据、适用法律提出意见，监督侦查活动是否合法，力争在移送审查起诉前解决证据的确实充分和合法性问题，促进侦查工作由“抓人破案”向“证据定案”转变。

2. 检察机关诉前主导的主要任务是规范和引导侦查取证工作，研究法律适用问题，对侦查取证提出意见和建议，加强对侦查活动的监督。

3. 检察机关诉前主导的案件范围：

（1）可能判处十年有期徒刑以上刑罚的案件；

（2）上级部门督办、批办和交办的案件；

（3）在本地有重大社会影响的案件；

（4）案情重大、疑难、复杂，在事实认定、证据采信以及法律适用等方面存在重大分歧的案件；

（5）其他需要介入侦查的案件。

4. 对于命案检察机关应当在案发第一时间介入，现场勘查完毕之前进行，其他案件视情可在立案或采取强制措施后介入。

5. 公安机关对于命案和其他可能判处无期徒刑、死刑的案件应当主动商请检察机关介入；检察机关公诉部门对其他案件认为有必要的，也可以主动介入。

6. 公安机关主动商请诉前主导的案件，应当直接向同级检察机关提出，经公诉部门主管检察长批准后介入。

检察机关主动要求诉前主导的刑事案件，通过建立刑事案件备案制度确定。公安机关在受理案件、立案、破案后，应当将相关材料抄送检察机关备案，便于检察机关了解案件，为作出是否介入侦查的决策提供参考。检察机关自行了解的案件信息，如案件当事人反映、媒体披露、社会舆论关注、上级机关指示等，发现确需介入的案件，经主管检察长批准后以书面的形式通知公安机关，公安机关应当予以配合。

7. 诉前主导阶段包括侦查阶段和退回补充侦查阶段。

8. 检察机关应当指派具有检察官身份的人员介入。审查起诉时一般由诉前主导人员优先承办。

9. 公诉部门诉前主导的案件，应当捕诉联动，互通信息，协调一致。

10. 各县（市、区）院介入可能由市检察院提起公诉的案件，应及时向市检察院汇报，市检察院要做好指导工作，同时派员参加。

11. 诉前主导可以采取以下工作方式：

（1）听取侦查部门关于案件事实和证据情况的介绍，参加侦查部门的案件讨论；

（2）查阅法律文书和证据材料；

（3）调看讯问犯罪嫌疑人、询问证人同步录音录像；

（4）旁听讯问、询问或者介入现场勘验等侦查活动；

（5）其他必要的工作方式。

12. 检察人员介入侦查的主要职责是：

（1）了解案件情况，对案件的性质和法律适用提出意见；

（2）就案件的管辖、事实认定以及证据收集、固定与完善等问题提出意见和建议；

（3）履行侦查活动监督职能。

介入侦查过程中，检察人员与侦查人员在案件定性、法律适用、证据采信等方面有重大分歧意见的，应当及时向本部门负责人和检察长报告。

13. 检察机关介入侦查重点围绕以下问题提出意见和建议：

（1）就侦查取证的思路、方向和重点提出意见和建议，引导侦查部门依法、及时、规范地开展取证工作，全面客观地收集证明犯罪嫌疑人有罪、罪重以及无罪、罪轻的证据；

（2）根据指控犯罪的需要，对侦查部门已经获取的证据材料进行分析，提出进一步补充、固定、完善证据的具体建议，督促侦查部门及时收集容易毁损灭失、隐匿转移的证据；

（3）对发现的非法证据，提出依法排除或者重新收集的意见，对瑕疵证据提出完善补正的意见；

（4）对侦查部门提出的案件事实认定、法律适用问题，提出意见和建议；

（5）依法监督侦查活动是否合法，发现侦查活动违法的提出纠正意见；

（6）就案件管辖提出意见和建议；

（7）对法律文书是否齐全、卷宗材料是否齐备等提出意见和建议；

（8）必要时对全案提出综合性意见和建议。

14. 诉前主导要明确定位，适度引导，防止出现包办代替或越权操作问题，不能对案件如何处置做出承诺和决定性表态。

15. 诉前主导案件，应建立工作台账，实行一案一档，实时填写介入侦查的开展情况、采取的措施、取得的效果等，从而使诉前主导逐步实现常态化、制度化、规范化。

16. 公安机关对公诉部门介入侦查取证工作提出指导意见、建议有异议的，应当共同研究解决；有重大分歧不能达成一致意见的，由主管领导协商解决。

17. 公诉部门在介入侦查中，发现侦查活动有违法情形，对情节较轻的，可以口头向侦查人员提出纠正意见，并及时向部门负责人报告；对情节较重，符合《人民检察院刑事诉讼规则（试行）》第五百六十五条规定情形的，应当报告检察长后，书面提出纠正违法意见。

18. 检察机关和公安机关要注重建立人员培训制度，用专业化的队伍保障介入侦查、引导取证。要建立“传帮带”制度，注重以老带新，通过实战锻炼队伍；要建立业务培训制度，加强对法律专业知识和业务技能培训；建立业务交流制度，在介入侦查工作过程中，检察人员与侦查人员要注重交流经验，不断提高侦查能力。

19. 建立集体讨论制度和联席会议制度。用集体的智慧保障介入侦查，引导侦查取证工作，确保引导侦查的切入点正确、全面。通过定期总结，加强宏观引导，实现举一反三，避免同样的问题重复发生。通过类案分析，加强微观引导，结合类案的证据特点和要求，对侦查工作提出一般性的建议和要求。通过信息通报制度，加强动态引导，使监督成为同步、动态、连续监督。

20. 介入侦查工作的办案人员必须严格履行工作职责，遵守办案纪律和有关保密规定，对于有关案情和侦查情况涉及的国家秘密、商业秘密和个人隐私应当严格保密。违反有关规定的，严格依纪依法追究责任。

21. 市检察院公诉处、市公安局法制支队负责协调指导全市诉前主导工作的开展及县（市）、区检察院公诉科和公安（分）局刑侦部门各项工作联系制度的建立。

22. 本意见自印发之日起执行。

南宫市人民检察院　南宫市公安局
刑事案件诉前主导制度

为确保市人民检察院、市公安局联合印发的《关于开展诉前主导工作的指导意见（试行）》得到切实有效执行，特制定本制度。

一、个案主导

1. 每月底，公安机关法制部门应向检察机关公诉部门报送立案情况及相关法律文书，确保公诉部门择案、择机派员实施诉前主导。

2. 凡实施诉前主导案件，检、公两家均应建立工作台账，指定专人负责记录。台账内容包括案件名称、基本案情、侦查单位及侦查人员，诉前主导的人员、时间、诉讼阶段、内容、结果等，并统一编号。

3. 实施诉前主导的检察人员必须具备主诉检察官资格，具有5年以上公诉工作经历，同时可以选派不具备上述资格的检察官作为助理，并由书记员做记录。

4. 检察人员介入后，应当将基本案情、证据情况，诉前主导的具体措施、内容，形成《诉前主导意见书》，经部门负责人审核后送达侦查机关（部门），特别重大、疑难、复杂的案件经主管检察长审批后送达侦查机关（部门）。

5. 诉前主导应根据案件不同情况采取书面主导与亲历主导两种方式。对于定性不准、适用法律有疑难的，采取书面审查和集体讨论的方式主导；对于事实认定、证据采信存在矛盾和疑问、被告人不予供述、难以确定侦查突破方向的案件，采取出席勘验现场、参加讯问等方式主导。

6. 检察人员在实施诉前主导过程中，侦查人员应当履行以下职责：

（1）全面介绍案件情况，提供相关法律文书和已经取得的相关证据材料；

（2）根据检察人员提出的意见，进一步收集、固定证据，完善证据体系；

（3）对检察人员提出的非法证据、瑕疵证据问题进行调查核实，对瑕疵证据进行补证或者作出合理解释；

（4）对检察人员提出的侦查活动中存在的违法取证、违法采取强制措施等问题，依法及时纠正；

（5）案件侦查终结或者补充侦查终结前，将诉前主导意见处理情况书面反馈实施诉前主导的检察人员。

7. 诉前主导的案件，检察人员必须与侦查人员加强沟通，实时关注案件办理进度，听取侦查人员的意见，及时解决侦查过程中出现的问题，确保诉前主导的效果。但应注意诉侦工作规律和分工不同，避免出现指挥侦查、代替侦查的现象。

8. 检察人员应当充分发挥退回补充侦查阶段的诉前主导作用：

（1）突出必要性。禁止为延长办案期限而退补，不纠缠案件的细枝末节，列出的补查内容应当属于构建完整证据体系的必要环节和排除非法证据的必查事项。

（2）强化针对性。补查提纲要有明确的补查方向、标准和要求，待证事项要具体、细化、分类，防止出现外延宽泛和内容抽象的语言，以便于侦查人员更准确地把握补查内容。

（3）表述规范性。补充侦查提纲要使用法言法语，用词、用语及格式要规范严谨。

（4）充分说理性。补充侦查提纲说理要全面、充分、透彻，让侦查人员充分理解现有证据存在什么问题，为什么要补查，补查什么、怎样补查，达到什么标准，从而心悦诚服、积极主动地做好补充侦查工作。

9. 退回补充侦查的案件要突出“强势主导”。检察人员要全程掌控、跟踪督导补查情况，不能“一退了之”，杜绝以“用证明代替证据”等敷衍塞责现象，争取一次补查成功，尽量减少二次补查。

二、类案指导

10. 对于在一定时期，某类案件或新类型案件在适用法律和证据标准上出现比较集中的问题时，检察机关可以以类案方式进行诉前主导。

11. 类案指导要以《类案指导意见书》的形式进行，主要针对案件的入罪、量刑、证据、程序标准和侦查方向等案件侦办过程中的普遍问题和疑难问题。

12. 类案指导要依法进行，严格遵循法律的规定。《类案指导意见书》的形成要注意听取公安、法院、上级院和有关法律专家的意见，吸收兄弟省市院的成型指导意见，结合本地实际，具有规范性、系统性和可执行性。

13. 《类案指导意见书》应当包括以下内容：

（1）该类案件出现的主要问题是什么；

（2）类案的证据体系和证明标准要求，侦查取证的方向和侦查重点，普遍性问题的解决方式；

（3）相关的法律、司法解释规定及其他规范性文件；

（4）同类案件的指导性案例。

14. 侦查机关（部门）在办理类案指导的案件过程中，对发现的问题要及时向检察机关反馈意见，检察机关要及时总结、归纳和改进。

三、侦查人员庭审观摩

15. 为不断增强侦查人员服务庭审意识、证据意识和程序意识，提升诉前主导工作的效果，应当使侦查人员旁听刑事案件庭审活动经常化、制度化、规范化。

16. 侦查人员庭审观摩案件范围：

（1）诉前主导比较成功的重大、疑难、复杂案件；

（2）诉前主导意见未被采纳，可能引起庭审被动的案件；

（3）有高水平律师参与庭审、辩点较多、旁听后有利于提高侦查业务水平的案件。

17. 需要侦查人员庭审观摩的案件，公诉部门收到法院《出庭通知书》后，由部门负责人报请主管检察长批准后，通知侦查机关（部门）派员参加。

18. 参加庭审观摩人员为诉、侦部门的负责人、分管领导、负责案件质量的法制部门及全体侦查人员。

19. 庭审观摩应当注重以下几个方面：

（1）突出重点。围绕庭审情况找出是否存在违法取证、不规范取证、不及时取证、不采纳诉前主导意见因而造成非法证据、瑕疵证据或者证据体系不具有唯一性等问题。

（2）归纳总结。庭审后，诉、侦部门分管领导要组织本部门旁听人员对庭审中发现的问题和经验进行总结，分类归纳，形成书面材料。

（3）沟通协调。诉、侦部门分管领导就形成的书面材料沟通，达成一致意见后，在定期召开的联席会议上，诉、侦人员进一步讨论、沟通，就诉前主导情况、取证方式、沟通协调、司法理念等方面进行充分地探讨并形成会议纪要。

20. 侦查机关（部门）对庭审观摩会议纪要落实情况要及时向检察机关反馈意见，检察机关要及时总结、归纳和改进庭审观摩机制，更好的服务于诉前主导工作。

四、学习交流制度

21. 实施诉前主导的检察官在履行职务时，要注意带领年轻的检察官共同工作，在实践中传授工作经验和方法，使年轻的检察官在较短时间内尽快成长，学习意识、规范意识、奉献意识不断增强。

22. 每半年诉侦部门组织一次学习研讨会。检察人员讲述案件的法律适用、证据标准，侦查人员讲述侦查策略、侦查技巧，双方相互学习，共同促进，不断提升侦查技能。

23. 诉侦部门要共同进行“四必学”，即新颁布的法律、法规和司法解释必学、搜集到的各省市办理某类案件的指导意见必学、两高新公布的指导性案例必学、外地的先进工作经验必学。在共同学习、共同研究中，实现共同提高。

24. 每年诉前主导的检察人员和侦查人员要结对合作，协助对方办理1－2件案件，在角色转换中提高认识，取长补短，共同提高惩罚犯罪和保障人权的能力，增强“以审判为中心”的诉讼观念和“大控方”的整体意识。

25. 检察人员协助侦查的方式为：参与侦破和抓捕犯罪嫌疑人；旁听审讯、询问；参与现场勘查、技术侦查、侦查试验；参加案件讨论，了解侦查策略和侦查技能及侦查人员的思维判断方式。

26. 检察人员在协助侦查过程中培养以下能力：审查和甄别案件线索的能力；讯问（询问）的能力；抓捕犯罪嫌疑人的能力；运用侦查技术的能力；逻辑分析判断能力。

27. 侦查人员协助案件审查的方式为：旁听检察人员讯问犯罪嫌疑人、询问证人，核实相关证据；协助检察人员录入案件信息，制作审查报告、起诉书、公诉意见书等法律文书；参与案件讨论；旁听庭审，了解庭审对适用法律和证据标准的要求。

28. 侦查人员在协助案件审查过程中培养以下能力：准确适用法律的能力；避免非法证据和瑕疵证据的能力；及时收集关键证据的能力，构建证据体系排他性的能力。

29. 侦查人员和检察人员要养成每案必总结的习惯，勤于思考，勤于动笔，建立学习交流微信群、诉侦交流专刊等，共同提高业务水平，更好地服务于诉前主导工作。

五、诉前主导成员单位

30. 检察机关公诉部门、侦查监督部门和公安机关法制部门、刑侦部门为诉前主导成员单位。日常工作办公室设在检察机关公诉部门，负责组织、协调诉前主导各项工作制度的落实。

南宫市人民检察院、南宫市公安局
诉前主导工作联席会议制度

1. 为加强对诉前主导工作的宏观指导，检察机关和公安机关要采取定期或不定期公检联席会议的形式，对办案中的疑难问题、新型问题、共性问题进行专题研讨，对法律适用进行交流，对庭审证据进行深入讨论，以期不断达成

侦查取证共识。

2. 联席会议分为定期联席会议和不定期联席会议两种形式。

3. 定期联席会议，主要进行阶段性总结、类案分析、信息通报等内容，从宏观和微观多个角度解决案件的共性问题。讨论的议题主要包括：

（1）近期案件质量分析报告，多发性案件和常见问题的表现、特点和解决方案；

（2）相关法律规定和司法解释不完善，证据要求和入罪标准需要统一认识的疑难案件和新类型案件；

（3）通报近期退回补充侦查案件存在的突出问题及其质量和效率情况，研究改进方案；

（4）对诉前主导指导意见，公检两家有重大分歧不能达成一致意见的；

（5）庭审观摩后的相关问题研讨；

（6）其他需要召开联席会议的议题。

4. 定期联席会议每季度召开一次，时间为每季度最后一个星期的周五召开。召开会议前，公诉和公安法制部门应当提前酝酿议题，确定会议主持单位，将问题及解决方案形成书面意见，经诉、侦分管领导同意后，由会议主持单位通知各与会人员。

5. 定期联席会议应当书面通知，注明会议具体时间、地点、内容和发言要求。与会人员应当充分准备，确保会议议题议而有决，收到实效。

6. 个案联席会议由实施诉前主导的检察人员或侦查人员根据需要随时提议召开，以充分发挥集体的智慧和力量，保障个案诉前主导的全面性、准确性和及时性。

7. 个案联席会议，应当提前书面列明需要解决的疑难问题和解决方案，由诉、侦部门分管领导召集与会人员参加。

8. 无论定期联席会议还是个案联席会议必要时均可以邀请审判人员、法律专家、勘验、检查人员、鉴定人或有专门知识的人参加，以提供意见或咨询。

9. 联席会议主持单位应当安排专人记录会议内容，会后由诉前主导的检察人员和侦查人员核对记录并签字。定期联席会议在会后三日内形成会议纪要，由诉、侦部门分管领导签署后印发。个案联席会议纪要在会后立即送达有关人员。

10. 诉前主导联席会议形成的会议纪要，检察人员和公安人员必须执行，并将执行情况及时书面上报本单位分管领导。

11. 自侦案件诉前主导适用本规定。

参考二：审前过滤制度

唐山市人民检察院
关于对故意伤害、盗窃、交通肇事案件
适用不起诉的实施意见（试行）

第一条 为依法行使不起诉权，规范我市不起诉案件的适用标准，提高不起诉案件的质量，根据《中华人民共和国刑法》、《中华人民共和国刑事诉讼法》、《人民检察院刑事诉讼规则（试行）》、《人民检察院办理不起诉案件质量标准（试行）》及相关司法解释，结合我市工作实际，制定本意见。

第二条 市、县两级人民检察院在审查案件过程中要认真贯彻宽严相济的刑事司法政策，对案件作不起诉处理时要严格依法进行。

第三条 市、县两级人民检察院对于公安机关移送审查起诉的案件，经审查，犯罪嫌疑人犯罪情节轻微，依照刑法规定不需要判处刑罚或者免除刑罚的，经检察长或检察委员会决定可以作出不起诉决定。

第四条 对于犯罪情节轻微，具有下列情形之一的未成年犯罪嫌疑人案件，依照刑法规定不需要判处刑罚或者免除刑罚的，一般应当作不起诉处理：

（一）被胁迫参与犯罪的；

（二）犯罪预备、中止、未遂的；

（三）在共同犯罪中起次要或者辅助作用的；

（四）系又聋又哑的人或者盲人的；

（五）因防卫过当或者紧急避险过当构成犯罪的；

（六）有自首或立功表现的；

（七）其他依照刑法规定不需要判处刑罚或者免除刑罚的情形。

第五条 对于危害国家安全犯罪案件、严重妨害社会管理秩序犯罪案件、严重暴力犯罪案件或者其他有恶劣社会影响的案件，一般不作不起诉处理。

第六条 具有下列情形之一的案件，一般不作不起诉处理：

（一）犯罪嫌疑人一人犯数罪或者构成累犯的；

（二）犯罪嫌疑人系共同犯罪中的主犯，而从犯已被提起公诉或者已被判处刑罚的；

（三）犯罪对象为未成年人、老年人、残疾人、孕妇等弱势人员的，被害人有重大过错的除外；

（四）在重大自然灾害、预防、控制突发传染病疫情等灾害期间犯罪的；

（五）因犯罪行为给国家或者集体造成重大经济损失或者有严重政治影响的；

（六）共同犯罪案件的同案犯，一并起诉、审理更为适宜的；

（七）犯罪以后订立攻守同盟，毁灭证据，逃避或者对抗侦查的；

（八）犯罪嫌疑人有脱逃行为或者在监视居住、取保候审期间违反有关规定的；

（九）态度恶劣，拒不如实供述主要犯罪事实的；

（十）需要由人民检察院提起刑事附带民事诉讼的；

（十一）其他不应当适用刑事诉讼法第一百七十三条第二款规定的情形。

第七条　故意伤害致人轻伤的案件，在达成和解的基础上，具有下列情形之一的，可以作不起诉处理：

（一）因亲友、邻里及同学、同事之间纠纷引发的；

（二）被害人对案件的引发具有重大过错的。

第八条　除本《意见》第六条规定的情形之外，故意伤害致人轻伤的案件，具有下列情形之一的，一般不作不起诉处理：

（一）犯罪嫌疑人主观恶性较深，犯罪情节恶劣的；

（二）犯罪嫌疑人使用管制刀具伤害他人的；

（三）犯罪嫌疑人系雇佣他人实施故意伤害的；

（四）犯罪嫌疑人恶意报复、没有悔罪表现的；

（五）被害人的伤情有两处以上符合轻伤鉴定标准的；

（六）犯罪嫌疑人曾因故意伤害他人受过刑事或行政处罚的；

（七）社会影响恶劣有上访隐患的。

第九条　盗窃犯罪案件，行为人认罪、悔罪、退赃、退赔，且具有下列情形之一，情节轻微的，可以作不起诉处理：

（一）没有参与分赃或者获赃较少且不是主犯的；

（二）被害人谅解的；

（三）偷拿家庭成员或者近亲属的财物数额较大，应当追究刑事责任，获得谅解的；

（四）具有法定从宽处罚情节的；

（五）其他情节轻微、危害不大的。

第十条　除第六条规定的情形之外，盗窃案件具有下列情形之一的，一般不作不起诉处理：

（一）曾因盗窃受过刑事处罚的；

（二）一年内曾因盗窃受过行政处罚的；

（三）组织、控制未成年人盗窃的；

（四）自然灾害、事故灾害、社会安全事件等突发事件期间，在事件发生地盗窃的；

（五）盗窃残疾人、孤寡老人或者丧失劳动能力人的财物的；

（六）在医院盗窃病人或者其亲友财物的；

（七）盗窃救灾、抢险、防汛、优抚、扶贫、移民、救济款物的；

（八）入户盗窃的；

（九）携带凶器盗窃；

（十）采用破坏性手段盗窃公私财物，造成其他财物损失的。

第十一条 交通肇事犯罪案件，具有下列情形之一的，可以作不起诉处理：

（一）仅造成公共财产或者他人财产直接损失，未造成人员伤亡，无能力赔偿数额在六十万元以下，得到被害人谅解的；

（二）造成同车人员伤亡，得到被害人或者其亲属谅解的；

（三）案发后认罪悔过、赔礼道歉、积极赔偿损失并得到被害人或者其亲属谅解，社会危害不大的。

第十二条 除本《意见》第六条规定的情形之外，交通肇事犯罪案件具有下列情形之一的，一般不作不起诉处理：

（一）因酒后、吸食毒品后驾驶机动车辆交通肇事的；

（二）无驾驶资格驾驶机动车辆的；

（三）明知是安全装置不全或者安全机件失灵的机动车而驾驶的；

（四）明知是无牌证或者已经报废的机动车辆而驾驶的；

（五）严重超载的；

（六）造成二人以上伤亡的；

（七）为逃避法律追究逃离事故现场的；

（八）因交通肇事曾受过刑事处罚的；

（九）在道路上驾驶机动车追逐竞驶，情节恶劣，构成交通肇事罪的。

第十三条 市、县两级人民检察院在审查因达成刑事和解而拟作不起诉处理的案件时，承办人应当审查和解协议的真实性，如果和解协议不符合法律规定，则应当在检察机关的主持下重新制作和解协议书。

第十四条 对于基层检察院直接立案侦查的案件，因犯罪情节轻微，拟作不起诉处理的，应当听取人民监督员意见，原则上应经检察委员会研究决定，并报请市人民检察院批准。

对于报请市人民检察院批准的不起诉案件，基层人民检察院应于审查起诉期限届满前十日内将人民监督员的表决意见、检察委员会会议纪要或者检察长签批的拟同意不起诉的文书以及全部案卷材料报市人民检察院审查，重大复杂案件，应在法定期限届满前十五日内报市人民检察院审查，市人民检察院应于审查起诉期限届满前三日内决定是否批准，并答复基层人民检察院。

第十五条　本意见自下发之日起施行。

唐山市人民检察院
关于不起诉案件实行公开的若干意见

为推进检务公开，规范不起诉案件办理程序，提高不起诉案件质量，根据《中华人民共和国刑法》、《中华人民共和国刑事诉讼法》、《人民检察院刑事诉讼规则（试行）》、《检察机关执法工作基本规范（2013 年版）》及相关司法解释，结合我市检察工作实际，对不起诉案件公开审查及不起诉决定公开宣布作如下规定：

第一节　公开审查

第一条　对存在较大争议并且在当地有较大社会影响，经审查后拟作出不起诉决定的案件，可以公开审查。当事人申请公开审查的案件，一般应公开审查。

下列案件不进行公开审查：

（一）案情简单，没有争议的案件；

（二）涉及国家秘密或者个人隐私的案件；

（三）当事人申请不公开审查的案件；

（四）犯罪嫌疑人不满十八周岁的案件；

（五）拟作存疑不起诉处理的案件；

（六）其他没有必要进行公开审查的案件。

人民检察院办理的直接受理立案侦查的案件，适用人民监督员监督程序。

第二条　拟作出不起诉决定的案件，符合公开审查条件的，应当告知犯罪嫌疑人及其法定代理人、辩护人、被害人及其法定代理人、诉讼代理人有权对是否公开审查提出申请；告知侦查机关可以对是否公开审查提出要求。

第三条　承办案件的检察人员应根据案件情况提出是否公开审查的书面意见，连同相关申请或要求一并报经公诉部门负责人审核，由检察长决定。

检察长作出决定后，应在三日内答复提出意见的人员或者侦查机关（部门）。

第四条 决定不公开审查的案件，应当听取犯罪嫌疑人及其法定代理人、辩护人、被害人及其法定代理人、诉讼代理人对案件的处理意见及理由，并应征求侦查机关的意见。相关意见应当记录在案，并附卷归档。

第五条 决定公开审查的案件，应当在公开审查三日前向社会公布案由、犯罪嫌疑人姓名、公开审查的时间、地点，允许公民旁听，通知犯罪嫌疑人及其法定代理人、辩护人、被害人及其法定代理人、诉讼代理人参加，并通知侦查机关派员参加。

根据案件需要，可以邀请人大代表、政协委员、人民监督员、律师代表、检察业务专家参加。根据当事人请求，可以邀请有关方面的专家及与案件有关的人参加。对于涉及国家财产、集体财产遭受损失的案件，可以通知有关单位派代表参加。

第六条 公开审查应当在不起诉宣布室进行，两名检察人员参加，由承办案件的检察人员主持，书记员负责记录，并配备司法警察。

第七条 公开审查开始前，书记员应当查明犯罪嫌疑人及其法定代理人、辩护人、被害人及其法定代理人、诉讼代理人及侦查机关人员是否到场，告知其有发表意见的权利，并告知犯罪嫌疑人及其法定代理人、辩护人、被害人及其法定代理人、诉讼代理人有申请检察人员、书记员回避的权利，并宣布公开审查纪律。

第八条 公开审查开始后，主持人应当询问犯罪嫌疑人及其法定代理人、辩护人、被害人及其法定代理人、诉讼代理人是否申请回避。上述人员申请回避的，应当依照刑事诉讼法和刑事诉讼规则的相关规定办理。

第九条 主持人首先应当根据案件事实和证据，阐述拟不起诉的理由和法律依据，但不需要出示证据。

主持人应当分别询问犯罪嫌疑人及其法定代理人、辩护人、被害人及其法定代理人、诉讼代理人、侦查机关是否提出新的证据。经主持人许可，上述各方可以对新的证据发表意见。

主持人应当分别就案件事实认定、法律适用以及是否应予不起诉分别、充分听取犯罪嫌疑人及其法定代理人、辩护人、被害人及其法定代理人、诉讼代理人、侦查机关的意见。

公开审查应当由书记员制作笔录，并交犯罪嫌疑人及其法定代理人、辩护人、被害人及其法定代理人、诉讼代理人以及侦查机关人员确认无误后签字。检察人员和书记员应当在笔录上签字。公开审查笔录应当附卷归档。

第十条　当场提交的新证据可能影响不起诉决定的，应在公开审查结束后调查核实，并将核实情况记录在案。

第十一条　公开审查结束后，承办案件的检察人员应当制作不起诉案件公开审查的情况报告，报告中应当重点写明经审查认定的犯罪事实及证据情况、审查过程中各方一致性意见及存在的主要分歧，提出起诉或者不起诉的建议和理由，经公诉部门负责人审核后，连同公开审查笔录，呈报检察长或者检察委员会决定。

第十二条　承办案件的检察人员建议作不起诉决定的，应当根据案件情况，按照最高人民检察院《关于加强检察机关执法办案风险评估预警工作的意见》及《河北省检察机关公诉环节执法办案风险评估预警办法（试行）》的规定制作风险评估报告，经公诉部门负责人审核后，呈报检察长或者检察委员会，作为是否作出不起诉决定的参考。

第二节　公开宣布

第十三条　不起诉决定作出后，应当在审查起诉期限届满前公开宣布。

犯罪嫌疑人不满十八周岁的，不起诉决定的宣布依照《人民检察院办理未成年人刑事案件的规定》执行。

第十四条　公开宣布不起诉决定，应当在三日前向社会公布案由、犯罪嫌疑人姓名、公开宣布的时间、地点，允许公民旁听，通知犯罪嫌疑人及其法定代理人、辩护人、被害人及其法定代理人、诉讼代理人及与案件有关的其他人员参加，并通知侦查机关派员参加，并可邀请犯罪嫌疑人所在单位（学校）代表、社区居委会（村委会）成员参加。

犯罪嫌疑人及其法定代理人以外的人员不到场的，不影响不起诉决定的公开宣布。

不起诉决定书自公开宣布之日起生效。

第十五条　公开宣布不起诉决定应当在不起诉宣布室进行，两名检察人员参加，书记员负责记录，并配备司法警察。

第十六条　公开宣布不起诉决定时，承办案件的检察人员应当宣读不起诉决定书，并有针对性地开展释法说理工作。根据案件的不同情况，可以对被不起诉人予以训诫或者责令具结悔过、赔礼道歉、赔偿损失。

公开宣布活动应当由书记员制作笔录，并交被不起诉人及其法定代理人、辩护人、被害人及其法定代理人、诉讼代理人以及侦查机关人员确认无误后签字。检察人员和书记员应当在笔录上签字。公开宣布笔录应当附卷归档。

公开宣布不起诉决定后，应当场向被不起诉人及其法定代理人、辩护人、被害人及其法定代理人、诉讼代理人、侦查机关人员以及被不起诉人所在单位的代表送达不起诉决定书。前述人员未到场的，应当在五日内送达。

第十七条 有条件的基层人民检察院可以对公开审查和公开宣布活动进行同步录音录像，并附卷归档。

第十八条 不起诉决定生效后，应当依法处理下列事项：

（一）被不起诉人在押的，应当立即释放；被采取其他强制措施的，应当通知执行机关解除。

（二）对于犯罪事实并非犯罪嫌疑人所为，需要重新侦查的，应当在作出不起诉决定后书面说明理由，将案卷材料退回公安机关并建议公安机关重新侦查。

（三）对被不起诉人需要给予行政处罚、行政处分的，人民检察院应当提出检察意见，连同不起诉决定书一并移送有关主管机关处理，并要求有关主管机关及时通报处理情况。

（四）对犯罪嫌疑人违法所得及其他涉案财产的处理，参照刑事诉讼规则第二百九十六条的规定办理。

（五）需要对侦查中查封、扣押、冻结的财物解除查封、扣押、冻结的，应当书面通知作出查封、扣押、冻结决定的机关或者执行查封、扣押、冻结决定的机关解除查封、扣押、冻结。

（六）根据刑事诉讼法第一百七十一条第四款规定决定不起诉的，发现新的证据，符合起诉条件时，可以提起公诉。

第十九条 被不起诉人及其法定代理人、被害人及其法定代理人、近亲属对不起诉决定不服，依法向人民检察院申诉的；公安机关认为不起诉决定有错误，要求复议、提请复核的，按照刑事诉讼法和刑事诉讼规则的相关规定办理。

第三节 监督与回访

第二十条 不起诉决定书生效后应及时在人民检察院门户网站等媒体上公开，接受社会监督。被不起诉人不满十八周岁的，除经被不起诉人及其法定代理人申请外，不得公开。

第二十一条 各基层人民检察院对犯罪嫌疑人作出不起诉决定后，应当在十五日内将案件的起诉意见书、审查报告、公开审查情况报告、检察委员会会议纪要或者检察长签批同意不起诉的文书、不起诉决定书一式三份报市人民检察院公诉部门备案。

市人民检察院对报备案的不起诉案件进行审查，发现不起诉决定错误的予以纠正，对于瞒报、漏报的予以通报批评。

第二十二条　对于根据刑事诉讼法第一百七十三条第二款的规定作出不起诉决定的案件，承办案件的检察人员应适时对被不起诉人及其法定代理人、被害人及其法定代理人、被不起诉人所在的单位、社区居委会（村委会）进行回访，调查评估不起诉决定的法律效果和社会效果。

第二十三条　本规定由市人民检察院负责解释。

第二十四条　本规定自下发之日起施行。

石家庄市新华区人民法院、新华区人民检察院、石家庄市公安局新华分局轻微刑事案件快速办理工作实施意见（试行）

为进一步推进快速办理轻微刑事案件工作，贯彻落实宽严相济的刑事政策，提高诉讼效率，强化对该类案件的法律监督，根据《中华人民共和国刑法》和《中华人民共和国刑事诉讼法》等有关法律规定，结合新华区办理刑事案件的工作实际，制定本实施意见。

总　则

第一条　对于适用快速办理工作机制的轻微刑事案件，公安机关、人民检察院、人民法院应本着“合法、简明、公正与效率兼顾、充分保障诉讼参与人诉讼权利”的原则，加强配合、协作，加强法律监督，正确处理好案件质量、诉讼效率、法律监督之间的关系，保证法律效果、社会效果及政治效果的有机统一。

第二条　轻微刑事案件快速办理机制（以下简称“轻刑快办”工作机制）是指对于案情简单、事实清楚、证据充分，犯罪嫌疑人、被告人认罪且可能判处三年以下有期徒刑、拘役、管制、单独适用附加刑或者免予刑事处罚的轻微刑事案件，在依照法定程序，确保办案质量的前提下，提高办案效率，缩短办案期限的工作制度。

第三条　适用快速办理程序的轻微刑事案件，应当同时具备以下条件：

（一）案件事实清楚、证据确实充分的；

（二）可能判处三年以下有期徒刑、拘役、管制、独立适用附加刑或者免予刑事处罚；

（三）被告人承认自己所犯罪行，对指控的犯罪事实没有异议且无反复；

（四）被告人及其辩护人、其他案件当事人、诉讼代理人对适用“轻刑快办”程序没有异议的。

第四条 具有下列情形之一的公诉案件，不适用“轻刑快办”程序：

（一）被告人是盲、聋、哑人，或者是尚未完全丧失辨认或者控制自己行为能力的精神病人的；

（二）有重大社会影响的，可能引发上访、信访的案件；

（三）共同犯罪案件中部分被告人不认罪或者对适用“轻刑快办”程序有异议的；

（四）危害国家安全犯罪案件、职务犯罪案件及其他严重危害社会的案件；

（五）其他不宜适用“轻刑快办”程序的公诉案件。

一般规定

第五条 对于符合条件的轻微刑事案件，公安机关、人民检察院、人民法院应当及时启动“轻刑快办”程序，三家联动，一般在一个月内完成一审全部诉讼流程，至多不超过一个半月。

第六条 公安机关对于适用“轻刑快办”程序的公诉案件，填写《刑事案件动态监督提示卡》，适用快速集中办理机制，并在卷宗封面加盖“轻微刑事案件快速办理”绿色印章。

第七条 公安机关对适用“轻刑快办”程序的公诉案件，犯罪嫌疑人被拘留的，经侦查认为需要逮捕的，应当在三日内提请人民检察院审查批准。特殊情况，经主管副局长批准，提请审查批准逮捕的时间，可以延长一至四日。

第八条 对公安机关适用“轻刑快办”程序的公诉案件，人民检察院审查批捕时，犯罪嫌疑人已被拘留的，应当在三日内作出是否批准逮捕的决定；未被拘留的，应当在五日内作出是否批准逮捕的决定。

第九条 人民检察院侦查监督部门在审查逮捕时，经审查认为符合快速集中办理条件的，在作出批准逮捕或者因无逮捕必要而作出不批准逮捕决定时，可以填写《快速集中移送起诉建议书》，建议公安机关及时移送起诉；认为证据有所欠缺的，可以建议公安机关补充证据后及时移送。

《快速集中移送起诉建议书》应当同时抄送公诉部门。

第十条 公安机关对于适用“轻刑快办”程序的案件，犯罪嫌疑人被取保候审或监视居住的，应当在采取强制措施之日起七日内移送起诉；犯罪嫌疑人被羁押的，应当在采取强制措施之日起十五日内移送起诉。

公安机关对于适用“轻刑快办”程序的案件应当集中移送起诉，移送案件时，应当将案件材料的电子文档连同案卷材料、证据一并移送。

第十一条 公安机关在侦查阶段对于适用“轻刑快办”程序的案件应当查

明犯罪嫌疑人户籍所在地、长期居住地等信息，并在起诉意见书中注明，对此类案件的犯罪嫌疑人拟采取取保候审或监视居住的，委托犯罪嫌疑人居住地所在的县级司法行政机关进行调查评估，并在移送起诉时随案移送调查评估报告。

第十二条　人民检察院公诉部门成立专门的办案小组，选任经验丰富的检察官两名，负责适用“轻刑快办”公诉案件的办理。

第十三条　人民检察院案件管理部门收到盖有“轻微刑事案件快速办理”绿色印章的案件后，应当立即进行审查，经审查认为符合受理条件的，应于当日集中受理立案，并在统一业务应用系统中调整案件交负责“轻刑快办”案件的公诉人办理，同时将案件移交公诉部门。

第十四条　人民检察院对于公安机关移送起诉的适用“轻刑快办”案件，应当自受理之日起四日内作出决定，至迟不超过七日。

第十五条　审查可适用“轻刑快办”程序的公诉案件，应当在三日之内告知犯罪嫌疑人、被害人相关诉讼权利义务，告知当事人及法定代理人、诉讼代理人、辩护人建议人民法院适用“轻刑快办”程序审理的决定以及法律后果，并充分听取其意见，并记录在案。依法讯问犯罪嫌疑人，核实犯罪事实和犯罪嫌疑人的认罪态度。

讯问笔录、审查报告可以简化制作。

第十六条　对可适用“轻刑快办”程序审理的公诉案件，简化案件审批方式，仅经主管检察长签字后，即可向人民法院提起公诉。

第十七条　人民检察院建议适用“轻刑快办”程序的，制作《适用“轻刑快办”程序建议书》，提示人民法院出庭公诉人并建议法院由指定“轻刑快办”独任审判员审理。应当提出书面量刑建议，并提出具体量刑意见，连同案卷材料、证据、起诉书等一并移送人民法院。

人民法院认为依法不应当适用“轻刑快办”程序的，自受理之日起三日内将不适用的决定和理由书面通知人民检察院。

第十八条　对于人民检察院没有建议适用“轻刑快办”程序审理的公诉案件，人民法院经审查认为可以适用“轻刑快办”程序审理的，应当自受理之日起三日内书面征求人民检察院、被告人、辩护人意见，意见经各方认可，可适用“轻刑快办”程序审理。

第十九条　对可适用“轻刑快办”程序审理的公诉案件，相对集中移送人民法院，人民法院相对集中开庭审理，安排指定审判员审理。

第二十条　适用“轻刑快办”程序审理的公诉案件，审判人员应当询问被告人对被指控的犯罪事实的意见，应当告知被告人适用“轻刑快办”程序审理的法律规定，确认被告人是否同意适用“轻刑快办”程序审理及是否知悉认罪可能导致的法律后果。

第二十一条 适用“轻刑快办”程序审理的公诉案件，人民法院应当在受理后五个工作日以内审结。

第二十二条 适用“轻刑快办”程序审理的公诉案件，由负责审理的独任审判员集中安排开庭审理，并应当严格依照《中华人民共和国刑事诉讼法》相关规定做好庭前准备工作。

第二十三条 适用“轻刑快办”程序审理公诉案件，开庭时，审判人员应当再次核实确认被告人是否同意适用“轻刑快办”程序审理及是否知悉认罪可能导致的法律后果。

第二十四条 适用“轻刑快办”程序审理公诉案件，法庭审理经依法征得公诉人、案件当事人及法定代理人、辩护人、诉讼代理人同意，可以简化。

经审判人员许可，被告人及其辩护人可以同公诉人互相辩论。辩论应主要围绕量刑及其他有争议的问题进行。

审判员应当组织法庭教育环节，确保庭审效果。

判决宣告前，应当听取被告人的最后陈述意见。

第二十五条 对于拟判免予刑事处罚或者与人民检察院量刑建议存在较大分歧的案件，应当提交法院审委会讨论，并邀请检察长列席。

第二十六条 适用“轻刑快办”程序审理的公诉案件，人民法院一般应当当庭宣判，并在一日内将判决书送达被告人和提起公诉的人民检察院。

第二十七条 人民法院在审理过程中，发现不宜适用“轻刑快办”程序的，应当按照《中华人民共和国刑事诉讼法》第三编第二章第一节或者第二节的规定重新审理。

第二十八条 每季度召开一次公检法联席会议，对适用“轻刑快办”程序审理公诉案件情况进行通报，并对存在的问题及时协调解决。

第二十九条 人民检察院对侦查活动和审判活动依法进行法律监督。

关于未成年人犯罪案件的特别规定

第三十条 办理未成年人犯罪案件，公安机关、人民检察院、人民法院应当对未成年人犯罪时的年龄重点核查。

第三十一条 公安机关、人民检察院依法讯问未成年犯罪嫌疑人、人民法院开庭审理未成年被告人时，应当通知其法定代理人到场。无法通知、法定代理人不能到场或者法定代理人是共犯的，可以通知其他成年亲属、所在学校、单位或者未成年人保护组织代表到场，并将相关情况记录在卷。

第三十二条 未成年犯罪嫌疑人、被告人没有委托辩护人的，公安机关、人民检察院、人民法院应当通知法律援助机构指派律师为其提供辩护。

第三十三条　办理可以适用“轻刑快办”程序审理的未成年人犯罪案件，人民检察院、人民法院应当告知未成年犯罪嫌疑人、被告人及其法定代理人、辩护人适用“轻刑快办”程序的决定及法律后果，并充分听取其意见。

第三十四条　审理开庭时不满十八周岁的未成年人犯罪案件，人民法院应当不公开审理。

第三十五条　适用“轻刑快办”程序审理未成年人犯罪案件，未成年被告人最后陈述后，应当告知其法定代理人有权进行补充陈述。

第三十六条　办理适用“轻刑快办”程序的未成年人犯罪案件，公诉人和审判人员应当注意未成年被告人的智力、心理状况，态度严肃、和蔼，做好思想教育和法律宣传工作。

第三十七条　犯罪嫌疑人、被告人为未成年人的“轻刑快办”程序公诉案件，除适用本意见特别规定外，其他参照本意见一般规定办理。

第三十八条　本实施意见自下发之日起实施。

保定市人民检察院
证据复核亲历机制试行办法

第一条　为切实贯彻落实全国及全省公诉工作会议精神，积极推行以“审判为中心的诉讼制度改革”，进一步提升公诉案件的办理质量，维护社会公平正义，根据《中华人民共和国刑事诉讼法》、《人民检察院刑事诉讼规则（试行）》等有关规定，结合办理公诉案件的实践，制定此试行办法。

第二条　本试行办法所称的证据复核亲历机制，是指在审查起诉环节，改变坐堂办案模式，公诉人员对案件关键证据亲自进行复查核实，即承办人实地查看案发现场、接触相关证人、律师、诉讼代理人及相关专业人员等，是与传统的书面审查证据相对应的一种证据审查复核方式。

第三条　证据复核亲历机制是为了充分保证证据的客观性、合法性、真实性，还原案件事实，增强办案人员的内心确信，切实加强审前过滤，保障庭审指控效果，提升公诉案件质量。

第四条　证据复核亲历机制适用于案件性质重大，定罪证据薄弱且证据之间存在矛盾的证据的复核。包括定罪证据和量刑证据。

第五条　对下列证据进行亲历复核：

（一）犯罪嫌疑人多次供述前后矛盾影响定罪量刑的；

（二）有多名证人，且证言之间存在矛盾影响定罪量刑的；

（三）鉴定意见专业性极强，超出一般人员认知范围，难以理解的；鉴定意见与其他证据相矛盾的；

（四）案发现场能够体现客观犯罪事实的且现场勘查笔录中记载不明确的，或与其他证据相矛盾的；

（五）证据前后矛盾或证据之间相互矛盾导致事实不清的案件中相关证据；

（六）犯罪事实清楚，但涉及法定量刑情节的证据出现变化或存有矛盾；

（七）退查后侦查机关补充移送的证据和现有证据截然相反；

（八）拟不起诉案件中和解协议的执行和受害人谅解态度等；

（九）有上访隐患的案件且涉及定性及量刑的关键证据；

（十）其他需要亲历复核的证据。

第六条 提讯犯罪嫌疑人，复核关键性证据，如到案情况及案发事实等。

第七条 询问受害人，核实案发细节及态度等。

第八条 询问关键证人证言排除矛盾。

第九条 听取辩护人和诉讼代理人的意见，发现证据疑点和复核方向。

第十条 实地勘查案发现场，通过向办案人员及目击证人走访调查，还原案发过程及案件事实。

第十一条 对于专业性较强的证据，如鉴定意见等要结合案件其他证据综合审查，向专业人员咨询。

第十二条 案件审查报告中应对需要复查的证据作出分析，列出需要亲历复查的证据，复查完毕后形成复查报告，附内卷。

第十三条 案件承办人通过亲历复查证据排除非法证据，完善证据瑕疵，准确认定案件事实，为庭审打下坚实基础，确保庭审效果，防止错案发生。

第十四条 本办法为试行办法，各基层院在实际办案过程中发现问题应及时反馈市院。

第十五条 本办法自发布之日起施行。

参考三：庭审指控制度

石家庄市新华区人民检察院　新华区人民法院
关于刑事公诉案件庭前会议实施细则（试行）

为规范庭前会议工作，充分保障控辩双方的权利，提高刑事诉讼的审判效率，根据《中华人民共和国刑事诉讼法》、《最高人民法院关于适用中华人民共和国刑事诉讼法的解释》、《人民检察院刑事诉讼规则（试行）》的相关规定，制定本实施细则。

第一条 对于刑事公诉案件召开庭前会议，人民检察院、人民法院应本着“合法、简明、公正与效率兼顾、充分保障诉讼参与人诉讼权利”的原则，加强配合、协作，加强法律监督，正确处理好案件质量、诉讼效率、法律监督之间的关系，保证法律效果、社会效果及政治效果的有机统一。

第二条 刑事公诉案件具有下列情形之一的，可以召开庭前会议：

（一）当事人及其辩护人、诉讼代理人申请排除非法证据的；

（二）证据材料较多，案情重大、疑难、复杂的；

（三）社会影响重大的；

（四）当事人及其家属情绪不稳，可能引发涉检、涉法上访的案件；

（五）需要召开庭前会议的其他情形。

第三条 下列人员可以申请人民法院召开庭前会议：

（一）被告人及其法定代理人、辩护人；

（二）被害人及其诉讼代理人。

第四条 人民检察院在必要时可以建议人民法院召开庭前会议。

第五条 人民法院对于申请召开或者人民检察院建议召开庭前会议的公诉案件，由负责审理该案的合议庭组成人员中指定一名审判人员进行审查，并在收到申请或者建议的两日内决定是否召开庭前会议。

第六条 人民法院经过审查，决定不召开庭前会议的，应当在三日内告知并说明理由。

第七条 人民法院经过审查，决定召开庭前会议的，应当在三日内告知召开庭前会议的时间、地点等有关事项。

第八条 庭前会议应当由负责审理该案的合议庭组成人员中的一名审判人员主持。如果案件重大、疑难、复杂的，由合议庭全部组成人员参加，由审判长主持。

第九条 下列人员可以参加庭前会议：

（一）审判人员；

（二）公诉人；

（三）当事人和辩护人、诉讼代理人；

（四）人民检察院、人民法院的会议记录人员。

第十条 共同犯罪案件的被告人参加庭前会议的，应分别参加而不宜集中参加。

第十一条 召开庭前会议应当采取会议方式公开进行。但是有关涉及国家秘密或者个人隐私的案件，不公开进行；涉及商业秘密的案件，当事人要求不公开进行的，或者审判人员认为需要不公开进行的，可以不公开进行。

第十二条 召开庭前会议，审判人员可以就下列问题向控辩双方了解情况，听取意见：

（一）是否对案件管辖有异议；

（二）是否申请有关人员回避；

（三）是否申请调取在侦查、审查起诉期间公安机关、人民检察院收集但未随案移送的证明被告人无罪或者罪轻的证据材料；

（四）是否提供新的证据；

（五）是否对必须出庭的证人、鉴定人、有专门知识的人的名单有异议；

（六）是否申请排除非法证据；

（七）是否申请不公开审理；

（八）是否采用普通程序简易化审理；

（九）是否进行刑事和解；

（十）被告人是否具有自首、立功等情节；

（十一）与审判相关的其他问题。

第十三条 审判人员应当要求控辩双方将拟当庭开示的全部证据在庭前会议中予以开示，可以询问控辩双方对开示的案件证据材料有无异议，对有异议的证据，应当在庭审时重点调查；无异议的，庭审时举证、质证可以简化。

第十四条 庭前会议在证据开示过程中，控辩双方只就非法证据排除及有无异议发表意见，而不进行质证。

第十五条 被害人或者其法定代理人、近亲属提起附带民事诉讼的，人民法院在庭前会议中可以调解。

第十六条 庭前会议的参加人在庭前会议中就相关问题达成一致意见，没有异议的，在没有新的事实或新的证据情况下，在法庭审理中不得再提出异议。

第十七条 人民法院应当将庭前会议中听取的控辩双方意见、庭前会议的内容等记录在案，由审判人员和书记员签名。

第十八条 人民法院可以根据刑事公诉案件的具体情况，决定召开一次或几次庭前会议。召开庭前会议的时间计入审限。

第十九条 人民检察院应当对庭前会议的程序和内容进行法律监督，并有权向人民法院提出纠正意见。

第二十条 本实施细则自 2013 年 5 月 1 日起实施。

参考四：人权保障制度

廊坊市人民检察院
关于在公诉工作中加强人权保障的若干规定（试行）

第一条　公诉工作是司法办案中的重要环节，落实和保障案件当事人和诉讼参与人的权利，有利于及时、全面、准确查清案件事实，对于维护法律的正确实施和社会公平正义具有重要意义。为进一步加强和规范公诉工作中对犯罪嫌疑人、被告人、刑事被害人以及律师的权利保障，根据《刑事诉讼法》、《人民检察院刑事诉讼规则（试行）》及“两高三部”《关于依法保障律师执业权利的规定》等有关法律规定，特制定本规定。

对犯罪嫌疑人、被告人的权利保障

第二条　人民检察院自收到审查起诉案件材料之日起三日内，公诉部门应当告知犯罪嫌疑人有权委托辩护人；并告知其如果经济困难或者其他原因没有聘请辩护人的，可以申请法律援助。

第三条　犯罪嫌疑人认为检察人员有下列情形之一的，有权要求他们回避：

（一）是本案的当事人或者当事人的近亲属的；

（二）本人或者他的近亲属和本案有利害关系的；

（三）担任过本案的证人、鉴定人、辩护人、诉讼代理人的；

（四）与本案当事人有其他关系，可能影响公正处理案件的。

第四条　检察院审查案件，应当讯问犯罪嫌疑人，听取辩护人的意见，并制作笔录附卷。

辩护人提出书面意见的，应当附卷。

第五条　讯问犯罪嫌疑人时，检察人员不得少于二人。

犯罪嫌疑人被送交看守所羁押后，讯问应当在看守所内进行。

第六条　讯问犯罪嫌疑人一般按照下列顺序进行：

查明犯罪嫌疑人的基本情况；

告知犯罪嫌疑人在侦查阶段的诉讼权利，有权自行辩护或委托律师辩护，告知其如实供述自己罪行可以依法从宽处理的法律规定；

讯问犯罪嫌疑人是否有犯罪行为，让他陈述有罪的事实或者无罪的辩解，应当允许其连贯陈述。

第七条 对侦查人员的提问，应当如实回答。但是对与本案无关的问题，有拒绝回答的权利。

讯问犯罪嫌疑人应当制作讯问笔录，并交犯罪嫌疑人核对或者向其宣读，经核对无误后逐页签名、盖章或者捺指印并附卷。

讯问犯罪嫌疑人时，应当告知犯罪嫌疑人将对讯问进行全程同步录音、录像，告知情况应当在录音、录像中予以反映，并记明笔录。

第八条 犯罪嫌疑人提出的辩解要认真查核。严禁刑讯逼供和以威胁、引诱、欺骗以及其他非法的方法获取供述。

第九条 在审查起诉中，发现犯罪嫌疑人可能患有精神病的，人民检察院应当按有关规定对犯罪嫌疑人进行鉴定。

犯罪嫌疑人的辩护人或者近亲属以犯罪嫌疑人可能患有精神病而申请对犯罪嫌疑人进行鉴定的，人民检察院也可以依照有关规定对犯罪嫌疑人进行鉴定，鉴定费用由申请方承担。

第十条 在审查起诉中，犯罪嫌疑人被逮捕的，人民检察院应当对羁押的必要性进行审查。

犯罪嫌疑人及其法定代理人、近亲属或者辩护人可以申请人民检察院进行羁押必要性审查，申请时应当说明不需要继续羁押的理由，有相关证据或者其他材料的，应当提供。

人民检察院发现或者根据犯罪嫌疑人、其近亲属或者辩护人的申请，经审查认为不需要继续羁押的，应当予以释放或者变更强制措施。

第十一条 公诉部门审查案件时，应当对侦查机关（部门）随案移送的查封、扣押、冻结犯罪嫌疑人涉案财物清单、处理意见进行审查。

对账实不符的，应当要求侦查机关（部门）进行核实、更正。

经审查认为不应当查封、扣押、冻结的，公诉部门应当提出处理意见，报检察长批准后解除查封、扣押、冻结，返还犯罪嫌疑人。

第十二条 人民检察院在审查起诉中发现有下列违法情形之一的，可以直接监督纠正：

（一）采取强制措施法定期限届满，不予以释放、解除或者变更的；

（二）应当退还取保候审保证金不退还的；

（三）对与案件无关的财物采取查封、扣押、冻结措施的；

（四）应当解除查封、扣押、冻结不解除的；

（五）贪污、挪用、私分、调换、违反规定使用查封、扣押、冻结的财物的。

第十三条　人民检察院在审查起诉中，发现可能存在以非法方法收集证据情形的，可以要求公安机关对证据收集的合法性作出书面说明或者提供相关证明材料。

第十四条　公诉部门在审查中发现侦查人员以非法方法收集犯罪嫌疑人供述、被害人陈述、证人证言等证据材料的，应当依法排除非法证据并提出纠正意见，同时可以要求侦查机关另行指派侦查人员重新调查取证，必要时人民检察院也可以自行调查取证。

第十五条　人民检察院对于犯罪嫌疑人、被告人或者证人等翻供、翻证的材料以及对于犯罪嫌疑人、被告人有利的其他证据材料，应当移送人民法院。

第十六条　在审查起诉期间，人民检察院可以根据辩护人的申请，向公安机关调取在侦查期间收集的证明犯罪嫌疑人无罪或者罪轻的证据材料。

第十七条　人民检察院对于公安机关移送审查起诉的案件，发现犯罪嫌疑人没有犯罪事实，或者符合刑事诉讼法第十五条规定的情形之一的，经检察长或者检察委员会决定，应当作出不起诉决定。

公诉部门对于本院侦查部门移送审查起诉的案件，发现具有刑事诉讼规则第四百零一条第一款规定情形的，应当退回本院侦查部门，建议作出撤销案件的处理。

第十八条　人民检察院对于二次退回补充侦查的案件，仍然认为证据不足，不符合起诉条件的，经检察长或者检察委员会决定，应当作出不起诉决定。

人民检察院对于经过一次退回补充侦查的案件，认为证据不足，不符合起诉条件，且没有退回补充侦查必要的，可以作出不起诉决定。

第十九条　不起诉的决定，由人民检察院公开宣布。不起诉决定书自公开宣布之日起生效。

被不起诉人在押的，应当立即释放；被采取其他强制措施的，应当通知执行机关解除。

对刑事被害人的权利保障

第二十条　人民检察院审查案件，应当听取被害人及其诉讼代理人的意见，并制作笔录附卷。

辩护人、被害人及其诉讼代理人提出书面意见的，应当附卷。

直接听取被害人及其诉讼代理人的意见有困难的，可以通知被害人及其诉讼代理人提出书面意见，在指定期限内未提出意见的，应当记录在案。

第二十一条　被害人认为检察人员有下列情形之一的，有权要求他们回避：

（一）是本案的当事人或者当事人的近亲属的；

（二）本人或者他的近亲属和本案有利害关系的；

（三）担任过本案的证人、鉴定人、辩护人、诉讼代理人的；

（四）与本案当事人有其他关系，可能影响公正处理案件的。

第二十二条 询问被害人时，应当告知其在审查起诉阶段所享有的诉讼权利。告知可以采取口头或者书面方式。

口头告知的，应当记入笔录，由被告知人签名；书面告知的，应当将送达回执入卷。

第二十三条 询问被害人，听取被害人及其诉讼代理人的意见，应当由二名以上办案人员进行。询问不满18周岁的被害人，应当通知其近亲属到场。

第二十四条 公诉部门审查案件时，应当对侦查机关（部门）随案移送的查封、扣押、冻结涉案财物清单、处理意见进行审查。

经审查认为不应当查封、扣押、冻结的被害人的财产，公诉部门应当提出处理意见，报检察长批准后解除查封、扣押、冻结，返还被害人。

第二十五条 追缴的财物中，属于被害人的合法财产，不需要在法庭出示的，应当及时返还被害人，并由被害人在发还财物清单上签名或者盖章，注明返还的理由，并将清单、照片附卷。

第二十六条 人民检察院作出起诉决定后，在制作起诉书时对于涉及被害人隐私或者为保护被害人人身安全，而不宜公开被害人姓名、住址、工作单位和联系方式等个人信息的，可以在起诉书中使用化名替代被害人的个人信息。

第二十七条 人民检察院作出不起诉决定后，不起诉决定书应当送达被害人或者其近亲属及其诉讼代理人。

送达时，应当告知被害人或者其近亲属及其诉讼代理人，如果对不起诉决定不服，可以自收到不起诉决定书后七日以内向上一级人民检察院申诉，也可以不经申诉，直接向人民法院起诉。

第二十八条 人民检察院对于拟作不起诉处理的案件，被害人及其法定代理人、诉讼代理人可以申请进行公开审查。是否公开审查，由检察长决定。

第二十九条 人民检察院进行公开审查时，应当听取被害人及其法定代理人、诉讼代理人的意见。

被害人及其法定代理人、诉讼代理人可以就案件事实、证据、适用的法律以及是否应予不起诉，发表意见。

第三十条 公诉人在开庭过程中，如有必要可以建议法庭采取不暴露被害人外貌、真实声音等出庭作证措施，或者建议法庭在庭外对通过技术侦查措施收集的证据进行核实。

对律师执业权利的保障

第三十一条　律师依法在刑事诉讼中履行辩护与代理职责，其人身权利和诉讼权利不受侵犯。

第三十二条　人民检察院作出退回补充侦查、提起公诉等重大程序性决定的，应当依法及时告知辩护律师。

第三十三条　在人民检察院审查起诉期间，辩护律师可以持律师执业证书、律师事务所证明和委托书或者法律援助公函会见在押的犯罪嫌疑人，向其核实有关证据。辩护律师会见在押的犯罪嫌疑人时不被监听，人民检察院不能派员在场。

第三十四条　律师会见在押犯罪嫌疑人一律在监管场所内进行。

第三十五条　人民检察院审查移送起诉案件，应当听取犯罪嫌疑人、被害人委托的律师的意见，并记明笔录附卷。直接听取犯罪嫌疑人、被害人委托的律师的意见有困难的，可以向犯罪嫌疑人、被害人委托的律师发出书面通知，由其提出书面意见。律师在审查起诉期限内没有提出意见的，应当记明在卷。

第三十六条　辩护律师自人民检察院对案件审查起诉之日起，可以查阅、摘抄、复制本案的案卷材料。可以同在押的犯罪嫌疑人会见和通信。人民检察院应当为辩护律师查阅、摘抄、复制案卷材料提供便利。

第三十七条　在人民检察院审查起诉期间，辩护律师书面申请调取公安机关、人民检察院在侦查、审查起诉期间收集但未提交的证明犯罪嫌疑人无罪或者罪轻的证据材料的，办案人员应当依法及时审查。经审查，认为辩护律师申请调取的证据材料已收集并且与案件事实有联系的，应当及时调取。经审查决定不予调取的，应当书面说明理由。

第三十八条　辩护律师申请向被害人或者其近亲属、被害人提供的证人收集与本案有关的材料的，人民检察院应当在七日以内作出是否许可的决定，并通知辩护律师。

第三十九条　辩护律师申请人民检察院收集、调取证据的，人民检察院应当在三日以内作出是否同意的决定，并通知辩护律师。

第四十条　辩护律师书面申请变更或者解除强制措施的，检察机关应当认真审查并在三日以内作出处理决定。

第四十一条　辩护律师在审查起诉期间发现案件有关证据存在刑事诉讼法第五十四条规定的情形的，可以向公诉部门申请排除非法证据。公诉部门应当听取辩护律师的意见，按照法定程序审查核实相关证据，并依法决定是否予以排除。

第四十二条 在审查起诉期间，律师认为公诉部门办案人员的下列行为阻碍律师依法行使诉讼权利的，可以向同级或者上一级人民检察院申诉、控告：

（一）未依法向律师履行告知、转达、通知等义务的；

（二）对律师依法提出的申请，不接收、不答复的；

（三）依法应当许可律师提出的申请未许可的；

（四）依法应当听取律师的意见未听取的；

（五）其他阻碍律师依法行使诉讼权利的行为。

律师依照前款规定提出申诉、控告的，人民检察院应当在受理后十日以内进行审查，并将处理情况书面答复律师。

人民检察院应当依法严格履行保障律师依法执业的法律监督职责，处理律师申诉控告。在办案过程中发现有阻碍律师依法行使诉讼权利行为的，应当依法、及时提出纠正意见。

唐山市人民检察院
关于办理公诉案件听取意见实施办法

为有效维护刑事诉讼参与人的合法权益，提高办案质量，实现法律效果、政治效果和社会效果的有机统一，根据《中华人民共和国刑事诉讼法》、《人民检察院刑事诉讼规则（试行）》，结合我市办案实际，制定本办法。

第一条 本办法所称的听取意见，是指检察机关公诉部门在办理公诉案件的过程中，依法听取辩护人、被害人及其诉讼代理人等相关人员的意见的诉讼活动。

第二条 公诉部门应当听取下列人员的意见：

（一）辩护人；

（二）被害人、被害人的法定代理人及其诉讼代理人；

（三）被害人死亡案件中被害人的近亲属；

（四）依法不负刑事责任的精神病人强制医疗程序中被申请人或者犯罪嫌疑人的法定代理人、近亲属。

第三条 下列人员可以向公诉部门提出意见：

（一）犯罪嫌疑人、被告人的法定代理人、近亲属；

（二）被害人死亡案件中被害人的近亲属；

（三）犯罪嫌疑人、被告人逃匿、死亡案件违法所得没收程序中犯罪嫌疑人、被告人的近亲属和其他利害关系人；

（四）其他与案件有关的人。

第四条　听取意见时，承办人应对意见提出人的身份进行审查核实，必要时可以要求提供相关的证明材料，附检察附卷。

第五条　当面听取意见应当在办案场所进行，由包括承办人在内的两名检察人员参加，并制作笔录，由意见提出人签字确认后附卷。

第六条　第二条所列人员当面提出意见确有困难，要求书面提出意见的，承办人应当接受。

第七条　承办人对于意见提出人提供的证据材料，应当审查是否注明了证据来源、收集方式及相关人员的联系方式，缺乏相关信息的应当要求补充提供。

第八条　承办人应将意见提出人提供的书面意见及证据材料附检察附卷。

第九条　在作出案件处理决定前，第二条所列人员要求提出新的意见及证据材料的，承办人应当予以接待或接收，并记录在案。

第十条　对于相关人员提出的意见及提供的证据材料，承办人应当在案件审查报告中列明，并结合案件事实和证据进行分析判断，提出处理意见并阐明理由。

第十一条　对相关人员提出的意见及提供的证据材料，承办人应当在审查后分别提出如下处理意见：

（一）对于犯罪事实的意见，经审查，犯罪事实清楚且能够排除其他可能性的，建议不予采纳；犯罪事实不清或不能排除其他可能性的，建议调查或退回侦查机关（部门）补充侦查。

（二）对于证据线索，经审查，相关事实清楚、证据确实充分，提供的证据线索证明的事实不成立的，建议不予调查核实；否则建议予以调查核实或转交侦查机关（部门）调查核实。

（三）对于定罪、量刑及强制措施的意见，结合案件事实及法律规定，并考虑案件处理效果，建议是否予以采纳。

（四）对于非法证据排除的意见，经审查，能够排除以非法方法收集证据的，建议不予采纳；否则，建议调查核实。

（五）对于证据材料，经审查真实、合法且与案件事实有关联的，建议采纳；无法确定是否真实、合法的，建议转交侦查机关（部门）予以调查核实；与案件事实没有关联的，建议不予采纳。

对于提供的无罪证据，承办人应当建议调查核实或转交侦查机关（部门）调查核实。

第十二条　公诉部门应对相关人员的意见进行研究，必要时报请主管检察长、检察长或者检察委员会决定。

第十三条 公诉部门应对相关人员提出的意见予以答复，并说明理由。

第十四条 公诉部门办理上诉、抗诉案件或者再审案件，可以听取辩护人、被害人及其诉讼代理人等相关人员的意见，并参照本办法执行。

第十五条 本办法自下发之日起施行。

后　记

党的十八届四中全会提出“推进以审判为中心的诉讼制度改革”后，河北省检察机关开展了积极的探索。2015 年 6 月全国检察机关第五次公诉工作会议的召开，为检察机关公诉部门推进以审判为中心诉讼制度改革明确了具体方向和举措。河北省人民检察院有针对性地在几个市院开展试点工作，积累了一些经验做法。为总结提炼这些经验，并赋予其更多的理性思考，在更高的层面和更广的范围为公诉实践提供参考，我们开始筹划编写这本书。

为了推动检察机关对以审判为中心的诉讼制度改革的研究，河北省人民检察院童建明检察长撰写了题为《对以审判为中心诉讼制度改革的思考与应对——以检察机关公诉工作为视角》的理论文章，阐述以审判为中心诉讼制度改革的内涵与基本要求，分析改革对检察机关特别是公诉部门带来的机遇和挑战，有针对性地提出了适应和推进这项改革的应对措施。本书便是围绕这篇文章的主要观点展开论述的。河北省人民检察院周庆平副检察长具体组织了全书的编写工作。

本书撰稿人员分工如下：第一章由河北大学冯军教授执笔；第二章由邢台市人民检察院李东玲、邢台南宫市人民检察院付强、邢台学院赵立伟执笔；第三章由唐山市人民检察院张红松、唐山市路南区人民检察院王志凯、石家庄市人民检察院郑玉、石家庄市新华区人民检察院田晓佳执笔；第四章由保定市人民检察院赵昊宏、承德市人民检察院刘北南、刘飞、李静执笔；第五章由廊坊市人民检察院金志民、刘胜华、马腾执笔；第六章由保定市人民检察院田文利、赵昊宏、焦静执笔；“附录”部分由王庆品、李素颖负责，冯韶辉、安义红、王磊具体整理、编写。全书由高恩泽、冯军、马东新、冯韶辉文字统筹，周庆平审核，童建明最终审定。

本书系2016年度最高人民检察院检察理论研究重点课题（编号：GJ2016B09）研究成果、河北省法治建设研究基地资助项目，在本书出版之际，我们要感谢最高人民检察院检察理论研究所、河北省法治建设研究基地办公室的支持，同时感谢河北大学政法学院提供资料及研究基地的支持，感谢中国检察出版社对本书出版的大力支持。

由于水平所限及时间较为仓促，书中定有不少疏漏和不妥之处，敬请各位同仁和专家学者批评指正。

本书编写组

2016年10月

图书在版编目（CIP）数据

以审判为中心视角下的公诉实务研究 / 童建明主编. —北京：中国检察出版社，2017. 2

（燕赵检察理论文库）

ISBN 978-7-5102-1833-0

Ⅰ. ①以… Ⅱ. ①童… Ⅲ. ①公诉-研究-中国 Ⅳ. ①D925. 04

中国版本图书馆 CIP 数据核字（（2017））第 018372 号

以审判为中心视角下的公诉实务研究

童建明 主编

出版发行：中国检察出版社

社　　址：北京市石景山区香山南路 111 号（100144）

网　　址：中国检察出版社（www. zgjccbs. com）

编辑电话：(010)68658769

发行电话：(010)88954291　88953175　68686531

(010)68650015　68650016

经　　销：新华书店

印　　刷：三河市西华印务有限公司

开　　本：710 mm×960 mm　16 开

印　　张：25

字　　数：455 千字

版　　次：2017 年 2 月第一版　　2017 年 2 月第一次印刷

书　　号：ISBN 978-7-5102-1833-0

定　　价：65. 00 元